U0863560

劳动与社会保障系列教材

社会保险学

史　潮　主编

章晓莉　盖　锐　副主编

科学出版社

北　京

内 容 简 介

本书比较详细地介绍了社会保险的概念、性质、特点、功能以及与其他学科的关系等，通过对社会保险历史沿革的研究，结合我国社会保险制度变革的分析，总结出以往的经验和教训，探究社会保险制度变革的主要因素，认识社会保险发展的规律，为我国现实社会保险制度的完善提供总体思路。本书全面借鉴了国内外专家学者和实际部门的工作人员在理论、实践、制度等方面积累的研究成果和丰富经验，既能开阔学生的视野，增进他们对实际工作的理解，也有利于增强本课程应用性的特色。全书共分10章，其中除了探讨与社会保险相关的一般理论，介绍我国社会保险的管理体制及其职能外，还重点介绍分析了养老保险、医疗保险、失业保险、工伤保险和其他社会保险，并在全球化背景下，对社会保险的未来发展进行了展望。

在编写过程中，我们力求基本概念、术语与原理的准确性、完整性与公认性，并与实际部门加强合作，努力吸收、反映实际部门的成果。

本书适合用作高等院校劳动与社会保障专业、社会工作专业的本科教材，也可用作从事与社会保险工作相关人员的培训用书。

图书在版编目(CIP)数据

社会保险学/史潮主编. —北京：科学出版社，2007
（劳动与社会保障系列教材）
ISBN 978-7-03-018939-4

Ⅰ. 社…　Ⅱ. 史…　Ⅲ. 社会保险-保险学-教材　Ⅳ. F840. 61

中国版本图书馆 CIP 数据核字(2007)第 065755 号

责任编辑：王京苏/责任校对：包志虹
责任印制：张　伟/封面设计：耕者设计工作室

科学出版社出版
北京东黄城根北街 16 号
邮政编码：100717
http://www.sciencep.com

北京中科印刷有限公司 印刷
科学出版社发行　各地新华书店经销

*

2007 年 5 月第　一　版　开本：B5(720×1000)
2023 年 1 月第十四次印刷　印张：20
字数：374 000

定价：48.00 元

（如有印装质量问题，我社负责调换）

总 序

社会保障制度是人类社会发展和进步的结果，从英国1834年颁布并实施的新《济贫法》算起，已有170多年的历史。即使从1883年德国推出最早的现代社会保险制度算起，至今也有120多年的历史。社会保障制度已经成为现代社会文明的重要标志，成为当今世界上绝大多数国家都在运用的社会政策。尽管各国在保障的对象上或普遍或特殊，在保障的范围上或宽泛或狭窄，在保障的水平上或很高或较低，但社会保障制度的实行极大地改善了各国的民生状况，促进各国民众共享经济繁荣和社会进步的成果，并在经济社会运行方面发挥着重要的“稳定器”和“安全网”的作用。

新中国成立以后，我们曾经构建了同当时实行的高度中央集权的计划经济体制相适应的劳动与社会保障制度，正是由于这套制度的有效运行，许多被称为“社会主义优越性”的正向功能才得以彰显，诸如“广就业、低工资、多福利”和“生老病死有依靠”等。当然，当时所能保障的水平还很低下。中共十一届三中全会以来，伴随着计划经济体制向市场经济体制的改革过渡，劳动与社会保障制度自20世纪90年代起也开始了改革之旅，原有的建立在计划经济体制基础之上、与计划经济体制相适应的劳动与社会保障制度难以适应新的形势。皮之不存，毛将焉附？建立健全同社会主义市场经济体制相适应的新的社会保障制度，确保劳动者的基本权益，成了当务之急。

环顾四周，有关矿难的报道不断，我国煤炭产量占全世界总产量的1/3左右，矿难所导致的死亡人数却占全世界矿难死亡总人数的80%。有些地方的“黑矿主”与弱势的矿工签订所谓“生死合同”，花几万元就能买一条命，“私了”。终年劳苦的农民工不仅难以与其他职工“同工同酬”，而且常常面临工资被“拖欠”的窘境，甚至需要国家总理亲自出面为农民工“讨工资”。面对许多城市特别是大中城市飙升的房价，无数的无房者感叹何时才能实现“居者有其屋”，很多依靠贷款购得住房的居民则成了名副其实的“房奴”，还贷几乎花去了他们的全部收入。医疗市场化的结果，导致“看病难，看病贵”，人们“无病时怕生病，有了病怕进医院，进了医院怕出不去”。教育产业化引发学杂费上涨甚至“乱收费”，高校“扩招”成了“扩大内需”（又被称为“撬开老百姓的钱袋子”）的“妙招”，读书受教育对于很多收入不高的城乡家庭来说就意味着“致贫”。女大学生就业常常难于同等条件的男大学生，性别歧视依然存在。农民、残疾人等在就学、就业、就医以及各项社会权利的行使方面，更是遭到或明或暗的歧视。所有这些都表明，我们的社会保障制度还不健全，现有的社会保障领域的改革思路与政策设计还有缺陷，劳动者的基本权利和合法权益还未得到有效的维护！

毋庸讳言，当今世界正处在工业经济社会向知识经济社会的过渡之中，现代服务业在整个国民经济中的比重已经超过工业经济时期的支柱产业——制造业，灵活就业即非正规就业逐渐替代大规模集体就业而成为新的用工趋势，这就打散了“产业工人大军”，大大降低了劳动者与雇主进行讨价还价的能力。劳资关系呈现出“强资本，弱劳动”的博弈格局，资本到处都在指挥劳动、欺负劳动、压榨劳动，并运用软硬兼施的手段诱使权力为其服务。经济全球化的浪潮日益高涨，资本在世界范围内的流动，无论是在规模、频率上还是在后果、影响上，都大大超越劳动在世界范围内的流动。这固化了“强资本，弱劳动”的格局。随着经济全球化的发展，一国政权和法律的权威性和强制力同过去相比也打了不小的折扣，这就使得权力和法律在对资本施加必要的限制以保护劳动的利益时往往也会事倍功半。这种大趋势对于各国和地区推进社会保障制度建设，保护劳动者和弱势群体成员的基本权利和合法权益，都是十分不利的。

然而，所有这些不利因素，不仅不能成为各国和地区政府放弃社会保障制度的借口，而且要求各国和地区政府顺应信息社会、知识经济和全球化的发展趋势，针对“产业工人大军”被打散和非正规就业日益普遍的新特点，通过社会保障的制度创新、政策创新、组织创新、服务创新，在“强资本，弱劳动”的格局下更加有效地保护劳动者的基本权利和合法权益。以此要求反观我国，不仅社会保障制度的改革与重建、覆盖农民工的劳动保护法规的落实、包含农村居民在内的最低生活保障制度的完善以及住房、医疗、教育改革的调整与完善等都不可或缺，迫在眉睫，而且行政体制改革、财税体制调整、政府职能转换、政绩考核创新等也都成了时不我待的大事。可喜的是，进入 21 世纪，党中央提出了实现全面小康、构建和谐社会的奋斗目标，认真贯彻落实“以人为本”的科学发展观，大力推进社会建设和新农村建设事业。我们相信，随着中央这一系列决策落到实处，随着经济发展和社会进步的深入，劳动者的基本权利和合法权益将会得到更有效的保护，包括弱势群体成员在内的社会公众一定能够共享繁荣发展的成果。

在本质上，社会保障是一国宏观的制度安排和政策设计，即国家或社会通过立法和行政手段对国民收入进行再分配，以社会消费基金的形式，为因年老、疾病、伤残、死亡、失业及其他不幸遭遇而使生存出现困难的社会成员提供一定的物质上的帮助，以保证其基本生活权利。但宏观制度和社会政策要落实到基层并真正发挥作用，既离不开一系列由制度和政策所决定的措施和活动，也离不开各机关、企业、事业、社会单位的劳动人事或人力资源部门的运作与管理，因而具有很强的实务性和操作性。

在一定意义上，社会保障就是资金的保障。俗话说："钱不是万能的，没有钱却是万万不能的。"资金保障的重要性当然不言而喻，特别是对于我国这样一个还处于社会主义初级阶段的发展中国家来说，更是如此。但是，社会弱势群体乃至一般社会公众的某些需求却是金钱无法买到的，如老年人所需要的亲情慰藉与邻里照顾、孤寡无助者所需要的特殊服务与心理疏导等。许多服务与帮助都具有个性化特征，这就要借助于志愿者服务和社会工作的介入。因此，从事社会保障专业工作，需要较高的职业道德水准以及较为强烈的奉献精神和社会同情心。

社会保障既是一种制度安排和政策体系，也是一个特殊的专业领域。它运用经济、法律和行政手段，解决社会问题，实现政治目标。从事该专业领域的工作，除了必须具备职业道德、奉献精神、同情心以及实务性、操作性很强的技能、技巧以外，还需要相应的知识积累和专业训练。根据我国现行的学科专业分类，社会保障在本科教育阶段属于经济学门类的劳动经济学领域，到了研究生教育阶段则属于管理学门类的公共管理领域。社会保障所依托的学科涉及经济学、管理学以及政治学、社会学、法学，并且同劳动人事（人力资源）管理、社会工作等专业有着密切的联系，在一定程度上甚至存在交叉关系。

劳动与社会保障实践的发展，迫切要求劳动与社会保障的学科理论繁荣和专业人才辈出。仅就江苏省而言，目前已有 13 所普通高校设有劳动与社会保障本科专业以及社会保障研究生专业，它们是南京大学、东南大学、南京农业大学、河海大学、南京航空航天大学、南京师范大学、苏州大学、扬州大学、南京财经大学、南京工程学院、苏州科技学院、金陵科技学院、三江学院，这些院校在读的本科生上千，研究生过百。为了促进学科建设发展、提高人才培养质量，在江苏省劳动保障学会的主持下，由南京大学公共管理学院牵头，于 2005 年 12 月召开了"江苏省劳动保障理论教学与科研研讨会"，决定采取联合协作的方式，集中大家的智慧和力量，共同编写《劳动与社会保障系列教材》，主要用于本科生教学。大家推举我主持本系列教材的编写工作。众意难违，于是我欣然应允，承担了牵头、组织与协调的工作。通过两次集体讨论，确定了首批 12 本教材的编写大纲、撰稿人员、体例风格，由上述13所高校长期从事劳动与社会保障主干课程教学的教师分头编写，各负其责，最后由我和我的助手林闽钢、严新明、张海波通阅、修改并定稿。我的学生董华也做了大量的文字技术性工作。

本系列教材首批共包括以下12本：《公共管理学》；《公共经济学》；《社会保障学》；《社会保险学》；《劳动经济学》；《社会保障国际比较》；《劳动法与社会保障法》；《薪酬管理》；《劳动关系》；《人力资源管理》；《社会保障资金管理》；《社会救助与社会福利》。

由于编者在理论功底、学术水平、实践经验和观察视野等方面都有一定的局限性，本系列教材难免有疏漏甚至错误之处，敬请读者批评指正。

对于本系列教材的出版，科学出版社给予了大力支持，并将其列入重点教材出版计划，责任编辑林建先生更是倾注了大量的精力，全过程关心，全方位提供方便。我们表示由衷的感谢！

特作此序。

童　星

2006年8月于南京大学

目　录

总序

第一章 导论 …… 1

第一节　风险、保险与社会保险 …… 1
第二节　社会保险学的研究领域与研究方法 …… 10
第三节　社会保险与相关范畴 …… 12
本章小结 …… 16
关键术语 …… 16
案例　社会保险的两大支柱——经济学和劳动法学 …… 17
复习思考题 …… 17

第二章 社会保险历史沿革 …… 18

第一节　社会保险的产生与发展 …… 18
第二节　社会保险的模式 …… 24
第三节　我国社会保险制度沿革 …… 27
第四节　社会保险制度变革的因素 …… 30
本章小结 …… 32

关键术语 …… 32
案例　法国社会保险改革 …… 32
复习思考题 …… 33

第三章
社会保险管理及管理制度 …… 34
第一节　社会保险管理概述 …… 34
第二节　管理机构的配置与职责 …… 41
第三节　社会保险登记制度 …… 44
第四节　社会保险缴费申报制度 …… 49
第五节　社会保险费征缴制度 …… 51
本章小结 …… 60
关键术语 …… 61
案例 1　国际社会保险费征收管理的经验 …… 61
案例 2　如何解决我国社会保险管理机构设置重叠的问题 …… 62
复习思考题 …… 63

第四章
养老保险 …… 64
第一节　养老保险的基本问题 …… 64
第二节　养老保险制度的模式 …… 79
第三节　补充养老保险制度 …… 85
第四节　我国养老保险的实务 …… 90
本章小结 …… 109
关键术语 …… 110
案例　德国和美国养老保险制度 …… 110
复习思考题 …… 113

第五章
医疗保险 …… 114
第一节　医疗保险的基本理论 …… 114
第二节　医疗保险模式比较 …… 117
第三节　医疗保险管理体制 …… 127

第四节 我国医疗保险管理的实务…… 133
第五节 参保的基本流程…… 140
本章小结…… 143
关键术语…… 143
案例 医保卡里的黑洞…… 143
复习思考题…… 144

第六章 失业保险 …… 145
第一节 失业…… 145
第二节 失业保险…… 150
第三节 失业调控与就业服务…… 156
第四节 我国失业保险管理的实务…… 160
本章小结…… 164
关键术语…… 164
案例 有关失业保险缴费年限的行政诉讼…… 164
复习思考题…… 166

第七章 工伤保险 …… 167
第一节 工伤与工伤保险…… 167
第二节 我国工伤保险制度及其改革…… 176
第三节 工伤保险争议处理…… 183
本章小结…… 186
关键术语…… 187
案例1 社会保险与商业保险之间的困惑 …… 187
案例2 A是工伤吗? …… 187
复习思考题…… 188

第八章 其他社会保险 …… 189
第一节 生育社会保险…… 189
第二节 疾病社会保险…… 199

第三节 死亡社会保险…… 205
本章小结…… 209
关键术语…… 210
案例1 谁应缴纳生育保险费？…… 210
案例2 职工住院治疗过程中的劳动关系争议…… 210
案例3 因工死亡的界定…… 211
复习思考题…… 211

第九章 社会保险基金管理…… 212

第一节 社会保险基金的作用…… 212
第二节 社会保险基金的筹集…… 222
第三节 社会保险基金的运营…… 225
第四节 社会保险基金的监管…… 231
本章小结…… 239
关键术语…… 240
案例1 挪用社保基金…… 240
案例2 人口老龄化趋势下的基本养老金问题…… 241
复习思考题…… 241

第十章 社会保险的发展趋势…… 242

第一节 社会保险发展趋势概述…… 242
第二节 养老保险的发展趋势…… 248
第三节 医疗保险的发展趋势…… 254
第四节 失业保险的发展趋势…… 259
第五节 社会保险的国际化…… 262
本章小结…… 263
关键术语…… 264
案例 国际养老保险改革…… 264
复习思考题…… 267

参考文献…… 268

附录一 …… 270
附录二 …… 274
附录三 …… 277
附录四 …… 281
附录五 …… 284
附录六 …… 288
附录七 …… 294
后记 …… 305

第一章

导　论

人类在长期的社会实践中不断揭示风险的本质，并通过加强风险管理促进人类社会健康发展。社会保险是国家通过立法对社会劳动者因暂时或永久丧失劳动能力以及失业而带来收入减少提供一定的物质帮助以保障其基本生活的社会保障制度，它在国民经济和社会发展中发挥着重大的作用。学习和研究社会保险学，可以使我们充分认识社会保险在国民经济和社会发展中的地位和作用，正确理解和自觉贯彻社会保险政策，提高我们借鉴国外经验、教训的自觉性，并增强我们解决现实问题的能力。

第一节　风险、保险与社会保险

一、风险概述

常言道："无风险，无保险。"人们早就认识到风险的存在是保险产生的前提，风险与保险之间存在密切的联系。从分析风险的内涵出发，引导出保险和社会保险的概念，将有利于更加清晰地阐明社会保险的性质、特征、种类及其社会作用。

1. 风险

到目前为止，风险（risk）和不确定性（uncertainties）这两个术语一直是可替代使用的。风险是指意外事故发生的可能性，是一种客观存在的、损失的发生具有不确定性的状态。从整体上说，风险的发生是不可避免的，是不以人的意志为转移的客观存在，有其必然性。然而，风险又并非时时发生，也并非人人必定遭遇。损失的不确定性有两层含义：一是可能存在损失，二是这种损失是不确定的。不确定性可能意味着“损失”或“没有损失”，而不是意味着盈利的可能性。所谓不确定性是指：是否发生不确定，发生的时间不确定，发生的空间不确定（即在什么地点发生不确定），发生的过程和结果不确定（即损失程度不确定）[①]。

2. 风险的基本要素

探讨和分析风险因素、风险事故和损失这三个与风险密切相关的概念，可以加深对风险的定义及其本质的认识。

（1）风险因素。风险因素亦称风险条件，是指引起或增加风险事故发生的机会或扩大损失幅度的原因和条件。因此，风险因素是就产生或增加损失频率与损失程度的情况来说的，它是风险事故发生的潜在原因，是造成损失的内在的或间接的原因。

风险因素根据性质通常分为三种类型：实质风险因素、道德风险因素和心理风险因素。

在上述三种风险因素中，实质风险因素与人无关，故也称为物质风险因素；道德风险因素和心理风险因素均与人的行为密切相关，前者侧重于人的恶意行为，后者侧重于人的善意行为，故二者合并可称为无形风险因素或人为风险因素。

（2）风险事故。风险事故亦称风险事件，是指造成生命财产损失的偶发事件。也就是说，风险因素是损失的间接原因，而风险事故是损失的媒介，是造成损失的直接的或外在的原因，即风险只有通过风险事故的发生，才能导致损失。火灾、爆炸、地震、车祸、疾病等，是风险事故常见的表现形式。

（3）损失。在风险管理中，损失是指非故意的、非预期的和非计划的经济价值的减少。显然，这一定义包含两个重要的因素：一为非故意的、非预期的和非计划的观念；二为经济价值的观念，即损失必须能以货币来衡量。二者缺一不可。

在保险实务中，损失分为直接损失和间接损失，前者是保险事故造成的实质的、直接的损失；后者是由直接损失进一步引发或带来的无形损失，包括额外费用损失、收入损失和责任损失。由于每一种风险事故所造成的损失形态均不会脱离上述范畴，因此有人将损失直接分为四类：即实质损失、费用损失、收入损失和责任损失。

（4）三者的关系。风险因素、风险事故、损失三者之间存在因果关系。风险

---

① 魏华林，林宝清. 保险学. 北京：高等教育出版社，1999. 9

是由风险因素、风险事故和损失三者构成的统一体。换言之，风险是由风险因素、风险事故和损失三个要素共同构成的。风险因素引起或增加风险事故，风险事故发生可能造成损失①。

二、风险的种类

1. 纯粹风险和投机风险

按风险的性质分为纯粹风险和投机风险。纯粹风险是指只有造成损失而无获利可能性的风险，其结果只有两种：损失和无损失。自然灾害和意外事故以及人的生老病死等，均属此类风险。投机风险是指既可能造成损失也可能产生收益的风险，其所致结果有三种可能——损失、无损失和获利，如股市行情的变动、价格涨落、赌博等。

纯粹风险和投机风险的区别在于：前者总是不幸的，它只有净损失的可能性，故为人们所畏惧和厌恶，必想避而远之；后者由于有可能获利，具有诱惑力，故有些人为了获利，甘愿冒这种风险。

2. 静态风险和动态风险

按产生风险的环境分为静态风险和动态风险。静态风险是由于自然力的不规则变动或人的行为失常所引起的风险，一般与社会的经济、政治变动无关，在任何社会经济条件下都是不可避免的，如地震、海难、雹灾等；动态风险是由于人类社会活动而产生的各种风险，如人口的增长、资本的变化、技术的进步、产业组织效率的提高、消费者偏好的改变、政治经济体制的改革等，都可能引起此类风险。

3. 基本风险和特定风险

按风险影响的范围对象分为基本风险和特定风险。基本风险是风险的起源与影响方面都不与特定的人有关，至少是个人所不能阻止的风险，即全社会普遍存在的风险。特定风险是与某个特定的人有因果关系的风险，即由特定的个人所引起且损失仅涉及特定的个人的风险。

4. 财产风险、人身风险、责任风险和信用风险

按风险损失的对象分为财产风险、人身风险、责任风险和信用风险。财产风险是可能导致财产发生毁损、灭失和贬值的风险。人身风险是指人们因生、老、病、死、伤残等原因而导致经济损失的风险，如因为疾病、伤残、死亡、失业等导致个人、家庭经济收入的减少。责任风险是指因侵权或违约而依法对他人遭受的人身伤亡或财产损失应负赔偿责任的风险。信用风险是指在经济交往中，权利

---

① 魏华林，林宝清. 保险学. 北京：高等教育出版社，1999. 12

人与义务人之间，由于一方违约或犯罪而给对方造成经济损失的风险。

5. 自然风险、社会风险、经济风险和政治风险

按损失发生的原因分为自然风险、社会风险、经济风险和政治风险。自然风险是指由于自然现象或物理现象所导致的风险。社会风险是指由于个人行为或不可预料的团体行为所致损失的风险，如偷窃、抢劫、罢工、动乱等。经济风险是指在产销过程中，由于各种因素的变动或估计的错误，导致产量减少或价格涨跌所致损失的风险。政治风险是指由种族或宗教的冲突、叛乱、战争所引起的风险①。

三、保险的概念、特征与基本要素

1. 保险的概念

为了避免各种风险给人类社会带来的损失和不幸，人们逐渐认识到仅仅依靠个人的力量，是难以甚至无力克服突如其来的风险所造成的沉重不幸，无力承担风险带来的巨大经济损失，无力迅速恢复生产和生活。在实践中，人们逐渐认识到了保险的重要性。

保险（insurance）是指投保人根据合同约定，向保险人支付保险费，保险人对于合同约定的可能发生的因自然灾害和意外事故所造成的经济损失或在人身保险事故（包括因死亡、疾病、伤残、年老、失业等）发生时承担给付保险金的一种经济补偿制度。《中华人民共和国保险法》（全国人大 1995 年 6 月 30 日通过，2003 年 10 月 28 日修订通过）第 2 条规定："保险是投保人根据合同约定，向保险人支付保险费，保险人对于合同约定的可能发生的事故因其发生所造成的财产损失承担赔偿保险金责任，或者当被保险人死亡、伤残、疾病或者达到合同约定的年龄、期限时承担给付保险金责任的商业保险行为。"

从上述对保险定义的阐述中可以揭示：①从形式上说，保险包括三个要点：保险人、保险基金、保险事故。②从内容上说，保险一是商业保险行为，二是合同行为，三是权利义务行为，四是给付以合同约定的保险事故发生为条件。③从性质上说，保险是一种经济补偿制度。

2. 保险的特征

保险的特征包括其基本特征与比较特征。前者是一般特征，后者是通过与某特定行为的比较来阐述保险的特征。保险的基本特征主要有经济性、互助性、契约性、科学性，比较特征包括通过保险与赌博、储蓄、救济、保证、自保的对比来阐述保险的特征。

---

① 袁宗蔚．保险学．北京：首都经济贸易大学出版社，2000．5～8

3. 保险的基本要素

现代保险学者一般从两个方面来解释保险的定义：从经济角度说，保险是分摊意外事故损失的一种财务安排，从法律意义说，保险是一方同意补偿另一方损失的合同安排。保险的基本要素包括：

(1) 特定风险事故的存在。保险之所以产生并不断发展和完善，就在于具有补偿风险事故所造成损失的功能，没有风险，也就没有保险；但保险只承保特定的风险事故。

(2) 多数经济单位的结合。保险是通过集合危险实现其补偿职能的，即由多数人参加保险，分担少数人的损失，故保险以多数经济单位的结合为必要条件。

(3) 费率的合理计算。保险不仅是一种经济保障活动，也是一种商品交换行为。保险的费率如何制定，是不以人们主观意志为转移的，如果费率过高，就会增加被保险人的负担，从而失去保险的保障意义；如果费率过低，则使被保险人缺乏足额的保险保障。

(4) 保险基金的建立。保险基金是通过商业保险形式建立起来的后备基金，它是仅用于补偿或给付由自然灾害、意外事故和人生自然规律所致的经济损失以及人身损害的专项货币基金。

四、保险的类型

1. 自愿保险和法定保险

按保险实施的方式不同分为自愿保险和法定保险。自愿保险是保险人和投保人在自愿原则基础上通过签订保险合同而建立保险关系的一种保险。法定保险又称强制保险，是以国家的有关法律为依据而强制建立保险关系并实行的一种保险。

自愿保险与法定保险的区别在于：

(1) 范围和约束力不同。法定保险具有强制性和全面性，凡在法令规定范围内的保险对象，不论被保险人是否愿意，都必须投保；自愿保险的投保人是否投保则完全由投保人自愿决定。

(2) 保险费和保险金额的规定标准不同，法定保险的一般由国家规定的统一标准确定，自愿保险的保险费和保险金额则由投保人自行选定。

(3) 责任产生的条件不同，法定保险的保险责任是自动产生的，凡属法令规定范围内的保险对象，不论其是否履行投保手续，其保险责任自动产生；自愿保险的保险责任则在保险合同成立时才产生。

(4) 在支付保险费和赔款的时间上，法定保险都有一定的限制；自愿保险仅仅在赔款方面有一定的限制。

2. 社会保险和商业保险

按保险政策不同分为社会保险和商业保险。社会保险是国家通过立法对社会劳动者暂时或永久丧失劳动能力，或失业时提供一定的物质帮助以保障其基本生活的一种社会保障制度。它是国家通过立法对工资劳动者遭受生育、年老、疾病、死亡、伤残、失业等风险时提供基本的生活保障，是由法律规定的将某些社会风险转移于政府或某一社会组织的一种风险管理措施。商业保险是投保人根据合同约定，向保险人支付保险费，保险人对于合同约定的可能发生的事故因其发生所造成的财产损失承担赔偿保险金责任，或者当被保险人死亡、伤残、疾病或达到合同约定的年龄、期限时承担给付保险金责任的保险行为。

3. 原保险、再保险、重复保险、共同保险

按业务承保方式的形式不同分为原保险、再保险、重复保险和共同保险。原保险是保险人与投保人签订保险合同，构成投保人与保险人权利义务关系的保险。它由投保人与保险人之间直接签订保险合同而形成的保险关系，即保险需求者将风险转嫁给保险人。再保险又称分保，是保险人将其承担的保险业务以承保形式，部分或全部转移给其他保险人的行为，即对保险人的保险。重复保险是投保人对同一保险标的、同一保险利益、同一保险事故同时分别向两个以上保险人订立保险合同，其保险金额之和超过保险价值的保险。共同保险是由两个或两个以上的保险人同时联合直接承保同一保险标的、同一保险利益、同一保险事故而保险金额之和不超过保险价值的保险，简称共保。

4. 单一风险保险和综合风险保险

按所承保的风险不同分为单一风险保险和综合风险保险。单一风险保险是在保险合同中只规定对某一种风险造成的损失承担保险责任的保险。如地震保险只对地震灾害负赔偿责任。综合风险保险是指保险合同中规定对数种风险造成的损失承担保险责任的保险，如我国企业财产险的保险责任就包括火灾、爆炸、冰雹、雷击、洪水等造成的损失。

5. 团体保险和个人保险

按保障主体不同分为团体保险和个人保险。团体保险是以集体名义使用一份总合同向其团体内成员所提供的保险，如机关、团体、企业等单位按集体投保方式，为其员工个人向保险人集体办理投保手续所建立的保险关系。个人保险是以个人名义向保险人投保的家庭财产保险和人身保险。

五、社会保险的概念

社会保险是国家通过立法对社会劳动者暂时或永久丧失劳动能力或失业带来收入减少提供一定的物质帮助以保障其基本生活的社会保障制度。社会保险包括

以下要素：

(1) 社会保险是一种社会保障制度。社会保障制度是由社会保险、社会救助、社会福利和社会优抚构成的社会基本制度，其中，社会保险制度又是核心，它主要包括社会养老制度、社会医疗制度、社会失业制度、社会工伤制度和社会生育制度等。

(2) 社会保险对象通常是社会劳动者（少数国家除外），而且社会保险实行的是强制保险，被保险人没有选择的余地。

(3) 社会保险承保的风险是社会劳动者因暂时或永远丧失劳动能力，或失业带来收入减少的风险，即劳动者由于年老、患病、工伤、失业、生育带来经济损失的风险。

(4) 社会保险的保障标准是对社会劳动者因暂时或永远丧失劳动能力或失业而带来收入减少提供基本生活保障。

(5) 社会保险是强制保险。它通过国家立法强制实施。获得社会保险是每个社会劳动者的权利，而缴纳社会保险费则是其义务。

六、社会保险与商业人身保险比较

社会保险制度是社会保障制度的核心，其资金来源是国家、单位、个人三个方面。社会保险对社会成员基本生活提供物质帮助；而商业人身保险是由保险公司按企业原则经营管理，要最大限度地赢利，国家对其征收有关税费。商业保险由全社会的成员自愿参加，费用由被保险人个人负担，可满足人们生活消费的各个层次的需要，保障水平相对较高。

社会保险同商业人身保险主要区别如下：

(1) 保险性质不同。社会保险是国家保障劳动者基本生活的一项社会政策，属于政策性保险，属于政府行为；商业人身保险属于商业性质，是商业保险的一种形式。

(2) 保险对象不同。社会保险的保险对象是法令规定的社会劳动者，有的国家甚至扩展到全体公民，凡法律规定属于社会保险的保险对象，都必须参加，社会化程度高；商业人身保险的保险对象较灵活，是一切自愿投保的国民，无论是劳动者还是非劳动者，均可投保，可由个人根据需要选择。

(3) 保险费的筹集办法不同。社会保险费按照国家或地方政府规定的统一缴费比例进行筹集，由国家、集体和个人三方共同负担，行政强制实施；而商业保险实行的是自愿投保原则，保险费视险种、险情而定。

(4) 保险关系的建立依据不同。社会保险是国家对劳动者应尽的义务，是属于劳动立法范畴；而商业保险是一种金融活动，属于经济立法范畴。

（5）保障水平不同。社会保险的保障水平是基本生活需要，商业人身保险的保障水平是满足人们的特定需要。

（6）保险金支付办法不同。社会保险金支付是根据投保人交费年限（工作年限），在职工资水平等条件，按规定付给，支付标准以保障基本生活为前提；商业保险金的支付是按照经济合同给付。

（7）保费的承担者不同。社会保险的保费通常由劳动者个人、企业和国家三方共同分担，商业人身保险的保险费则完全由投保人负担。

（8）管理体制不同。社会保险由各级政府主管社会保险的职能部门管理，其所属社会保险管理机构不仅负责筹集、支付和管理社会保险基金，还要为劳动者提供必要的管理服务工作；商业保险则由各家保险公司进行自主经营，属于企业行为。

（9）经营目的不同。社会保险不以营利为目的，而是为了确保社会安定、提高社会福利、促进经济增长、推动社会进步；商业人身保险必须以营利为目的。

（10）调整的法律依据不同。社会保险调整的法律依据是《宪法》、《劳动法》及有关的社会保障法律、法规，商业人身保险调整的法律依据是《保险法》及商业保险法律、法规。

七、社会保险的特征

社会保险作为由国家制定，通过立法形式强制推行的一种社会制度，具有以下几个基本特征：

（1）强制性。指社会保险是通过立法强制实施的，社会保障的内容和实施都是通过法律进行的，凡属于法律规定范围内的成员同社会保险机构之间就建立了社会保险关系，不必事先订立契约认可。强制性计划可以使公众在面临某些社会风险时比较容易得到保护，通过强制性可以减少随机和偶然性波动带来的影响。

（2）普遍性。指社会保险的实施范围很广，可以把劳动者普遍面对的风险都列入相关的保险项目。社会保险应在全社会范围内普遍实施，凡是符合法律规定的所有企业和社会成员都必须参加。

（3）福利性。指社会保险事业一般不以营利为目的，实施社会保险完全是为了保障社会成员的基本生活，为劳动者提供最低收入保障。另外，社会还根据被保险人的实际需要提供各种社会服务，如医疗护理、职业康复、职业介绍等。

（4）公平性。公平分配是宏观经济政策的目标之一，社会保险作为一种分配形式具有明显的公平特征。当风险出现时，社会对所有被保险人提供维持特定生活标准的给付，以满足他们的基本生活需要。在特定事件发生以及所有资格要求都得到满足后，按事先假设的需要支付。

（5）保障性。社会保险的保障标准是满足保障对象的基本生活需要，即当他们失去劳动能力或中断收入时，获得必要的物质帮助。因为社会保险的根本目的是保障人们的收入稳定、生活安定，从而安定社会秩序，促进经济稳定和社会进步，这是实施社会保障的最基本目的。

（6）互济性。社会保险通过法律的形式向全社会有缴纳义务的单位和个人收取社会保险费，建立社会保障基金，并在全社会统一用于帮助被保障对象，同时各项社会保险基金可以从统一基金中相互调节。这主要表现为被保险人缴纳的保险费在保险范围内进行地区之间、企业之间、强者与弱者之间、老年人与年轻人之间的调剂。

八、社会保险的作用

社会保险作为一种社会制度，在人类社会发展进程中扮演了重要的角色，发挥了积极的作用。具体表现在以下几方面：

（1）社会保险能发挥社会稳定器的作用。社会成员的老、弱、病、残、孕以及丧失劳动能力，是在任何时代和任何社会制度下都无法避免的客观现象。当风险事故发生时，许多社会成员因灾害事故损失和丧失收入而难以维持基本的生活条件，成为社会的一种不安定因素。社会保险就是当社会成员遇到这种情况时给予适当的补偿以保障其基本生活水平，从而防止不安定因素的出现。所以，社会保险在西方国家被称之为社会运行的“安全网”和“稳定器”。

（2）社会保险有利于保证社会劳动力再生产的顺利进行。劳动者在劳动过程中必然会遇到各种意外事件，如疾病、伤残、失业等。这样就会使劳动者失去正常收入，造成劳动力再生产过程的停顿。社会保险就是劳动者在遇到上述风险事故时给予必要的经济补偿和生活保障，使劳动力得以恢复。

（3）社会保险有利于实现社会公平。人们在文化水平、劳动能力等方面的差异，会造成收入差距。社会保险可以通过强制征收保险费，聚集成保险基金，对收入较低或失去收入来源的劳动者，给予不低于社会救济水平的保险津贴，可以保证他们的基本生活不致陷入经济困境，从而在一定程度上实现社会的公平分配。

（4）社会保险有利于推动社会进步。保险具有互助性的特点，社会保险更能体现出互助合作、同舟共济的精神。将劳动者有工作能力时的收入收取一部分用于积累保障基金，有利于均衡消费水平，维持一定的社会购买力。实行统一的社会保险制度，有利于不同地区、不同企业之间劳动力的流动，从而实现产业结构的调整，支持经济发展。

第二节 社会保险学的研究领域与研究方法

一、社会保险学的概念

社会保险学是研究社会保险活动及其发展规律的学科。作为一种观念形态，社会保险早就成为人们对未来社会的一种憧憬。作为一种社会制度，社会保险是工业革命以后第一次在欧洲成为社会现实。作为社会科学中的一个分支，社会保险学诞生于20世纪下半叶。

社会保险从出现到现在，虽然已有一百多年的历史，但是作为一门相对独立的学科仍然比较年轻。社会保险制度产生以来，曾帮助发达资本主义国家一次次走出经济危机，推动了这些国家的经济起飞，促进了它们的社会安定与进步。20世纪下半叶，社会保险制度成了许多国家的共同选择，发达国家相继宣布建立“福利国家”，走上工业化道路的广大发展中国家，也努力实施各自的社会保险制度。然而，高标准、超范围的社会保险政策，由于超出了国家的财政经济力量，导致“福利国家”模式遇到挫折。这样，在社会保险实践充分发展的基础上，作为社会保险实践的科学总结和概括，并反过来指导社会保险事业健康发展的新兴学科——社会保险学便应运而生了。尽管目前该学科的名称还不统一，比如有的国家开设了社会政策与管理课程，有的开设了社会服务研究课程，而更多的是设置了社会保险学、社会福利学。上述种种学科不过是从不同角度、不同范围对社会保险学进行了探讨。

社会保险制度是我国社会保障体系的主体。经过近20年的改革，我国初步形成了以养老、失业和医疗保险以及城市居民最低生活保障制度为重点的、独立于企业、事业单位之外的社会保险制度的基本框架。当前，无论是进一步探索基础理论、积极评介国外经验，还是分析实施难点、完善政策框架、为政府决策提供支持，都需要我们投入大量的人力、物力，对社会保险进行更加深入的研究。

二、社会保险学的研究内容

社会保险学作为一门新兴的应用型社会科学，其内容十分丰富。

（1）社会保险的基本特征。包括社会保险的概念、性质、特点、功能以及与其他学科的关系等，这是进行社会保险学研究的基础。

（2）社会保险的历史沿革。对历史的研究，可以总结出以往的经验和教训，认识社会保险发展的规律，通过对社会保险制度变革因素的分析，探索我国社会保险制度变革的总体思路。

（3）中国社会保险管理制度。通过对现阶段中国社会保险管理组织机构设置、主要职责安排及工作流程的分析，增强学生的感性认识，了解实际工作的重点、难点及今后可能变革的方向。

(4) 社会保险的基本原理。通过介绍世界各国社会保险的基本模式，进一步明确社会保险的基本原则和普遍规律，增强对实际工作的指导意义。

(5) 社会保险学的基本内容及其业务流程。主要包括养老保险、医疗保险、失业保险、工伤保险、生育保险等。

三、社会保险学的研究方法

(1) 比较研究。比较研究是一种具有广泛意义的科学研究方法，它大致可以分为两类：一类是纵向比较，一类是横向比较。在社会保险研究中，“纵向比较”主要强调对一国社会保险在不同发展阶段上的相同点及其差异进行分析比较，从而总结出其发展过程的内在规律性。“横向比较”是通过对不同国家、不同民族社会保险制度的比较，研究它们形成的背景及各自的优缺点，其中有许多共同的东西对各个国家都普遍适用。比较研究要防止将不同国家不同历史阶段的社会保险政策进行简单类比。

(2) 调查研究。调查研究的基本方法包括调查材料的方法和研究材料的方法。调查大体分为普遍调查、抽样调查、典型调查、重点调查、个别调查等基本类型；调查的主要方法有文献调查法、实地观察法、访问调查法、集体访谈法、问卷调查法、实验调查法等方法。研究材料的方法分为统计方法和思维方法两类。调查研究法体现了西方传统实证主义的研究方法。所谓实证主义方法，从它的方法论观点说，认为社会科学研究的对象即那些社会现象，是独立于调查研究者之外，而一切关于事实的知识都应以经验的实证材料为依据，不能实证的结论则是无意义的。在社会保险研究领域，通过调查获取真实的、客观的第一手资料，不加任何价值判断，这样才能为后续的政策研究提供事实根据与科学的论证。

(3) 实验研究。实验研究方法适当控制无关变量，以随机化原则在严格控制下进行，经过一定时间，对效果进行比较分析，从而得出结论。实验研究很精确，但对环境要求过于理想化，要花费较多的人力、物力和时间去控制对象和环境。对于实施社会保险政策实验而言要进行有效控制是很难的，实践中往往采取局部试点的办法解决。

(4) 数理统计和经济分析方法。社会保险离不了大量的数据工作，包括人口的、医疗的、经济的以及应用数学的数据工作。只有应用统计学的手段对这些数据进行研究，才能保证社会保险运行的科学性，提高管理的水平。常用的方法包括市场分析、盈亏转折分析、成本分析、成本效益分析、资金平衡分析等。

四、学习和研究社会保险学的意义

第一，学习和研究社会保险学，可以使我们充分认识社会保险在国民经济和社会发展中的地位和作用。在国民经济和社会发展中，社会保险具有“安全网”和“稳定器”的功能。建立和完善社会保险制度，对于建立社会主义市场经济体系，加快改革步伐，维护广大职工合法权益，保证社会经济温度发展具有重要作用。

第二，学习和研究社会保险学，可以使我们正确理解和自觉贯彻社会保险政策。社会保险学理论是政府制定社会保险政策的理论基础，掌握社会保险理论，坚持理论与实际相结合，不仅有助于政府制定正确的社会保险政策，而且有助于正确地理解社会保险政策，提高贯彻执行医疗保险政策的自觉性，减少盲目性。

第三，学习和研究社会保险学，可以使我们不断提高社会保险科学管理水平。社会保险管理同其他任何事业管理一样，也是一门科学，也有规律可循，也要按规律办事。当前，社会保险制度正在我国全面推进，面临诸多困难和问题，这就需要我们努力学习，深入研究，积极探索，提高管理水平，使我国社会保险制度日臻完善。

第四，学习和研究社会保险学，可以提高我们学习、借鉴国外经验、教训的自觉性。社会保险制度已成为各国社会制度的重要组成部分，认真学习其他国家在建立、完善社会保险制度中的经验、教训，促进形成具有我国特色的社会保障模式。

第三节　社会保险与相关范畴

一、社会保险与社会保障

社会保障是国家依法采取强制手段对国民收入进行再分配，建立防范国民经济风险的保障制度的统称，具有维护社会稳定、保持社会公正、促进社会进步等方面的重要作用。我国的社会保障体系包括社会保险、社会救济、社会福利、优抚安置和社会互助等方面。社会保险是社会保障的主体，但不是社会保障的全部。社会保险是利用现代保险的“责任共担”的原理，由被保险人缴纳保险费形成保险基金，当劳动者及其亲属因劳动者年老、疾病、工伤、失业、生育等风险引起经济损失时，即可用此保险基金给予参保人及其受益人经济补偿和帮助的社会保障制度，它体现了一种权利与义务相对称的原则。两者主要有以下区别：

(1) 社会保障的范围比社会保险广，社会保障是一个大概念，它涵盖了社会保险、社会救济、社会福利等内容。社会保险仅是社会保障的一部分。

(2) 社会保障的对象比社会保险广。社会保障面向全社会成员，享受的条件是老弱病残且没有固定收入，无依无靠、无法生活或者有固定收入但不能维持最低生活需要的城乡居民。而社会保险则只面对有工资收入的劳动者，享受的条件是暂时或永久丧失劳动能力或失业者。

(3) 社会保险经费来自于国家、企业、个人三方面，而其他社会保障的经费来自于政府的财政或社会的援助。

(4) 社会保险实行缴费制度，只有先进行劳动并有特定的主体履行了缴费义务才能享受社会保险，而其他社会保障的享受并不需要承担劳动和缴费的义务。

二、社会救济、社会保险和社会福利

虽然发达国家与发展中国家在社会保障的范围和水平上存在着很大的差异，但大多数国家社会保障的基本内容均包括社会救济、社会保险、社会福利三大领域。社会救济、社会保险和社会福利三者之间既有联系，又有区别。

社会救济是社会保障的一部分，是对社会特殊困难群体提供物质支持和扶助的保障制度。社会救济面向贫困人口和临时遇到困难人口，是以保障生存水平为目标的最低生活保障制度。按保障层次划分，它是保障困难群体的生存线。社会救济是社会保障的最低层次，其对象是社会中的最弱者，这些弱者因为其自身的原因或不可抗拒的外因，暂时或在相当长的时间内生活困难。社会救济的目的是保证他们能够得到基本生存条件。社会救济在工业革命前已长期存在，但不同的是，现代社会往往通过立法确定社会救济的对象和救济标准，这样就减少了社会救济的随意性，提高了社会救济的及时性。

社会保险一般包括养老保险、医疗保险、失业保险和工伤保险等，其对象主要是劳动者；其目的是帮助劳动者在暂时或永久丧失劳动能力时，仍能保障其基本生活水平。按保障层次划分，它是保障参保群体的温饱线。社会保险是运用社会性保险的方式，根据大数法则的原理来分担风险，所以社会保险是工业化的产物。社会福利是社会保障的一部分，是为国民提供生活和服务保障，不断改善和提高人民物质和精神生活水平。

社会福利分为国家福利、地方福利、单位福利、社区福利和社团福利等，涉及教育、住房、公共卫生、环境、文体娱乐等方面。社会福利面向全社会成员，是以提高保障水平为目标的保障制度。按保障层次划分，它是社会成员的享受线。社会福利是社会保障的最高层次，其对象是全体公民；社会福利所涉及的范围很广，不同的经济发展水平、不同的经济体制、不同的国家之间有很大差别。但从广义上讲，社会福利的目的是相同的，都是为了提高全社会成员的生活水平和生活质量。社会福利水平的差异，主要取决于一个国家的经济发展水平。

三、社会保障与其他社会制度的关系

这里提到的其他社会制度，主要包括家庭和慈善事业。社会保障与家庭制度的相互影响很早便受到关注：法国在第一次世界大战后设立儿童津贴，目的是要鼓励生育，增加家庭人口的数目；日本的社会保障制度，直到 1957 年才设立全民性的退休金计划，顾虑的是退休金的设立会削弱家庭的功能，子女不再承担供养父母的责任。

社会保障为生、老、病、死等人生困难提供了解决的办法，与家庭发挥的功能有重叠的情况。过去对社会保障与家庭之间的关系采取因果的看法：有了社会保障，家庭的作用减弱了。但有人认为，家庭无法延续本身的作用，社会保障才有设立的必要。不过，无论哪个是因，哪个是果，都是把社会保障与家庭关系看成直线关系（linear relationship），但实际情况不都是这样。

现代社会保障制度于 19 世纪末逐渐成形，主要的推动力量是工业社会带来的不稳定性，特别是工人的工资可在本身无法控制的情况下随时停止。这种不稳定性是过往农业社会没有的，而家庭的功能也在这种不稳定的情况下出现了变化。因此，与其说社会保障与家庭有因果的关系，更准确的看法是把社会保障与家庭放在同一发展的轨迹上，两者同时受到工业化和现代化的影响，而两者的关系则要视乎个别社会的特殊情况而定。

举例而言，欧美等国的家庭制度早在 20 世纪初已出现了变化，所以社会保障代表了另一种新的契约关系；但日本等东方社会，就是在工业生产高度发展后，家庭仍在一定程度上保持了固有形式（现在日本一半老人仍与子女同住），所以社会保障只发挥了补助性的作用，并未完全取代家庭的作用。

当然，以上的比较也是相对性的，实际的情况是社会保障与家庭互补不足，不同社会只是在程度上有差异。因此，在制定社会保障政策时，最重要的是确保社会保障和家庭都能发挥本身的作用，产生互补的功效。

社会保障制度的成立，无疑把许多自发性的慈善活动的重要性降低了，但慈善事业不会消失，当社会上有了完整的社会保障制度，慈善事业必须寻找新路径，在社会保障无法涵盖的范围之外发挥作用。

四、政府、企业、市场、社会四者的关系

社会保险、社会救济、社会福利同是社会保障体系中的一部分，但处于不同的保障层次。政府、企业、市场、社会都要为社会保障承担责任，但管理服务的

范畴不同，程度不同，发展空间不同。如果相互替代，会造成或政府职能偏离，或保险范围偏离，或社会救济性质偏离，或福利水平偏离，一定要把握好它们的内涵和外延。政府的职责是建章立制、部分出资、政策扶持、管理监督和公共服务，要给企业、社会、市场留有发展空间。社会救济与社会福利，从个人角度来看，其权利与义务是不对等的，均为纳税人对社会的贡献。社会成员可以同等享受社会福利，并不依照纳税多少，但社会救济则是有限制条件的。社会保险是政府行为，带有强制性，坚持权利与义务对等原则，对参保人进行保险。缴费标准应根据缴费单位和个人的承受力来定，各地政府可按照中央政府制定的参保下限，根据实际情况而定。社会保险与商业保险不同，尽管社会保险中有个人储蓄，但主要不以营利为目的。商业保险属市场行为，是自愿投保，谁投保，谁受益。社会福利水平要根据社会经济发展水平和社会成员的需求而定，主要是政府行为，也提倡和鼓励社会参与。

五、社会保险和公积金

社会保险和公积金都是政府行为，都具有单位和个人共同负担、不营利、强制实施的特点。但两者又有着根本的区别：公积金属于储蓄性质，储蓄多少享受多少；而社会保险除了具有缴费越多享受越多的特点外，还具有福利性。譬如，张三和李四分别参加公积金和社会养老保险，单位和自己每月合计缴 100 元，15 年后退休，参加养老公积金的张三只能一次性领取 20 000 元，供退休生活使用，以生活 10 年计算，每月有 167 元。参加社会养老保险的李四则可以每月领取退休金 301 元，领取到死亡，并且随着社会发展水平提高，退休待遇也会提高。从以上比较可知，社会保险比公积金更具有优越性。

六、保险与储蓄

保险与储蓄在性质上有极大差异：保险所着重的是危机的分担，有广泛的社会含义；储蓄是个人的行为，是未雨绸缪，并不涉及阶层间的互动关系。不过，从另一角度看，无论是保险或储蓄，都是个人对于未来可能出现的危机作准备，特别是应对一些可导致收入中断的困难。因此，保险和储蓄的保障功能是一致的，同样地要求个人为未来的需要现在付出代价。

保险与储蓄两种形式的优劣，很难在社会上取得共识。但只要留心考察近年社会保障的发展，都会发现不少国家正把两者结合起来，并因经济和社会环境的转变，让保险和储蓄两种形式各自发挥作用。其中最明显的例子，是过去以社会保险形式为主的退休保障制度，今天都加入了个人储蓄的成分。

社会保险的弱点是无法准确预测计划所涉及的风险，特别是当一些重要的事项出现变化时，如寿命比预期延长，承担的责任和开支便会急速增加，有关计划在财务上变得不可行。因此，现在以社会保险推行的退休金计划，一般都以固定供款（defined contribution）为准，改变了过去固定年金（defined benefit）的模式，一些则把退休金的金额降至仅足糊口的水平。

相对于社会保险，个人储蓄保障的好处是个人对自己的风险有更大责任感，并为着自己的需要作出充足的准备。当然，这种假设只适合于部分收入较高人士，让他们按照自己的能力来决定未来。此外，储蓄积累的资金是要管理的，以求赚取合理的回报。

➢本章小结

风险是损失的不确定性，探讨风险本质，加强风险管理是人类社会健康发展的需要。

保险是投保人根据合同约定，向保险人支付保险费，保险人对于合同约定的可能发生的事故依据其发生所造成的财产损失承担赔偿保险金责任，或者当被保险人死亡、伤残、患病或者达到合同约定的年龄、期限时承担给付保险金责任的商业保险行为。保险的基本原则包括最大诚信原则、保险利益原则、近因原则和损失补偿原则。

社会保险是国家通过立法对社会劳动者暂时或永久丧失劳动能力或失业带来收入减少提供一定的物质帮助以保障其基本生活的社会保障制度。具有强制性、普遍性、福利性、公平性、保障性和互济性等特点，在国民经济和社会发展中发挥着重大的作用。

社会保险学诞生于20世纪下半叶，是一门相对独立且比较年轻的学科。我们可以采取比较研究、调查研究、实验研究和数理统计与经济分析的方法进行研究。学习和研究社会保险学，可以使我们充分认识社会保险在国民经济和社会发展中的地位和作用，正确理解和自觉贯彻社会保险政策，提高我们学习、借鉴国外经验、教训的自觉性，并增强我们解决现实问题的能力。

➢关键术语

风险　保险　社会保险　福利国家　比较研究　调查研究　实验研究

➢案例 社会保险的两大支柱——经济学和劳动法学

经济学是社会保险学的重要基础学科。社会保险学探讨一系列理论与实践问题，如社会保险事业产生的历史和发展过程、社会保险基金的建立和运用、社会保险金的筹措、投保制社会保险中劳动者个人与企业投保比例的设计、国家财政支出与社会保险支出的相互关系、“贫困线”或最低生活标准的制定与社会保险费（税）率的制定等。社会保险收支被视为社会收入再分配的重要杠杆。

劳动法学是研究调整劳动关系的法律规范的科学，其研究的法律规范规定着用人单位和劳动者在劳动方面的各种权利和义务关系，社会保险是实现劳动者的权利和义务的重要内容之一。社会保险学也必须吸收劳动法学研究的最新成果。

【讨论题】

在社会保险课程的学习过程中，如何正确引入经济学和劳动法学内容，并将其与社会保险制度建设和改革的学习内容紧密结合？

复习思考题

1. 风险、保险、社会保险的概念分别是什么？
2. 试述风险的基本要素及其相互关系。
3. 试述风险管理的目标和基本程序。
4. 社会保险的特性有哪些？
5. 试述社会保险、社会救济和社会福利的相互关系。
6. 学习和研究社会保险学有什么意义？

第二章

社会保险历史沿革

作为一种社会保护制度，社会保险在西方国家已经存在100多年了。在实践中，各国探索出了各种类型的社会保险模式。中国正在加快建立新型社会保障制度尤其是社会保险制度的步伐，因此，很有必要认真学习、借鉴其他国家的经验、教训，根据本国的经济水平、经济体制、政治、文化和历史传统，做出科学的选择。

第一节　社会保险的产生与发展

一、社会保险的产生

在西方社会漫长的历史演化进程中，以政府干预为特征，采取以社会保险为主要制度形式的社会保护制度，仅仅是近代的产物。长期以来，主要是通过家庭、教会组织、医院、各类自愿互助组织、私人保险制度和政府社会救助的方式来解决和协调各种社会矛盾，维护社会稳定。由于西方特定的社会结构和家庭结构，使教会救助和私人互助制度弥补了家庭结构的脆弱和家庭保障的缺陷，使之成为西方社会介于个人和集团两个极点之间的极为重要的社会组织形式，发挥了十分重要的社会保护功能。社会保险不过是在特定历史条件下，政府对传统自愿互助制度和私人保险制度强制干预的产物。

伴随着工业革命，储蓄和私营保险在19世纪得到发展。从1818年起，最初的储蓄所建立起来，但储蓄和保险技术只能服务于最幸运的人。为了储蓄或参保，必须得有收入，而最需要储蓄或参保的人往往是收入最微薄的人。对于个人来说，储蓄与可能的风险不成比例。储蓄和私营保险不足以为大多数人提供社会保障。一方面，因建立在自愿的原则之上，它聚集的人数甚少；另一方面，这是一项商业行为，保险机构在追求利润，支付雇员和经纪人的佣金，用一部分收入做广告的同时，增加了参保的成本，并通过评估风险限制了保险的范围。在19世纪的社会里，团结互助在家庭的范围里进行，但在因掌握家庭财产而有权利的老人和因遭受贫穷打击而仅拥有唯一资本——廉价劳动力的人们之间存在差别。新的城市无产阶级因年迈且无财产而陷入贫困，当他们无法工作时，主要求助慈善机构。

作为社会保障的一种形式，社会保险最初是伴随德国工业化的兴起和阶级矛盾的激化而产生的。当时，普鲁士宰相俾斯麦着手建立疾病和工伤保险制度，其目的是为了平息日益高涨的工人运动，废除本国的社会主义政党，以缓和日益紧张的阶级矛盾，国家承担推动所有成员，尤其是弱者和需要者的福利的使命。随之而来的是为了维护工业领域的工资在一定数额以下的工人的利益，颁布了三项有关医疗保险（1883年）、工伤事故保险（1884年）、残废和养老保险（1889年）的根本法律。这三项法律的主要功绩是引入了强制性保险。

在法国，1898年4月9日关于工伤事故的法律构成普通劳动者强制性参加社会保障的第一个条文。它建立在雇主责任制的原则上，雇主从受薪者的工作中受益，因此必须承担工作带来的风险。所有因工作合同与雇主相联系的人，法律规定有权因工作事实或工作时遭受的事故而受到赔偿，赔偿由雇主负担，而雇主自由或直接承受法定赔偿金的负担，或借助于保险来承担自己的义务。

在第一次世界大战结束后，法国出现了建立与德国社会保险类似的制度的需要。法国1928～1930年的法律建立了一项强制性的社会保险制度，在疾病、生育、残疾、年老、死亡时发放补助金。1932年3月11日的法律使家庭补助金的支付成为强制性的。家庭补助金体制的总体改革通过家庭法典（1939年7月29日政令）得以实现。1941年3月14日的一项法律为不拥有足够收入并符合受薪期限的某些条件的老年人建立了老年受薪劳动者补助金。

1935年后，社会保险得到了普遍的发展。在罗斯福总统的领导和主持下，1935年美国颁布了第一部社会保障法典《社会保障法》，它包括养老保险、失业保险、盲人补助、老年补助、未成年人补助等。至第二次世界大战结束，有50多个国家先后建立了社会保险制度，几乎所有西方国家都完成了有关社会保险的立法，设立了社会保险的主要项目和管理机构，这标志着社会保险制度最终形成。

进入20世纪中叶，社会保险的涵盖面进一步扩展，有些国家将某些项目的保险对象扩展到全社会；有些国家则实施普遍福利政策，如英国、瑞典。

二、社会保险的发展

1941年8月14日，《大西洋宪章》使用了社会保障一词。1944年，美国第26届全国劳工大会在《费城宣言》中正式使用了社会保障一词。1941年6月，英国首相丘吉尔任命英国经济学家威廉·亨利·贝弗里奇（1879～1963）为英国各部研究社会保险及有关福利联合委员会主席，负责考察和研究英国现行社会保险制度及有关福利问题并提出改革计划。1942年12月，该委员会提出了《社会保险和联合服务报告书》，即贝弗里奇报告，该报告认为贫困一般是诸如健康不良、失业或老年等特定因素的产物，提出“国家所组织的社会保险和社会救济旨在保证以劳动为条件获得维持生存的基本收入”。建议实行福利国家政策，即实行失业、残废、疾病、养老、生育、寡妇、死亡七项社会保险。按照他的计划，社会保障包括社会保险、社会救济和自愿保险三类。社会保险用以满足居民的基本需要，社会救济用以满足贫困需要，自愿保险用以丰裕居民的需求。报告在英国和西方世界引起强烈反响，成为战后英国推行福利国家社会立法政策的蓝图。西方国家后来把贝弗里奇报告所设计的社会福利计划称为“贝弗里奇式制度”，把推行这一制度的国家称为“贝弗里奇式国家”。

1. 英国社会保险制度的发展

战后初期，英国颁布了涉及有关社会成员生老病死，衣食住行等从摇篮到坟墓的一系列的社会保障立法。1948年，英国工党艾德礼政府宣称英国建成了福利国家，其后上台的保守党政府也把福利国家政策作为争取民心的旗帜。法国和德国等西欧国家也紧随英国之后，完善和扩大社会保障立法，相继建设福利国家。瑞典等北欧国家进一步发展了战前的社会保障措施，成为西方福利国家的楷模。

1945年6月15日，英国政府颁布了《家庭补助法》。1946年8月1日，颁布了《国民保险法》、《国民工伤保险法》。1946年11月6日，英国政府又颁布了《国民保健法》，它明确规定“建立一套广泛的保健服务制度，以确保改善英格兰和威尔士人民的身心健康，为他们预防、诊断和治疗疾病。”除了明确规定收费外，“所提供的服务”“一律免费”。

从1948年7月开始实施的这一立法，使英国成为世界上第一个实行全民医疗的西方国家。1948年7月5日，英国政府还颁布了《国民救济法》。英国政府的这些“福利国家”措施，使它成为当时西方国家拥有社会保障立法最为完备的国家。它既是一百多年来英国工人阶级和劳动大众长期斗争的胜利成果，也是资产阶级和工人阶级、劳动人民和其他受雇人员间的一种妥协，同时，它又是统治阶级为了稳定政局进行财富再分配的一种手段。社会福利越高，当然受雇人员要缴纳的赋税也相应增加。

1951～1964 年保守党执政时期，并没有改变扩大和完善社会保障制度的总趋势。在 20 世纪 60 年代英国经济相对迅速发展时期，社会保障制度进一步发展。

第二次世界大战后，英国社会保障的一个重要特点是全民保障和全面保障。英国居民，甚至在英国居住的外国人，都不同程度地受益于全民和全面社会保障制度。英国 20 世纪 80 年代发放的各种津贴和补助有 50 种左右。由于社会保障的现实受益者，主要是低收入者、家庭、老年人、失业者和病残人，所以有人认为，英国的这种社会保障是这一代人保上一代人，收入高些的人保低收入的人，有工作的人保没有工作的人，年轻人保老年人，身体健康的人保病残人。

2. 德国社会保险制度的发展

在整个西方国家中，德国的社会保障体系和立法历史最久，实施最早，但由于希特勒法西斯主义的肆虐，20 世纪 50 年代中期后才逐步完善社会保障制度，并形成“福利国家”。

总体上，德国的社会保险经历了第二次世界大战前的稳定发展和战后的大发展两个时期。在战前的稳定发展时期，社会保险主要是为了保障每个社会成员在遭受各种意外风险后的基本生活，以缓和阶级矛盾，保持社会稳定。在战后的大发展时期，德国政府不仅强调社会保险对保障每个公民基本生活的作用，而且提出社会保障程度作为社会福利国家的重要标志，是国家实施社会政策和进行国民收入再分配的重要手段。概括起来，联邦德国的社会保障分社会保险和社会救济两大类。在社会保险方面包括：养老保险、医疗保险、失业保险、工伤保险和失业救济。联邦德国社会福利保障制度的特点是：在生老病死、伤残孤寡、教育、就业、失业等各个领域，均有促进、鼓励、保险、赔偿、补贴及救济等各项配套立法。它以社会承担为主，2/3 的开支由具有法人地位的各种社会保险机构来承担，其余由政府和慈善机构负责。

3. 美国社会保险制度的发展

当代美国政府的社会保障政策，大体上分为两个阶段：1945～1969 年为美国政府推行社会保障的继续和发展时期，1970 年以来则开始了社会福利保障制度的调整时期。

1945～1969 年是美国罗斯福社会福利保障政策的继续和发展时期。杜鲁门政府继续罗斯福新政的社会福利保障政策，其间最为重要的是杜鲁门签署了 1946 年 2 月 20 日的《就业法》，宣布政府有责任“为那些能够工作、愿意工作和正在工作的人提供有益的就业机会”。艾森豪威尔政府对美国社会福利保障的管理进行了调整，扩大了福利保障的范围，特别是在 1956 年 8 月 1 日签署社会保障修正法案，将 1939 年的老年遗族保险制度增补为老年遗族残疾保险制度。

1958年9月2日艾森豪威尔总统又颁布了《国防教育法》，这是为改变美国基础教育的落后局面而采取的重要决策，是联邦政府对全国所承担的一项重大教育义务。

在20世纪60年代美国经济繁荣时期，社会保障的规模进一步扩大，项目进一步增加。肯尼迪政府开辟了社会福利保障的新领域，提出了反贫困战略。林登·约翰逊继任总统后则把社会福利保障推向了新的高峰，它集中表现为提出“伟大的社会”计划，宣布“向美国的贫困无条件开战”。1964年8月20日，约翰逊总统签署了国会通过的具有重大意义的《经济机会法》，这是一个综合性的反贫困立法。1965年7月30日签署了关于老年人的医疗照顾和援助法案，这是作为保险性质的医疗照顾和作为救济性质的医疗援助相结合的妥协产物。它强调医疗照顾自愿参加，是一种公私混合型的老年医疗保险。1964年通过《食品券法》和《儿童营养补助法》，确立国民基本食品保障政策，一改30年代大危机时期销毁剩余农产品的处理方法。约翰逊宣称做“教育总统”，实施联邦政府援助教育的保障政策，在其任内通过了包括1965年4月11日《中小学教育法》和1965年《高等教育法》等在内的40多个有关教育的法案。在人力政策方面，实施关于青年职业培训和再培训计划，包括职业队计划，邻里青年俱乐部计划和美国志愿服务队计划。在社区行动计划方面实施了对低收入家庭儿童的良好开端工程和跳班计划。进一步改善和发展城镇居民住宅，1965年8月10日通过了《住房和城市发展法》，对住不起体面住房的穷人给以租金补贴。1968年4月10日总统还签署了开放住房的法案，规定在10年内为低收入家庭提供600万套补助住房，并禁止在购买和租用住房时的种族歧视，1966年又签署住房拨款法案，用以帮助穷困的城市。在扩大和完善社会保险项目、重振落后地区方面，还要特别提及1964年提出的阿巴拉契亚山脉地区发展法案，该法案旨在帮助美国最贫困的地区尽快脱贫。从杜鲁门政府到约翰逊，都进一步强化和扩大了社会保障的力度、广度和深度。

20世纪70年代以来，由于经济滞胀和社会保障过度而出现新问题，美国社会福利保障进入了调整巩固的新时期。尼克松政府提出了新联邦主义的主张，它包括改社会福利政策，变救济性福利为工作性福利；实施就业培训计划，为寻找新工作创造条件；改革医疗保险制度；改革政府管理社会福利保障的权限，推行岁入分享计划；实行综合治理环境政策；精简政府的社会保障机构。1972年10月国会通过了分享税收的《州和地方财政援助法》，赋予地方当局在组织福利方面更多的权力，这是一个各种利益集团妥协的产物。作为一般税收分享计划，由联邦政府将资金直接拨到州和地方，依据财产、人口和财政状况来支援贫困地区。作为特别分享计划，需要按规定的程序办理专项用途，不得挪作他用。1970年12月30日，美国国会通过了《美国国家环境政策法》，这是一部有关国家环境政策的根本大法，它规定："保证为全体美国人民创造安全、健康富有生产力并在美学和文化上优美多姿的环境。"从此，美国依据这部法律，使环境保护走上了法制化轨道，环境政策成为社会福利保障的重要组成部分。

卡特政府继续进行了社会福利保障制度改革的探索，他主张实行灾祸保险，对享有福利待遇的人规定严格的工作条件，防止滥用医疗经费。1977 年 8 月 6 日，卡特宣布了推行工作福利计划，即更好地工作与收入计划，把工作与福利紧密结合，以求缓解失业和减少福利开支，他认为工作、工作、再工作是从根本上解决福利负担问题的重要途径。

里根、布什政府任期一改新政以来扩大社会福利和联邦政府干预政策，开始紧缩社会福利规模，并逐步转入私人经营轨道，以减轻联邦政府的沉重负担。决策者削减了一些社会保障项目，尤其是"随意性"的社会福利开支，其中包括削减对抚养未成年儿童家庭的补助项目，减少联邦对州和地方政府在医疗补助方面的资助，取消在食品券方面联邦对州和地方政府的补贴，在住房方面逐步增加租赁者交付房租的份额，强调州和地方政府要承担社会保障的某些责任，推动私营福利事业的发展，给予私人养老金计划更多的税收优惠。

三、社会保险体系

社会保险体系是指现代国家为使劳动者在其劳动生涯和整个生命周期不受必将遇到的种种风险所带来的连累和折磨而从整体上做出的统一设计。从多数国家实施社会保险的过程分析，通常由工业领域而逐渐推广到其他产业，由低收入人群而推广到高收入人群，由受雇佣者而推广到自雇者。根据各国的国情及经济发展的状况，一般而言，考察一国社会保险发展程度的高低，一方面看其承保对象的范围，另一方面看其给付项目的多少。

1. 承保对象

多数实施社会保险的国家，一般先以从事危险程度较大、发生灾害机会较多的体力劳动者为承保对象，然后逐步扩大到一般薪资收入的员工，进而再扩大到全体国民。因此，社会保险的承保对象可以分为以下四种类型：

（1）特定职业受雇人员。如公务人员保险以公务人员为承保对象，渔民保险以渔民为承保对象，船员保险以船员为承保对象等。

（2）一般受雇人员。凡是经常受雇于他人，从事某种职业的工作，以薪资收入维持生计的员工，都可以获得某种社会保险所提供的安全保障。这类被保险人通常是经济上的弱者，自己没有充分的能力应付各种危险事故，迫切需要各种社会保险。

（3）一般从业人员。凡是就业并参与经济活动的成员，不论从事何种职业，自雇者或受雇者，一律纳入承保范围。

（4）全体国民。基于社会安全为基本人权的观念，社会保险的承保对象应以全体国民为理想目标。

2. 承保项目

依据国际劳工局订立的《社会安全最低标准公约》规定，社会安全保障的种类包括九项：医疗给付、疾病给付、失业给付、老年给付、职业伤害给付、家庭给付、生育给付、残废给付及遗属给付。

从理论上讲，社会保险体系由七大部分组成：生育社会保险、疾病社会保险、工伤社会保险、残障社会保险、失业社会保险、老年社会保险和死亡社会保险。它为保障劳动者生活安定和社会稳定做出了贡献。但在实践中，各国出于本国国情，对社会保险体系构建的情况稍有差别。

大多数国家，把医疗社会保险、职业伤害社会保险和老年社会保险构建成保障社会生活安定的社会保险体系，使劳动者遇到种种风险后都能获得必要的收入补偿。比如，女性工作者因生育风险而失去工资收入时，可通过生育津贴形式从医疗社会保险获得收入补偿。劳动者因工负伤或染上职业病，丧失工作能力落下残疾，可通过一次性伤残赔偿、经常性收入补偿乃至负伤补偿从职业伤害社会保险获得基本生活保障。至于死亡，通过遗属补助形式，既可从医疗社会保险和职业伤害社会保险获得保障，也可从老年社会保险获得保障。

第二节 社会保险的模式

自从19世纪80年代德国建立和引入社会保险制度以来，不同程度的社会保险制度在世界各国如雨后春笋般地建立起来。作为市场经济制度的有效补充，它起到了“减震器”和“减压阀”的作用，在维护社会公正的同时，又促进了社会经济效率的提高，成为现代社会制度不可或缺的有机组成部分，受到不同经济和政治体制国家的普遍重视，形成了以养老、医疗、伤残事故、失业、护理等为主干的社会保险体系。下面重点介绍强制投保模式、福利国家模式、强制储蓄模式和国家保险模式①。

一、强制投保模式

强制投保模式是由雇主和雇员定期缴纳社会保险费，不足部分由政府补贴并使投保者享受社会保险金的一种社会保险模式。这种社会保险往往是强制性保

---

① 杨宜勇，吕学静等. 当代中国社会保障. 北京：中国劳动社会保障出版社，2005

险。一般说来，社会保险制度是在工业化取得一定成效、有雄厚经济基础的情况下实行的。其目标是国家通过制度设置为公民提供一系列的基本生活保障，使公民在老年、失业、疾病、伤残、生育或死亡而需要特别支出的情况下得到一定的经济补偿。这种社会保险模式的主要特征是：

（1）政府通过有关社会保险立法作为实施的依据。

（2）保险费用由个人、雇主、政府分担，并为强制保险。个人缴纳保险费，雇主缴纳社会保险税，政府以不同标准拨款资助。当然，其保险费的承担因险种不同而是否由个人承担以及承当的比例均不同。一般情况下，公民只有履行缴纳社会保险费的义务，才能享有领取社会保险津贴的权利。这种资金来源的多元化有利于形成规模化的社会保险基金，成为增强社会保险的巨大后盾。

（3）保险对象的覆盖面广，几乎包括了全体从业成员。

（4）社会保险的项目多少不一，在一定程度上解决了人们在遇到生、老、病、死、伤残、失业等风险的后顾之忧。

（5）保险的标准是保障国民的基本生活，即相当于风险事故发生前的生活水平。

该模式起源于德国，随后为西欧、美国和日本等国所仿效。该模式是发达国家比较典型的一种社会保险模式，由于能较好地贯彻权利和义务相一致的原则，因而为社会保险的长期稳定发展提供了经济保障。

二、福利国家模式

福利国家模式是在经济较发达、整个社会物质生活水平大幅度提高的基础上实施的一种覆盖非常全面的社会保险模式。由于该模式是福利国家所实施，故又称福利型社会保险制度。其基本目标是对每个公民由生到死的一切生活及风险（如疾病、老年、生育、死亡、灾害及鳏、寡、孤、独、残疾）均给予生活安全保障。该模式的主要特征是：

（1）社会保险政策是福利国家的一项主要政策，依法实施，并设有多层次的社会保险法院监督执行。

（2）保险对象是全体社会成员，强调福利的普遍性、人道主义和人权观念。

（3）福利支出基本上由企业和政府负担，个人不缴纳或低标准缴纳社会保险费。

（4）保险标准较高，保障项目齐全，一般包括“从摇篮到坟墓”的一切保障。

（5）社会保险的目的不仅仅是预防和消灭贫困，主要是维持社会成员一定标准的生活质量，加强个人安全感，而这种类型国家的社会福利均具有普遍适用性和统一标准性。公民只有享受社会福利的权利，政府则只有提供社会福利的义务。该模式是发达国家比较典型的又一种社会保险模式。它来源于福利国家的福利政策，起源于英国，其后在北欧流行，以瑞典为典型。

三、强制储蓄模式

强制储蓄模式是以自有为主、以促进经济发展为目标的社会保险模式。在该模式下，国家强制劳方或劳资双方交费，以职工名义存入储金局，计入个人账户，在职工退休或其他需要时连本带息返还给职工，它实际上是完全个人账户型社会保险模式。该模式的基本特征是：

（1）公共福利和文化设施由政府提供资助，保险费用由雇员和雇主负担。

（2）受保人之间不存在收入再分配，不能互助共济、共担风险。

（3）雇员和雇主投保，加上一定的利息，最后将本息一并支付给雇员，政府不做任何财政补贴。

该模式主要在新加坡、马来西亚、印度尼西亚等国实行，并在新加坡收到较好效果，受到许多国家的瞩目。这种模式可减轻财政负担，但保障程度有限，很难发挥社会共济的作用。

四、国家保险模式

国家保险模式是以公有制为基础的计划经济国家实施的一种社会保险模式。由于该模式是由政府统一包揽的，因而又被称为政府统包型社会保险制度。其宗旨是：最充分地满足无劳动能力者的需要、保护劳动者的健康并维持其工作能力。该模式的主要特征为：

（1）通过国家宪法将社会保险确定为国家制度，公民所享有的保险权利是由生产资料公有制保证的，并通过经济和社会政策的实施取得。

（2）社会保险支出由政府和企业承担，其资金来源由全社会的公共资金无偿提供，由于国家已事先做了社会保险费的预留和扣除，个人不再缴纳保险费。

（3）保险的对象是全体公民。宪法规定，每一个有劳动能力的人都必须积极参加社会劳动，为无劳动能力的一切社会成员提供物质保障。

（4）工会参与社会保险事业的决策与管理。

该模式的首创者与代表者是前苏联，20 世纪 90 年代以前的东欧大部分国家也采用该模式。中国于 20 世纪 50 年代参照该模式建立劳动保险制度，但由于财政能力有限，实际覆盖面较窄，只包括国营企业和国家机关事业单位的工作人员，到后期财政负担加重，保障程度难以提高。因而，我国从 1983 年开始不断改革原有的劳动保险模式。

第三节　我国社会保险制度沿革

一、我国社会保障制度的演变

中国的社会保障制度始建于20世纪50年代初。1950年颁布《救济失业工人的办法》，对解决旧中国遗留的失业问题发挥了积极作用。1951年颁布《中华人民共和国劳动保险条例》，包括养老、伤残、遗属、疾病津贴、医疗、工伤和职业病、生育待遇等保障项目。此后，国家颁布了救灾救济、优抚安置等一系列社会保障政策，并根据社会发展水平对有关政策进行了充实和调整。到20世纪80年代中期，社会保障的覆盖面局限于城镇地区，重点是国有企业。20世纪80年代中期以来，中国对社会保障制度进行了一系列改革：1984年开始企业职工养老保险制度改革；1986年建立了城镇失业保险制度；1994、1996和1998年分别开始实施生育保险、工伤保险和城镇职工医疗保险制度改革；1999年建立了城市居民最低生活保障制度；2002年开始建立新型农村合作医疗制度。社会保障制度的改革和发展，对促进经济发展和维护人民群众的社会保障权益发挥了重要作用。

改革前的中国社会保障制度，以公有制经济单位（城镇企事业单位与农村人民公社、生产大队）为实施单位，是以国家财政兜着（不会使经济单位破产）的“单位”保障为特色。它采用现收现付的运行方式，个人不直接负担保障费用，按照国家规定的社会身份（如干部、工人、农民等）实行差别化保障待遇。单位保障制度是计划经济体制的产物，与国有企业的性质密切相关，并成为政府与企业角色错位的典型体现。企业（单位）办社会形成了单位保障体制而不是“社会化”的社会保障制度。实行改革开放政策以后，单位保障制度越来越不适应企业竞争和劳动力流动的要求，迫切需要建立独立于企业之外的社会化的保障制度。

新型社会保障制度是社会化的社会保障制度，它不仅要促使职工从“单位人”转变成为“社会人”，而且制度本身要具有经济上的可持续性，并兼顾保障范围、水平和程度的公平性。因此，新的保障制度要改变单位负责、国家兜着的“完全”责任，筹集资金要从单一主体走向多元化，保障待遇与“贡献”挂钩而不是与“身份”挂钩，力求做到权利与义务的统一，公平与效益的统一。这正是我国社会保障制度在改革过程中逐步明确的目标，即建立独立于企事业单位之外、资金来源多元化、保障制度规范化、管理服务社会化的社会保障体系。

我国正在逐步建立三大支柱式养老保险体系，即国家基本养老保险，企业补充养老保险（又称企业年金）和个人储蓄养老保险的多层次养老保险体系。从文化大革命后（文化大革命前为完全积累制，由企业按职工工资总额的3%缴纳保险基金）的现收现付制转向现收现付制与部分积累制相结合，从资金来源单一化转向多元化，从管理服务单位化转向社会化。1995年，劳动部出台《关于建立企业补充养老保险制度的意见》，1997年国务院颁布《关于建立统一的企业职工基本养老保险制度的决定》，基本养老保险作为养老保险的“第一支柱”。2000年国务院颁布的《完善城镇社会保障体系的试点方案》，将企业补充养老保险更名为企业年金，采用个人账户积累模式，作为养老保险的“第二支柱”，国家鼓励但不强制。我国20世纪90年代发展商业人寿保险，个人储蓄养老保险作为养老保险的“第三支柱”。

1998年国务院颁布《关于建立城镇职工医疗保险制度的决定》，对公费医疗和劳保医疗进行改革，实行社会统筹与个人账户相结合的多层次保障；1999年国务院颁布《城镇失业保险条例》，适应市场经济体制；2001年，将国有企业下岗职工制度与失业保险制度并轨。企业离退休人员基本养老金走向社会化发放，企业离退休人员月均养老金水平不断提高，并向退休早、养老金水平较低的部分人员倾斜。

二、新型社会保障制度的建立

完善的社会保障体系是社会主义市场经济体制的重要组成部分，也是全面建设小康社会的重要内容。我国从20世纪80年代开始进行社会保障制度的改革。90年代中后期以来，随着国有企业改革的深化，中国社会保障制度的改革与建设步伐明显加快，目前初步建立起新型社会保障制度尤其是社会保险制度的整体框架。

（1）城镇企业职工养老保险制度由分散走向统一。1997年，国务院发布了《关于建立统一的企业职工基本养老保险制度的决定》，确定了统一的城镇企业职工养老保险制度。1998年政府机构改革确定劳动与社会保障部是管理社会保险制度的统一管理机构，行业统筹逐步移交地方，养老保险制度中长期存在的“条块分割”局面基本结束，城镇企业养老保险制度基本统一。

（2）城镇医疗保险制度改革逐步深化。医疗保险制度涉及投保双方与医疗机构、医药市场等多方面的复杂关系，导致其改革进程更加曲折。1998年国务院颁布了《关于建立城镇职工医疗保险制度的决定》，确定了城镇医疗保险制度的基本框架。

（3）失业保险制度改革迈出坚实步伐。作为经济体制转轨国家，如何消化数千万沉淀在国有企业“无效就业”的大量冗员，成为中国深化国有企业改革、加快市场化步伐必须迈过的一道“难关”。20 世纪 80 年代开始建立的待业（失业）保险制度，由于覆盖面窄、筹集比例低、基金规模小而难以担此重任。中国在不得已的情况下，采取了建立失业保险制度与国有企业职工“下岗”制度相结合、双管齐下的办法，以保障就业市场化过程中的社会稳定问题。1999 年，国务院颁布了《失业保险条例》，失业保险金的征缴比例提高，基金规模扩大，作用日益增强。从 2001 年开始，中国逐步取消作为过渡措施的国有企业职工“下岗”制度，将其与失业保险制度并轨。

（4）创立了“社会统筹与个人账户相结合”的具有中国特色的社会保险制度。在城镇职工基本养老保险与基本医疗保险制度框架内，设立个人账户制度，它是“基本”保险制度的组成部分，不是一般意义上的“补充”保险，从而构成了社会保险制度的“中国特色”。同时，它把社会保险基金运行的现收现付制度与基金积累制度结合起来，是一种“混账”管理的部分积累制度或者混合模式。这种改革方案在世界社会保障制度发展史上是一个新的尝试，但也面临着如何处理社会统筹与个人账户关系的难题。

（5）社会救助制度建设取得重大进展。传统社会救济制度主要是针对身体差、无劳动能力、无收入来源的特困人群，覆盖面很低。1993 年上海市率先建立城市居民最低生活保障线制度，随后这项制度逐步覆盖全部城镇居民，并扩展到有条件的农村地区。针对数量广大的农村贫困人口，中国实施了卓有成效的扶贫开发战略，成为国际上解决贫困问题的一个范例。

（6）社会福利制度在改革中得到一定发展。社会福利制度是较高层次的社会保障。近年来，国家一方面加大对优抚安置、残疾福利、妇幼保健等方面的投入力度，另一方面坚持社会福利社会办的原则，改变国家包揽社会福利事业的传统做法，积极动员社会力量、市场力量解决社会福利的资金短缺、机制不灵活等问题。各地坚持安置就业、扶持就业、自谋职业相结合的原则，逐步改革强制性安置部队转业军人的做法，加快了退役军人的安置进度。通过发展慈善事业、福利彩票等措施，扩大了社会福利事业的资金来源，使社会捐助工作走上经常性、规范化的轨道。

中国社会保险制度的改革进程一直非常艰难。20 世纪 90 年代初，中国明确提出由计划经济体制向社会主义市场经济体制转变的改革目标，到了 90 年代中后期国有企业改革进入攻坚阶段，遇到了两个突出问题：一是在经济结构调整中，数以千万计的国有企业职工下岗，在社会保障制度尚不健全的情况下如何保障他们的基本生活并帮助他们尽快实现再就业；二是数千万过去由企业管理的退休人员，如何在企业改制改组中保证他们按时足额领到基本养老金，使他们安度晚年。这两个问题不解决，势必影响国有企业改革和经济结构调整，还会引发社会矛盾。

针对这两个突出问题，中国政府在1998年做出实行“两个确保”、建立“三条社会保障线”的重大政治决策。“两个确保”，就是确保国有企业下岗职工基本生活，确保企业退休人员养老金按时足额发放。“三条社会保障线”，就是国有企业下岗职工基本生活保障制度、失业保险制度、城市居民最低生活保障制度。国有企业下岗职工基本生活保障制度的主要内容是：坚持职工下岗与社会承受能力相适应的原则，加强宏观调控，规范职工下岗程序；凡是有下岗职工的国有企业，都要建立再就业服务中心；下岗职工都要进中心、签订基本生活保障和再就业协议，由再就业服务中心负责保障基本生活、代缴社会保险费和组织再就业培训；下岗职工基本生活保障资金，盈利企业由本企业负担，亏损企业实行“三三制”，即企业、社会、财政各负担1/3，企业和社会筹集有困难的由同级财政予以保证；加强劳动力市场建设，强化再就业培训，实行优惠扶持政策，促进下岗职工再就业；下岗职工进中心期限一般为3年，期满未实现再就业的，与企业解除劳动关系，按规定享受不超过2年的失业保险待遇，失业保险期满后仍未就业的，可按规定申请享受城市居民最低生活保障待遇。这样由下岗职工基本生活保障、失业保险与城市居民最低生活保障组成的“三条保障线”，成为具有中国特色的社会保障体系的重要组成部分。尽管我们已提出了“社会统筹与个人账户相结合”的改革思路，但养老保险的“窟窿”问题、“空账”问题等，仍然向中国政府和社会亮出了制度“不可持续”的“黄牌”。

第四节　社会保险制度变革的因素

对安全的需求使人们通过各种方法和机制能够对抗其自身不能以正常的方式面对的险情。社会保险被制定为保证用于保护不同类型的人以抵抗某些意外情况的制度，它不是一个边界明确定义的概念，而是漫长设计的结果，建立在几项简单的原则基础之上，但它因国家不同而有不同的组织形式。在世界范围内，社会保险覆盖的领域或宽或窄，制度能及的范围通常是该国经济能力和历史的反映。但日益增多的单边或双边的国际交流有利于了解和明白各国的选择。

西方国家在改革调整方面经历了两个主要阶段。第一阶段，是20世纪80年代以来西方国家立足于现行制度框架，围绕抑制社会保险费用膨胀，扩大资金供给渠道，提高法定退休年龄等政策措施，力图维持现行制度的稳定运行。第二阶段，是20世纪90年代以来实施结构调整，构建多层次社会保险模式，鼓励和促进企业补充保险及私人保险计划的迅猛发展，逐步推行社会保险部分私有化的改革措施，改革的基本思路集中于寻求能促进经济增长的社会保险制度①。

① 林义．西方国家社会保险改革的制度分析及其启示．学术月刊，2001，(5)

目前世界上大多数国家和地区都建立了社会保险制度。然而，由于各国的经济、政治、文化和历史传统不同，不同的社会实体在政策取向、项目多少、给付标准及实施办法上虽有一定相似点，也存在着巨大的差异。不同社会保险模式的决定因素与经济体制的差异、经济发展水平的差异、文化的差异、市场经济的风格差异等因素密切相关。

综观关于社会保险改革的大量研究文献，可以概括出西方学者探索社会保险改革问题的若干政策思路：①在维持现有制度框架的前提下，围绕社会保险运行机制的各个方面展开分析和提出改革措施；②围绕社会保险运行机制的经济影响展开研究；③围绕构建多层次的社会保险模式展开研究。

西方国家 20 多年来社会保险改革的路径，给人们引发出若干值得思考的重要问题。从 20 世纪 80 年代对运行机制某些方面的调整到结构性改革、推进多层次社会保险的改革思路，再到社会保险私有化的改革走势，从不同角度、不同层面反映出西方国家社会保险改革的内在发展轨迹，反映出西方社会宏观发展路径正面临转折的某种趋势，反映出西方社会自工业化以来面临新的重大转折的种种迹象。

一般来说，一国社会保险制度的变革主要受以下因素的影响：

（1）经济体制的差异，比如是计划经济体制，还是市场经济体制。一般说来，国家保险模式的社会保险与计划经济模式密切相关。许多发展中国家处于经济体制转型期，选择国家保险模式社会保险的可能性越来越小。

（2）经济发展水平的差异，比如是发达国家，还是发展中国家。其中福利国家模式社会保险一般与经济高度发达有着密切的关系，而发展中国经济发展水平普遍偏低，一般不可能选择福利国家模式社会保险。

（3）文化的差异，究竟是采取个人账户式、社会账户式还是混合模式来管理，这里牵涉到对政府的信任程度。由于东方文化与西方文化之间的差异，强制储蓄模式社会保险与东方文化密切相关。

（4）市场经济的风格差异，这与一个国家政府和市场的关系类型密切相关，比如是完全个人主义的市场经济，还是相对集权的市场经济。强制投保模式的社会保险一般与较为自由的市场经济有关[①]。

每种社会保险模式各有利弊，具体采用哪一种保险模式，要根据本国的经济水平、经济体制、政治、文化和历史传统选定。中国已开始逐步建立社会主义市场经济体制，必须建立符合社会化要求、利于资源有效配置和社会稳定的统一的社会保险制度。中国目前经济发展水平较低，并且发展不平衡，财政承受能力有限，同时还要考虑经济体制转轨的因素，近期和中期目标应该完善强制投保为主、强制储蓄为辅的社会保险模式。

---

① 杨宜勇．社会保险模式的选择与中国．中国社会保障网．http://www.cnss.cn.2006-10-15

➢本章小结

在西方社会漫长的历史演化进程中，以政府干预为特征，采取社会保险为其主要制度形式的社会保护制度，是伴随着工业革命，政府强制干预的产物。社会保险作为社会保障的一种形式，是19世纪80年代在德国首先产生并形成的，1935年美国颁布了第一部社会保障法典《社会保障法》，至第二次世界大战结束，有50多个国家先后建立了社会保险制度，几乎所有西方国家都完成了有关社会保险的立法，设立了社会保险的主要项目和管理机构。

进入20世纪中叶，社会保险的涵盖面进一步扩展，有些国家将某些项目的保险对象扩展到全社会；有些国家则实施普遍福利政策，并相继建设“福利国家”。在实践中，各国出于本国国情，对社会保险体系构建的情况稍有差别。我国已经构建成包括疾病、生育、职业伤害、失业、老年和遗属社会保险在内的完整的、科学的社会保险体系。

社会保险制度已成为现代社会制度不可或缺的有机组成部分，包含强制投保模式、福利国家模式、强制储蓄模式、国家保险模式的四大保险模式。

中国的社会保障制度始建于20世纪50年代初，从20世纪80年代开始进行社会保障制度的改革。90年代中后期以来，初步建立了新型社会保障制度尤其是社会保险制度的整体框架。

不同社会保险模式的决定因素与经济体制的差异、经济发展水平的差异、文化的差异、市场经济的风格差异等因素密切相关。具体采用哪一种保险模式，要根据本国的经济水平、经济体制、政治、文化和历史传统选定。

➢关键术语

社会保险体系　社会保险模式　多层次养老保险体系　社会统筹与个人账户　三条保障线

➢案例　法国社会保险改革

在1945年的法国社会保险计划得以实施以及1967年组织机构的大改革之后，1996年标志着法国社会保险的转折点及新阶段。1996年的改革并未以同样的程度涉及所有的社会保险分支。所有分支的改革的共同点涉及普通体制的组织机构；其余的涉及对医疗支出偿还的条件。

关于组织机构的措施一方面涉及国会的作用，另一方面带来技术性的部署。

今后，国会在决定社会保险部署方面的地位得到认可，这是长期发展的结果。长期以来，国会表示了参与监督总预算比国家预算还多的社会保险预算的支出的愿望；如果说国会定期收到全国为社会事物所作努力的信息资料，如果说国会也能就有关问题进行辩论，而实际上国会却没有任何决定权。为了国会具有决定权，首先必须修改宪法，这就有了 1996 年 2 月 22 日的宪法。它授权国会决定每年社会保险收支平衡的总条件，并根据收入预测制定支出目标的权利。该法律还明确表示国家审计法院将帮助国会和政府执行他们的监督职能。

1996 年 7 月 22 日，第 96-646 号执行法律具体实施确定社会保险投资法体制的宪法。《年度投资法》批准社会保险和公众健康政策的大方向，批准决定收支平衡的总体条件的目标，预测所有的强制性基本保险体制及为基本保险体制的融资而创办的机构的总收入，根据各分支，确定有 20 000 个成员机构的所有的强制性基本保险体制的支出目标，为所有的强制性基本保险体制确定医疗保险支出的全国目标，为此体制内的每一个成员确定在金库需要的情况下能够得到的临时资金援助的界限。正如人们所看到的，国会对于社会保险投资的权利并没有像它对确定国家预算实施的权利那样明确和具有指令性，但它有真正的手段确定社会保险的收入和支出。

关于其他部署，我们在此强调 1996 年 4 月 24 日第 96-344 号条例的主要目的在于：

——重塑劳资双方代表人数相等模式，引入代表年龄和任期限制；

——在合约的基础上相对于国家实现一种新的权力分配，社会保险金管理局的作用主要集中于管理；

——社会保险金管理局内部实行新的权力分配的同时，加强国家级管理局局长的权力，利用有关手段保证地方级管理局领导层的能力及他们相对于董事会主席的独立性；

——组织和促进社会保险金管理局之间的合作以尽可能抵消由于多种社会保险体制造成的弊端。

复习思考题

1. 世界上第一部社会保障法产生的时代背景如何？其包含的主要内容是什么？
2. 福利国家是如何产生的？对社会发展有哪些影响？
3. 社会保险四种模式的优点与缺点是什么？
4. 为什么必须改革中国传统的社会保障制度？
5. 一国社会保障制度的变革主要受哪些因素影响？

第三章

社会保险管理及管理制度

社会保险管理方式的选择受制于国家的社会管理体制和其他各种因素，管理方式也对社会经济和保障事业产生重要影响。我国目前实行中央政府和各级地方政府共同负责的管理模式。了解管理机构设置的基本原则、各项具体的管理制度与管理内容，才能更好地理解我国的社会保险政策。

第一节　社会保险管理概述

一、社会保险管理的主要内容

社会保险管理，是指国家和政府通过一定的组织机构和制度、程序安排，采取一定的方式、方法和手段，对社会保险活动进行计划、组织、指挥、协调、控制与监督，以实现社会保险政策的目标与任务的管理系统的总称。社会保险管理主要包括行政管理、业务管理和群众管理三方面的内容。

(1) 行政管理。指社会保险各级管理机构运用行政权力，在法律规定的职责范围内，综合运用组织、人事、计划、协调、监督、财务等手段，有效、及时地贯彻、落实社会保险法规、政策，并处理实施中遇到的各种争议。

(2) 业务管理。社会保险的业务管理内容很多，具体包括社会保险的登记、审查，社会保险基金的筹集与运作，保险费的征缴，待遇的计算与给付，丧失劳动能力的医务鉴定与审批等。

(3) 群众管理。在社会保险的管理和服务中，要深入群众，了解基础情况，并要让群众参与日常管理。基层管理机构要宣传社会保险的法规、政策，及时掌握和了解被保险人的生、老、病、伤、残及其家属的情况，形成一套完整的群众工作制度。

二、社会保险基本业务

社会保险业务涉及对参保单位、参保职工及基金的管理，根据基金运行模式特点，可以将各基本业务环节划分为征收、支付和内部管理三条主线。

（1）征收。主要管理对象是在职职工，包括了社会保险登记、在职职工变更、缴费基数核定、征缴结算及税务代收等环节。

（2）支付。主要管理对象是离退休人员，包括了退休审批、待遇核定、支付结算和养老金社会化发放等环节。

（3）内部管理。主要管理对象是财务账目、个人账户、凭证资料和计算机数据等，包括了财务记账、数据库、资料归档等内部管理环节。

三、社会保险管理机构设置的原则

社会保险管理方式的选择受制于国家的社会管理体制和其他各种因素。管理方式也对社会经济和保障事业产生重要影响。因此，各国对管理机制及机构的设置非常谨慎。国际劳工局在《展望二十一世纪：社会保障的发展》报告中对此做了特别的讨论[①]。他们认为，合适的方式应该是对社会保障实行集中统一的管理体制，并在各个地区设立分支机构以处理各种具体的社会保险问题。因此，设立社会保险管理机构，一般应遵循以下原则：

（1）适度统一管理原则。对社会保险实行集中统一的管理，有利于进行宏观调控，统筹全国的社会保险事务；有利于形成统一管理、有序流动的劳动力市场；有利于清晰地界定领导机构与下属分级管理机构的职责范围，正确处理好统一领导与分级管理、分工管理的关系。考虑到经济发展的不平衡性和社会保险管理事务的复杂性，社会保险统一管理体制不可能一蹴而就，只能统一规划，适度集中，顺序推进。

（2）依法管理原则。社会保险管理的各项活动都必须建立在法律规范的基础上。社会保险管理行政机构和服务机构的设置及其职责、权限，社会保险基金的筹集、运行等，都需要完善的法律规范。

（3）高效管理原则。社会保险制度是国家宏观经济制度的重要组成部分，社

---

① 皮埃尔·拉罗克等. 21世纪社会保障展望. 唐钧等译. 华夏出版社，1989

会保险的内容事关人民的福利、社会的稳定，社会保险的管理是政府的一项重要职能。在管理机构设置的过程中，要根据社会保险的任务和需要设置职能部门，确定必要的人员；要分工明确，层次简化，管理幅度适宜。为了提高管理服务效率，必须提高人员素质，科学管理流程。

（4）属地化管理原则。由于社会保险管理涉及的许多事务与用人单位和劳动者个人存在密切的关系，为了提高管理的有效性，通常在一定区域设置管理部门或业务机构组织，实现区域范围内的福利共济性。一般由中央政府或国家社会保障主管部门制定统一的原则和政策，各地区管理部门和业务机构具体执行和实施，并由各地区的社会保险管理机构承担起主要的管理职责，向地方政府直接负责。

四、社会保险经办机构

目前，大多数国家都依法设立了社会保险经办机构，其主要职责是依照法律规定收支、管理和运营社会保险基金，并承担社会化管理工作。社会保险经办机构主要有三种形式：

第一种形式通常由政府内的一个或几个部门分工合作，共同管理和监督社会保险政策的执行，社会保险经办由政府部门管理的独立机构来承担。如日本养老保险中的雇员和国民养老金由厚生省进行一般监督，由该部门所属的社会保险厅及派出机构管理；医疗保险由厚生省进行一般监督，并通过所属的社会保险厅以及健康保险组织和国民健康组织进行管理；工伤保险和失业保险由劳动省进行一般监督，通过地方劳动基准局和职业安定局（所）进行具体管理。这种管理模式在政务、事务权上划分不很清晰，相互交叉。

第二种形式通常由政府指定的一两个部门进行一般监督，社会保险的具体经办由若干个半自治或非政府组织在国家法律规定的范围内管理。例如，法国的养老保险由全国的养老保险基金会经办，伤残、疾病保险由全国疾病保险基金会具体经办，失业保险由劳资双方组成就业组织理事会负责具体经办。这种机构的设立和管理模式被称之为“欧陆型”或“俾斯麦式”，它所遵循的是社会保险制度管理原则，即社会保险主要由受保人及其雇主的代表进行自主管理，政府部门只对社会保险进行一般的监督。

第三种形式通常是在国家立法范围内由中央工会理事会通过其地方分支机构具体经办社会保险事务。

《国际劳工公约及建议书》对社会保险基金经办机构的形式做出了专门规定。《社会保障（最低标准）公约》规定：“凡管理权不授予为公共当局所控制的机构或对立法机构负责的政府部门时，受保护人的代表应按规定条件参与管理，或以咨询身份参与，国家法律或法规同样可对雇主和公共当局的代表参与的问题做出规定。”因此，社会保险经办机构不论采取哪种形式，都必须在法律规定的范围内从事自己的事务，征缴保险费，制定基金管理相关政策和支付保险金，并且在不同程度上受到政府的监督。

五、国外社会保险管理模式

1. 德国自治管理模式

德国社会保险行政机关与社会保险承办机构是完全分开的。联邦政府劳动与社会事务部是政府管理社会保险的最高行政机关，联邦政府设有社会保险管理监督办公室作为具体的管理部门。该办公室隶属于劳动与社会事务部，但不同于劳动与社会事务部的内设机构，有相对的独立性，有 350 名工作人员（公务员）。

德国社会保险承办机构按照社会保险项目设置，其与众不同的一个显著特点是自治管理模式。德国设置专门的养老保险机构承办养老保险，设置专门的医疗保险机构承办医疗保险，无论是养老保险，还是医疗保险在全国都不是由一个机构来负责，而是由多个不同的机构来承办。这些机构设置的原则，主要是按照参保人的职业或身份来组织，即全国不同身份的人参加不同社会保险机构开办的专门社会保险项目。

德国主要有 29 个养老保险机构，负责全国的养老保险工作。

（1）1 个联邦白领职员养老保险局（BFA）。这是一个中央集权式机构，总部在柏林，共有职员 2.5 万人（其中有 2 000 人是学生和学徒，BFA 有自己的专科大学），其中在总部工作的有 2.2 万人，另外 3 000 人在全国各地区办公室工作。全国所有的白领雇员的养老保险由该机构负责，BFA 的参保人有 2 300 万，退休人员有 800 万。

（2）23 个蓝领雇员养老保险局（LVA）。这些机构在全国各州按照地区设置。例如，在最大的州——巴伐利亚州，有五个 LVA。各 LVA 互不隶属，各自负责本地区蓝领雇员的养老保险。关于蓝领雇员的养老保险法律颁布于 1891 年，关于白领雇员的养老保险法律颁布于 1911 年，因此 LVA 在成立时间上比 BFA 早。

（3）其他养老保险机构。主要有联邦铁路职工养老保险局、联邦矿工养老保险局、联邦海上和渔业作业人员养老保险局以及农民养老保险基金（非强制性参加）和艺术家促进基金。医疗保险是德国采取的最早的社会保险项目，医疗保险立法始于 1883 年，生效于 1884 年。该法确立的三个基本原则一直生效至今，即：第一，平等享受待遇，与个人身份无关；第二，缴费与工资挂钩，与风险无关；第三，公法规范下的自治管理组织。

德国共有19个联邦医疗保险承办机构，主要有AOK（大众医疗保险公司，参加者主要是蓝领工人、退休者）、Barmer（法定健康保险公司，主要针对白领雇员）、技术人员医疗保险公司等。德国医疗保险机构与养老保险机构的一个显著不同是，养老保险机构的工作人员大部分是公务员，而医疗保险机构的工作人员都不是公务员，其保险机构更像企业组织。医疗保险机构在全国设置的分支机构要比养老保险机构多得多，公私医疗保险机构在全国设置的具有法人资格的分公司有1 100家，深入基层。为了避免多个机构收缴社会保险各项目的缴费，德国规定所有社会保险缴费由医疗保险公司收缴（主要是考虑历史原因，因为医疗保险建立早，已有一套收费系统，不必每个机构都搞一套），然后由医疗保险公司按月将缴费划拨给其他社会保险机构。医疗保险经过1995年的改革，从而打破了参保人选择医疗保险公司的限制，允许人们自由选择医疗保险公司，其目的是在医疗保险公司之间造成一定的竞争，以改善服务和控制费用上涨。

德国社会保险机构的所谓自治管理，其含义是参保人通过选举产生自己的代表组成社会保险机构的最高决策和管理机关（理事会），实施对社会保险机构的管理，如选举社会保险机构的总裁，通过社会保险机构的报告等。养老保险机构的选举是雇主和雇员分别选出自己的代表，医疗保险则不分雇主和雇员。当选的代表不从社会保险机构领取任何薪酬，只是出席定期会议的交通费和住宿费等由社会保险机构报销。理事会一般六个月开一次会，常务理事会（每个常务理事要负责一方面的工作，如预算、人力资源等）每月开会一次，会期一般1～2天。当选的代表主要是政治家、工会领导人和专家等。

德国的自治管理模式实际上是让社会直接参与管理，而政府退到幕后，通过间接监控方法管理社会保险，如审查和批准社会保险机构的报告和建议，调查社会保险机构的活动等。当联邦劳动与社会事务部与BFA有不同意见时，一般不会直接采取行政命令手段，因为BFA的理事会不受劳动与社会事务部的领导，而是以建议的方式表明他们对某一问题的看法和态度。如不同意BFA提高缴费率的要求，劳动与社会事务部会提出诸如裁减机构和人员、售卖固定资产等建议，BFA如不同意，他们就会采取立法或开支预算手段迫使其接受。

在德国自治管理模式下，政府是小政府，社会保险机构和参保人承担了主要的责任，因而管理比较有效率，如BFA的行政管理所有开支只占缴费总额的1.6%，LVA为2.2%，医疗保险机构为5%。医疗保险机构开支之所以比较高，是因为医疗保险缴费工资的上限（即封顶）要比养老保险低，仅为养老保险的75%，而管理费用提成比例相对要高一些[①]。除了以上的机构之外，德国还有社会法院，受理社会保险等方面的诉讼。另外，在比较大的城市设有社会保险局，

① 李连刚．社会保险管理模式的比较研究和改革建议．特区理论与实践，1998，(4)

隶属于地方政府。该机构实质上只是一个咨询和代办机构，主要工作是宣传介绍政策，发放表格，指导填写，代理送达，通告错误等，向市民提供便利。

2. 英国集中管理模式

英国的社会保障由一个机构统一管理，内阁设有社会保障部负责社会保障项目的发展、维持和给付，以及负责儿童供养。国家负责社会保障事务的职位有：

（1）社会保障国务大臣和妇女部长。该职位全权负责社会保障事务，在所有主要事务方面起领导作用，同时担负妇女部长的角色。

（2）社会保障和福利改革国务大臣。该职位负责长期规划，项目变动，待遇计发，基本开支检查，失去生活能力待遇，工作激励和贫困问题。

（3）负责上议院的助理国务大臣。该职位负责决定和申诉，儿童福利和单亲家庭福利，无子女家庭福利，儿童供养，无工作能力福利，失去生活能力者生活补贴和照顾补贴，因病失去工作能力补贴，独立生活基金，严重伤残补贴，工业伤害，战争养老金等。

（4）负责下议院的助理国务大臣一。该职位负责错误纠正，支付方法，职业和个人养老金，国家养老金，未亡人福利，国家保险缴费征收，政策废除，法定生病待遇，法定生育待遇。

（5）负责下议院的助理国务大臣二。该职位负责找工作者补贴，收入支持，家庭贷款，住房福利，免税福利，社会基金，贫困和低收入事务，康复福利，信息技术服务。

（6）负责下议院的助理国务大臣三。该职位负责妇女事务。

英国社会保障部由总部和五个具有较大独立性的执行局组成。国务大臣们负责决定政策、工作重点和目标。常务次长和总部的工作人员在社会保障政策的发展和执行方面支持国务大臣们，并提供建议。总部的职能主要有：第一，在政策发展、解释、辩护、维持和评估方面支持大臣们；第二，组织协调部内管理；第三，向部内及卫生部提供法律、统计和分析服务。

五个执行局负责政策的具体执行，是相对独立的，有独立的财政预算（尽管与总部预算绑在一起）。各局机关不与总部在同一地，有自己的一套机构系统，各局局长负责本局的管理事宜。五个局的职能如下：

待遇计发局负责支付各项社会保障费用。该局是社会保障部最大的局，负责管理和支付超过 20 项的社会保障费用。该局有 64 000 名全日制工作人员，15 000名半日制工作人员。每年向 2 000 万人支付 850 亿英镑，处理 1 200 万宗待遇申请，做出 10 亿宗支付。

缴费征收局负责征收国家保险费。该局实行局长领导下的管理委员会负责制。管理委员会由七名成员组成，其中两人为非执行委员，来自其他部门（如国内税务总局），以保证各部门之间的相互沟通。该局大约有 7 000 名工作人员，其中33%在全国各地区办公室工作。该局负责保存超过6 000万人的缴费记录，120万雇主、240万独立开业人士和超过550万养老金领取者的资料[①]。

信息技术服务局负责提供计算机服务。

儿童供养局负责弄清楚哪些家庭需要儿童供养福利。

战争养老金局负责支付战争养老金。

所谓独立法定机构是指负责对社会保障部的工作领域独立进行监督的机构。这些机构是独立仲裁庭、中央裁判庭、社会基金独立审查署和养老金申诉调查办公室。

首先，英国社会保障模式是一个统一的管理模式，实行一个机构统管模式，有些方面实行了简化，如缴费只有国家保险费一项，包括所有项目。其次，在部内实行了严格的分工，总部管政策，各执行局管操作，执行局按基金的进出和特别对象设立，不至于发生职能的交叉。最后，独立监督体系比较完善。

3. 美国独立机构管理模式

美国管理社会保障事务的机构是社会保障总署。该署在美国机构编制序列中属于独立机构，不隶属于任何行政部门。总署最高领导是总统任命的三名委员，其中一人是主任委员。美国社会保障项目一共有八项：第一，养老保险；第二，遗属保险；第三，失去生活能力保险；第四，老人、残疾人和肾衰竭患者的住院和医药保险；第五，肺尘埃沉着病福利；第六，补充保障收入（主要是提供福利给低收入老年人、残疾人和眼睛失明者）；第七，失业保险；第八，公共援助和福利帮助（这包括对有孩子的贫困家庭的资助、医疗资助、生育和儿童健康服务、儿童供养强制、家庭和儿童福利服务、食品券、能源补助）。其中，第一至六项是联邦政府管理的项目，第七、八项是联邦协助、以州管理为主的项目。社会保障总署负责的项目是养老保险、遗属保险、失去生活能力保险（OASDI）以及补充保障收入（SSI）。1996年，社会保障总署向超过5 100万的受益人发放了3 700亿美元的待遇[②]。

社会保障总署总部设在马里兰州巴尔的摩市，实行垂直领导体制。全国按大区设立分署，共有10个分署，分署之下设地区办公室，全国共有1 300个地区办公室，整个系统共有工作人员67 000名。例如，亚特兰大分署管辖美国东南部佛罗里达等八个州事务，下辖254个地区办公室、4个电话服务中心和9个失去生活能力鉴定中心；波士顿分署管辖东北部马萨诸塞州等六个州事务，下辖73个地区办公室、1个电话服务中心和7个失去生活能力鉴定中心，共有工作人员1 700名；西雅图分署管辖西北部阿拉斯加州等四个州事务，下辖56个地区办公室、2个电话服务中心和6个失去生活能力鉴定中心，共有工作人员1 600名；

①② 李连刚．社会保险管理模式的比较研究和改革建议．特区理论与实践，1998，(4)

芝加哥分署管辖中西部伊利诺伊州等六个州事务，下辖 216 个地区办公室、7 个电话服务中心和 9 个失去生活能力鉴定中心。

社会保障总署在成为独立机构之前隶属于健康和国民服务部。美国八个方面的社会保障项目，部分是由健康和国民服务部负责管理的，主要是医疗保险和社会福利。该部有关社会保障的机构主要有：第一，医疗健康财政局。负责管理两个政府医疗健康项目，即老人和残疾人医疗保险（Medicare）和低收入者的医疗补助（Medicaid）。医疗保险向 3 700 万老人和残疾人提供健康保险，医疗补助是联邦和州共同负责的项目，所覆盖的范围为 3 600 万低收入者，其中包括 1 700 多万儿童。该局有雇员 4 100 人。第二，儿童和家庭局。负责向贫困的儿童和家庭提供服务和补贴。该局执行的福利项目为联邦和州共同管理的项目，有 60 项，每年向 1 200 多万人提供援助，包括 840 万儿童，其中 80 万为学前儿童。该局建有基金支付贫困家庭的儿童医药费以及防止对儿童的家庭暴力等。该局有雇员 1 800人。第三，老人局。主要负责向老人提供食品、交通和家庭服务，以使老人能够维持独立生活。该局每年向老人提供 2.4 亿份饭。有工作人员 175 人。

由于美国是实行社会保障税的国家，社会保障税由税务部门征收，社会保险机构实质上只是待遇给付机关。

第二节　管理机构的配置与职责

一、社会保险管理体制

我国社会保障制度是中央政府和各级地方政府共同负责的计划。中央政府的职责是，制定全国统一的法规、政策和标准，对困难地区提供资金帮助；地方政府的职责是，根据中央的统一政策制定本地法规、政策和标准，筹集社会保障基金，支付社会保障待遇。

中央政府管理社会保障事务的主要机构是劳动和社会保障部、民政部、卫生部和财政部。劳动和社会保障部负责管理养老保险、失业保险、城镇职工医疗保险、工伤保险、生育保险等项目；民政部负责管理社会救济、社会福利、优抚安置等项目；卫生部负责管理农村合作医疗制度；财政部负责制定社会保障的财政政策和财务、会计制度，实施对社会保障资金收支的财政监督，为社会保障计划提供补助资金等。各省、市、县政府设有同样的行政管理机构，承担相应的社会保障职能。

我国社会保险管理体制是在国务院的统一指导下，由各有关主管部门、地区和基层单位实现多头分工管理。从管理机构的主体上看，全民所有制企业和集体所有制企业职工的社会保险，由国家授权劳动部统一管理；国家机关和事业单位工作人员的社会保险则由人事部管理。从职责权限的划分上看，中国实行的是集权与分权相结合的模式。中央政府主管部门负责立法及制定管理机构和人员设置及一般监督指导，而不管钱和人；地方政府主管部门主要负责地区内社会保险政策的贯彻执行，同时在个别项目上可以自行立法、制定和管理一部分保险基金；企业、事业和机关等基层单位主要负责具体规章制度的执行，同时在部分项目上负责基金的筹集、管理和使用，以及负责对被保险人的管理和服务工作。

中华人民共和国劳动和社会保障部是1998年3月在原劳动部基础上组建的，是中华人民共和国国务院的组成部门，负责全国劳动和社会保障事业的行政管理，主要包括劳动力资源管理、劳动关系调整、各项社会保险管理及劳动和社会保障法制建设等方面的职能。1998年3月，第九届全国人民代表大会决定进行国务院机构改革，在原劳动部的基础上组建劳动和社会保障部，原由劳动部管理的城镇企业职工社会保险、人事部管理的机关和事业单位社会保险、民政部管理的农村社会保险、卫生部管理的医疗保险以及各行业主管部门统筹的社会保险统一由劳动和社会保障部管理，建立了统一的社会保障行政机构。1998年，将原来实行养老保险行业统筹的铁道、电力、邮电等11个行业1 400万在职职工和420万退休人员移交地方，实行属地化管理。2003年又将原中央农垦企业的养老保险移交地方管理，解决了社会保险管理体制条块分割的问题。

二、劳动和社会保障部的构成及主要职责

劳动和社会保障部内设13个职能司（厅）：办公厅、法制司、规划财务司、培训就业司、劳动工资司、养老保险司、失业保险司、医疗保险司、工伤保险司、农村社会保险司、社会保险基金监督司、国际合作司和人事教育司。

劳动和社会保障部还设有社会保险事业管理中心、信息中心、国际交流服务中心、宣传中心、中国劳动保障科学研究院、天津职业技术师范学院、中国就业培训技术指导中心、教育培训中心、中国劳动社会保障出版社、中国劳动报社、劳动人事学院和九江培训中心等事业单位，主管中国劳动学会、中国社会保险学会、中国职业教育和职业培训协会、中国劳动就业服务企业协会等社团组织。

中央、省、市、县分别设立隶属于政府劳动保障行政管理部门的、非营利的社会保险经办机构，现有工作人员已超过20万人。主要职责是，办理参保登记，收缴社会保险费，记录缴费，管理个人账户，确认并支付待遇，管理社会保险资金，提供查询等。中国与其他国家签订的社会保险协定，由中央级社会保险经办机构负责执行。

劳动和社会保障部的主要职责是：

（1）拟定劳动和社会保险工作基本方针、政策及劳动和社会保险制度改革总体方案，编制劳动和社会保险事业发展规划和年度工作计划并组织实施。

（2）起草劳动和社会保险法律法规，制定行政规章和基本标准并组织实施和监督检查；制定劳动和社会保险政策服务咨询机构的管理规则；代表国家行使劳动和社会保险的监督检查职权，制定劳动和社会保险的监督检查规范，监督地方劳动和社会保险监督检查机构的工作。

（3）拟定促进城乡就业的基本政策和措施；规划劳动力市场的发展，组织建立、健全就业服务体系；拟定企业下岗职工的分流安置、基本生活保障和再就业的规划、政策，组织实施再就业工程；制定职业介绍机构的管理规划；制定农村剩余劳动力开发就业、农村劳动力跨地区有序流动的政策和措施并组织实施；按分工制定中国公民出境就业和境外公民入境就业的管理政策；制定有关机构经办向外国企业驻华代表机构选派中方雇员业务的管理办法；制定外国在华机构从事劳动力招聘中介、咨询和培训业务的资格管理办法。

（4）组织拟定职业分类、职业技能国家标准，组织制定和颁布相关的行业标准；建立职业资格证书制度，制定职业技能鉴定政策；在国家教育工作方针、政策的指导下，制定技工学校的发展规划和管理规则；制定企业在职职工技能培训和失业人员、企业下岗职工再就业培训以及就业训练中心、社会力量举办的职业培训机构的规划及政策；制定职业技能人才培养、表彰、奖励和职业技能竞赛的规则、政策和措施；制定劳动预备制度实施办法；指导技工学校和职业培训机构的师资队伍建设，制定技工学校和职业技能培训的教材建设规划和评估认定制度。

（5）制定劳动关系调整的基本规则；制定劳动合同、集体合同制度的实施规范；制定劳动争议处理制度和劳动仲裁的规范、规则；审核并发布企业劳动定员定额标准；拟定企业职工工作时间及休息、休假制度和女工、未成年工特殊劳动保护政策；负责政策性安置和调配工作，参与评定国家级企业劳动模范。

（6）拟定企业职工工资的宏观政策和措施；拟定企业工资指导线的有关政策；拟定行业工资收入调节政策和国有企业经营者收入分配政策；审核中央直属企业的工资总额和主要负责人的工资标准。

（7）拟定养老、失业、医疗、工伤、生育社会保险的基本政策和基本标准并组织实施和监督检查。

（8）制定社会保险基金收缴、支付、管理、运营的政策；对社会保险基金预决算提出审核意见；对社会保险基金管理实施行政监督；制定社会保险经办机构的管理规则和基金运营机构的资格认定标准；制定社会保险服务体系建设规划并组织实施。

（9）制定机关、事业与企业单位补充养老保险、补充医疗保险的政策和补充保险承办机构资格认定标准，审查认定有关机构承办补充保险业务的资格。

（10）承担全国劳动和社会保险的统计和信息工作，组织建设全国劳动和社会保险信息网络，定期发布劳动和社会保险事业统计公报、信息资料及发展预测报告。

（11）组织劳动和社会保险领域的科学技术研究及成果推广应用、产业发展工作；负责劳动和社会保险领域标准化工作。

（12）负责劳动和社会保险领域的国际交流与合作，代表政府参加国际劳工组织和其他有关国际组织的活动和工作；管理劳动和社会保险领域的政府、民间及国际经援机构的多边、双边国际交流与合作项目；管理劳动和社会保险领域的涉外业务技术合作和人才交流，审查和处理国际劳工公约、建议书。

（13）承办国务院交办的其他事项。

第三节　社会保险登记制度

一、社会保险登记制度的内涵

凡是依法应该参加社会保险、缴纳社会保险费的单位都应该在《社会保险费征缴暂行条例》规定的期限内到所在地社会保险经办机构进行社会保险登记。社会保险登记是扩大社会保险覆盖面，体现社会保险强制性，确保应参保单位参加社会保险和维护职工社会保险权益的重要手段，也是社会保险经办机构了解缴费单位基本情况的主要途径。

在办理社会保险登记时，缴费单位要提供营业执照或其他核准执业或成立证件、银行账号证明、国家质量技术监督部门颁发的组织机构统一代码证书、本单位从业人员基础档案资料等证件和资料，以便社会保险经办机构能正确记录缴费单位和个人的缴费情况，为个人建立基本养老保险和基本医疗保险个人账户，并定期向个人发放基本养老保险和基本医疗保险个人账户通知单。通过社会保险登记，可以方便社会保险经办机构和工商、税务等部门核查没有参加社会保险的单位和个人。社会保险登记也是维护职工社会保险权益的重要手段，参加社会保险的单位应向其职工告知本单位已参加社会保险，单位办理招聘职工和辞退职工手续时，也应向应聘人员和被辞退人员出示本单位的社会保险登记证。

县级以上劳动保障行政部门的社会保险经办机构（以下简称社会保险经办机构）主管社会保险登记。社会保险经办机构应当与有关部门相互配合，加强对社会保险登记的管理。缴费单位办理社会保险登记地就是缴费单位缴纳社会保险费的所在地。缴费单位只在一个社会保险经办机构办理社会保险登记，几项社会保险只进行一次登记。社会保险登记证的样式和印制标准由劳动保障部统一规定，省、自治区、直辖市劳动保障行政部门统一印制。原实行基本养老保险行业统筹企业的社会保险登记采取正、副本办法。由企业到省、自治区、直辖市社会保险经办机构办理登记手续，领取社会保险登记证，并持登记证到企业所在地的社会保险经办机构领取登记证副本，基本养老保险费向省、自治区、直辖市社会保险经办机构申报缴纳，失业保险和基本医疗保险费向发给登记证副本的社会保险经办机构申报缴纳。

二、社会保险登记制度的实施

1. 设立登记

缴费单位应在领取营业执照之日或自成立之日起 30 日内，向当地社会保险经办机构申请办理社会保险登记，参加社会保险。社会保险经办机构审核后发给缴费单位社会保险登记证。缴费单位具有异地分支机构的，分支机构一般应当作为独立的缴费单位，向其所在地的社会保险经办机构单独申请办理社会保险登记。跨地区的缴费单位，其社会保险登记地由相关地区协商确定，意见不一致时，由上一级社会保险经办机构确定登记地。

办理税务登记的缴费单位，在办理税务登记时应当同时办理社会保险缴费登记。不需要办理税务登记的缴费单位，应当在办理社会保险登记之日起 5 日内到主管地方税务机关办理社会保险缴费登记。缴费单位办理社会保险缴费登记时，应向主管地方税务机关提供组织机构代码证书。

2. 登记时需提交凭证

缴费单位申请办理社会保险登记时，应当填写社会保险登记表，并出示以下证件和资料：营业执照、批准成立证件或其他核准执业证件，国家质量技术监督部门颁发的组织机构统一代码证书，省、自治区、直辖市社会保险经办机构规定的其他有关证件、资料。

3. 登记事项

单位名称、住所或地址、法定代表人或负责人、单位类型、组织机构统一代码、主管部门、隶属关系、开户银行账号、社会保险经办机构规定的其他事项见表 3-1。

4. 变更登记

缴费单位以下社会保险登记事项之一发生变更时，应当依法向原社会保险登记机构申请办理变更社会保险登记：单位名称，住所或地址，法定代表人或负责人，单位类型，组织机构统一代码，主管部门，隶属关系，开户银行账号，省、自治区、直辖市社会保险经办机构规定的其他事项（表 3-2）。

表 3-1 社会保险费单位缴费登记表

<table>
<tr><td>单位名称</td><td colspan="2"></td><td colspan="2">组织机构统一代码
（即缴费登记编码）</td><td colspan="2"></td></tr>
<tr><td>税务登记证号</td><td colspan="2"></td><td colspan="2">社会保险登记编码</td><td colspan="2"></td></tr>
<tr><td>单位地址</td><td colspan="2"></td><td colspan="2">邮 编</td><td colspan="2"></td></tr>
<tr><td>开户银行</td><td colspan="2"></td><td colspan="2">账 号</td><td colspan="2"></td></tr>
<tr><td rowspan="2">参保险种</td><td>基本养老保险</td><td colspan="2">失业保险</td><td>基本医疗保险</td><td>工伤保险</td><td>生育保险</td></tr>
<tr><td></td><td colspan="2"></td><td></td><td></td><td></td></tr>
<tr><td>参保人数</td><td></td><td colspan="2"></td><td></td><td></td><td></td></tr>
<tr><td>社会保险经办机构</td><td></td><td colspan="2"></td><td></td><td></td><td></td></tr>
<tr><td>参保登记批准日期</td><td></td><td colspan="2"></td><td></td><td></td><td></td></tr>
<tr><td>法定代表人姓名</td><td></td><td colspan="2">身份证号码</td><td></td><td>电 话</td><td></td></tr>
<tr><td>单位主办人员姓名</td><td colspan="2"></td><td colspan="2">电 话</td><td colspan="2"></td></tr>
<tr><td>经济类型</td><td colspan="2"></td><td colspan="2">行 业</td><td colspan="2"></td></tr>
<tr><td>代理机构</td><td colspan="2"></td><td colspan="2">代理机构地址</td><td colspan="2"></td></tr>
<tr><td>代 理 人</td><td colspan="2"></td><td colspan="2">电 话</td><td colspan="2"></td></tr>
</table>

说明：1. 此表适用范围：各类机关、事业、企业、社会团体及有雇工的个体工商户等用人单位。由缴费单位填写，经税务机关审核确认。

2. “单位名称”是指缴费单位的全称。“税务登记证号”是指税务机关发放的税务登记证上的号码。

3. “组织机构统一代码”是指由技术质量监督局颁发的全国统一的单位代码。

4. “社会保险登记编码”是指社会保险经办机构发放的社会保险登记证号码。

5. “参保人数”是指参加各个险种的实际人数，如果未参保，用“—”表示。

6. “经济类型”包括“国有”、“集体”、“股份制”（包括股份合作企业、有限责任公司、股份有限公司）、“联营”、“私营”、“港澳台”、“外商投资”、“行政机关”、“事业单位”、“社会团体”及其他，其中企业按税务登记证的经济类型确定。

7. “行业”按税收统计标准口径划分。

8. “代理机构”是指代办缴费事宜的机构名称。

9. “代理人”是指代理机构法定代表人。

10. 此表一式一份，由税务机关留存，并纳入微机管理。

11. 纸型为 A4 型，竖排。

缴费单位应当自工商行政管理机关办理变更登记或有关机关批准或宣布变更之日起 30 日内，持下列证件和资料到原社会保险登记机构办理变更社会保险登记：变更社会保险登记申请书，工商变更登记表和工商执照或有关机关批准或宣布变更证明，社会保险登记证，省、自治区、直辖市社会保险经办机构规定的其他资料。

表 3-2 社会保险费缴费变更登记表

<table>
<tr><td colspan="2">缴费单位（个人）名称</td><td colspan="3"></td></tr>
<tr><td colspan="2">社会保险登记编码（身份证号）</td><td colspan="3"></td></tr>
<tr><td colspan="5">变 更 登 记 事 项</td></tr>
<tr><td>序号</td><td>变更项目</td><td>变更前内容</td><td>变更后内容</td><td>变更时间</td></tr>
<tr><td></td><td></td><td></td><td></td><td></td></tr>
<tr><td></td><td></td><td></td><td></td><td></td></tr>
<tr><td></td><td></td><td></td><td></td><td></td></tr>
<tr><td></td><td></td><td></td><td></td><td></td></tr>
<tr><td></td><td></td><td></td><td></td><td></td></tr>
<tr><td></td><td></td><td></td><td></td><td></td></tr>
<tr><td></td><td></td><td></td><td></td><td></td></tr>
<tr><td></td><td></td><td></td><td></td><td></td></tr>
<tr><td></td><td></td><td></td><td></td><td></td></tr>
<tr><td colspan="2">法定代表人（负责人）：</td><td colspan="3">主管税务机关审批意见：
经办人：
（盖章）
年 月 日</td></tr>
</table>

说明：1. 单位缴费登记和个人缴费登记内容发生变更的使用此表。
2. 此表一式一份，由税务机关留存，并纳入微机管理。
3. 纸型为 A4 型，竖排。

5. 注销登记

缴费单位发生解散、破产、撤销、合并以及其他情形，依法终止社会保险缴费义务时，应当自办理工商注销登记之日起或自有关机关批准或者宣布终止之日起 30 日内，向原社会保险登记机构申请办理注销社会保险登记；缴费单位被工商行政管理机关吊销营业执照的，应自营业执照被吊销之日起 30 日内，向原社会保险登记机构申请办理注销社会保险登记；缴费单位因住所变动或生产、经营地址变动而涉及改变社会保险登记机构的，应自上述变动发生之日起 30 日内，向原社会保险登记机构申请办理注销社会保险登记；缴费单位依法终止的，应当自终止之日起 30 日内办理社会保险缴费注销登记（表 3-3）。办理注销登记前，缴费单位应当向主管地方税务机关清缴社会保险费（包括利息、滞纳金和罚款）。

表 3-3 社会保险费缴费注销登记表

<table>
<tr><td colspan="3">缴费单位（个人）名称</td><td colspan="4"></td><td colspan="4">法定代表人</td><td colspan="2"></td></tr>
<tr><td colspan="3">社会保险登记编码
（身份证号）</td><td colspan="4"></td><td colspan="4">税务登记证号</td><td colspan="2"></td></tr>
<tr><td>注销原因</td><td colspan="12"></td></tr>
<tr><td rowspan="3">欠费情况</td><td rowspan="2">合计</td><td colspan="3">基本养老保险</td><td colspan="3">失业保险</td><td colspan="3">基本医疗保险</td><td rowspan="2">工伤保险</td><td rowspan="2">生育保险</td></tr>
<tr><td>小计</td><td>单位</td><td>个人</td><td>小计</td><td>单位</td><td>个人</td><td>小计</td><td>单位</td><td>个人</td></tr>
<tr><td></td><td></td><td></td><td></td><td></td><td></td><td></td><td></td><td></td><td></td><td></td><td></td></tr>
<tr><td colspan="7">主管税务机关审核意见：
经办人：
负责人：
（盖章）
年 月 日</td><td colspan="6">县、区级税务机关审核意见：
经办人：
负责人：
（盖章）
年 月 日</td></tr>
</table>

说明：1. “单位名称”是指缴费单位的全称。“税务登记证号”是指税务机关发放的税务登记证上的号码。

2. “注销原因”是指注销社会保险费缴费登记的具体原因。

3. “社会保险登记编码”是指社会保险经办机构发放的社会保险登记证上的号码。

4. 注销登记时间以县（区）以上税务局（分局）审核的时间为准。

5. 此表一式一份，由税务机关填写留存，并纳入微机管理。

6. 纸型为 A4 型，竖排。

6. 登记证件

社会保险登记证由省、自治区、直辖市劳动保障行政部门统一印制，必要时可印制副本。社会保险登记证号冠以省、自治区、直辖市简称，并在省、自治区、直辖市范围内统一编码。省、自治区、直辖市社会保险经办机构应当将本省、自治区、直辖市的地区编码表报劳动和社会保障部备案。社会保险登记证由缴费单位保管。缴费单位在办理招聘和辞退职工手续时应当出示社会保险登记证。社会保险登记表、登记证填写的相关内容应当真实并且一致。社会保险经办机构对已核发的社会保险登记证件，实行定期验证和换证制度。缴费单位应当在规定的期限内到社会保险经办机构办理验证或换证手续。社会保险登记证件不得伪造、变造、转让、涂改、买卖和损毁。遗失社会保险登记证件的，应当及时向原社会保险登记机构报告，并申请补办。

第四节 社会保险缴费申报制度

一、缴费申报制度的内涵

缴费单位按月主动向社会保险经办机构申报本单位及其从业人员应缴纳的社会保险费，并按时足额缴纳。对于本单位从业人员应缴纳的社会保险费，缴费单位要代扣代缴。建立缴费申报制度有利于树立缴费单位和缴费个人的社会保险意识，强化社会保险费征缴。缴费申报是社会保险费征缴的一个重要环节。

社会保险费的申报缴纳程序如下：

(1) 缴费单位应当在每月10日前按照有关规定自行计算应缴费额，向主管地方税务机关申报缴纳本单位及其应代扣代缴单位参保人员应缴纳的社会保险费。其中，城镇个体劳动者凭社会保险经办机构核定的应缴费额向主管地方税务机关申报并缴费。缴费单位申报缴纳社保费时，应填报《社会保险费缴费申报表》，并对申报事项的真实性负责。

首次申报缴纳社会保险费的缴费单位，在填报《社会保险费缴费申报表》时，应同时报送《参保人员缴费工资基数与应缴费额申报表》，其本月缴费工资基数可不计尾数，并以10元为整数单位，元以下为零。《参保人员缴费工资基数与应缴费额申报表》内容包括缴费单位职工个人缴费工资基数和应缴社会保险费数额。

缴费单位应在每年1月10日前向主管地方税务机关报送本年度《参保人员缴费工资基数与应缴费额申报表》，其他月份不需报送。

缴费单位到社会保险经办机构办理社会保险缴费申报有困难的，经社会保险经办机构批准，可以邮寄申报。邮寄申报以寄出地的邮戳日期为实际申报日期。

缴费单位因不可抗力因素，不能按期办理社会保险费申报的，可以延期办理。但应当在不可抗力因素消除后立即向社会保险经办机构报告。社会保险经办机构应当查明事实，给予核准。

(2) 社会保险经办机构应当对缴费单位送达的申报表和有关资料进行即时审核。对缴费单位申报资料齐全、缴费基数和费率符合规定、填报数量关系一致的申报表签章核准；对不符合规定的申报表提出审核意见，退缴费单位修正后再次审核；对不能即时审核的，社会保险经办机构应当自收到缴费单位申报表和有关资料之日起，在最长不超过2日内审核完毕。

缴费单位不按规定申报应缴纳的社会保险费数额的，社会保险经办机构可暂按该单位上月缴费数额的110%确定应缴数额；没有上月缴费数额的，社会保险经办机构可暂按该单位的经营状况、职工人数等有关情况确定应缴数额。缴费单位补办申报手续并按核定数额缴纳社会保险费后，由社会保险经办机构按照规定结算。

(3) 缴费单位的缴费申报经核准后，可以采取下列方式之一缴纳社会保险费：缴费单位到其开户银行缴纳；缴费单位到社会保险经办机构以支票或现金形式缴纳；缴费单位与社会保险经办机构约定的其他方式。履行前款规定的申报核准程序后，银行可以根据社会保险经办机构开出的托收凭证从缴费单位基本账户中划缴社会保险费。

征收的社会保险费，应当进入社会保险经办机构在国有商业银行开设的社会保险基金收入户。社会保险经办机构应当按照有关规定定期将收到的基金存入财政部门在国有商业银行开设的社会保险基金财政专户。

(4) 社会保险经办机构应当至少每年向缴费个人发送一次基本养老保险、基本医疗保险个人账户通知单。缴费单位、缴费个人有权按照规定查询缴费记录。缴费单位应当每年向本单位职工代表大会通报或在本单位住所的显著位置公布本单位全年社会保险费缴纳情况，接受职工监督。社会保险经办机构应当至少每半年一次向社会公告社会保险费征收情况，接受社会监督。

(5) 缴费单位办理申报后，未及时、足额缴纳社会保险费的，社会保险经办机构应当向其发出《社会保险费催缴通知书》；对拒不执行的，由劳动保障行政部门下达《劳动保障限期改正指令书》；逾期仍不缴纳的，除补缴欠缴数额外，从欠缴之日起，按日加收2‰的滞纳金。滞纳金并入社会保险基金。

二、社会保险费与费率

1. 社会保险费的概念

社会保险费是社会保险机构通过各种渠道筹集的用于社会保险事业开支的费用。

从总体上来说，社会保险费来源于整个社会，但由于社会是由个人、企事业单位和政府三个层次构成的，因此，社会保险实际上由劳动者个人、企事业单位和政府三方面负担。

《社会保险费征缴暂行条例》规定，基本养老保险费的征缴范围包括国有企业、城镇集体企业、外商投资企业、城镇私营企业和其他城镇企业及其职工，实行企业化管理的事业单位及其职工；基本医疗保险费的征缴范围包括国有企业、城镇集体企业、外商投资企业、城镇私营企业和其他城镇企业及其职工，国家机关及其工作人员，事业单位及其职工，民办非企业单位及其职工，社会团体及其专职人员；失业保险费的征缴范围包括国有企业、城镇集体企业、外商投资企业、城镇私营企业和其他城镇企业及其职工，事业单位及其职工。职工包括所有与用人单位有劳动关系的个人：不仅包括正式职工，也包括临时工；不仅包括户籍关系在本地的职工，也包括户籍关系在外地的职工；不仅包括城镇职工，也包括农民工；不仅包括中国职工，也包括外国职工。

2. 社会保险费的分担方式①

（1）雇主与被保险人共同负担。

（2）政府与被保险人共同负担。

（3）雇主与政府共同负担。

（4）雇主、政府与被保险人共同分担。

（5）被保险人全部负担。

（6）雇主全部负担。

（7）政府全部负担。

3. 社会保险费的确定方式

社会保险费的确定方式一般来说有两种：比例保险费制和均等保险费制。

（1）比例保险费制　是以被保险人的工薪收入为基准规定一定的百分比作为保险费率，从而确定应交的保险费的方法。在比例保险费制中，由于各种规定和限制不同，通常分为固定比例制、等级比例制和累积比例制三种方式。

（2）均等保险费制　又称为同一保险费率制，是不论被保险人或雇主的收入多少，一律计收同等的保险费的方法。

4. 社会保险费率

（1）社会保险费率　是社会保险单位在一定时期计算和收取保险费的比率。它通常用百分数（%）或千分数（‰）来表示。社会保险费率通常分为综合保险费率和分类保险费率。

（2）综合保险费率　是将两种以上的保险项目综合在一起，根据某一基数（如工薪总额）计算出来的总保险费率。然后，按总的保险费率在政府、雇主和雇员之间确定承担比例。

（3）分类保险费率　是根据保险险种的性质、特征或其他因素分别计算的费率。该费率适用于具有特殊风险的险种，如工伤保险、失业保险等。

第五节　社会保险费征缴制度

一、征缴制度的内涵

1. 征缴管理

国务院劳动保障行政部门负责全国的社会保险费征缴管理和监督检查工作。

① 任正臣. 社会保险学. 北京：社会科学文献出版社，2001. 48，49

县级以上地方各级人民政府劳动保障行政部门负责本行政区域内的社会保险费征缴管理和监督检查工作。社会保险费实行三项社会保险费集中、统一征收。社会保险费的征收机构由省、自治区、直辖市人民政府规定，可以由税务机关征收，也可以由劳动保障行政部门按照国务院规定设立的社会保险经办机构（以下简称社会保险经办机构）征收。省、自治区、直辖市人民政府规定由税务机关征收社会保险费的，税务机关应当及时向社会保险经办机构提供缴费单位和缴费个人的缴费情况；社会保险经办机构应当将有关情况汇总，报劳动保障行政部门。

2. 征缴范围

基本养老保险费的征缴范围：国有企业、城镇集体企业、外商投资企业、城镇私营企业和其他城镇企业及其职工，实行企业化管理的事业单位及其职工。

基本医疗保险费的征缴范围：国有企业、城镇集体企业、外商投资企业、城镇私营企业和其他城镇企业及其职工，国家机关及其工作人员，事业单位及其职工，民办非企业单位及其职工，社会团体及其专职人员。

失业保险费的征缴范围：国有企业、城镇集体企业、外商投资企业、城镇私营企业和其他城镇企业及其职工，事业单位及其职工。

省、自治区、直辖市人民政府根据当地实际情况，可以规定将城镇个体工商户纳入基本养老保险、基本医疗保险的范围，并可以规定将社会团体及其专职人员、民办非企业单位及其职工以及有雇工的城镇个体工商户及其雇工纳入失业保险的范围。

3. 缴费形式

缴费单位和缴费个人应当以货币全额缴纳社会保险费。在国家和用人单位负担社会保险费之外，职工个人也要负担一定的费用。缴费个人应当缴纳的社会保险费，由所在单位从其本人工资中代扣代缴。

4. 社会保险费欠缴

缴费单位未按规定缴纳和代扣代缴社会保险费的，由劳动保险行政部门或者税务机关责令限期缴纳；逾期仍不缴纳的，除补缴欠缴数额外，从欠缴之日起，按日加收2‰的滞纳金，滞纳金并入社会保险基金。

5. 社会保险费核算

征收的社会保险费存入财政部门在国有商业银行开设的社会保障基金财政专户。社会保险基金按照不同险种的统筹范围，分别建立基本养老保险基金、基本医疗保险基金、失业保险基金，各项社会保险基金分别单独核算，不计征税、费。

6. 社会保险费缓缴

缴费人有下列情形之一的，可向当地主管地方税务机关申请缓缴：缴费人濒临破产，在法定整顿期内的；经营发生严重困难，依法停产整顿三个月以上并且发不足或者发不出工资的；自然灾害造成严重损失，无法正常经营，经当地县以上人民政批准停产期间的；经县以上工商行政管理部门批准办理停业、歇业的个体工商户。经批准缓缴的，在缓缴期内免缴滞纳金。缓缴期满后，应当如数补缴社会保险费及按照同期城乡居民银行存款利率计息。

7. 社会保险费管理

社会保险经办机构应当建立缴费记录，其中基本养老保险、基本医疗保险应当按照规定记录个人账户。社会保险经办机构负责保存缴费记录，并保证其完整、安全。社会保险经办机构应当至少每年向缴费个人发送一次基本养老保险、基本医疗保险个人账户通知单。缴费单位、缴费个人有权按照规定查询缴费记录。缴费单位应当每年向本单位职工公布本单位全年社会保险费缴纳情况，接受职工监督。社会保险经办机构应当定期向社会公告社会保险费征收情况，接受社会监督。

二、社会保险缴费职工享有的权利和承担的义务

职工按一定的比例缴纳社会保险费的原因是：

（1）事实上，许多风险是由职工个人自然或生理因素所引起的，职工理应在劳动期间预先把自己的必要劳动“扣除”一部分，以补偿不能劳动时的必需。也就是说，个人缴纳是为享受权利而应尽的义务。

（2）有利于职工对社会保险的监督，减少社会保险基金的浪费。

（3）有利于发扬职工自助、互助精神，培养自我积累、自我保障的意识，改变职工对社会过分依赖的心理，减轻国家和用人单位的负担。

（4）职工个人缴纳的社会保险费计入职工个人账户，可以更好地顾及职工的长远利益，建立合理的消费结构，妥善安排个人一生的生活。

职工享有的权利是：

（1）依法领取社会保险金和享受社会保险待遇，在发生社会保险的风险责任时职工有权要求社会保险经办机构及时足额的支付社会保险金及提供相应的社会保险待遇。

（2）职工有权查询与本人有关的社会保险缴费记录，并要求社会保险经办机构对自己的缴费保密。

（3）职工有权就与本人有关的社会保险争议提起仲裁、复议或诉讼请求，以维护自身的合法权益。

（4）职工有权对社会保险公司和用人单位的社会保险工作提出意见和建议。

职工应履行的义务是：

遵守社会保险法律、法规，按规定缴纳社会保险费，按规定的程序和所需的

手续领取社会保险金，并接受劳动行政部门和社会保险经办机构的管理。

三、社会保险缴费用人单位享有的权利和承担的义务

用人单位享有的权利是：

(1) 向社会保险公司查询本单位的缴费记录。

(2) 要求社会保险公司提供政策、法律咨询服务。

(3) 就与本单位有关的社会保险争议向劳动争议仲裁委员会申请仲裁，当对劳动行政部门的行政处罚决定不服时，有权向管委会申请复议。对仲裁决定和复议决定不服，可向法院提起诉讼。

(4) 对社会保险公司的工作提出意见和建议。

用人单位应履行的义务是：向地方税务机关办理缴费登记；按月向地税机关申报应缴纳的社会保险费数额并在规定的期限内缴纳；履行《社会保险费征缴办法》规定的代扣代缴义务；自觉接受地方税务机关依法进行的对单位缴费情况的检查；每年向本单位职工公布本单位社会保险费缴纳情况，接受职工监督等。

四、征缴的相关问题

1. 社会保险的计费依据

社会保险费以工资总额为缴费基数，以实际支付的工资额为计费依据。工资总额按国家统计局《关于工资总额组成的规定》和《〈关于工资总额组成的规定〉若干具体范围的解释》执行。

个体工商户以当地社会平均工资为计费依据。

社会保险费的缴费工资基数也称为计费依据，具体分为职工个人缴纳、单位缴纳和城镇个体劳动者缴纳的缴费工资基数。

(1) 缴费单位的职工个人缴纳基本养老保险费、基本医疗保险费和失业保险费的，其缴费工资基数按照本人上一年度月平均工资确定。当年新成立缴费单位的职工或缴费单位当年新增的职工，其个人缴费工资基数按本人当年第一个月工资确定。

本人上一年度月平均工资或本人当年第一个月工资低于上一年度当地职工月平均工资60%的，按照上一年度当地职工月平均工资的60%确定，高于上一年度当地职工月平均工资300%的，按照上一年度当地职工月平均工资的300%确定。

参保人员参保多个险种的，其各险种的月缴费工资基数应相同。

(2) 缴费单位缴纳的缴费工资基数按照当月工资总额确定。单位缴纳的月缴费工资总额不得低于职工个人缴纳的月缴费工资总额。

（3）城镇个体劳动者的缴费工资基数按照社保经办机构核定的应缴费额确定。

特殊情况下计费依据的确定：

（1）企业、事业单位新增职工及新参加工作的职工（包括研究生、大学生、大中专毕业生等）以起薪当月的工资收入为计费依据，从参加工作的第二年起，改按上一年全年工资额为本人计费依据。

（2）脱产学习人员以及经批准请长假的职工，保留工资关系，应以脱产或请假期间的本人上年工资额为计费依据。

（3）失业后再就业的职工，应以再就业起薪当月的工资为计费依据，从第二年起按上一年实际工资额为计费依据。

（4）下岗后进入再就业服务中心人员以当地上年度职工平均工资的60%为计费依据。

（5）职工本人的全年工资如果低于当地职工最低工资标准的，按照最低标准计算；超过当地职工平均工资300%的，按300%计算。

缴费单位和缴费个人不能准确提供工资总额情况资料的由地方税务机关予以核定，并以《社会保险费计费依据核定书》通知缴费单位缴费。

2. 社会保险费的缴费率

社会保险费率见表3-4。

工伤保险费分行业费率见表3-5。

表3-4　社会保险费率

社会保险费	缴费单位	缴费个人
基本养老保险费	24%	5%
失业保险费	2%	1%
基本医疗保险费	7%	2%
生育保险费	1%	不缴

表3-5　工伤保险费分行业费率

行业	钢铁、建筑、交通、运输、建材	轻纺、电子、医药、物资、公用事业	商业、供销、农业、水利	邮政、电信、移动、电业、金融、保险
费率	1.3%	0.6%	0.3%	待定

3. 社会保险费的费额计算

缴费单位应纳费额＝缴费单位实际支付的工资总额或地方税务机关核定的计费依据×规定费率。

缴费个人应纳费额＝缴费个人工资收入或地方税务机关核定的计费依据×规定费率。

工资总额是指个人因任职或受雇而取得的工资、薪金、奖金、年终加薪、劳动分红、津贴、补贴以及与任职或者受雇有关的其他所得。具体范围按照国家统计局规定的统计口径计算。

4．社会保险费的纳费义务发生时间

根据劳动法律、法规、规章的规定，企业事业单位与职工确定劳动关系（含事实劳动关系）后，企业事业单位和职工即为社会保险费缴费单位和缴费个人。法律、法规、规章、规定不缴纳社会保险费的职工除外。

上述所称劳动法律、法规、规章是指《中华人民共和国劳动法》及其有关法规。

5．社会保险费的缴纳申报期限和纳费期限

(1) 缴费单位必须于每月 15 日前向社会保险经办机构和地方税务机关申报应缴纳的社会保险费数额。地方税务机关对缴费单位的缴费数额进行核定，并开具征收缴款书。

缴费单位因自然灾害、重大事件等不可抗力因素影响，不能按期办理申报手续的，可以延期办理。至不可抗力因素消除后，及时办理。

(2) 缴费单位纳费申报的方式有直接申报、电子邮件申报、邮寄申报等。缴费单位应以直接申报为主，如缴费单位直接申报有困难的，可以《非直接申报申请书》申请采取电子邮件申报、邮寄申报等其他地方税务机关允许的申报方式，经主管地方税务机关批准，并以《社会保险费纳费申报方式通知书》通知缴费单位，邮寄申报以寄出地的邮戳日期为实际申报日期。

(3) 缴费单位必须于每月 1 日至 5 日，以货币形式全额向地方税务机关缴纳社会保险费。

(4) 缴费单位未按照规定缴纳社会保险费的，由地方税务机关责令限期缴纳，并以《社会保险费限期缴纳通知书》通知缴费单位；逾期仍不缴纳的，除补缴欠缴数额外，从欠缴之日起，按日加收 2‰的滞纳金。滞纳金并入社会保险基金。

社会保险费限期缴纳通知书

税费字（　　）第　号

________________：

根据《　　　　　　》的规定，你单位________年________月至________年________月应缴费款　　元，限________年____月____日前到主管税务机关缴纳。逾期仍未缴纳的，将按有关规定处理，并从欠缴之日起（________年____月____日）至缴纳或解缴之日止，按日加收滞纳费款千分之二的滞纳金，与费款一并缴纳。

主管税务机关（公章）

年　　月　　日

说明：1. 主管税务机关指“县、区级及有权税务机关”。

2. 本通知书一式二份，一份填发单位留存，一份送缴费人。

3. 纸型为 A4 型，竖排。

6. 社会保险费的纳费地点

社会保险费实行属地征收原则。但有下列情况之一的，按照下列规定执行：

（1）外省在本省和省内跨省辖市临时施工的建筑施工企业及其职工，向企业工商登记地的地方税务机关缴纳社会保险费。

（2）省内跨省辖市的其他企业、事业单位在工资核算地地方税务机关缴纳社会保险费。

（3）原实行行业统筹的企业，向省地方税务机关直属机构缴纳基本养老保险费。

上述所称行业统筹的企业是指铁道部、交通部、信息产业部、民航总局、国家煤炭局、国家有色金属局、国家电力公司、中国石油天然气集团公司、工商银行、农业银行、建设银行、中国银行、交通银行、中国人民保险公司、中国人寿保险公司和中国建筑工程总公司等原行业统筹的企业。

7. 社会保险费的减、免、缓

（1）社会保险费不得减免。

（2）社会保险费不计征税、费。社会保险费在所得税税前列支。

（3）缴费单位停止发薪期间，没有缴费能力，经县以上地方税务机关批准，可暂不缴纳社会保险费；发薪后，必须立即补缴，不征收滞纳金。

审批权限如下：

（1）应缴社会保险费额在500万元以下的由省辖市地方税务局批准。

（2）应缴社会保险费额在500万元以上的由省地方税务局批准。

地方税务机关批准缓缴社会保险费，以《社会保险费缓缴通知书》通知缴费单位。

8. 其他有关征收的规定

（1）缴费单位逾期拒不缴纳社会保险费、滞纳金，地方税务机关以《社会保险费扣缴通知书》通知其开户银行或其他金融机构，从其存款中扣缴，也可以依照《社会保险费征缴暂行条例》的规定，以《社会保险费强制执行申请书》申请人民法院强制征缴。

（2）地方税务机关有权对缴费单位的社会保险费缴纳情况进行检查。被检查的单位应当如实提供与缴纳社会保险费有关的用人情况，工资表、财务报表等资料，不得拒绝检查，不得谎报、瞒报。地方税务机关对社会保险费缴费情况进行检查，应当与税务检查同时进行。

（3）地方税务机关进行缴费检查时，应提前3日将检查期限、检查内容、检查时间等事项以《社会保险费缴费检查通知书》通知缴费单位。缴费检查结束后，要形成《社会保险费缴费检查结论》。对缴费检查的处理以《社会保险费缴费检查处理决定书》通知缴费单位。

社会保险费缴费检查通知书

税费字（　　）第　号

________：

根据《　　　　　　》的规定，我局决定从________年________月起派　　　　　　等人对你单位________年________月至________年________月期间的社会保险费缴纳情况进行检查，请届时将有关缴费资料准备齐全，接受检查。如认为以上检查人员应回避的，可在5日内提出回避申请。

主管税务机关（公章）

年　　月　　日

说明：1. 主管税务机关指“县、区级及有权税务机关”。

2. 本通知书一式一份，交缴费单位。

3. 纸型为A4型，竖排。

社会保险费缴费检查结论

税费字（　　）第　号

________：

根据《　　　　　　》的规定，我局派员于________年________月________日至________年________月________日对你单位的社会保险费缴纳情况进行了检查，具体结论如下。

一、检查费款所属期限

二、检查情况

项　目		缴费基数	应缴费额	已缴费额	欠缴费额
合　计					
基本养老保险费	小计				
	单位				
	个人				
失业保险费	小计				
	单位				
	个人				
基本医疗保险费	小计				
	单位				
	个人				
工伤保险费					
生育保险费					

三、存在问题

缴费单位意见：

缴费单位（公章）　　　　　　　　　　主管税务机关（公章）

年　月　日　　　　　　　　　　　　　年　月　日

填表说明：1. 主管税务机关指“县、区级及有权税务机关”。

2. 此表一式二份，一份填发单位留存，一份送缴费人。

3. 纸型为A4型，竖排。

社会保险费缴费检查处理决定书

税费字（　）第　号

________________：

我局派员对你单位自________年________月至________年________月的社会保险费缴纳情况进行了检查，并形成《社会保险费缴费检查结论》，已征得你单位认可。根据《　　　　　》的规定，现做如下处理：

主管税务机关（公章）

年　月　日

说明：1. 主管税务机关指“县、区级及有权税务机关”。

2. 此表一式二份，一份填发单位留存，一份送缴费人。

3. 纸型为A4型，竖排。

《社会保险费强制执行申请书》和《社会保险费文书送达回证》如下。

社会保险费强制执行申请书

税费字（　）第　号

________________人民法院：

在法定期限内不履行缴纳社会保险费义务。根据国务院《社会保险费征缴暂行条例》的规定，特申请你院采取以下措施对其强制执行：____________________

批准人：　　　　　　　　　　主管税务机关（公章）

年　月　日

说明：1. 主管税务机关指“县、区级及有权税务机关”。

2. 此表一式二份，一份填发单位留存，一份送法院。

3. 纸型为A4型，竖排。

社会保险费文书送达回证

（编号：　　）

受送达人：　　　　　　　　　　　　送达地点：

送达文书名称	
受送达人签名或盖章	
收件日期	
代收人代收理由及签名或盖章	
受送达人拒收理由和日期	
送达人签名或盖章	

填表说明：1. 此表一式二份，税务机关、缴费单位各一份。

2. 纸型为 A4 型，竖排。

9. 社会保险费的法律责任

缴费单位违反有关财务、会计、统计的法律、行政法规和国家有关规定，伪造、变造、故意毁灭有关账册、材料，或者不设账册，致使社会保险费缴费基数无法确定的，除依照有关法律、行政法规的规定给予行政处罚、纪律处分、刑事处罚外，依照《社会保险费征缴暂行条例》第十条的规定征缴；迟延缴纳的，由劳动保障行政部门或者税务机关依照《社会保险费征缴暂行条例》第十三条的规定决定加收滞纳金，并对直接负责的主管人员和其他直接责任人员处 5 000 元以上 20 000 元以下的罚款。

➢本章小结

中国的社会保障制度是中央政府和各级地方政府共同负责的。中央政府的职责是，制定全国统一的法规、政策和标准，对困难地区提供资金帮助；地方政府的职责是，根据中央的统一政策制定本地法规、政策和标准，筹集社会保障基金，支付社会保障待遇。

劳动和社会保障部内设 13 个职能司（厅），负责全国劳动和社会保障事业的行政管理，主要包括劳动力资源管理、劳动关系调整、各项社会保险管理及劳动和社会保障法制建设等方面的职能。中央、省、市、县分别设立隶属于政府劳动保障行政管理部门的、非营利的社会保险经办机构，负责办理参保登记，收缴社会保险费，记录缴费，管理个人账户，确认并支付待遇，管理社会保险资金，提供查询等。

社会保险登记制度、社会保险费的申报制度和社会保险费征缴管理制度是社会保险制度的重要组成部分，它们的实施具有明确的法律和政策依据。

➢关键术语

社会保险经办机构 社会保险登记 社会保险费的申报 社会保险费率 社会保险费征缴

➢案例1 国际社会保险费征收管理的经验

1. 征管模式改革的国际借鉴

从国际上看，征管模式大致可以分为三种：美国模式、英国模式和德国模式。三种模式既有各自的优势，也非常明显地呈现相同之处：一是社会保障税是为筹集基金而开设的，有特定的目的，全部税款用于社会保险，作为社会保险受益返还给纳税人。二是不管征税还是征费，社会保险的资金大都由一个机关负责征收管理。目前，在国际范围内建立了社会保障制度的172个国家中，由税务机关统一征收管理社会保障税的有100多个国家。国际上与我国国情相符合的国家选择的征缴模式基本是征税。例如，加拿大大部分的社会保险费由税务机关代为征收；美国把社会保险征费完全税收化，开征的是社会保障税；英国对社会保险开征四类国民保险税。

2. 征收比率确定的国际借鉴

从国际社会来看，尽管现代社会生活中，社会救助、社会保险和社会福利三层保障同时并存，但是，由于经济发展水平及国情的不同，各国社会保障税税率有很大差别。美国社会保障税中的工薪税征收率为15.3%，由雇主和雇员共同承担。德国尽管也采用费的形式征收，但全国费率一致。综观各国情况分析，税率水平的高低一般是由社会保障制度的覆盖面和收益人收益的多少决定，税率刚一开始一般较低，随着保险项目的拓宽而逐渐提高。目前，凡是保险收益多的国家，社会保障税的税率比较高，欧洲福利国家保障税税率一般都在30%以上，许多西方国家社会保障税率还随着物价指数的增长而经常调整。

3. 征缴管理机制的国际借鉴

在法国，企业实际上承担了缴纳工资总额近60%的社会保险税费，但法国企业仍然有非常高的自觉性自行申报缴费，主要在于法国相当严格的监督系统。为了消除雇主对缴纳社会保险费的抵制，地区社会保险费征收管理处在给雇主发出最后警告以后，可以采取以下几种方式：第一，发出具有执行力的强迫性命令；第二，诉诸监督机构（在全国范围为社会保障事务部，在地方范围为地区社会保障机构），监督机构发出执行令，由国家征税机构对欠缴的社会保险费予以征收；第三，向一般法庭提起诉讼，以判处雇主缴纳其应缴的社会保险费；第四，不缴社会保险费是一种刑事违法行为，地区社会保险费征收管理处以民事当事人的身份向刑事法庭提起诉讼。对不缴纳社会保险费的刑事惩罚可以是罚款（数额是所雇佣人数的倍数），必要时可以判处监禁。对于逾期（发工资日为缴纳社会保险费日）缴纳者处以滞纳金，滞纳金的数额视拖欠的时间长短而定，没有在法律规定的期限内缴清的，增缴10%。之后，每逾期一个季度再增加3%。只有在雇主能够证明自己的诚意或者有不可抗力，或者向有一审或终审权的社会保障法庭提起诉讼时，雇主才可以请求部分或全部取消逾期滞纳金。法庭只审查减免滞纳金的条件，而减免的数额由地区社会保险费征收管理处决定。此外，法国还有“社会保险费征收检查员”，不定时抽查企业缴费状况。

【讨论题】

1. 国际上社会保险费征缴制度有什么特点？

2. 我国应如何根据国情有效地借鉴国际上社会保险费征缴经验？

➢案例2　如何解决我国社会保险管理机构设置重叠的问题

我国现在分管社会保障的各部门，都各自成立了专门的管理机构，都有一支专业队伍。各级劳动部门已设立专职经办机构数千个，配备管理人员数万人。这些年，民政部在全国各地推行农民养老保险试点时，层层设立机构，增加编制，意在建立一套自成一体的农民养老保险经办体系。人事部门也拟构建自己的经办机构。如此众多的机构和人员不仅增加了管理成本，而且加重了企业负担。根据财政部的有关资料，1993年全国社会保险机构管理费支出9.95亿元，比1992年增长了24.38%，人均提取2.99万元，人均使用3万元，支出水平大大高于其他行政事业单位。

由于社保管理机构重叠，企业为职工办理社会保险不仅要跑多个部门，办理不同的手续，而且企业每月都要向不同的管理部门缴纳保险资金，企业事务性负担加重。以企业养老保险为例，目前全国企业养老保险费率平均为23%，个别地区高达30%以上，加上医疗、住房、工伤、失业等保险费率，平均达到38%以上，企业负担太重。长期以来，由于统筹只在国有企业中实行，非国有企业多半采取观望态度，不愿参加保险统筹，因而造成保险费率的持续滑坡。面对新世纪我国人口老龄化的发展趋势，国有企业在职职工与退休职工的比例将进一步下降，平均每个在职职工所担负的养老费将大大增加，这不仅严重影响社会保障的水平和质量，而且也不利于解决企业的长期稳定发展问题。

【讨论题】

1. 请分析社会保险管理机构设置重叠问题的成因。

2. 请针对社会保险管理机构设置重叠问题提出相应的解决方案。

复习思考题

1. 社会保险经办机构的主要职责有哪些?
2. 参加社会保险的职工拥有哪些权利和义务?
3. 为什么要建立社会保险费的申报缴纳制度?
4. 缴费单位在社会保险费征缴工作中拥有哪些权利和义务?
5. 在哪些情形下，缴费人可向当地主管地方税务机关申请缓缴?

第四章

养老保险

社会养老保险是世界各国较为普遍实行的一种社会保险制度，目前世界上已形成各种类型的养老保险模式，如传统型、福利型、混合型、储金型等，但人口老龄化趋势对各国养老金制度的变革产生了重大的影响。如何进一步完善我国的企业职工基本养老保险制度，并推进机关事业单位养老保险制度改革和农村基本养老保险工作仍是尚未解决的难题。

第一节　养老保险的基本问题

一、人口老龄化与社会保险

1. 人口老龄化趋势

养老金制度的变革源于一个重大的社会变迁——战后生育高峰一代的老龄化。目前世界上 60 岁以上人口的年增长率为 1.9%，比总人口增长率高出 60%。1950 年，每 12 个 15～64 岁的人供养一个老年人，而今世界的平均水平为 9∶1。据联合国人口司估计，到 21 世纪中期该比率将下降至 4∶1。届时，老龄人口将首次超过儿童人口。一些经济学家担心这将导致养老金体系的崩溃与生活水平的下降。

老龄化趋势在欧洲与日本备受关注，因为这两个地区的劳动年龄段的人口正不断下降。预计到 2025 年，西班牙 15～64 岁的人口将减少 10.4%，德国将减少 10.7%，意大利将减少 14.8%，日本将减少 15.7%。即使是中国、俄罗斯、乌克兰这样的新兴经济体也难逃人口老龄化的噩运。预计到 2020 年，中国 65 岁以上的人口将达到2.65亿。以大量廉价劳动力闻名的匈牙利与波兰也受到老龄化的困扰。在未来20年，“东亚四小龙”也将不再年轻，劳动人口平均年龄将达到40岁。虽然印度尼西亚、印度、巴西、墨西哥、菲律宾、伊朗与埃及在未来20年内劳动力人口仍将继续上升，但在一两代人以后也将走向老龄化。经济合作与发展组织的养老金专家莫尼卡·奎瑟指出：“劳动人口老龄化将是决策者在未来20年内面临的最大的经济挑战。”①

20世纪大发展的两个标志——生育率的下降与寿命的延长，促进了人口的老龄化。除贫穷的撒哈拉沙漠非洲地区以外，计划生育与妇女就业机会的增多使得生育率从20世纪50年代的每个妇女生育5～6个小孩下降到现在的1～2个。在这期间，卫生条件的改善也使人类的平均寿命延长到目前的66岁。

经济学家们把战后的生育高峰、卫生条件的改善与家庭的缩小统称为“人口红利”。只要政策正确，这些因素都会刺激经济的快速增长。首先在欧洲与日本，之后在拉美与东亚，生育高峰的一代人加入劳动力大军后都推动了经济的腾飞。

20世纪末，中国60岁以上人口占总人口的比重超过了10%，开始进入老龄化社会。同西方工业化国家相比，中国老龄化具有规模大、速度快的特点。西方国家老龄化率从5%上升到10%一般经过40年甚至更长时间，而中国由于长期实行计划生育政策等原因，仅用了20年左右的时间。西方国家是先实现工业化，后进入老龄化，是“先富后老”；中国工业化还没有完成，老龄化就提前到来，是“未富先老”。人口加速老龄化导致社会保障资金缺口巨大。退休人员每年增加300万人，缴费人员与退休人员之比，从20世纪90年代初的10∶1上升到目前的3∶1。

目前中国的许多家庭都面临着所谓的“4-2-1”现象，即祖父母4人、父母2人（各来自独生子女家庭），只能由1个孩子来赡养。目前已有14%的人口超过60岁，在今后25年内，这个比例预计将上升到25%。人口老龄化的趋势将在2030年达到顶峰，表现为2个劳动力赡养1个老人。对于一个人均GDP只有1000美元的国家来说，情况令人担忧。中国劳动和社会保障部社会保险研究所所长何平指出，其他国家虽然老龄化程度与中国相当，但是平均收入却是中国的3倍。“虽然中国的人口出现老龄化，但是中国仍然不富裕，这是一个严重的问题”。据亚洲发展银行统计，目前中国养老金的资金短缺已达62亿元，预计到2033年将升至533亿元①。

2. *人口老龄化带来的经济问题*

乔治·E. 雷吉达列举了人口老龄化带来的10大经济问题：①老年人口比例的增长。②退休导致的收入损失。③更长的退休期。④收入和资产的不足。⑤健

---

① 郑星煌. 老龄化再度席卷全球——养老制度改革刻不容缓. 国际金融报，2005-01-27

康状况不佳。⑥长期护理。⑦高额的财产税。⑧通货膨胀。⑨其他财务问题。⑩对老年人的虐待[①]。

3. 社会养老保险制度

所谓社会养老保险制度是国家和社会根据一定的法律和法规，为保证劳动者在达到国家规定的、解除劳动义务的劳动年龄界限或因年老丧失劳动能力，退出劳动岗位后的基本生活需要而建立的一种社会保险制度。

社会养老保险制度是世界各国较为普遍实行的一种社会保险制度，一般具有以下几个特点：第一，由国家立法，强制实施，企业单位和个人都必须参加，符合养老条件的人，可向社会保险部门领取养老金；第二，社会养老保险基金的来源，一般由国家、单位和个人三方或单位和个人双方共同负担，并实现广泛的社会互济；第三，由于其具有社会性，影响很大，享受的人多且时间较长，费用支出庞大，所以必须设立专门机构，实行现代化、专业化、社会化的统一规划和管理。

老年人在中青年时期为社会经济发展做过了长期奉献，在退出劳动生产岗位后仍然有享受社会平等的权利。即使丧失了劳动能力，也应得到社会的敬重。不能歧视、虐待老年人，要形成尊老、爱老、助老的社会风尚。

老年人要与其他人口一样有权共享社会经济发展成果，在职劳动者的收入不断提高的同时，老年人的经济收入也应相应提高。老年人的经济收入包括两方面：一是法定的养老金（包括其他形式的必要劳动）收入，这是老年人过去在业时期自己必要劳动的延期享用；二是由于社会发展而增加的收入，即社会经济发展成果的共享收入，这是老年人过去劳动成果继续发挥作用的回报。前者为按法规计算的每个老年劳动者应得的退休金等收入；后者为由于社会经济发展老年人应得的养老金的增加部分。如《中华人民共和国老年人权益保障法》就将老年人的收入和权利分为两部分，在第四条规定，“老年人有从国家和社会获得物质帮助的权利”“有享受社会发展成果的权利”。在第二十一条规定，“老年人依法享有的养老金和其他待遇应得到保障”“国家根据经济发展、人民生活水平提高和职工工资增长的情况增加养老金”。前者为根据每个老年人的工龄和退休前的工资水平计算的不变收入，后者为根据老年人所在单位经济发展状况和同类在业人员收入增长的一定比例增加的可变收入。

二、养老保险制度的内涵

1. 养老保险的概念

养老保险是社会保障制度的重要组成部分，是社会保险五大险种中最重要的

---

① ［美］詹姆斯·S. 特里斯曼等. 风险管理与保险. 沈阳：东北财经大学出版社，2002

险种之一。养老保险制度主要包含以下三层含义：

(1) 养老保险是在法定范围内的老年人完全或基本退出社会劳动生活后才自动发生作用的。这里所说的“完全”，是以劳动者与生产资料的脱离为特征的；所谓“基本”，指的是参加生产活动已不成为其主要社会生活内容。需强调说明的是，法定的年龄界限（各国有不同的标准）才是切实可行的衡量标准。

(2) 养老保险的目的是为了保障老年人的基本生活需求，为其提供稳定可靠的生活来源。

(3) 养老保险是以社会保险为手段来达到保障的目的。它强制实行，资金来源稳定，具有广泛的社会互济。

2. 多层次的养老保险体系

世界银行在 1994 年出版的著名的《防止老龄危机》一书中曾向各国推荐“多支柱”模式，在世界各国改革模式选择中起到了重要的作用。十多年过去了，多支柱已经成为各国改革的一条基本经验所坚持，固守单支柱的国家所剩无几。2005 年，世界银行又出版了第二本里程碑式的重要著作，它是在世界银行首席经济学家办公室提议下完成的。该书宣称它“是世界银行各有关部门跨部门合作的结晶”，并认为，世界银行在参与了 80 多个国家的改革和对 60 多个国家提供了资助之后，尤其是在总结了自 1994 年出版了第一本书之后的近 11 年来的经验之后，世界银行“增进了对养老保险改革的了解与认识……认为多支柱的制度设计具有明显优势……越来越认识到，更多的选择有助于有效保护老年人群，并保证财政可持续性”。[①]

世界银行多支柱模式的内容可以归纳为三个方面：

第一，继续坚持多支柱模式的思想，但将三支柱建议进一步扩展到五支柱的政策建议：一是非缴费型的零支柱，二是缴费型并与个人收入水平挂钩的第一支柱，三是强制性的第二支柱（即个人储蓄账户式的企业年金），四是自愿型的多种形式的第三支柱（既可以是 DC 也可以是 DB），五是非正规保障形式的第四支柱。在这个五支柱的建议中，认为各国政府可以根据各自的情况在各支柱之间保持适当的平衡，各支柱的构成要根据实际的需要予以确定，甚至支柱的数量也可以视情况而定，不必拘泥于千篇一律。

第二，继续关注社会保障制度财政可持续性，但将注意力更多地倾斜到老年弱势群体的基本收入保障上。设立零支柱的目的就是为了消除老年贫困，为他们建立基本的收入保障；尽管低收入国家面临筹资困难，但也应讲求策略，分步实施。

第三，继续强调 DC 型积累制应对老龄化方面占有非常重要的地位，但却认

① 郑秉文. 十一五期间社保改革的 12 个重大问题——从国外经验教训的角度. http://www.sociology.cass.cn. 2005-08-31

为在某些情况下它的局限性越来越明显，即在全社会范围内进行收入再分配以消除贫困越来越受到广泛的重视。

1984～2004 年的 20 年间，世界银行在为 68 个国家改革发放的 204 笔贷款中积累的一条重要经验就是，多支柱优势能够更好地实现养老保险制度的多重目标（例如消除贫困，缩小退休前后的收入差距，保持收入稳定），能够有效地应对普遍存在的多重风险（经济风险，政治风险和人口风险），能够具有更大的灵活性，能够更好地适应不同主要目标人群的不同需求。一句话，能够增强社保制度的长效机制。

3. 老年保险的给付

世界各国老年给付的对象、条件和标准存在较大的区别，现简要说明如下：

（1）保险对象。多数实施老年给付的国家，其承保对象包括一切工、商、农劳动者以及公职人员在内，但也有对工作条件与众不同的从业人员，如在矿场、铁路及海上作业者，另有特别保险计划单独处理。例如，美国铁路员工及联邦公务员另有退休年金计划，不包括在其老年、遗属、残废及健康保险（old-age，survivors，disability and health insurance，OASDHI）制度内。

（2）给付条件。多数国家规定老年退休给付的基本条件，必须达到一定年龄，并缴足一定期间内的保险费或服务满一定年限。许多国家规定被保险人必须以完全退休为给付条件。有些国家规定给付条件与服务年限无关，以永久居民或本国公民为合格条件。

实施老年保险的大多数国家，一般都有退休调查的规定（retirement test），即以被保险人完全退休为给付条件，如被保险人仍继续工作，则将停止其年金的给付，或按其收入金额或工作时间减扣一部分给付数额。

（3）给付标准。多数国家老年退休年金采取按以往薪资一定比例分期给付的办法，也有国家实行一定金额给付，与以往薪资并无关联。实行比例制的国家，往往以过去的平均收入为基础。计算平均收入时，有些国家将各种福利金额加入收入总额中，有些国家则以净收入为基准。另有国家将投保薪资，依照职位或收入分成若干等级，再取各等级收入的平均数，作为计算年金的依据。

三、世界养老社会保障制度改革的历程①

第二次世界大战后，发达国家所建立的公共养老保障制度几乎全部是给付确定型现收现付制。之所以采用现收现付的筹资方式是因为它可以避免二重负担的

---

① 王新梅. 全球性公共养老保障制度改革与中国的选择. 中国社会学网. http://www.sociology.cass.cn. 2005-08-30

问题，并且运作成本极低。二重负担的问题会在两种情况下出现：如果在制度开始实施时采用积累制，那么老年人因为没有缴费，得不到养老金，而正在工作的年轻人一方面要靠私人的力量去赡养自己父母，另一方面又要为自己将来的养老金进行缴费，形成了二重负担；如果是从现收现付制转向积累制，那么在转轨期，因为老年人的养老金给付不能中断，那么年轻人就既要负担同时代老年人的养老金给付，又要为自己将来的养老金进行缴费，也形成了二重负担。

当时的经济社会背景是人口年龄结构年轻、经济高增长，因此现收现付制很容易就建立和普及起来了。然而，到了20世纪70年代中期以后，发达国家普遍出现了经济增长减缓、人口结构老龄化的趋势。这样各国的公共养老保障制度普遍都面临着财源不足的问题。为应对这个问题，各国都经常使用提高缴费率及减少养老金给付的手段，但是这样的修补重复多次后，非但没能彻底解决公共养老金的财政问题，还造成了国民对公共养老保障制度的不满日益增高，出现了年轻人、企业对公共养老保障制度不信任等新问题。因为对于年轻人来说，他们担心自己将来领取到的养老金会低于现在缴纳的保险费，而且这个担心日益加重，所以他们开始想方设法不加入公共养老保障制度。与此同时，缴费率的不断提高还加大了企业的人工成本，企业为了生存也开始想方设法利用国家政策的漏洞逃避缴费，或者把工厂移到海外，这样又使得这些国家丧失了许多就业岗位，导致了国民经济整体的恶性循环。

公共养老保障制度的目的本来是以全社会的力量来分担老年人没有收入的风险，是一种代际间强者帮助弱者的制度，而这种过了头的收入再分配（或者叫做逆向的收入再分配），显然与其本来目的有了很大的偏差。另外在瑞典，工作年限长的职工，即使超过了规定缴费年限而超额缴纳了保险费，领取的养老金数额也不会相应增加，这些人也同样对给付与缴费不相应的旧制度不满。

对于世界上任何一个国家来说，当一个制度不能提供足够的激励时，政府无论怎样加大力度、强制国民加入，其效果也都是极其有限的，而年轻人对公共养老保障制度的日渐远离又会造成保险费收入的减少，这对本来就处于财政危机状态的制度来说真是雪上加霜。很显然，如果不废除缴费与给付不相连接的给付确定型制度，不建立缴费与给付一一对应的缴费确定型养老金给付方式，那么就无法唤起国民加入公共养老保障制度的欲望。因此到了20世纪90年代中期，对于世界上许多国家的公共养老保障制度来说，利用缴费确定型来解决激励机制的问题已经势在必行。

面对这个问题，世界上不少养老保障问题的专家学者们都提出，只要把现行的现收现付制改为积累制，就可以把人口结构老龄化与激励不足的难题迎刃而解。1981年智利在实际操作上采用了这个办法，世界银行认为智利的改革可以推广到其他发展中国家，于是在智利模型的基础上，于1994年在西班牙首都马德里召开的年会上提出了 *Averting the Old Age Crisis*（《防止老年危机》）的报告。该报告批判了上述修补式的公共养老保障制度的改革，提出了三支柱模型（three-pillar system）的改革思路。世界银行认为三支柱模型可以改善养老保障制度的可持续性、缓解财政压力、减少老年贫困、强化金融市场，这几方面综合起来可以起到促进经济增长的作用。

此后，世界银行在向一些发展中国家提供贷款的时候，要求这些国家按照三支柱模型对公共养老保障制度进行改革。此时人们把积累制作为“灵丹妙药”，向全世界广泛传播。这个动向引起了国际劳工组织、国际社会保障局、国际货币基金组织及欧盟等国际机构的警觉和强烈反对。由于三支柱模型中养老金的领取权是缴费确定型，这样就有了个人账户，让人感到解决了激励机制的问题。然而，对于积累制是否能够解决人口结构老龄化所造成的财政危机，是否可以适用于公共养老保障制度等问题，在当时的国际学术界还没有达成一致的认识。因此，这个报告一出台，就遭到了包括当时世界银行副总裁斯蒂格利兹（J. Stiglitz）教授在内的国际上许多专家学者的强烈批判，之后引起了全球性的关于积累制等公共养老保障制度的优缺点的大辩论。

这场激烈的大辩论一直持续到了 20 世纪末，使得过去就连一些养老保障问题专家也不太清楚的养老保障问题的基本概念得以澄清，并对于以下 3 个方面问题在全球的养老问题专家学者们之间达成了共识：第一，当积累制下资金的运营利率等于经济增长率时，积累制下的缴费率与现收现付制是相同的；第二，由于市场运营利率也同样要受到人口老龄化与低经济增长的影响，所以当人口老龄化与低经济增长出现时，积累制与不增加缴费额的现收现付制所得到的结果是完全一样的；第三，即使运营利率比经济增长率高，从养老负担上来看，如果把转轨成本也算在内的话，积累制与现收现付制的收益率是相同的。

这样通过这场大辩论，人们认识到对于养老金的筹资方式来说，尽管现收现付制不能应对人口结构老龄化与低经济增长所造成的财政危机，积累制也一样。积累制保持的只是账面上的资金平衡，尽管钱可以储存，由于老年人需要消费的是物质财富与服务，而物质财富等却几乎不能储存，因此当年轻人数量减少而导致生产出来的物质财富等减少时，即使是同等数量的钱，所能购买到的物质等也会减少，此时积累制与不增加缴费的现收现付制所得到的结果是一样的。在这种情况下，能够解决养老保障制度财政危机的手段只有经济增长，否则就只能通过让老年人减少消费、或者让年轻人减少消费、或者让二者都减少消费的方式，来解决养老金的财政危机问题。影响经济增长的因素很多，公共养老保障制度只不过是进行收入再分配，其任务主要是完成代际间对现存物质财富公平稳定的分配，所以无论怎样设计，解决增加物质财富问题的能力也是非常有限的。况且，积累制与现收现付制中，哪一种方式更能促进经济增长还没有定论。此外，如果把财源筹集方式由现收现付制改为积累制，那么还需要考虑如何克服巨大的转轨成本及资本市场的高风险等一系列难题，等于是在没有明确好处是否增加的情况下，确实地增加了巨大的、不知能否应对得了的额外负担，也就是说，在一些学者和国家求助于积累制的时候，另一些养老保障问题的专家学者们发现积累制并不像预想的那样完美，而且还可能会使问题更加严重。

那么公共养老保障制度究竟该怎么办才好？在积累制走红和全球性养老保障制度大辩论的时期，瑞典人开发出了完全不同于世界银行三支柱模型的另一种模型——名义缴费确定型现收现付制。瑞典人认为需要改革的不是养老金的筹资方式，而是养老金的给付方式，所以应该在继续使用现收现付制的基础上，把给付与缴费不相连接的给付确定型改为给付与缴费"一一对应"的缴费确定型。缴费确定型的给付方式并不是只能在积累制下才能使用，在现收现付制下也同样可以使用，其结果就是现在的名义缴费确定型现收现付制。这个模型由于在养老金财源的筹集方式上仍然采用现收现付制，所以避免了转为积累制时会发生的一系列难题，同时在养老金的给付方式上使用了缴费与给付一一对应的缴费确定型，所以又解决了激励机制的问题，使得全体国民都主动愿意加入，覆盖面的问题变得容易解决。意大利在 1996 年的养老保障制度改革中接受了这个模型的基本方式。之后，波兰、拉托维亚、蒙古、吉尔吉斯斯坦等国也采用了这个模型，这些经济转型国家由于旧体制的崩溃，国民对政府的信任程度非常低，因此想让雇主和职工加入公共养老保障制度绝非易事。在导入瑞典模型时，为了得到国民的理解，政府全力向国民保证，缴纳的保费将来一定会偿还。

近年来，发达国家对这个模型的关注骤然增高起来。其中老龄化速度最快的日本，以"代际间利害关系调整"项目为依托，召集了世界各国的养老保障问题的学者深入细致地研究世界各国（发达国家、发展中国家以及经济转型国家）的养老保障制度，并大力向政治家、官僚及百姓解释瑞典模型的内涵。一些日本学者认为："瑞典模型不仅是一项制度创新，而且是一个稳定的、完善的具有美感的新系统。瑞典模型必将是公共养老保障制度改革历史上的一个重要的转折点。"同时世界银行也早已经不再固守过去的三支柱模型，而开始积极地认为瑞典模型在发展中国家也能适用。特别是在近几年，世界银行一直在对瑞典模型的具体问题进行着更加深入细致的研究。另外，根据 Takayama 和 Holzmann、Orenstein、Rutkowski 等的研究，大多数发达国家的公共养老保障制度依旧是现收现付制，今后也不打算把现收现付制改为积累制①。

---

① 王新梅. 全球性公共养老保障制度改革与中国的选择. 中国社会学网. http://www.sociology.cass.cn. 2005-08-30

现在，人们对积累制的副作用也有了更充分的认识，因为这些副作用从1998年起，在智利的实践中渐渐明显起来。另外，其他转为积累制的拉美国家（玻利维亚、秘鲁、乌拉圭、萨尔瓦多、阿根廷、墨西哥，哥伦比亚）与智利一样，原以为可以进行一步到位的改革，由于操作成本高、覆盖面持续下降，转轨成本消化难等问题的出现，现在正面临着日益增多的挑战。目前还无法断定，新体制是否比过去的现收现付制更能使养老保障的状况得到改善。

通过分析我们可以发现，沿着世界银行三支柱模型进行改革的主要是拉丁美洲的一些国家，主要发生在20世纪90年代中期。从90年代末期起，欧亚6国的名义缴费确定型取而代之，成为世界瞩目的新焦点，直到今天人气不减。在这一过程中，世界银行公共养老保障改革的思路由现收现付制转向积累制，又由积累制转向现收现付制，人们对蒙受了不白之冤的现收现付制有了更清晰的认识。世界银行三支柱模型在当时并不代表全球整体的观点，积累制从一开始就不是世界公共养老保障制度改革的潮流。并且现在更多的没有动“大手术”的国家，改革依旧限定在过去的现收现付制的基础上。

四、中国的养老保险

1. 背景与历史

中国的社会保险制度始建于20世纪50年代初，其标志是1951年政务院颁布的《中华人民共和国劳动保险条例》。项目包括养老、伤残、遗属、疾病津贴、医疗工伤和职业病、生育津贴等。该制度由实行劳动保险的各企业行政部门或资方按工资总额3%缴费，建立劳动保险金，职工退休后再从基金中支取退休金，伤残津贴也从基金中支付；其他项目由企业按政府规定标准支付，但若有困难，基金给予补助。这一制度对当时的社会稳定发生过积极作用。60年代末，由于历史原因，社会保险由企业单独负担，逐步演变成企业保险。

1978年6月，经全国人民代表大会常务委员会批准，颁布了《国务院关于安置老弱病残干部的暂行办法》和《国务院关于工人退休、退职的暂行办法》，规定：男职工60岁，女职员55岁，女工人50岁，连续工龄满10年以上的，可以退休。

从1984年开始，一些地方开始实行企业职工养老保险费用社会统筹的改革，对均衡企业负担，保证养老金给付起到了重要作用。1991年6月，国务院发布了《关于企业职工养老保险制度改革的决定》，其主要内容是：

（1）建立多层次的养老保险体系。主要包括：国家强制性基本养老保险，企业补充养老保险，个人储蓄性养老保险。

（2）形成多渠道的费用筹集机制。养老保险费用由国家、单位和个人共同合理负担，实行了个人缴纳养老保险费。

(3) 改变养老保险费现收现付的做法，确定了以支定收、略有结余、留有部分积累的原则。

1995 年 3 月，国务院发布《关于深化企业职工养老保险制度改革的通知》，规定企业职工养老保险实行社会统筹与个人账户相结合的原则，并提出了两种具体的实施办法，供各地结合实际情况进行了选择性实践。

2. 现行养老保险制度

(1) 企业职工基本养老保险制度。1997 年 7 月，国务院发布《关于建立统一的企业职工基本养老保险制度的决定》，1999 年 1 月，国务院又发布《社会保险费征缴暂行条例》，确立了目前中国企业养老保险制度的基本框架。

覆盖范围：城镇企业职工基本养老保险制度覆盖城镇各类企业职工和个体劳动者。2004 年末全国参加基本养老保险的人数为 16 353 万人，比上年末增加 847 万人。其中，参保职工 12 250 万人，参保离退休人员 4 103 万人，分别比上年末增加 604 万人和 243 万人。2004 年末企业参加基本养老保险的人数为14 679 万人，比上年末增加 797 万人。截至 2005 年 12 月底，全国参加基本养老保险参保人数 17 444 万人。“十一五”期间，全国每年新增参保人数 1 000 万人以上，期末参保人数将超过 2.2 亿人[①]。重点是针对城镇个体工商户和灵活就业人员的就业特点，采取有效措施，把他们纳入覆盖范围。

缴费比例：企业缴费比例由各省政府确定，一般不超过本企业职工工资总额的 20%；若退休负担过重，一省的企业缴费比例需超过 20%，应报经中央政府批准。个人按本人工资一定比例缴费，1997 年规定为不低于 4%，以后至少每两年提高一个百分点，最终达到 8%。

个人账户：按本人缴费工资的 11%为每个职工建立基本养老保险个人账户，个人缴费全部记入个人账户，其余部分从企业缴费中划入。个人账户每年按不低于同期居民存款储蓄利率计息。

法定退休年龄：男性职工：60 周岁。女性职工：从事管理和科技工作的人员为 55 周岁，从事生产和工勤辅助工作的工人为 50 周岁。2004 年末全国共有离退休人员 4 675 万人，比上年末增加 152 万人。其中，离休人员 132 万人，比上年末减少 9 万人；退休人员 4 543 万人，比上年末增加 161 万人[②]。

基本养老金计发办法：达到法定退休年龄且缴费满 15 年者，其基本养老金由基础养老金和个人账户养老金两部分构成。基础养老金按退休时上一年本地区职工平均工资的 20%计发；个人账户养老金按个人账户全部储存额的 1/120 作

---

① 苏大鹏. 我国社保体系框架初步形成——养老保险覆盖面扩大. 经济日报. 2006-01-20

② 2004 年度劳动和社会保障事业发展统计公报

为每月的计发标准。对改革前参加工作、改革后退休的人员，原来的连续工龄视同缴费年限，计算过渡性养老金，标准为每年工龄计算指数化月平均工资的1%～1.4%。缴费不足15年者，退休后一次性支付其个人账户全部储存额。

调整机制：国家根据工资增长和生活费用提高的情况，定期增加退休人员的基本养老金。1995、1996、1997年连续三年相应提高了养老金待遇，1999年又普遍提高了离退休人员养老金水平。

实行省级统筹：目前，大部分地区的养老保险基金实行市、县一级统筹，但普遍建立了省级调剂金制度，即各市、县将基金收入的一定比例（5%～10%）上解省级社会保险机构，由省级根据各市、县基金收支情况进行余缺调剂。到21世纪初，将在各省范围内建立省级统筹制度，即统一企业缴纳基本养老保险费的比例，统一管理社会保险经办机构，统一调度使用养老保险基金。

实行养老金的社会化发放：过去长期实行养老金由退休人员所在企业发放的办法。目前劳动保障部已委托工商银行、中国银行、农业银行、建设银行和邮政储汇局，通过其服务网点直接向享受养老保险待遇的企业退休人员发放养老金。这种社会化发放养老金是无偿的服务。

（2）国家机关和事业单位工作人员养老保险制度。国家机关和事业单位工作人员实行与企业不同的养老保险制度。其特点是：养老保险费用由国家或单位负担，个人不缴费；养老金给付以本人工资为基数，按工龄长短计发。其中，国家机关公务员退休后基础工资和工龄工资全额发给，职务工资和级别工资按比例发给；事业单位工作人员退休后按职务工资和津贴两项之和的一定比例发给。具体比例见表4-1。

表4-1 国家机关和事业单位工作人员工资配发比例

机关工作人员（按职务工资和级别工资）		事业单位工作人员（按职务工资和津贴）	
工　龄	待遇比例/%	工　龄	待遇比例/%
不满10年	40	不满10年	50
10～20年	60	10～20年	70
20～30年	75	20～30年	80
30～35年	82	30～35年	85
35年以上	88	35年以上	90

目前，这一制度覆盖了3 000多万人。随着建立社会主义市场经济体制的需要，这一制度也将进行相应的改革。

（3）农村养老保险。农村社会养老保险是中国政府推行的一项旨在解决农民养老问题的社会政策，1991年经国务院批准组织实施。其基本原则是保障水平要与农村生产力发展和各方面承受能力相适应；保障方式是农村社会养老保险要与家庭赡养、土地保障以及社会救济等方式相结合；权利与义务相对等。主要采取政府组织引导和农民自愿相结合的办法，建立自我保障为主、储备积累的机制。其主要特点有三：一是资金筹集以“个人交费为主、集体补助为辅、国家予以政策扶持”；二是“建立个人账户、实行储备积累，按积累总额确定发放标准”；三是实行务工、务农、经商等农村各类人员养老保险一体化，对参保人员实行统一制度，统一保险编号，统一管理。这些做法，强调农民自我保障为主，个人、集体、国家三者关系明确，不增加国家财政负担。目前，全国基本形成了部、省、地、县、乡、村（乡镇企业）上下贯通的六级管理体系和服务网络。

（4）企业补充养老保险。补充养老保险是由用人单位在参加基本养老保险并按规定履行缴费义务的基础上，根据国家制定的基本规则自愿实施的一种雇主责任计划。该计划鼓励个人也负担一部分费用，单位和个人供款实行完全基金积累模式，并采用个人账户管理。个人账户归个人所有，职工（雇员）退休后可以一次性领取个人账户积累额，也可以分次领取。职工流动时，个人账户基金随同转移。

3. 未来改革和发展的趋势

（1）进一步扩大养老保险覆盖面。扩大覆盖面的重点是外商投资企业、私营企业和个体工商业者，此外还包括在城镇企业工作的农民工和临时工。对个体工商业者参加养老保险，鉴于其职业和收入的不稳定性，将采取更加灵活的政策。如缴费基数可以按职工平均工资计算，缴费比例可以低于正规就业部门等。

（2）加强养老保险基金征缴。1999 年 1 月颁布的《社会保险费征缴暂行条例》规定各类企业和职工依法缴纳养老保险费义务及拒绝缴费所要承担的法律责任。据此，社会保险经办机构将加大基金征缴、稽核的工作力度，并依法处罚有能力缴费但逃避责任的单位，对过去欠缴的养老保险费也要限期补缴。

（3）改革国家机关事业单位养老保险制度。

（4）规范补充养老保险。重点是对补充养老保险的基金管理、资金来源、经办机构等，从政策上予以统一和规范，促进补充养老保险的健康发展。

五、国外养老保险制度改革

在世界范围内，随着人口老龄化趋势越来越明显，许多国家的养老保险制度都暴露出问题。改革养老保险体制，使民众老有所养，成为各国面临的一项艰巨挑战。

1. 俄罗斯：退休金储蓄“上不封顶”

退休者养老金低，生活差，这一直是俄罗斯最严重的社会问题之一。据统计，俄罗斯共有 4 000 万退休者，数量几乎占到人口总数的 30%。目前，俄罗斯居民的基本退休金（完全由政府支付）每月只有 553 卢布（1 美元约合 29 卢布），大大低于俄罗斯最低生活标准 1 554 卢布。近年来，俄罗斯老龄人口越来越多，加上法制不健全、社会保险活动不规范等各种复杂的社会原因，养老金改革成了俄罗斯政府最犯难的问题。

随着经济的好转，俄罗斯政府开始偿还前几年拖欠的大量退休金，同时着手进行养老金制度改革。其基本思路是：从完全由国家拨款的退休金分配制逐渐过渡到退休金个人储蓄制。即除了基本退休金外，个人在自愿的基础上，拿出一定比例的工资，存入退休储蓄基金账户，由管理公司来管理这一账户。这一改革措施一方面可减轻政府负担，另一方面使人们在退休后能够依靠退休金过上正常安稳的生活。以前俄罗斯拖欠养老金的事情时有发生，但自从普京上台后，俄罗斯政府不仅偿还了以前拖欠的养老金，还几次把养老金的数额提高，这些都让退休者们心里有了底。因此，政府推行的新养老金制度也受到了大多数人的拥护。

为了让居民有更多的选择，俄罗斯政府不仅有国有的退休储蓄基金管理公司，还允许私营基金管理公司吸纳居民的退休储蓄基金，但是对私营基金管理公司有着严格的准入制度。据了解，目前俄罗斯私营公司管理的退休储蓄基金业务发展迅速，估计到 2010 年，由私人基金管理公司管理的退休储蓄基金额将占俄罗斯居民退休储蓄基金总额的 10%。由于私人基金管理公司可以投资股票等有价证券，比较灵活，利率也较高。另外，俄罗斯政府相关机构还严密掌控这些基金的运作情况，保证即使这些公司破产也不会使退休储蓄基金受到损失。

2. 日本：力争养老基金开支平衡

随着日本老龄化社会的到来，老年人在全国人口中所占比例不断提高，社会负担越来越重。另外，日本实行超低利率政策，股市又长期低迷，日本养老基金的资金运作十分困难。日本厚生劳动省所管辖的养老金基金 2001～2003 年曾连续三年出现巨额亏损，累计亏损达 6 万多亿日元（1 美元约合 119 日元），日本政府 2004 年不得不大幅改革养老保险制度。改革的主要内容是：

第一，提高保险费。将缴纳保险费的比例在原来占工资总额 13.58%的基础上，每年以 0.354%的幅度提高，到 2017 年，将保险费提高到占职工工资总额的 18.3%。

第二，逐年降低向被保险者支付保险金的数额。计划将平均养老金支付额逐年降低到 2023 财年的 50.2%。

第三，调整养老金发放方法。日本政府从 2002 年开始制定了一项“物价联动型养老金支付办法”，就是根据物价跌幅，减少养老金的支付额。由于这几年的物价下跌，养老金支付额也相应减少。2002 年平均每位养老保险金领取者的月收入减少了约 7 700 日元左右。

不过，这样的养老保险改革使日本国民对保险制度失去信任，加剧了人们对失去劳动能力之后的不安心理。许多投保者认为，养老保险制度现在就出现了问题，将来会怎样就更难说了。许多年轻人甚至拒绝缴纳养老保险费。根据日本政府有关方面的统计，在应加入“国民年金”的人中，有37％没有按照法律规定缴纳保险费。拒绝缴纳养老保险费问题成了日本养老金制度的一个重要不稳定因素。为了解决部分人拒交保险费问题，日本政府已经决定采取查封银行存款、冻结个人资产等非常手段，强制人们缴纳养老保险费。

3．德国：干满45年才能拿全额退休金

德国是世界上最早颁布养老保险法的国家，德国养老保险实行个人、企业和国家共同负担制，最大的特点是实行代际协调制度，即由目前工作的人员承担退休人员的养老金。正常情况下3个劳动者负担一个退休者，但据预计，20年后这个比例会降到1.3∶1，显然，那时整个养老金制度将崩溃。目前，为了弥补整个养老金的亏空，德国政府补贴占养老金支出比重已由先前的1/4上升到1/3，财政不堪重负。

为适应经济与社会的重大变化，德国正对养老保险制度进行重大改革，其中主要有以下几大招数：

第一，努力实现政府、企业和个人三者间的平衡。2002年，德国政府推出了“里斯特改革方案”，鼓励个人在参加法定养老保险的同时也参加其他养老保险计划。该方案规定，现在的就业者每投保一个附加养老金，政府就给予其一定数额的补助或税收上的优惠。目前，德国政府每年拿出700亿欧元补贴，并用部分生态税补充养老基金。据德国专家估计，在该计划的激励下，德国私人养老保险在整个养老保险金的比例将从近期的15％增至30％。

第二，实现养老金缴纳和支出平衡。由于老龄化问题日益严重，养老金供求比例失调。为稳定养老保险体系，政府努力创造就业机会，增加就业人口，鼓励生育，希望增加未来养老金支付群体的数量。同时，政府不断提高就业人员缴纳养老保险费占其工资总额中的比率，2003年这一比率提高到19.5％。

第三，提高退休年龄和工龄，控制提前退休。德国的退休金全额为工资的70％。目前德国男性65岁、女性60岁就可以退休，但能拿到全部退休金的人极少，因为法律规定只有工龄达到45年的退休者才能获得全额退休金。德国政府还计划从2011年开始把退休年龄从目前的65岁提高到67岁。同时，鼓励退休者参加部分时间工作，对提前退休者则扣除其部分养老金。

4．美国：企业年金成为养老金主体

随着战后“婴儿潮”一代人步入老年，美国的养老问题也日益突出。据预计，2018年前后，美国养老金年支出将会超过年收入，而到2042年前后，美国养老金将完全破产。因此，布什这一届政府的工作重点之一就是养老金制度的改革。

美国的养老金制度靠“三条腿”支持：“第一条腿”是每个公民必须参加的社会保险，政府每年给予大量补贴；“第二条腿”是企业年金（即企业资助的职工个人储蓄账户）；“第三条腿”是个人资金的各种收益。

素有美国养老金“救生员”之称的联邦养老金保障公司公布的2005财政年度报告说，由于美国多个大航空公司申请破产保护等原因，该公司的养老金负担越来越重，目前赤字228亿美元，仅比去年略有减少。如果国会不全面改革养老金体制，数百万人的养老金将难以为继。

该公司负责人贝尔特在声明中说，最近几年，养老金保障公司可谓步履维艰，一些劳动密集型企业如钢铁行业和航空业纷纷将养老金问题转嫁到养老金保障公司，再加上一些航空公司纷纷破产，养老金保障公司需要支付的养老金就像滚雪球般越滚越大，已经达到入不敷出的地步。

据美国劳工部公布的统计数据，目前美国的“固定受益养老金计划”大约覆盖了3 400万美国人，存在的资金缺口高达4 500亿美元。20年前，美国大中型企业80%的员工每月都可以领到固定的退休金，到了1997年这个比例降到了50%。最新的统计数据显示，在所有的私营企业中，只有21%的工人能够领到固定的退休金。

一些专家预测，如果不从法律角度对养老金系统进行检查，联邦养老金保障公司的资金最终会枯竭。倒闭企业的员工将无处获得养老金。

美国总审计长沃克指出，需要改革的还不只是养老金系统，美国的经济领域需要改革的地方还有很多。沃克说，美国的经济状况比“公布的更糟”，甚至就像“一个破产的企业”，面临着财政赤字，收支平衡和贸易差额等一系列挑战。如果不大幅削减开支和增税，到2010年，美国的国债将增加3万亿美元，相当于美国国民每人负债3.8万美元。

布什政府的养老金改革计划主要是从现有6.2%的社会保险税中抽出2%，转移到职工的企业年金中，同时企业和职工也增加相应的比例，使之成为美国人养老金中最主要的组成部分。

另外，美国政府还通过有关法律以税收优惠等形式来鼓励企业与雇员共同建立企业年金计划。公司为雇员的企业年金计划投入的资金在一定限额内可作为营业费用列支，并从其应纳税款中扣除；雇员缴纳的资金也可从其应纳个人所得税款中扣除或享受税收减免。这样，企业和雇员之间对建立企业年金计划都有较高的积极性。据统计，目前美国人企业年金的资产总额已经占国内生产总值的66%，不但是美国人养老金的主要部分，还为美国经济尤其是资本市场的发展提供了源源不断的资金来源。

第二节 养老保险制度的模式

一、养老保险的类型

目前世界上已有160多个国家和地区建立了不同类型的养老保险制度，按照其覆盖范围、保障水平和基金模式，大致可分为以下几种类型：

1. 传统型养老保险

传统型养老保险以美、德、法等发达市场经济国家为代表，贯彻“选择性”原则，即并不覆盖全体国民，而是选择一部分社会成员参加，强调待遇与工资收入及缴费（税）相关联，因此也可称为“收入关联型养老保险”。保险对象一般为工薪劳动者，养老保险费由雇主和雇员共同负担。待遇水平适中，如美国的平均基本养老金替代率为43％左右。待遇支付方面，一般有利于低收入人群。

2. 福利型养老保险

福利型养老保险以英、澳、加、日等发达市场经济国家为代表，贯彻“普惠制”原则，基本养老保险覆盖全体国民，强调国民皆有年金，因此称为“福利型”或“普惠制”养老保险。在英国和澳大利亚，政府建立了“老年年金”；在加拿大，称为“普遍年金”；在日本，称为“国民年金”。在这一制度下，所有退休国民，均可无条件地从政府领取一定数额的养老金。这种养老金与公民的身份、职业、在职时的工资水平、缴费（税）年限无关，所需资金完全来源于政府税收。需要说明的是，这种普惠制的养老保险待遇，一般水平很低，不足以维持退休者的基本生活。退休者要维持自身的基本生活，必须同时加入到其他养老保险计划之中。

3. 混合型养老保险

原来实行福利型养老保险的国家，目前大多已经或正在向一种混合型制度转轨，即福利型养老保险与“收入关联型养老保险”同时并存，共同构成第一支柱的基本养老保险。在日本，政府建立了“厚生年金”；在英国称为“附加养老金”；在加拿大称为“收入关联年金”。这种收入关联型养老保险的待遇，一般要高于普遍年金的待遇，资金主要来源于雇主和雇员的缴费以及基金的投资收益。

4. 国家型养老保险

国家型养老保险制度曾经在大多数计划经济国家实行，以原苏联、东欧国家为代表。按照“国家统包”的原则，由用人单位缴费，国家统一组织实施，工人参与管理，待遇标准统一，保障水平较高。我国在计划经济时期也采用了这种养老保险制度。这种养老保险制度在历史上曾经发挥了积极作用，但与市场经济不相适应，不利于企业参与市场竞争，不利于劳动力的流动，不利于培养劳动者个人的自我保障意识。因此，目前已经或正在退出国际社会保障领域。

5. 储金型养老保险

储金型养老保险制度在一批新兴市场经济国家实行，以新加坡、智利等国家为代表，强调自我保障的原则，实行完全积累的基金模式，建立了不同类型的个人养老保险账户或“公积金”账户。养老保险费用由雇主和雇员共同分担，在参保人退休或遇有特殊需要时，将个人账户基金定期或一次性支付给个人。这种养老保险制度有利于发挥个人的自我保障功能，体现多劳多得的原则，也能够保障劳动者退休后的基本生活。但是，这一制度也存在自身缺陷，无法充分发挥社会保障的互济互助功能，同时普遍面临着如何使基金保值增值的压力，在出现持续通货膨胀和金融危机时将面临困难。目前这种养老保险制度正在发展过程中，具体走向和实效尚难以预料。一些欧洲国家，如瑞典、意大利、波兰、拉脱维亚、立陶宛等，也在基本养老保险中引进了个人账户，但基金实行“空账”运转。

二、养老保险资金的管理模式

养老保险金的筹资模式是指国家依据一定的原则，确定一定的缴费率，以取得一定的养老保险金收入的一种方式。主要有三类：一是现收现付制，二是基金积累制，三是部分积累制。

1. 现收现付制

现收现付制是指以当期社会养老保险缴费或纳税负担当期退休人员养老金支出，无需留出储备金。其实质是依靠同一时期正在工作的一代人的缴费来支付已经退休的一代人养老金的制度安排，涉及代际的收入分配。负担养老金费用的是国家财政及雇主。

2. 基金积累制

基金积累制也称个人账户制或完全积累制，指参加养老金计划的社会成员在工作期间，缴纳一部分个人收入给一个集中的基金管理机构，在其退休后得到该基金按照当初的承诺支付的投资回报。其实质是在职职工为自己的养老金储备积累的筹资模式。

3. 部分积累制

部分积累制也称混合式，是现收现付式和完全积累式的混合，即本代人的养老支出一部分依靠现在自身的储备，一部分依靠下一代人的供给，既保证当前支付养老保险金的需要，又满足今后增加养老保险开支的需要。

人类有规避风险的本能，人们的理性选择自然是完全积累制。然而令人沮丧的是中外历史尚未有一例在较大范围（一国或一省）内老年人口总体完全依靠自身的储备能够颐养天年的成功案例，完全积累制只是一种理论假说。尽管有一部分人在生命历程的工作时段可以积攒足他们退休时段耗费的钱财（只要不因为通货膨胀而使储存的财富贬值)，但是如果就此推理在全国范围内整个一代人可以积累足够自身养老的费用，那就陷入了“合成谬误”的理论误区。这是因为，每一代人所积攒的只是钱财，而到他们老年时段所消费的是下一代人所生产的实物。从实物形态上看，养老制度永远只能是现收现付制，因为每一代人不可能将其二三十年后养老用的实物生产出来并全部储存起来。上一代人储存的钱财将来能否换回实物，关键要看下一代人的生产能力。如果那时的生产水平很高，即使一点儿养老基金也没有，老年人的生活也是有保障的。

三、完善企业职工基本养老保险制度

近年来，各地区和有关部门按照党中央、国务院关于完善企业职工基本养老保险制度的部署和要求，以确保企业离退休人员基本养老金按时足额发放为中心，努力扩大基本养老保险覆盖范围，切实加强基本养老保险基金征缴，积极推进企业退休人员社会化管理服务，各项工作取得明显成效，为促进改革、发展和维护社会稳定发挥了重要作用。但是，随着人口老龄化、就业方式多样化和城市化的发展，现行企业职工基本养老保险制度还存在个人账户没有做实、计发办法不尽合理、覆盖范围不够广泛等不适应的问题，需要加以改革和完善。为此，在充分调查研究和总结东北三省完善城镇社会保障体系试点经验的基础上，2005年10月19日，国务院发布了《关于完善企业职工基本养老保险制度的决定》，进一步明确了我国企业职工基本养老保险制度改革的方向。

1. 完善企业职工基本养老保险制度的意义

完善企业职工基本养老保险制度是全面建设小康社会和应对人口老龄化形势的需要，对于维护改革发展稳定大局、构建和谐社会具有十分重要的意义。随着人口老龄化、就业方式多样化和城市化的发展，现行企业职工基本养老保险制度逐渐显现出一些与社会经济发展不相适应的问题。主要表现在：覆盖范围不够广泛，大量城镇个体工商户和灵活就业人员还没有参保；养老保险个人账户没有做实，未能真正实现部分积累的制度模式，难以应对人口老龄化对基金的需求；养老金计发办法不尽合理，缺乏参保缴费的激励约束机制；基本养老金调整机制还不健全，养老金总体水平还不高；统筹层次比较低，多数地区还没实行省级统筹，基金调剂能力弱；企业年金发展滞后，多层次的养老保障体系还没建立起来。这些都影响到制度的平稳运行和可持续发展，亟待进一步改革和完善现行企业职工基本养老保险制度。

2. 完善养老保险制度的政策的形成过程

养老保险是社会保障中最重要的制度，涉及面广，资金规模大，收支平衡周期长，对经济社会发展影响深远。《决定》的发布实施是经过充分论证，慎重决策的。一是进行了广泛的调研。近年来，为确保出台政策的稳妥，各级劳动保障部门会同有关部门进行了大量的调查研究。同时，还进行了课题研究和测算论证，广泛征求了国内外专家的意见。二是经过东北三省试点实践的检验。2001年以来，东北三省相继开展了以完善养老保险制度为主要内容的试点工作。通过做实个人账户、改革养老金计发办法等实践，就转变养老保险筹资模式，建立激励约束机制等进行了有益的探索，为在全国范围内完善养老保险制度提供了宝贵经验。三是国务院广泛征求意见。党中央、国务院领导高度重视完善养老保险制度工作，国务院领导同志多次听取有关方面的汇报，亲自参加调研，指导完善方案的制定工作。

3. 完善企业职工基本养老保险制度的内容

这次完善企业职工基本养老保险制度的主要内容包括：第一，继续确保基本养老金按时足额发放，保障离退休人员基本生活。各地不得发生新的拖欠，对过去拖欠的基本养老金，由各地逐步予以补发。第二，统一城镇个体工商户和灵活就业人员参保缴费政策，落实社会保险补贴政策，以非公有制企业、城镇个体工商户和灵活就业人员参保为重点，扩大基本养老保险覆盖范围。第三，逐步做实个人账户，完善社会统筹与个人账户相结合的基本养老保险制度，实现由现收现付制向部分积累制的转变。制定个人账户基金管理和投资运营办法，实现保值增值。第四，改革基本养老金计发办法，将缴费时间长短和数额多少与待遇水平挂钩，建立参保缴费的激励约束机制。第五，建立养老金的正常增长机制，适时调整基本养老金水平。第六，积极发展企业年金，建立多层次的养老保障体系，提高退休人员的养老保障水平。第七，加强基本养老保险基金征缴，做到基本养老保险费应收尽收，加大财政投入，完善多渠道筹资机制。强化社会保险基金监管。第八，提高统筹层次，增强基本养老保险基金的抗风险能力。第九，进一步做好退休人员社会化管理服务工作，不断提高退休人员的生活质量。第十，加强社会保险经办能力建设，实行规范化、信息化和专业化管理。

4. 关于新人、老人与中人的相互关系

根据《国务院关于完善企业职工基本养老保险制度的决定》，从2006年1月1日起，个人账户的规模统一由本人缴费工资的11%调整为8%，全部由个人缴费形成，单位缴费不再划入个人账户。劳动和社会保障部有关负责人表示，这次计发办法改革，是以参保缴费年限为基础，以计发基数、计发比例和计发月数调整为重点，以建立参保缴费的激励约束机制为出发点，以保障参保人员的养老保险权益为目标，采取“新人新制度、老人老办法、中人逐步过渡”的方式来设计的。因此，职工的负担不会增加，待遇不会降低。

关于“新人”。《国务院关于建立统一的企业职工基本养老保险制度的决定》实施后参加工作的参保人员属于“新人”，缴费年限（含视同缴费年限，下同）

累计满 15 年，退休后将按月发给基本养老金，基本养老金待遇水平与缴费年限的长短、缴费基数的高低、退休时间的早晚直接挂钩。他们的基本养老金由基础养老金和个人账户养老金组成。退休时的基础养老金月标准以当地上年度在岗职工月平均工资和本人指数化月平均缴费工资的平均值为基数，缴费每满 1 年发给 1%。个人账户养老金月标准为个人账户储存额除以计发月数，计发月数根据职工退休时城镇人口平均预期寿命、本人退休年龄、利息等因素确定。

关于“老人”。《国务院关于建立统一的企业职工基本养老保险制度的决定》实施前已经离退休的参保人员属于“老人”，他们仍然按照国家原来的规定发给基本养老金，同时随基本养老金调整而增加养老保险待遇。

关于“中人”。《国务院关于建立统一的企业职工基本养老保险制度的决定》实施前参加工作、本决定实施后退休的参保人员属于“中人”。由于他们以前个人账户的积累很少，缴费年限累计满 15 年的，退休后在发给基础养老金和个人账户养老金的基础上，再发给过渡性养老金。

5. 个人账户逐步开始做实

《国务院关于完善企业职工基本养老保险制度的决定》中明确规定，从 2006 年 1 月 1 日起，养老金全部由个人缴费形成，单位缴费不再划入个人账户。城镇企业和职工的缴费比例仍为 28%左右，其中单位缴纳 20%，个人账户的规模统一由本人缴费工资的 11%调整为 8%。同时，城镇个体工商户和灵活就业人员都要参加基本养老保险。缴费基数统一为当地上年度在岗职工平均工资，缴费比例为 20%，其中 8%记入个人账户，退休后按企业职工基本养老金计发办法计发基本养老金。

逐步做实养老保险个人账户意义十分重大。

一是有利于实现部分积累的制度模式。党的十四届三中全会确定我国基本养老保险实行社会统筹和个人账户相结合的制度，目标是实现基金的部分积累。也就是说，统筹基金现收现付，用于互助共济；个人账户基金实行积累，用于职工个人未来养老。但在实际运行中，由于养老保险没有资金积累，而退休人员越来越多，为了确保养老金当期发放，不得不动用本应留作积累的个人账户基金。这样既不利于养老保险制度的稳健运行，也会影响将来养老金的按时足额发放。要真正实现部分积累的制度模式，就必须做实个人账户。

二是有利于应对人口老龄化的挑战。为应对人口老龄化程度高峰的到来，必须及早进行基金准备，以承接老龄化高峰时养老金支付的压力，届时如果仅靠当期征缴和财政补助将难以为继。

三是有利于促进劳动力流动。参保人员因个人账户没有做实，养老保险关系的转移受到影响，制约了劳动力的正常流动。做实基本养老保险个人账户后，个人账户基金具有可携带性，参保人员工作变动时完全可以带着做实了的账户走，从而有利于参保人员流动。

当前我国国民经济持续快速发展，财政收入大幅度增加，养老保险基金征缴收入也逐年稳步增长，经过东北三省试点的检验，这些都为做实个人账户创造了良好条件。

6. 改革基本养老金计发办法

计发办法是养老保险制度的关键环节，涉及广大参保人员的切身利益。按照现行计发办法，缴费满 15 年以上的，基础养老金按当地职工上一年度平均工资的 20%计发，个人账户养老金按账户储存额的 1/120 计发。这种办法存在两个问题：一是缺乏参保缴费的激励约束机制。缴费 15 年以上的参保人员多缴不能多得，不符合社会保险权利与义务相对应的原则，而改革后按照新的计发办法，多缴就能够多得。在老办法下，还有少数人缴费满 15 年后就不愿缴费了。二是不符合退休人员实际情况。目前我国退休人员退休后的平均余命在 25 年以上，而按现行计发办法，个人账户储存额领取 10 年后就领完了。因此，这种不够合理的办法应当予以改变。按照新的基本养老金计发办法，参保人员每多缴一年增发一个百分点，上不封顶，有利于形成“多工作、多缴费、多得养老金”的激励约束机制，而且这样也更加符合退休人员平均余命的实际情况。

7. 建立基本养老金调整机制

退休人员养老金水平不仅取决于退休时计发的数额，还要随国家基本养老金水平的调整而增加。计发办法只是计算确定了参保人员退休时的养老金待遇水平，而参保人员退休后平均还要生活 25 年以上，需要分享经济社会发展成果，因此，必须建立基本养老金的正常调整机制。《决定》明确规定，根据职工工资和物价变动等情况，国务院适时调整企业退休人员基本养老金水平，调整幅度为省、自治区、直辖市当地企业在岗职工平均工资年增长率的一定比例，各地根据本地实际情况提出具体调整方案。

8. 提高统筹层次的必要性

目前，全国实现和基本实现养老保险省级统筹的已有 12 个省份。提高统筹层次，是增强基金调剂能力，减少结构性资金缺口，适应劳动力市场流动性的必要措施，也是长效机制建设的重要内容。提高统筹层次主要出于以下考虑：一是增强互济功能。养老保险制度以“大数法则”为基础，只有实现较大范围的统筹，才能提高抵御风险的能力，确保养老金发放。二是便于人员流动。提高统筹层次，能够在更大范围内实现各地区缴费基数、缴费比例和享受待遇标准的统一，加大基金调剂功能，消除参保职工跨地区流动的障碍。三是有利于提高管理水平。通过减少管理环节和管理层次，可以实现集中管理，降低基金分散管理的风险。在推行省级统筹的过程中，要注意调动市县的积极性，建立有效的省市县三级责任分担机制，做到责任明确，各尽其职。

第三节　补充养老保险制度

一、建立企业补充养老保险制度的指导思想和原则

补充养老保险是多层次社会保险体系的重要组成部分，是国家法定基本保险的一种必要补充。目前世界上多数实行市场经济的国家都推行了企业补充养老保险。如美国基本养老金提供的养老金相当于退休前平均工资的40％，补充养老金约为30％，大约有70％的企业加入了补充养老保险计划；德国1975年通过了《企业补充养老保险法》，补充养老金相当于在职工资收入的15％，有1/3企业参加了补充养老保险；在日本参加了厚生年金（即基础养老金）的民营企业60％实行了补充养老保险制度。

我国建立企业补充养老保险制度的指导思想是：政府在建立基本养老保险，保障退休人员基本生活的同时，鼓励企业建立补充养老保险，提高职工退休后的养老待遇，以激励职工的劳动积极性，增强企业的凝聚力，促进企业发展。

建立企业补充养老保险制度的原则是：

（1）有利于企业发展的原则。企业建立补充养老保险是为了激励职工的劳动积极性，促进企业提高经济效益；同时，在提高经济效益的基础上，多提补充养老保险费，提高职工的养老保险待遇。两者互为因果，相得益彰，但最根本的一点，就是要有利于企业的发展。

（2）效率原则。这一原则主要表现为：第一，各个企业的补充保险因经济效益不同而有所区别。企业经济效益好的，可以多补充；经济效益不好的，可以少补充或不补充。第二，各个职工的补充保险因劳动贡献不同而有所区别。对于贡献较大的职工，企业可以提高其补充保险比例。职工补充养老保险金的高低与企业的经济效益和个人的劳动贡献直接挂钩，能够促使职工关心企业的生产经营，调动劳动积极性 。

（3）政府指导与企业自主相结合原则。这一原则主要表现为：第一，政府要对企业补充养老保险进行宏观指导，制定法规和规章，规范企业补充养老保险行为。第二，企业可以按照政府有关规定，根据本企业的实际情况，自主制定具体补充养老保险方案。第三，企业的补充养老保险方案须报政府有关部门备案，对违背国家有关法律法规的，应要求企业修改。

二、企业补充养老保险制度的内容

1. 企业补充养老保险的内涵

企业补充养老保险是指由企业根据自身经济实力，在国家规定的实施政策和实施条件下为本企业职工所建立的一种辅助性的养老保险。它居于多层次的养老保险体系中的第二层次，由国家宏观指导、企业内部决策执行。企业补充养老保险与基本养老保险既有区别又有联系。其区别主要体现在两种养老保险的层次和功能上的不同，其联系主要体现在两种养老保险的政策和水平相互联系、密不可分。企业补充养老保险由劳动保障部门管理，单位实行补充养老保险，应选择经劳动保障行政部门认定的机构经办。企业补充养老保险的资金筹集方式有现收现付制、部分积累制和完全积累制三种。企业补充养老保险费可由企业完全承担，或由企业和员工双方共同承担，承担比例由劳资双方协议确定。企业内部一般都设有由劳资双方组成的董事会，负责企业补充养老保险事宜。

一般来说，凡是在政府推行的基本保险之外的保险都是补充保险。补充保险有很多模式，企业年金是其中的一种模式。企业年金是在国家政策指导下，由企业及其职工依据经济状况自主建立的一项养老保险制度。它的特征有：企业年金计划由企业与职工协商确定；费用一般由企业和职工共同负担；经办方式较为灵活，有大企业自办、小企业联办、委托社会中介机构或金融机构经办等多种形式；基金实行长期积累和市场化运营；政府不承担直接责任，但通过制定各项政策（特别是税收方面）予以鼓励和限制，并进行严格的监管。

2. 企业年金构成与特征

企业年金的历史早于国家基本年金，加上政府干预较少，其运作模式更是丰富多样。法律定位有自愿原则和强制原则；筹资方式有单方缴费和双方缴费；制度管理有自我管理和委托管理（委托经办机构或商业保险公司）；经办机构有公共部门和私营部门；筹资方式有现收现付和完全积累；账户管理有个人账户和共同账户；制度设计有缴费确定和待遇确定；支付方式有年金支付和一次支付。一个完整的企业年金运作模式是上述诸多因素的组合。

年金，即在一定年限内定期支付的一定数额的现金，主要指养老金。企业年金，即由企业提供的养老金，源于职业年金、雇主年金、补充养老保险等。

职业年金，广义指有职业（就业记录）的人获得的年金；狭义指雇员从行业或企业获得的年金（可以是由雇主和雇员双方或雇主单方缴费）。

雇主年金，指雇主为其雇员支付的年金（雇主单方供款）。养老保障领域的年金特征如下：第一，基于企业劳动关系而建立，可以强制建立或自愿建立，可由企业单方缴费或劳资双方缴费，政府干预较少；第二，缴费人可自主决定管理模式，如建立共同账户或为受益人建立个人账户，按照确定缴费（DC）或确定待遇（DB）的原则，采用多样的、非均等的支付方式，以定期支付为主；第三，基金管理多样化，如企业或行业基金理事会、专业养老金管理公司或委托基金会、保险公司管理；第四，基金投资运营商业化、市场化，一定程度上实现了私营化。

企业年金的类型基本有两种：一种是待遇确定型（DB 模式）。在大企业中实行，养老金替代水平较为稳定，有利于增强企业凝聚力；但管理难度较大，职工流动时不易处理，投资风险由企业承担。另一种是缴费确定型（DC 模式）。采用个人账户方式管理，目前较为流行。管理难度较小，易于处理费率调整和职工转移等变动因素；但养老金替代率不够稳定，投资风险由职工个人承担。

企业年金具有企业个性，是某种“被锁定”的权利和被视为劳动报酬一部分的利益，将造成劳动力流动的障碍。如德国法律规定企业年金的账户转移权的等待期是 10 年。在澳大利亚，职工调动时，企业年金的积累不得随之转移。劳动力在全欧盟的流动率仅为 2%，各成员国之间在社会保障信息管理和待遇支付的差距是流动率低的主要原因，企业年金则加重了这个问题，它的运作还要承担通货膨胀的风险。

3. 发展企业年金的意义

一位美国学者曾说道：“从整个社会经济制度来看，没有哪位雇主有权力让员工在 10 年、20 年乃至 40 年的工作中耗尽其职业生命，然后，像一条被遗弃在海上的破船那样让其剩余的生命在社会上漂流”。人类文明发展到如今，每一位雇主都应当为其员工在某种程度上承担养老的义务已成为国际社会的共识[①]。

企业年金在欧、美等发达国家已经广泛推行，并建立了成熟的运作机制。企业年金的作用第一是它的分配功能，是除工资之外企业（雇主）对职工（员工）的一个重要的分配手段；第二是它的激励作用；第三是它的保障功能。在发达国家的人才招聘中，企业年金和福利常常是招聘邀约的条件。它的功用主要有：减轻政府负担和基本养老保险承受力；改善退休人员生活水平；促进劳动力市场的完善；支持资本市场。

一是有利于完善多层次的养老保险制度。近几年来，基本养老保险制度逐步实施，对保证企业退休人员养老金发放，促进企业改革，维护社会稳定，发挥了重要作用。但从国际经验来看，除建立基本养老保险制度外，还应该大力发展企业年金作为基本养老保险制度的补充，形成多层次的养老保险制度。

二是可以更好地保障企业退休人员的生活。基本养老保险只能保障退休人员的基本生活，替代率一般在 50%～60%。建立企业年金和完善多层次保障体系，

---

① 蔡斌．第二支柱——企业年金面面观．http：//www.cnpension.net．2005-11-07

可以将养老金的替代率提高到80%左右，进一步提高退休人员的生活水平。

三是增强企业的人才竞争能力。在现代企业制度下，企业之间的竞争，实质上就是人才的竞争。企业为增强自身的凝聚力，不仅要靠职工在职期间的优厚报酬吸引优秀人才，还要着眼长远，靠退休后可享受的待遇留住人才。

四是有利于促进经济发展和资本市场发育。企业年金基金实行完全积累模式，企业年金形成的基金积累，需要通过投资运营实现保值增值。在这一过程中，企业年金基金就可以用于国家经济建设。同时，通过市场化的方式进行管理和运营，也有利于资本市场的发展，实现企业年金基金、经济发展、资本市场的相互促进和良性互动。

4. 我国企业年金的制定与实施

(1) 参加企业条件。第一，依法参加基本养老保险并履行缴费义务。第二，具有相应的经济负担能力。第三，已建立集体协商机制。

(2) 参加对象。指同时具备上述条件的企业中与企业签订正式劳动合同且试用期满并依法履行基本养老保险缴费义务的职工。

(3) 方案制定。第一，建立企业年金，应当由企业与工会或职工代表通过集体协商确定，并由企业设立的企业年金专门机构或企业年金理事会制定企业年金方案。第二，企业年金方案应当包括以下内容：参加人员范围；缴费办法及个人系数的确定方法；年金账户管理方式；企业缴费部分的分配方式；基金管理方式；计发办法和支付方式；支付企业年金待遇的条件；组织管理和监督方式；双方约定的其他事项。第三，国有及国有控股企业的企业年金方案应提交职工大会或职工代表大会通过，并应征得出资方（国资委）的同意，其他单位由单位与工会或职工代表集体协商确定。

(4) 方案报备。第一，单位将企业年金方案向劳动保障行政部门备案，同时需附以下材料：《社会保险登记证》复印件；工商营业执照复印件；上年度财务报表及劳资报表复印件；《企业年金方案报备表》；《企业年金年度申报表》；《企业年金个人系数花名册》；企业年金方案经职工大会或职代会通过，主管部门、国资委同意的有关材料。第二，劳动保障行政部门受理后，于15个工作日内按国家、省市有关规定对单位企业年金方案进行审核，出具《关于企业年金方案备案的复函》，并将结果告知单位。

5. 美国的401(k)计划

401(k)计划是被美国国内金融业及政府官员在不同场合反复提及的一项计划，这是美国的一个涉及养老保障、财税政策、金融发展的混合型制度设计，包含了对美国401(k)账户、个人退休账户（IARS）等退休保障计划的研究。

401(k)计划与“三支柱”养老保险体系。美国现行的退休制度开始于1935年罗斯福总统签署的《社会保障法》，建立了一整套老年及孤寡者保险制度

(OASI)。联邦政府以征收社会保障税的方式筹集资金，并按规定向退休者发放老年退休抚恤金，从而建立了由联邦政府管理的社会基本养老保险制度，即美国养老保险体系中的第Ⅰ支柱。

1974 年福特总统签署了《雇员退休收入保障法案》（ERISA），从鼓励发展雇主出资的退休金计划出发，为雇主出资的退休金计划制定了一整套管理标准。凡按此标准管理的退休金计划被视为“合格计划”，发起建立合格计划的雇主和参加该合格计划的雇员都可以享受优惠的税收待遇。实际上，按照 ERISA 法案来管理的私人退休金就成为美国养老保险体系中的第Ⅱ支柱。401(k)计划就是第Ⅱ支柱中的重要组成部分。

美国政府还鼓励个人通过储蓄来购买商业保险，于是商业养老保险就成为美国养老保险体系中的第Ⅲ支柱。这样，美国形成了三条腿的退休收入保障体系。

私人退休金计划按雇员性质分类，区分美国私人退休金计划，最重要的是考察该计划是否享受税收优惠政策。《雇员退休收入保障法案》根据退休金计划是否享受政府税收优惠政策（或税收优惠大小差异），将退休金计划分为合格计划(qualified plans）与非合格计划（non-qualified plans)。

符合美国国内税收法规（IRCD）的有401(k)计划、403(b)计划、457 计划、501(c)（抵税年金，TSA)、IRA 计划（408)、团体年金保险（包括 IPG、GIC、DA）等。尽管这些计划都符合美国国内税收法规的要求，但是各自适用的对象不同。

401(k)计划主要适用于营利性企业的雇员和其他一些非营利组织的成员，403（b）计划主要适用于教师、医护人员以及其他非营利组织雇员，457 计划只对州和地方政府的雇员以及非营利组织雇员适用。个人退休账户（IRA）包括传统 IRA、SEPSAR-SEP、Roth、SIMPLE、Education 等五种，个人退休金账户适用于挣工资的雇员及其配偶。

从 1980 年开始，美国经济迅速繁荣，华尔街金融帝国迅速崛起，401(k)计划发展如日中天。401(k)计划从 20 世纪 80 年代初期建立，用了刚好 20 年的时间，到 2000 年，401(k)计划就覆盖了 30 万家企业，4 200 多万人，积累的资产达到 1.8 万亿美元。由于401(k)资产大部分投放在股票市场上，2001 年以后，由于美国经济衰退、网络股泡沫破灭、公司做假账等一系列不利因素的影响，资产缩水为 2005 年的 1.7 万亿美元左右。401(k)计划从无到有、从小到大，经过 25 年的发展，目前大约占美国退休金总资产的 11％左右。

401(k)计划成就美国经济金融帝国地位。美国拥有全球最大的资本市场，而包括401(k)计划在内的养老基金则是美国资本市场的基石。401(k)计划提供的是长期性资金安排，成为私人养老基金（相对于美国的州和联邦政府管理的公共养老基金而言）的重要组成部分。同时，401(k)计划积累的养老金资产又通过共同基金来管理，从而推动相互基金成为美国长期资产管理的重要金融机构，并成为美国资本市场上最重要的机构投资者。

2001 年，共同基金管理的 IRA 资产为 1.2 万亿美元，占 IRA 资产总额 2.41 万亿美元的 50%，共同基金管理的缴费确定型计划资产总额为 1.1 万亿美元，共同基金管理的401(k)计划资产为 7650 亿美元、403B 计划资产为 2 310 亿美元、457 计划资产为 350 亿美元、其他 DC 计划资产为 1 070 亿美元。很显然，没有养老金资产的积累，就不可能有 20 世纪 90 年代的共同基金高速发展。养老金市场和包括共同基金市场在内的资本市场形成了良性、互动发展的局面。

根据世界银行、经济合作与发展组织提供的数据显示：在 1990～1991 年，尽管美国国民储蓄占 GDP 的比重只有 15.1%，但是私人退休金资产占 GNP 的比重却达到了 66%（英国同期相应的数据是 13.8%、73%）①。

第四节　我国养老保险的实务

一、基本养老保险的实施范围与对象

基本养老保险的实施范围与对象目前尚没有统一的标准，下面以苏州市为例加以说明。

（1）企业基本养老保险的实施范围和对象包括：本市行政区域内的城镇各类企业、实行企业化管理的事业单位、民办非企业单位及其职工，城镇个体工商户及其雇工，灵活就业人员以及上述对象中的离退休人员。

第一，城镇各类企业包括国有企业、集体企业、联营企业、股份制企业、股份合作企业、外商和港澳台商投资企业、在苏外地企业、驻苏部队企业和私营企业。

第二，实行企业化管理的事业单位，是指执行企业财务制度，按照企业经营方式进行管理的事业单位。

第三，民办非企业单位是指企业单位、社会团体和其他社会力量以及公民个人利用非国有资产举办的，从事非营利性社会服务活动的社会组织。

第四，有条件的乡、村办企业经劳动保障部门批准也可参加基本养老保险。

第五，企业应为所有职工及从业人员办理参保手续，但不包括已到达法定退休年龄未经上级主管部门批准推迟退休人员以及聘用的离退休人员、开展实习活动的在校实习生。

第六，个体工商户的参保对象，包括个体经营者本人、帮手、学徒、雇用人

---

① 刘云龙. 401(k)计划：美国养老保险体系的支柱. 中国保险报，2005-12-01

员及家庭辅助人员。

(2) 本市行政区域内各级国家机关、社会团体和各类事业单位中的下列人员，按照企业职工基本养老保险办法执行：第一，编外人员、临时工；第二，2003年4月3日后进入机关（含参照国家公务员管理的事业单位）的后勤服务人员等劳动合同制职工；第三，2003年7月1日后被事业单位聘用，原已参加城镇企业职工基本养老保险而且距国家法定退休年龄不满10年，实行“占编不进编，协议工资制”的职工。

二、基本养老保险的待遇给付

(1) 建立“统账结合”的养老保险制度，是城镇职工养老保险制度改革的核心内容。单位缴纳的基本养老保险费除计入个人账户的部分外，均进入社会统筹基金。

(2) 基本养老保险社会统筹基金的支付范围如下：

第一，1996年1月1日后退休的人员，按新办法计算的基本养老金中的基础养老金（含5%调节金）；

第二，1995年底前参加工作、1996年1月1日后退休的职工，按1995年底前推算储存额计算的养老金；

第三，1995年底前已离退休人员的养老金；

第四，退休人员个人账户储存额领完后继续支付的养老金；

第五，职工及离退休人员死亡后的丧葬费，以及基本养老保险个人账户个人缴纳部分储存额或余额支付完后支付的直系亲属一次性抚恤费；

第六，1998年6月底前死亡人员列入社保支付的供养直系亲属救济费，以及1998年7月1日后死亡人员的基本养老保险个人账户个人缴纳部分储存额或余额支付完后继续列支的供养直系亲属救济费；

第七，列入养老保险基金支付的离退休人员其他养老保险待遇。

基本养老保险的待遇给付各地存在一定的差别，苏州市制定了如下规定：

(1) 符合条件的正常退休人员，从批准退休之次月起，按月发给基本养老金。基本养老金由以下3部分组成：

第一，基础养老金：按本人退休时上年省和全市在岗职工月平均工资平均数的20%计发。

1995年12月31日前参加工作并参加基本养老保险的职工，实际缴费年限和视同缴费年限15年以上的，另增发一部分调节金，增发的调节金按照职工本人全部实际缴费年限和视同缴费年限之和减去1998年后实际缴费年限，再除以全部实际缴费年限和视同缴费年限之和，乘以当年度基础养老金计发基数的5%

确定。

第二，个人账户养老金：按照本人个人账户累计储存额除以120计发。

第三，过渡性养老金：1995年12月31日前参加工作的职工，按1995年底前推算的基本养老保险储存额除以120计发。

（2）因病、非因工致残办理退休人员和符合国家规定破产试点企业提前退休人员，其基础养老金和过渡性养老金按每提前一年减发2%，个人账户养老金按实计发。

（3）职工未到达退休年龄因病或非因工致残，经市劳动鉴定委员会确认完全丧失劳动能力，符合按月享受养老待遇第2、3项条件的，可按月计发生活费。其按月领取的生活费参照上述第一、二条办法计算并作相应扣减，低于上年全市职工月平均工资30%的，予以补足。

（4）职工到达退休年龄，或未到达退休年龄、因病或非因工致残经市劳动鉴定委员会确认完全丧失劳动能力，但未具备按月享受养老保险待遇第2、3项条件的，按照缴费年限每满1年发给相当于2个月上年全市职工月平均工资的养老金及其基本养老保险个人账户的全部储存额，一次付清，同时终止社会保险关系。

（5）苏州市劳动保障部门和社保经办机构按照江苏省劳动保障行政部门公布的办法，不定期对企业退休人员的基本养老金进行正常调整。

近年来的实践证明，社会统筹与个人账户相结合的基本养老保险制度模式是成功的。目前的突出问题是养老金有较大的缺口，造成这种情况的原因主要是过去没有足够的资金积累和人口老龄化导致退休人员急剧增加。解决这个问题，一是要坚持不懈地扩大覆盖面，加强基金征缴，多渠道筹集养老保险基金，努力扩大资金积累规模；二是要进一步规范基本养老金计发项目和待遇标准，加大省级调剂资金的力度。此外，还应该研究机关、事业单位养老保险制度改革方案，使其与企业养老保险制度衔接，以利于促进人员流动。

三、参保的基本流程

1. 办理范围及时间

企业职工到达退休年龄或经市劳动鉴定委员会鉴定确认已完全丧失劳动能力，须在到达退休年龄之月或鉴定确认完全丧失劳动能力之月，办理退出生产（工作）岗位手续及养老待遇审批手续。

2. 报送材料

（1）《职工养老保险手册》、《就业登记证（劳动手册）》；

（2）职工本人的居民身份证，近期1寸证件照一张；

（3）能证明职工参加工作时间、连续工龄、供养直系亲属情况、工资演变情况、从事特殊工种情况等的原始档案材料，以及《苏州市企业职工 1995 年底前缴费年限核准表》；

（4）《苏州市企业参保职工基本养老、医疗保险退休待遇审批表》或《苏州市企业职工领取一次性养老金审批表》；

（5）经职工居住地所在社区确认的《苏州市区企业退休人员社会化管理服务基本信息采集表》；

（6）未达到正常退休年龄、因病或非因工致残人员，须附市劳动鉴定委员会鉴定通知书原件；

（7）因工致残被鉴定为一至四级人员，须携带《苏州市工伤认定决定书》、《苏州市劳动鉴定结论通知书》。

3. 办理程序

（1）企业填报、企业主管部门审核。

（2）社保经办机构审核缴费年限、缴费工资、养老保险个人账户储存额等情况，确定退休类别、养老待遇及列支时间。

其中在各区社保经办机构参保的职工，须先由各区社保经办机构初审后，报市社保中心复审；病退、特殊工种退休等须先经市劳动保障行政部门审批。

（3）退休人员从批准之次月起，享受有关养老保险待遇，定期待遇社会化发放，一次性待遇通过单位发放。

4. 注意事项

（1）欠缴社会保险费或从事社会劳动期间未按规定缴纳社会保险费的，企业和职工必须补缴清后，方可审定其养老保险待遇。

（2）企业须同时持《职工医疗保险证》、《社会保险卡》等办理退休人员医疗保险待遇审批手续。

（3）企业须同时按规定缴纳社会化管理服务费，并及时向企业退休人员档案管理服务中心移交退休人员个人档案。

四、企业退休人员社会化管理

2000 年以来，我国将原来由企业发放退休人员基本养老金改为委托银行、邮局等社会机构发放。2002 年以后，又大力推动企业下岗失业人员和退休人员的社会化管理服务工作。目前，全国 95％以上城市街道建立了劳动保障工作机构，80％以上社区聘用了劳动保障工作人员，为下岗失业人员提供失业保险和再就业服务，为企业退休人员和低保对象提供社会化管理服务。这项工作的开展，减轻了企业的社会事务负担，也为社会保障对象更好地融入社会创造了条件。

1. 基本养老金社会化发放

所谓基本养老金社会化发放就是指职工退休后可以脱离企业直接到银行开支，单位效益的好坏对职工退休后的养老没有影响，只要职工在职期间按时足额缴费，到退休都能按时足额领取养老金。

（1）发放范围。

经批准按月领取养老金或生活费的企业离退休人员。

（2）发放方式。

第一，社保经办机构在银行或邮局（以下统称社会服务机构）为每位离退休人员开设基本养老金储蓄账户，从批准退休次月起，按月将规定项目内应付养老金划入。

第二，居住本地的离退休人员，从每月发放日（15 日）起凭发放存折到指定社会服务机构的任意营业网点领取；长期居住外地的离退休人员，通过邮政汇款、邮政储蓄或银行信汇等方式进行异地发放；在国外或境外定居的离退休人员，由社会服务机构通过根据其护照号码等开立的储蓄账户发放。

（3）注意事项。

第一，经批准享受退休人员医疗保险待遇的企业退休人员，按每人每月 5 元的标准缴纳大额医疗费用社会共济基金，由市社保中心在每月发放的养老金中直接扣缴。

第二，如离退休人员其他费用需委托社会服务机构代发代扣的，由企业向社会服务机构提出，社会服务机构与企业签订代发代扣协议，并通过企业与每位离退休人员签订代发代扣授权书后，根据企业提供的数据进行代发代扣。

第三，离退休人员的姓名、身份证号码、家庭住址、邮政编码、联系电话、户口所在地派出所、养老金发放地域等基本情况如发生变更，应及时告知社保关系所在单位或社区，由单位或社区填写《苏州市区社会化发放离退休人员基本情况变更表》，并于每月 16 日至月底前报社保经办机构。其中涉及姓名、身份证号码变更的，应携《社会保险卡》（IC 卡）办理；对已纳入社会化管理的退休人员，除姓名、身份证号码外其他基本信息的变更，可由社区直接通过社会化管理信息系统修改维护。

第四，社保经办机构每年对离退休人员享受社会保险待遇资格进行认证，凡 3 月 5 日前通过认证的，可继续发放养老金，享受有关社会保险待遇；未通过的，社保经办机构从 4 月份起暂停发放其基本养老金，同时冻结《社会保险卡》，暂停享受医疗保险待遇。

2. 社会化管理的对象和内容

（1）管理对象。在本市市区统筹范围内参加基本养老保险的企业（包括转企改制的原事业单位）和灵活就业人员、协议保留社会保险关系人员中按月领取基本养老金、伤残津贴或生活费的退休（退职、退养）人员以及养老保险由省直管、在本市市区统筹范围内参加社会医疗保险的原行业统筹企业退休人员。

（2）管理机构。上述对象中居住在市区统筹范围以内的，由居住地所在街道、社区实行属地管理；长期居住地在市区统筹范围以外的，由市企业退休人员社会化管理服务中心统一管理。

（3）管理内容。企业退休人员社会化管理服务是指职工办理退休手续后，其管理服务工作与原企业相分离，养老金实行社会化发放，人员移交居住地街道和社区实行属地管理。具体管理服务内容包括：

第一，为企业退休人员提供社会保险政策咨询及各项信息查询服务；

第二，建立退休人员基础台账，及时掌握企业退休人员生存和流动状况，承担退休人员享受社会保险待遇的资格认证；

第三，帮助亡故企业退休人员的家属申请丧葬抚恤待遇和遗属津贴；

第四，组织企业退休人员中的党员经常开展组织活动，加强企业退休人员的政治思想工作；

第五，了解和掌握退休人员的健康状况，协助开展健康教育、疾病预防控制和保健工作；

第六，组织开展政治文化学习、体育健身活动和社会公益活动，丰富退休人员的精神文化生活；

第七，了解退休人员思想和生活状况，对特困、高龄、鳏寡、重病、残疾的退休人员进行走访慰问，开展扶危救困活动；

第八，配合有关部门做好退休人员的最低生活保障工作；

第九，组织退休人员开展自我管理和互助服务；

第十，组织和引导社会力量为退休人员提供医疗护理、生活照料、法律援助等服务。

3. 退休人员从企业转入社区

（1）档案移交。

第一，原单位于办妥退休审批手续次月 7 日起，持按规定整理完毕的退休人员档案、《苏州市区企业退休人员社会化管理服务基本信息采集表》、社会化管理服务费缴款凭证（600 元/人，在办理退休审批手续时缴纳），填写《苏州市企业退休人员档案移交花名册》，至市区企业退休人员档案管理服务中心（齐门路 166 号）办理档案移交手续。

对原已退休的人员，在由所在社区完成信息采集和录入的基础上，由单位填写《苏州市企业退休人员档案移交花名册》，直接到退休人员档案管理中心缴纳社会化管理服务费，并移交退休人员档案。

第二，退休人员档案管理中心对单位移交的档案进行验收，审核无误后打印

《档案移交明细表》，经单位核对确认后，双方在档案目录上签字，正式办理交接手续。

第三，单位在首次进行档案移交前应与市企业退休人员社会化管理服务中心签订《苏州市区企业退休人员社会化管理协议书》。

（2）转入社区。

第一，企业退休人员以档案移交为标志，其社会保险事务工作和日常管理工作同步转入实际居住地所在社区。

第二，社区为退休人员建立基础台账，并于退休人员档案移交后10天内，对退休人员进行上门走访，发放《苏州市区企业退休人员社会化管理服务联系卡》及有关宣传资料。

第三，转入社区后，退休人员的养老金领取日期、方式均没有变化。发生下列情况时，本人或家属应立即向所在社区报告：①居住地搬迁；②死亡或被判刑、劳教等；③家庭发生重大突发性灾难事故；④身患绝症住院；⑤其他基本情况发生变更。

（3）企业责任。

实行社会化管理后，原企业应遵循“责任共担、平稳过渡”的原则，继续关心本单位退休人员，与各级退管服务机构密切配合，共同做好退休人员的移交和管理服务工作。对基本养老保险统筹范围外按省、市规定应由单位发放的项目，单位应与退休人员签订由原单位继续按原办法按时足额发放的协议书；对单位其他经济责任、福利待遇以及企业补充医疗保险的建立等，仍要继续加以落实，不得以社会化管理为由减少退休人员的福利待遇。

我国企业退休人员社会化管理服务工作取得明显进展。劳动和社会保障部最新统计表明，截至2003年7月底，全国共有参加基本养老保险的企业退休人员3374.6万人，其中已经实行社会化管理服务的有1930.2万人，社会化管理率达到54.2%。与去年底相比，实行社会化管理服务的人员增加397万人，社会化管理率提高了10.7个百分点。分地区看，社会化管理率在80%以上的有上海、辽宁和北京，社会化管理率在60%～80%的有湖北、吉林、湖南、重庆、四川，社会化管理率在40%～60%的有内蒙古、河北、天津、青海、黑龙江、福建、浙江、河南、云南、陕西。

五、机关事业单位养老保险制度

随着机关事业单位机构改革的逐步推开，机关事业单位职工养老保险工作的制度化、规范化、社会化已经愈来愈成为迫切需要解决的问题。从目前情况来看，由于机关事业单位养老保险还处于各地区自行改革的试点阶段，与1997年已经全国统一的企业养老保险制度相比存在着自身无法回避的机制不健全问题，这种发展的不平衡，既阻滞了人才的合理流动，造成了机构改革进程缓慢，又影响到机关事业单位养老保险制度自身的健康发展。

1. 目前机关事业单位养老保险制度存在的问题

一是缴费比例不统一，个人账户不健全，严重影响人才流动中养老保险关系的衔接。国家规定，企业职工调入机关，执行机关的基本养老保险制度；公务员转入企业工作的，执行企业基本养老保险制度。但由于机关事业单位职工个人缴费比例普遍在2%左右，而且基本上都由财政代缴，不建立个人账户，而企业的职工个人缴费比例已经达到了8%，个人账户划入比例为11%，这种缴费比例和个人账户的不统一，使人员在流动过程中养老保险关系难以衔接。虽然国家在2001年《关于职工在机关事业单位与企业之间流动时社会保险关系处理意见的通知》（劳社部发［2001］13号）中已做出了初步规定：公务员及参照和依照公务员制度管理的单位工作人员，在进入企业并按规定参加企业职工基本养老保险后，根据本人在机关（或单位）工作的年限给予一次性补贴，由其原所在单位通过当地社会保险个人账户，所需资金由同级财政安排。然而，对于目前正在进行的事业单位改革，特别是对自收自支企业化管理的事业单位工作人员转入企业涉及的个人账户并未做出详细规定，这样就面临以下问题：人员在事业单位与企业之间流动过程中如何处理个人账户？从企业调往机关事业单位，其个人账户上的资金是作为社会统筹基金“充公”，还是一次性领取？机关事业单位职工调入企业没有个人账户又如何计发养老金？如果要补缴企业建立个人账户到机关事业单位建立个人账户这段时间的养老保险费，这又出现了这笔钱由谁负担的问题；如不补缴养老保险费个人账户部分，在企业退休时必将影响到退休待遇，但若是补缴养老保险费，这笔钱由谁负担？特别是补缴时间过长的，补缴费用是一笔不小的数目。如果要企业负担，人已不在企业工作，企业没有负担这笔费用的义务。如果要原事业单位负担，在国家没有严格政策的前提下，原单位不但没有开支这笔费用的义务。如果要其个人全部负担，既不合理，也不合法。若是调入企业时为其建立个人账户，那么到退休时，与同等条件的其他人员相比，其个人账户上的储存额要少，计发的个人账户养老金也就相应要低一些，这样显然也不合情理。

二是机关事业单位与企业之间的退休待遇计算方法显失公平，阻碍了机构改革的顺利进行。不论是企业职工，还是机关事业单位职工，其退休待遇都应与个人缴纳养老保险费的多少挂钩，这样才能体现退休待遇的公平性。目前企业职工基本养老金按国发［1997］26号文件规定，由基础养老金和个人账户养老金组成，即按新办法计算，而机关事业单位养老金却仍然沿用国发［1978］104号文件规定的老办法执行，即根据工龄长短，按退休前月工资的一定比例来计算退休待遇。如果横向比较，同一人员，按老办法计算的养老金明显高于按新办法计算的，也就是说在机关事业单位养老保险制度与企业不同步的情况下，机关事业单位工作人员比同等条件的企业职工的养老金要高得多。而在目前体制下，机关事业单位与企业流动人员的养老待遇偏偏是以最终退休时的单位性质而决定，计算方法里并不反映员工的工作经历，这样就存在着缴费和待遇严重脱节的问题。当机关事业单位的工作人员向企业流动时，他们的退休待遇按企业的养老保险条例来计发，由于机关事业单位养老保险没有个人账户积累部分，再加上企业缴费工资较机关事业单位偏低，就会导致退休待遇大大降低，对于那些已经在机关事业单位工作时间很长的人来说是不合理的。反过来，企业的人员向机关事业单位流动时，哪怕是只工作一年也可以享受机关事业单位所有的退休待遇。这种不健全的待遇计发机制，也就造成了目前机关事业单位年纪大的工作人员不想走，而企业的人员在临近退休时又拼命想进机关事业单位。这种待遇计发的不平衡已严重阻碍了机构改革的顺利进行。

三是个人缴费比例较低，养老保险基金负担越来越重，既不利于自身健康发展，又影响到政府机关人才的稳定。目前，大多数地区养老保险实行的是“以支定收，略有结余，留有部分积累”的基金筹集原则，然而从实际运行来看，很多地区只是做到了“以支定收”，“略有结余”远没有实现。因为机关事业单位养老保险虽然也建立了个人缴费制度，但相对于企业职工的缴费负担来说还是很轻的，个人缴费比例仅占企业职工的1/4。而作为养老基金来说，若积累太少，就难以抵御人口老龄化带来的风险，虽然目前机关事业单位养老金社会化发放已在部分地区实施，但养老基金的捉襟见肘问题也日益突出，全国近1/3的地区养老基金出现亏损，财政的负担也越来越重。为了解决财政压力，很多地区提高缴费比例，但即便如此，仍旧杯水车薪，尤其是那些无财政支持的自收自支和差额拨款事业单位不堪重负，迫使一部分单位因无力缴费而停保，不但退休人员养老金保证不了，更无法留住人才。

2. 机关事业单位养老保险制度改革的思路

第一，提高机关事业单位个人养老保险缴费比例。机关事业单位职工工资普遍高于企业职工，将缴费比例由目前的2%左右逐步过渡到与企业养老保险相统一的8%是可行的。这样一方面有利于稳定养老保险的收缴、积累，便于将来向市级、省级统筹过渡，最终促进机关事业单位养老保险的和谐快速发展；另一方面又有利于推动当前人才流动过程中养老保险的合理衔接问题，推动机构改革的顺利进行。

第二，建立权利义务相一致的养老待遇计发标准。机关事业养老保险必须要和企业养老保险一样设立个人账户，统一缴费计入比例，使其养老保险待遇与工作人员的贡献大小、缴费多少相挂钩，个人账户积累额越多，以后享受的退休待遇就越高，充分体现激励机制，体现社会公平。其实，无论哪一种养老保险制度，它的权利和义务都应当是对等的，不论是企业职工，还是机关事业单位职工，其参保后的退休待遇都应与工作经历有关，与个人缴纳养老保险费的多少挂钩，这样才能体现退休待遇的公平性，体现养老保险制度的公平性。

第三，按照平稳过渡的原则，确保新老办法合理衔接，平稳过渡。改革是必然的，但并非“一刀切”，对“新人”的养老金收缴、待遇发放办法在与企业完全并轨的同时，对于机关事业单位的“老人”可以保持政策水平不变，尤其是离退休人员，继续执行现有的有关政策规定。而“中人”的待遇水平过渡问题可以通过加大过渡性养老金计发系数、在基本养老金外增发某种补贴或者参照企业养老保险改革时在基本养老金内增发一块调节金等方法措施予以解决，保证退休人员的待遇水平不会因此发生太大的变化。

六、农村养老保险制度

1. 农村社会养老保险的基本内容

《农村社会养老保险基本方案（试行）》规定，我国农村社会养老保险主要包括以下内容：

（1）农村社会养老保险的基本原则。

农村社会养老保险的基本原则是：保障水平与农村生产力发展和各方面承受能力相适应；养老保险与家庭赡养、土地保障以及社会救助等形式相结合；权利与义务相对等；效率优先，兼顾公平；自我保障为主，集体（含乡镇企业、事业单位）调剂为辅，国家给予政策扶持；政府组织与农民自愿相结合。

（2）农村社会养老保险制度模式的主要特点。

农村社会养老保险的制度模式主要有以下几个特点：一是基金筹集以个人缴费为主、集体补助为辅、国家政策扶持，明确了个人、集体和国家三者的责任，突出自我保障为主的原则，不给政府背包袱；二是实行储备积累，建立个人账户，农民个人缴费和集体补助全部记在个人名下，属于个人所有。个人领取养老金的多少取决于个人缴费的多少和积累时间的长短；三是农村务农、经商等各类从业人员实行统一的社会养老保险制度，便于农村劳动力的流动；四是采取政府组织引导和农民自愿相结合的工作方法。这是我国农村经济发展很不平衡所决定的过渡时期的工作方法，随着农村经济的发展，在有条件的地区将逐步加大政府推动的力度，以体现社会保险的特性。

（3）参加农村社会养老保险的对象和年龄的规定。

参加农村社会养老保险的对象是非城镇户口、不由国家供应商品粮的农村人口。一般以村为单位确认（包括村办企业职工、私营企业、个体户、外出人员等)。乡镇企业职工、民办教师、乡镇招聘干部、职工等，可以由乡镇企业或事业单位确认，组织投保。缴纳保险年龄一般为 20～60 周岁。领取养老金的年龄一般为 60 周岁。

(4) 农村社会养老保险交费方式。

由于大多数农民的收入不固定，因此，农村社会养老保险的缴费方式十分灵活，大体分为以下三种：一是定期交费。在收入比较稳定或比较富裕的地区和人群采用这种方式。如乡镇企业可按月、按季缴纳保费，富裕地区的农民可按半年或按年缴纳保费，其交费额既可以按收入的比例，也可以按一定的数额缴纳。二是不定期交费。多数地区因收入不稳定而采取的方式。丰年多交，欠年少交，灾年缓交。家庭收入好时交，不好时可不交。三是一次性交费。多数是岁数偏大的农民，根据自己年老后的保障水平将保费一次交足，一直到 60 岁以后按规定领取养老金。

(5) 农村社会养老保险对象的权益。

保险对象的权益如下：第一，投保人在交费期间身亡者，个人缴纳全部本息，退给其法定继承人或指定受益人。第二，投保人领取养老金，保证期为 10 年。领取养老金不足 10 年身亡者，保证期内的养老金余额可以继承。无继承人或指定受益人的，按农村社会养老保险管理机构的有关规定支付丧葬费用。领取超过 10 年长寿者，支付养老金直至身亡为止。第三，保险对象从本县（市）迁往外地。若迁入地尚未建立农村社会养老保险制度，可将其个人缴纳全部本息退给本人。第四，投保人招工、提干、考学等农转非，可将保险关系（含资金）转入新的保险轨道，或将个人缴纳全部本息退还本人。

(6) 农村社会养老保险的缴费期。

农村社会养老保险的缴费期是指参加保险的农民或乡镇企业职工，在参加保险后，开始向社会保险管理或经办机构缴纳保险费至开始领取养老保险金的时段。这个概念即是一个时段上的划分，也是义务与权利的界定线。按照《农村社会养老保险基本方案》的规定，保险对象 60 周岁为养老保险金的领取期，即保险对象到达 60 周岁的次月开始领取养老保险金。那么，在领取期之前的时期，即为养老保险的缴费期。

(7) 农村社会养老保险的保证期。

农村社会养老保险的保证期是指对于参加农村社会养老保险者在农村社会养老保险基本方案中规定：“保险对象领取养老金，保证期为十年。领取养老金不足十年身亡者，保证期内的养老金余额可以继承。无继承人或指定受益人的，按农村社会养老保险管理机构的有关规定支付丧葬费用。”

2. 农村社会养老保险的实施

(1) 业务操作。

① 对参保人员进行编号。

农民参加农村社会养老保险后，保险机构要为每一位参加保险人员建立个人保险档案，并进行编号。面对保险对象个人的保险编号，称之为个人保险编号。其根本意义是起区别保险对象的作用，进行系统化管理。

编号管理是各行各业普遍实行的一种管理办法，大到各种牌照管理、户籍管理、图书管理、电话号码管理，小到楼层房间管理、学校班级管理等。各种行业实行编号管理，其目的都是为了区别管理对象，这是实行编号管理的共同特点。

农村社会养老保险的档案管理是农保业务的重要内容，将保险对象个人档案区分开来，这是档案管理的起码要求。当然，能起区分作用的因素是很多的，如个人姓名及所在单位，或所在村组、门牌号码等，但是，其区别作用都是有限的，而且文字表述形式十分烦琐，不利于管理。实践证明，数字管理，即编码管理，具有不可替代的作用，农保工作档案采用这种管理办法，是必然的。

② 保险编号的主要内容。

农保管理机构对农保业务档案实行编号管理，于 1993 年 1 月颁发了《农村社会养老保险编号办法》。这套办法包括三方面内容，一是个人保险编号办法，二是缴费单位编号办法，三是县及其以上单位保险编号办法。个人保险编号办法是针对保险对象个人的，缴费单位编号办法是针对具有收缴保险费职能的单位的，县及其以上单位保险编号办法是针对县级农保管理经办机构的。三方面内容针对的对象不同，其意义和所起作用也不同。

③ 个人保险编号的构成。

在《农村社会养老保险编号办法》中，针对保险对象个人而编的一套编号办法称为个人保险编号。这套办法由 10 位阿拉伯数字构成，从第一位到第十位代码的含义依次为：1～2 位代表乡镇或县办企事业单位；3～5 位代表行政村和县、乡镇企事业单位，其中将“000”分配给县办企事业单位，“001～099”分配给行政村，“101～999”分配给乡镇办企事业单位；6～7 位代表保险对象个人出生的年份，在这里只取年份的后两位数，与个人身份证号码中的 7～8 位相同；8～10 位代表同一年出生的保险对象的序号。

④ 缴费单位编号及其作用。

缴费单位编号是指对负有收取本单位保险费责任的单位而编的一套代码，采用 6 位阿拉伯数字表示。从左至右的编号含义如下：1～2 位，01～98 表示单位所在村，00 表示县办企业，99 表示乡镇办企事业单位；3～4 位，01～98 表示单位所在村，00 表示县办企业，99 表示乡镇办企事业单位；5～6 位表示缴费单位序号，00 为行政村的尾数，01～99 为企事业单位的尾数。

⑤ 农保单证。

单证是对农村社会养老保险业务流程中所使用的表、单、证、卡、册的总称，不包括财会所使用的账簿、报表、票证等。根据农村社会养老保险的有关规定，农保单证分缴费期和给付期所使用的两部分。

缴费期的标准单证有：个人缴费证，个人基本情况登记表，缴费明细表，个人缴费记录卡，编号单位编码一览表，缴费单位编码一览表。

给付期的标准单证有：养老金申领名单，养老金领取明细表，养老金发放汇总表，个人领取证。

⑥ 缴费单位的业务操作程序。

行政村、乡镇办企事业单位等缴费单位的主要工作有：a. 为参加保险的农民编个人保险号码。b. 填写个人缴费证，发保险对象持有。c. 保险对象参加保险时，为其一次性填写个人基本情况登记表。此表一式三联，第一联送县级保险管理机构，第二联送乡镇级保险管理机构，第三联自存备查。d. 收缴保险费，并按有关业务要求，将收缴的保险费准确填入缴费明细表。此表一式三联，表头左上角要写明缴费单位的名称及其缴费单位编号，第一联送县级保险管理机构，第二联送乡镇管理机构，第三联自存备查。

⑦ 乡镇农保机构的业务操作程序。

缴费阶段乡镇农保机构的重要工作有：根据缴费单位送来的“个人基本情况登记表”和“缴费明细表”，填写“缴费记录卡”。此卡是个人账户的原始单证，是核算养老金的重要凭证，一式一份，应用墨水笔填写，不得使用圆珠笔或铅笔。表中的姓名、保险号码、身份证号码要准确无误。此卡留乡镇管理机构存档，待保险对象到达领取年龄时，送县级管理机构核算养老保险金。将个人基本情况登记表和缴费明细表秩序存档。

⑧ 县级农保机构的业务操作程序。

缴费阶段县级农保机构的主要工作有：a. 负责做好编号单位和缴费单位的编号工作，填写“编号单位编码一览表”和“缴费单位编码一览表”，下发乡镇、村、企事业单位；b. 根据行政村上报的“个人基本情况登记表”和“缴费明细表”，将个人档案和缴费情况录入计算机，没有实行计算机管理的地方将上述两表存档。

⑨ 农村社会养老保险的给付期。

保险对象到达一定年龄开始领取养老保险金至保险责任的终止期，为农村社会养老保险的给付期。按照农保的有关规定，保险对象一般的领取年龄从60周岁开始，至身亡。

⑩ 给付工作规程的内容。

农村社会养老保险给付工作以县（市）、乡（镇）两级管理机构负责制为基础。给付阶段的基本操作流程和标准单证，是对县乡两级保险管理机构最基本的工作要求和规定。

缴费单位申报领取养老金时，需到乡（镇）保险管理机构填写“领取养老金申报名单”，由乡镇保险管理机构进行资格审查。符合领取条件的，将“申报名单”、“缴费证”、“个人缴费记录卡”上报给县级保险管理机构审核。县（市）级农保机构收到乡镇上报的材料后，应予审核，以确定上报的申领人员是否具备了领取资格。对符合条件的申请，应根据“缴费记录卡”记录的缴费金额和缴费积累时间，计算积累总额，确定其领取标准，并将其领取标准、领取金额等填入领取证，编制“养老金发放汇总表”。“养老金发放汇总表”必须经主管领导审核，交财务部门复核，待财务部门将养老金拨款后，下发给乡镇管理机构。县级农保机构财务部门应根据“发放汇总表”，通过银行向各乡镇农保管理机构拨付养老金，并履行相应的财务手续。

⑪保险对象领取养老金时应办理的手续。

保险对象在到达领取养老金年龄时，应向所在行政村或所在企事业单位的代办员申请办理领取手续。本人的户口簿或身份证等有效证件应作为申报的证明材料，在代办员的指示下，填写领取申请表，交回缴费证。待缴费单位和乡镇保险管理机构办理完有关手续后，领取人会接到通知，到村或乡领取养老金。

⑫保险对象的保险关系及其转移。

在缴费期间，保险对象因户口迁移等原因需要转移保险关系的，经农保管理部门的同意，按规定办理相关手续，保险关系是可以随人转移的，保险关系不会因户口的迁移而中断。

⑬办理保险关系转移的手续。

保险关系的转移有三种情况：一是迁出，二是迁入，三是本县（市、区）内转移。现分述如下：a. 迁出。保险对象因户口迁居外县而要求转移保险关系户应持有关证明材料到乡（镇）农保管理机构办理迁出手续。有关材料应包括转移申请书、户口转移证明等。乡（镇）农保管理机构查验后，应在申请书上签署意见，将申请者的缴费证、户口转移证明材料、申请书及缴费记录卡上交到县级管理机构。县级管理机构在收到上述材料后，要确认其转移资格，进而对“缴费记录卡”进行核实，并向迁入县（市）发要求转入保险对象的函件。待迁入县（市）复函同意办理转移手续后，要及时将转移者的保险金本息，按规定的计算标准进行核算，转入迁入的县级农保管理机构。转移者的个人基本情况登记表及缴费记录卡也要随之转到保险对象将迁入的缴费单位。b. 迁入。在收到迁出县（市）要求转移的函件后，迁入县的管理机构要及时复函。待对方的保险金转移过来后，要会同财会部门对保险金进行审核，确认无误后，要向迁入县的农保机构发出由财会部门和县级管理机构分别审核后的保险金收讫回执。对迁入者的缴费记录卡和缴费证要审核，钱账要一致。

（2）财务管理。

① 农村社会养老保险财务管理的目标。

农村社会养老保险财务管理的总目标取决于农村社会养老保险工作的总目标。财务管理的任务是对保险资金的筹集、支付和运用等活动进行计划、组织、指挥、调节和监督。通过正确组织财务管理工作，积极组织收入、协调、安排和运营保险资金，对资金进行有效的计划、组织、指挥和控制，达到资金保值增值、提高保障目标的目的。

② 农村社会养老保险财务管理的内容。

农村社会养老保险财务管理工作内容包括：财务计划管理、资金筹集管理、管理服务费管理、保险金给管理、责任金与调剂金和资金运用管理等。具体应从三个方面做起：积极组织收入，努力降低费用；正确安排和运营资金，提高效益；参与单位经济决策，提高工作质量。

③ 制定财务计划的步骤。

制定财务计划时应该分三个步骤：第一步，规划某一特定时期内要实现的目标；第二步，制定一些与此有关的更具体的分项指标；第三步，确定实现这类目标的战略和步骤。

④ 农村社会养老保险编制的财务计划的内容。

农村社会养老保险编制的财务计划包括：农村社会养老保险收支计划；管理服务费收支计划。做到财务工作年初有计划，执行有报告，年终有决算。

⑤ 农村社会养老保险的基金。

农村社会养老保险基金是保障农民老年后基本生活的专项社会保险基金，是政府管理的负债基金。它主要由以下几个部分组成：净保费，即个人缴纳的保险费与集体补助扣除管理费之后的部分；基金运营的利息收入等；对农村社会养老保险事业的各类捐赠款项；有关法规规定的其他收入。

⑥ 农村社会养老保险的管理费及其提取。

管理费是农村社会保险机构工作经费的重要来源，主要包括管理机构人员的工资、福利费、业务费、设备购置费、修理费、培训费等其他一些开展工作必要的费用。它由县级核算单位每年从当年筹集的保险费中一次性提取。目前提取的管理费为当年收取保费总额的 3%，不能重复计提。

⑦ 农村社会养老保险金支出的形式。

按县级农村社会养老保险基本方案的规定，保险金支出的种类主要有四种：

养老金。保险对象从 60 周岁开始领取养老金，在特殊情况下可以提前到 55 周岁或 50 周岁开始领取。

继承保证金。保险对象在 10 年保证期内死亡，由其继承人或指定受益人继续领取至10年的养老金。

退保金。保险对象因迁移、农转非或缴费期间身亡等原因退保时支付的保险金。

丧葬费。无继承人或指定受益人的保险对象，未开始领取养老金或在10年保证期内死亡时支付的保险金。

⑧ 农村社会养老保险的责任金与调剂金。

责任金是保险费扣除管理费之后的净保费与其应付利息的积累额。

年末累计责任金＝上年结转的责任金＋本年净保险费－年内保险金支出＋年内提取的应付利息

责任金是养老保险经办机构对保险对象的负债，是对保险对象承担的责任。它是农村社会养老保险基金的重要组成部分，是未来保险金支出的来源。

调剂金是基金运营中高出应付利息的部分、捐赠及其他收入等。

年末累计调剂金＝上年结转的调剂金＋其他收入－年内应付利息

调剂金是农村社会养老保险基金不可分割的一部分，主要用于调剂责任金出现的亏损，弥补管理费的不足等。而且调剂金指标还可以反映基金收益状况，为分析、研究问题提供依据。

(3) 业务统计。

① 进行农村社会养老保险业务统计的必要性。

农村社会养老保险统计是对农村社会养老保险开展工作情况进行统计调查、统计分析、提供统计信息服务、进行统计咨询、实行统计监督的过程。因此，农村社会养老保险统计工作是农村社会养老保险工作的基础工作，是反映农村社会养老保险工作状况、整体管理水平和基金运营情况的基础资料，是加强对农村社会养老保险工作的管理和指导，总结经验，改进工作，建立健全管理制度，促进农村社会养老保险事业健康发展的重要工作。

进行农村社会养老保险业务统计，是建立健全各项规章制度的需要，是上级部门研究制定有关政策措施的基本依据，是领导部门掌握农村社会养老保险发展情况的基本途径。农村社会养老保险工作开展以来，国家一直都强调做好农村社会养老保险业务统计工作。

1991年，民政部在《关于进一步加强农村社会养老保险工作的通知》(民办发［1991］26号)中明确提出，“建立健全各项规章制度。各试点县(市)要逐步建立基金、财务、统计等管理制度，积极推进工作的制度化、规范化。”

1995年，民政部农村社会保险司在《关于搞好农村社会统计工作的通知》(险综字［1995］003号)下发两张报表，即农村基本情况表和农村社会养老保险年(季)度统计工作情况表。通知要求各地建立统计制度，做好统计分析，按时上报统计报表。

1998年，劳动和社会保障部为加强和完善农村社会养老保险统计工作，专门下发了《关于布置农村社会养老保险统计年报的函》（劳社厅函［1999］2号），将原有统计报表调整为农村社会养老保险基本情况表和农村社会养老保险资金收支情况表两张报表。这两张表已由劳动保障部编制表号，并在国家统计局备案，这标志着农村社会养老保险业务统计工作已纳入正规的统计上报体系，成为主管部门有力的决策依据。

② 建立农村社会养老保险统计制度。

各级农村社会养老保险机构都要建立农村社会养老保险统计制度。在制度设置和人员的配备上，第一，省、市、县各级农村社会养老保险机构都要设置统计工作岗位，明确统计岗位职责，建立专职人员负责制，专门负责农村社会养老保险统计的一系列工作；第二，建立统计调查制度，按照上级部门要求开展统计调查，收集统计资料；第三，建立统计报表体系，进行定期和不定期报表统计，按规定时限下发或上报统计信息，为上级部门提供及时准确的信息服务；第四，建立统计分析制度，根据收集的数据资料进行业务分析，发现问题，总结经验；第五，建立统计报表管理制度，管理好统计报表。

③ 农村社会养老保险统计制度的主要内容。

农村社会养老保险统计制度包括统计调查、统计报表体系、统计分析及报表管理办法。

农村社会养老保险统计调查是采用科学的方法，对所要研究的社会现象进行系统地搜集统计工作资料的工作过程。统计调查过程包括确定统计目的和对象、拟定提纲、设计表式、规定调查时间、组织实施等。

农村社会养老保险统计报表体系包括统计报表指标、报表样式、报表编制说明、报表实施范围、报送程序和报送日期等方面。

农村社会养老保险统计分析就是在农村社会养老保险统计数字的基础上，运用统计综合指标和各种分析方法，对所要了解的养老金收支、基金总额、基金投资结构等情况进行系统分析的工作过程。

农村社会养老保险报表管理办法是农村社会养老保险统计制度中不可忽视的内容。农村社会养老保险报表的管理和填报有严格的纪律规定。统计报表要专人负责，提高报表质量，加强报表管理。报表的管理工作主要包括建立和健全报表制度和审批制度，以及报表的清理和整顿。建立健全报表制度可以避免各部门、上下级之间对报表的要求发生重复或不配合现象，并严格控制滥发报表，减轻基层负担。由于统计报表表式等是随着农村社会养老保险事业发展形式的变化而进行不同设计的，一套报表不可能一直使用下去。因此，对于废弃的报表就要清理，对于不适应统计要求的就要及时修改。统计报表制度是一项严格的经济制度，必须严格执行，严肃填报纪律。凡是报表中规定的指标、格式、计算口径、计算方法、报送程序和时间都必须严格遵守。统计人员要如实填报各项统计数字，不得虚报、瞒报、漏报和伪造统计数字；要妥善保管统计资料，未经政府部门许可，不得发散；对于一些要求保密的资料，统计人员负有保密责任。统计资料包括统计图、表、统计报告、磁介质等。

④ 农村社会养老保险统计工作的基本要求。

农村社会养老保险统计工作的基本要求是准确、及时、统一和全面的上报农村社会养老保险统计报表等各类统计资料。统计工作要做到内容完整、数据准确、上报及时。

准确性是统计工作中必须绝对恪守的基本准则，即要求统计数字要准确，统计数字所反映的资料真实可靠。基层统计人员必须以原始记录为依据，搜集和整理数据，不能凭空捏造数据。准确性要体现在两个环节，一是资料搜集环节，有关资金数据必须实事求是、完整、准确地从县级单位会计报表上取得，有关业务数据，必须依据缴费汇总表、缴费记录卡、养老金发放汇总表、保险关系转移通知单等原始单据中取得；二是资料整理环节，一些需经整理才能得出的统计资料，如基金总额、保费收入、保费支出、参保人员、领取养老金人员、工作机构、工作人员等总计额的取得要经过严格的计算，严格审核，确认无误，方可填报。另外，统计资料的准确性还体现在凡是反映基本情况的重要统计数字，如年末参保人数、基金积累总额、责任金、调剂金等，必须由统计人员专人负责、专人管理，统一掌握。对于已上报的统计数字，一发现有误，应及时上报更正。同时，对管理中存在的问题和成绩都要如实上报，不得弄虚作假。

及时性是指各种报表要按规定时限及时编制上报，以保证管理部门及时掌握工作机构、工作人员和农村社会养老保险基金的基本情况，及时发现问题，制定相关政策。农村社会养老保险统计报表年报的上报时限一般要求在每年 1 月 31 日之前完成。县级机构上报上一级机构应实行月报或季报，要求在每月（季）5 日前完成。

统一性要求在相关制度没有变化的条件下，全国农村社会养老保险系统按规定的指标体系、统一的口径填报。即统计口径全国一致，逐年一致。

全面性要求统计资料能够完整地说明统计对象的全面情况，能够保持时间上的连续性，下一级农村社会养老保险机构每月（季）要上报给上一级农村社会养老保险机构，省级农村社会养老保险机构每年要汇总上报部里。对于各类统计报表，应该分别归类，建立档案，妥善保管。

⑤ 现有农村社会养老保险统计报表。

农村社会养老保险统计报表按报送周期分为非定期统计报表和年报报表。非定期统计报表主要是专项统计报表，通常是根据工作需要或上级主管部门要求填报。年报报表制度包括报表指标、报表样式、报表编制说明、报表实施范围、报送程序和报送日期，以及报表管理办法等。年报包括的指标较多，内容较全面，实施范围较广泛，是全年农村社会养老保险经营活动的全面总结，用以检查各经办机构事业发展情况，分析农村社会养老保险工作发展速度等各种重要比例关系，为制定决策提供依据。

现有年报报表主要有农村社会养老保险基本情况表和农村社会养老保险资金收支情况表两张报表，要求于所报年份的次年1月底前完成。统计报表的填报内容及指标口径，以劳动保障部正式文件的规定为准。各地要按填表说明认真组织填写各类统计报表，及时上报统计分析报告。

⑥ 农村社会养老保险基本情况表主要包括的指标。

农村社会养老保险基本情况表主要包括以下基本指标：第一，年末参保人数。指截止报告期末已参加农村社会养老保险总人数。第二，本年参保人数。指本年内参加农村社会养老保险人数。第三，本年领取养老金人数。指本年内领取农村社会养老保险金人数。第四，本年退保转移死亡人数。指本年内退保、转移保险关系、死亡人数之和。第五，专职人员。指专门或主要负责农村社会养老保险工作的人员。第六，兼职人员。指除专职人员外，有本职工作同时又兼做农村社会养老保险工作的人员。

⑦ 填写农村社会养老保险基本情况表应注意的事项。

本表统计范围是辖区内开展农村社会养老保险工作（含乡镇企业）的地区。填报中要注意：

第一，本表规定县级为统计填报单位，由各省（自治区、直辖市）劳动和社会保障（民政）部门根据地方报表统一汇总编制，每年度统计上报一次。各省（自治区、直辖市）劳动和社会保障（民政）厅（局）及计划单列市劳动和社会保障（民政）局要及时向劳动保障部上报统计报表。

第二，“地区”栏填写县级单位，包括县、县级市、区、旗等。按地市行政序列排列。

第三，“机构”填写由当地编委批准有正式编制职能的农村社会养老保险机构。

第四，“职工人数”填写经当地编委批准的实有人数。

第五，计量单位“万人”，保留两位小数。

⑧ 农村社会养老保险资金收支情况表主要包括的指标。

农村社会养老保险资金收支情况表主要包括以下指标：

第一，上年基金滚存结余，指年初基金积累总额。

第二，本年保险资金收入，指本年保费收入与基金运营收益之和。

第三，本年保费收入，指报告期内投保人缴纳的全部保险费收入，包括个人缴费和集体补助。

第四，个人缴费，指保险费中个人缴纳的金额。

第五，集体补助，指保险费中集体（村、乡镇企业等）为个人缴纳的金额。

第六，本年基金运营收益，指报告期间养老基金利息收入等投资获得的收益（增值收入）。

第七，本年保险资金支出，指本年保险金支出与本年提取管理费之和。

第八，本年保险金支出，指报告期支付被保险人的养老金支出及退保金、继承保险金、丧葬费支出，不含按规定比例从保费收入中提取的管理费。

第九，本年提取管理费，指养老保险经办机构按规定从保费收入中提取的管理费。

第十，年末基金滚存结余，指上年基金滚存结余额与本年保险资金收支余额之和。

第十一，责任金，指报告期末保险对象的净保费及对其应付利息的积累金额。

第十二，调剂金，指报告期末养老保险基金结转责任金后的余额。

第十三，其他，指基金投资于表内项目外的投资。

⑨ 填写农村社会养老保险资金收支情况表应注意的事项。

本表统计范围是辖区内开展农村社会养老保险工作（含乡镇企业）的地区。填报中要注意：

第一，本表规定县级为统计填报单位，由各省（自治区、直辖市）劳动和社会保障（民政）部门根据地方报表统一汇总编制，每年度统计上报一次。各省（自治区、直辖市）劳动和社会保障（民政）厅（局）及计划单列市劳动和社会保障（民政）局要及时向劳动保障部上报统计报表。

第二，银行存款、国债、财政管理等包括年末应收利息。

第三，计量单位保留两位小数。

第四，表中平衡关系为：

年末基金滚存结余＝上年基金滚存结余＋本年保险资金收入－本年保险资金支出＝责任金＋调剂金＝银行存款＋国债＋财政管理＋其他。

本年保费收入＝个人缴费＋集体补助。

本年保险资金收入＝本年保费收入＋本年基金运营收益。

本年保险资金支出＝本年保险金支出＋本年提取管理费。

本年保险金支出＝养老金支出＋退保金、继承保证金、丧葬费等支出。

➢本章小结

人口老龄化趋势对养老金制度的变革产生了重大的影响。社会养老保险是世界各国较为普遍实行的一种社会保险制度，根据养老保险的保险范围、保险水平、保险方式不同，形成了覆盖基本养老保险、企业补充养老保险（企业年金）和个人储蓄性养老保险三个支柱的养老保险体系。

养老保险是社会保障制度的重要组成部分，是国家和社会根据一定的法律和法规，为解决劳动者在达到国家规定的解除劳动义务的劳动年龄界限，或因年老丧失劳动能力退出劳动岗位后的基本生活而建立的一种社会保险制度。企业年金是指企业及其职工在依法参加基本养老保险的基础上，自愿建立的补充养老保险制度，是多层次养老保险体系的组成部分，由国家宏观指导、企业内部决策执行。职工个人储蓄性养老保险是由职工自愿参加、自愿选择经办机构的一种补充保险形式。

目前世界上已有传统型养老保险、福利型养老保险、混合型养老保险、国家型养老保险、储金型养老保险等几种类型。养老保险金的筹集方式主要有现收现付制、基金积累制和部分积累制。

随着人口老龄化、就业方式多样化和城市化的发展，现行企业职工基本养老保险制度逐渐显现出一些与社会经济发展不相适应的问题。国务院发布了关于完善企业职工基本养老保险制度的决定，进一步明确了我国企业职工基本养老保险制度改革的方向。我国机关事业单位养老保险制度改革和农村基本养老保险工作正在全面推进。

➢关键术语

社会养老保险　多支柱养老保险体系　福利型养老保险　补充养老保险　养老保险社会化管理

➢案例　德国和美国养老保险制度

1. 德国养老保险制度

德国养老保险体系由法定养老保险、企业补充养老保险、自愿保险、特定群体的养老保险等多种形式组成。德国的养老保险相当完善，较全面地规定了养老保险的适用范围、资金来源、缴费标准和筹集方法等。

法定养老保险起源于俾斯麦时期的“自助资助”模式。规定养老保险费由雇主、雇员和政府三方共同承担，主要由雇主和雇员承担，国家只给一定的补贴。这一模式是典型的收入关联年金计划。在这种年金计划下，缴费和津贴的多少与个人的工资水平直接相关，通常是根据劳动者的工资收入水平、就业年限、交费期限、收入替代率及调节系数等基本要素确定，并侧重体现收入关联和收入再分配的特征。此外，德国对缴费基金采取统筹和共济的方式进行筹集和分配，从而使工资收入水平不同的人在退休后所享受的养老金差别较小，使社会公平目标相对得以实现。

法定养老保险的保险项目包括：养老保险、病残保险、遗属抚恤。保险的对象包括所有雇佣劳动者及独立经营者等。独立经营者主要是领航员、艺术家、家庭手工业者、助产士等。目前，法定养老保险覆盖了从业人员的90%，是德国养老保险制度的主干。覆盖范围包括了除公务员和法官以外所有蓝领和白领的人员，可分为工人养老保险和职员养老保险两大分支。此外还包括按照行业设置的海员、铁路工人和矿工养老保险。公务员适用《联邦公务员社会保险法》。资金的筹集管理也分别由不同的经办机构负责。

法定养老保险为强制性保险，所有的投保人都有义务依法按时缴纳养老保险费。养老保险资金的来源有两个渠道：一个是雇主和雇员缴纳的养老保险费，这是养老保险资金来源的主要渠道；另一个是国家财政补贴。每年获得国家财政补贴的数额占养老保险费的五分之一。

企业补充养老保险是法定养老保险的补充，已成为养老保险体系中的一大重要支柱。与法定养老保险不同的是，企业补充养老不是政府行为，而是企业行为。随着人口老龄化的日趋严重以及减轻国家养老负担压力的需要，企业补充养老保险越来越受政府的关注。在德国，企业补充养老保险对劳动力的覆盖率高达65%，它是养老保险制度中最重要的部分，并得到法律的支持。筹资方式、组织形式、款额及受保人均可自由选择。尽管德国企业补充养老保险属于自愿性养老保险，并由私人公司经营，但政府并非完全放任自流，而是发挥着宏观调控的作用。为了防止因雇主宣布破产而致养老基金无力支付债务的风险，德国设立了雇主组织的养老保险基金会作为担保机构，规定开办企业附加养老保险的雇主有义务向担保机构投保，如果企业破产，无法支付本企业补充养老金，则由该基金会支付。

自愿保险的对象主要是医生、牙医、药剂师、律师等。公务员和法官是国家终身雇佣人员，不参加法定养老保险，有独立的养老保险制度。自谋职业的农业人员有独立的“农民养老保险”。

2. 美国养老保险制度

自布什总统2004年11月初成功连任以来，对美国的社会保险体系进行改革成为其第二任期内经济政策的重要内容，也是最近白宫经济会议上的重大议题之一。如何解决美国社会保险体系面临的难题正引起越来越多的关注。

社会保险制度是美国社会保障体系的一个最重要组成部分，带有较大的福利性质。它是美国经历20世纪30年代初经济大萧条的惨痛历史之后逐步建立起来的，也是罗斯福总统实施“新政”的重要组成部分。美国建立社会安全保障体系的主要目的是为了使广大就业者退休后老有所养，以及使残疾人在丧失工作能力时可以得到一定的照顾，不至于陷入难以维持生计的状况。比如，根据目前的规定，20 世纪四五十年代出生的人退休时平均每人每年可领取 1.5 万美元左右的社会福利金。近 70 年的历史和实践证明，这一体系运作良好，对美国经济和社会的发展与稳定功不可没。

目前，美国社会保险体系面临的问题主要是社会老龄化问题日益严重，对社会保险体系形成的压力越来越大，导致社会保险基金未来来源不足。比如，第二次世界大战结束到 20 世纪 60 年代，是美国人口出生的高峰期，即人们常说的“婴儿潮”时期。这个时期出生的人数估计高达 7 900 万。目前他们是美国收入最高、也是对社会保险体系贡献最大的群体。再过几年他们将开始大量退休，届时社会保险基金收入将迅速减少而支出将大幅增加。根据目前的估计，2018 年美国社会保险基金的支出将大于收入，2042 年这一基金将彻底用光。另据不同预测，今后 75 年里美国社会保险基金的缺口在 3.7 万亿～10 万亿美元之间。如果不加以改革，这一体系将面临崩溃，其后果不堪设想。用布什的话说，美国的社会保险体系“正面临危机”。

但是对社保体系进行改革又面临很大的风险，前途难卜。据报道，布什的设想是让一部分社保资金进入资本市场流通从而实现增值，同时降低个人同比例的社保福利所得。初步估算这可以使社保基金在今后几十年里减少数万亿美元的压力。同时，改革本身也需要政府投入约 2 万亿美元资金。由于这一设想面临很多的不确定性，反对之声不小。

这一设想的问题主要在于投资市场的风险，弄不好这些本来用于老有所养的资金都可能打了水漂。据计算，在 20 世纪 90 年代经济繁荣时期，美国股市的收益率每年在 20%～43%之间。但 2001 年和 2002 年，每年的资本缩水率也高达 20%以上。虽然从过去 10 年来看资本投资总体上是盈利的，但潜在的风险也不容忽视。

《华盛顿邮报》和美国广播公司最近联合进行的民意调查结果显示，认为美国社会保险制度面临危机的人有 25%，认为存在重大问题的人高达 49%。支持人们自愿选择将部分社保资金投入股票市场使之增值的人达到 53%。但是，在回答“你是否愿意这么做”时，持否定态度的人高达 62%①。由此可见，社会保险收入事关广大民众退休后的生活来源，人们不得不对此慎之又慎。

【讨论题】

1. 为什么德国的社会养老保险制度使社会公平目标相对得以实现？

2. 如何看待美国社会保险制度面临的危机？

---

① 新华社新闻中心. 美国社会保险体系面临难题. 2004-12-29

复习思考题

1. 人口老龄化趋势对社会养老保险有何影响?
2. 试述养老保险制度的含义。
3. 现行企业职工基本养老保险制度有哪些不足?
4. 完善企业职工基本养老保险制度主要包括哪些内容?
5. 为什么要提高社会统筹层次?
6. 发展企业年金有什么意义?
7. 试述目前我国机关事业单位养老保险制度存在的问题与改革的思路。

第五章

医疗保险

完善的医疗社会保险制度有利于最大限度地减轻疾病风险给人们带来的伤害，因此，各国政府都把实施医疗社会保险作为一项基本的社会保障和现代国家的卫生保健通行制度，有政府组织实施，以保障公民享有的基本权利。通过了解医疗保险的基本理论、医疗保险的不同模式、医疗保险管理体制以及我国医疗保险管理的实务等内容，将使我们更好地理解医疗保险的艰巨性、复杂性、必然性。

第一节　医疗保险的基本理论

一、疾病风险

健康是人类社会的主题，但疾病与健康是人类社会发展中一对始终存在的矛盾。疾病发生后会给人们的生活带来困难、损失和不幸，因而称它为疾病风险。疾病风险可以分为狭义和广义两个层次。狭义的疾病风险指由于人体所患疾病导致的风险；广义的疾病风险指除了疾病所导致的风险之外，还包括生育以及意外伤害等方面所引起的风险。

和其他风险一样，疾病风险也是具有可能发生的客观性和不可预知性等共同点。但是与其他风险相比，疾病风险也具有自身的特点：

1. 危害的严重性

疾病风险是一种人身风险，这种危害通常是很严重的。它必然损害人体健康，造成暂时或永久性劳动能力的丧失，甚至死亡。这种危害带来的损失不仅是经济上的，更主要的是危害人的健康甚至生命，这往往不是能用金钱来补偿的。

2. 普遍性

疾病风险是每个人都可能遭到并且难以回避的，而生育、失业、工伤、残疾甚至老年风险就不是每个人都会遇到的，发生的概率相对小一些。

3. 复杂性

疾病的种类繁多，每一种疾病又会因为个体的不同而显得千差万别。除了已知的疾病外，还有一些未知或潜在的疾病；除了人类能控制的疾病外，还有一些人类不能控制的疾病。

另外，疾病风险可能因自然因素、意外事故而发生，而现代经济的发展又加大了疾病的发生，如环境污染、居住条件、紧张的工作节奏和社会因素等都会成为疾病的致因。而疾病风险的化解也因个体差异较大，一般风险测算技术难以预测等原因变得较化解其他风险更为困难。

二、医疗保险的定义和特点

1. 医疗保险的定义

医疗保险既可以指由市场提供的商业医疗保险，也可以指由政府提供的社会医疗保险，在本章中指社会医疗保险，是为了分担疾病风险带来的经济损失如医疗费用等而设立的一种社会保险制度。它是指人们因患病、负伤、生育等需要医疗费用时，由国家或企业向其提供必需的医疗服务或经济补偿的制度。社会医疗保险实质是通过强制性社会保险原则，由国家、雇主和雇员集资建立医疗保险基金，在劳动者的健康受到伤害时通过社会调剂得到基本的医疗服务，不会因患病而影响生活。

1883年，德国颁布《疾病社会保险法》，标志着医疗保险作为一种强制性社会保险制度得以确立。它规定从事经济活动的工人强制参加疾病保险基金会，基金会征收雇主和工人应交纳的医疗保险基金并用于工人的疾病医疗。在这之后奥地利、挪威、英国和法国等国家相继以立法的形式筹集医疗基金，为劳动者提供疾病医疗保险。第二次世界大战后，以英国为代表的一些国家宣布建立福利国家，以工薪劳动者为保障对象的疾病医疗保险制度被普遍性的高水平的国民保健制度代替，其他欧洲国家的医疗保险范围也进一步扩展，医疗保险水平不断提高。在亚洲，日本在1922年和1938年先后颁布了《健康保险法》和《国民健康保险法》，建立起医疗保险制度。现在，日本的医疗保险基本覆盖了全体国民。从第一次世界大战到20世纪70年代，医疗保险在全球得到普遍的发展：一方面，医疗保险的普及率逐渐提高；另一方面，医疗保险支出的医疗费用不断增加。

2. 医疗保险的特点

医疗保险作为社会保险的一个子险种，具有社会保险的强制性、社会性、福利性、互济性等基本特点。但是，由于疾病风险和医疗保险服务供给的特殊性，它与其他社会保险险种相比有着明显的区别，在实践中表现出自身固有的一些特点。

(1) 保障对象具有普遍性。医疗保险是社会保险子项目中保障对象最广泛的一个项目。其保险的对象原则上应覆盖全体公民。人的一生中可以不发生失业、工伤、生育等风险，但不可避免地要生病，回避不了疾病风险。因此每个人都会成为医疗保险的对象。

(2) 与其他保障项目交织在一起。在其他社会保险项目的待遇给付中除了现金给付外，被保险人也需要医疗服务，而生育保险必须以医疗保险为基础。任何保险项目的内容与医疗保险的内容都有联系，其运转都离不开医疗保险提供的保障。

(3) 补偿短期性和经常性。由于疾病的发生具有随机性和突发性，医疗保险提供的补偿就具有短期性和经常性的特点。在这一点上显然与其他社会保险项目不同，如养老保险只有在劳动者退休后才能享受，而失业保险只在失业期间才能享受，等等。

(4) 复杂性。医疗保险涉及社会保险机构、被保险人、雇主、医疗机构和政府等多方面的复杂关系，而其他社会保险项目涉及关系就简单得多。另外，医患双方的信息不对称，医疗费用由第三方（社会保险机构）支付，这也增加了医疗保险的复杂性。

(5) 发生的频率高，医疗费用难以控制。每个人都不可避免地发生疾病风险，有人甚至遭遇多次。患者的实际医疗费用无法事先确定，实际耗费不仅取决于疾病的严重程度，还取决于医疗机构提供的服务。甚至，医务工作者的医德也会影响医疗费用。同时，医疗费用由第三方（社会保险机构）支付，患者更关注其所接受的医疗服务的质量，不会主动去控制医疗费用的支出。同其他社会保险项目相比，医疗保险的风险预测和费用控制是一个世界性的难题。

三、医疗保险的原则与目标

基于医疗保险的特殊性，它的实施必须遵循以下原则：

1. 强制性原则

国家通过立法规定医疗保险的实施范围、权利、义务及待遇标准，这决定了医疗保险的强制性原则。

2. 公平性原则

医疗保险的待遇给付不受被保险人的经济收入、职业、性别等因素的限制和影响，只要其符合医疗保险待遇给付条件，有病就医完全依据被保险人的病情来决定。

3. 社会共同分担风险和责任的原则

在社会化大生产中，仅仅依靠个人的力量抵御疾病风险是远远不够的，必须依靠社会力量。医疗保险具有互济性，保险费用由国家、雇主和雇员共同负担，从而有利于筹集和合理使用医疗保险基金，有利于被保险人的互助互济。社会成员共担责任，这就会增强抵抗疾病风险的能力。

4. 医疗保险基金专款专用的原则

医疗保险费用不得挪用，必须确保用在被保险人身上。对医疗保险基金必须严加管理，遵守各项规章制度，合理使用，杜绝浪费。

第二节 医疗保险模式比较

1883 年，德国颁布了《疾病社会保险法》，医疗保险已经过 100 多年的发展。由于各国的历史背景不同，医疗保险的模式也不相同。但是，迄今为止，还没有哪一个国家的医疗保险制度是完美无缺的，各个国家也都在对医疗保险制度进行改革。根据各国医疗保险基金筹集的渠道和医疗服务提供方式等因素，大体上，医疗保险制度可以分为社会医疗保险模式、全民医疗保险模式、强制储蓄医疗保险模式和合作医疗保险模式，各种医疗保险模式都有自己鲜明的特点。

一、社会医疗保险模式

社会医疗保险模式强调社会的团结与平等，并通过强制性保险制度分散医疗风险：医疗保险基金社会统筹、互助共济，主要由雇主和雇员缴纳，政府酌情补贴。目前，世界上已有 100 多个国家采取了这一模式，代表性的国家有德国和日本等。

1. 德国

德国是世界上第一个以立法实施社会保障制度的国家，于 1883 年、1884 年、1889 年分别颁布了《疾病社会保险法》、《意外伤害保险法》、《伤残老年保险法》三项立法。这三项立法对德国，也对世界许多国家的社会保障制度的发展产生了重要影响。经过 100 多年的发展，德国一直把社会福利作为国家制度的一项基本原则，即国家保护社会弱者，并不断谋求社会公正。

德国的医疗保险由三部分组成：法定的社会医疗保险、自愿医疗保险和其他保险中的医疗保险部分（退休保险、事故保险、社会救济、警察和军队的免费医疗、战争受害者照顾和补助）。法定医疗保险是医疗保险体系的主体部分，它具有强制性。法定医疗保险覆盖了德国 90%以上的人口。对符合条件参加法定医疗保险的雇员，其家庭成员（包括未成年子女）可一起享受医疗保险的各种待遇。自愿医疗保险属于私人健康保险，参加者大多是社会高薪阶层。自愿医疗保险需要交纳昂贵的健康保险费用，相应地享受较高质量的医疗服务。由此可见，德国法定医疗保险投保人缴纳的保险费主要取决于经济收入，而享受的医疗保险服务则不以缴纳费用的多少而有所不同，由于具备雄厚的经济实力，在倡导建立社会福利国家和社会市场经济原则下，其法定医疗保险服务的范围、项目和内容覆盖非常广泛。参加法定医疗保险的被保险人（包括家属和未成年人），不管其当时经济状况如何，均可得到及时、免费的治疗，就诊不需要支付现金，病人可在保险基金组织认定的医院及治疗的范围内自由就诊，并可自由选择开业医师和专科医师。法定医疗保险提供的医疗服务包括：各种预防保健服务、各种医疗服务、各种药品和辅助医疗品、患病（包括不孕）期间的服务或津贴、各种康复性服务、免费或部分免费就诊所需的交通费用等。

德国的医疗保险制度是以社会集资为主，国家所提供的财政补贴较少，因而可以避免医疗费用浪费的现象。医疗保险基金（法定医疗保险）的主要来源：一是工薪收入税，其中雇员和雇主各缴纳 50%；二是取代工薪收入税的私人保险费；三是就医时直接支付的部分费用；四是向雇主征收的财务税，主要用作支付雇员长期疾病的费用；五是其他一些税收。在上述基金来源中，工薪收入税占有较大比重①。

在具体的实施中，德国的医疗保险体系也存在着对疾病预防工作的忽视，医疗保险基金紧缺等问题。针对这些问题，20 世纪 70 年代中期以后，德国医疗保险制度也作了一些重要改革。

2. 日本

1922 年，日本颁布了《健康保险法》，宣布实施社会医疗保险制度。第二次世界大战结束后，医疗保险制度进一步完善。从 1961 年开始，以“人人皆健康”为口号，日本的医疗保险制度覆盖全体国民。

现在日本的社会医疗保险制度共有 8 种：①大企业雇员健康保险；②中小企业雇员健康保险；③企业日工健康保险；④国家公务员健康保险；⑤地方公务员健康保险；⑥船员健康保险；⑦私立学校教职员工健康保险；⑧国民健康保险。其中企业健康保险覆盖的国民占 50%，国民健康保险约占 35%，公务员约占

---

① 史柏年．社会保障概论．北京：高等教育出版社，2004.123

10%[1]。8种健康保险负责保险的组织不同：大企业、国家公务员、地方公务员和私立学校教职员工的健康保险由各种基金管理组织分别负责管理；中小企业、日工、船员的健康保险均由政府直接管理；国民健康险由市町村政府管理。

日本的8种医疗保险制度都通过建立自己的基金，把运作建立在财力基础上。总体说来，社会医疗保险基金由国家、雇主和雇员三方筹集，但每种医疗保险制度又各具特色。国民健康保险基金主要靠国库资助，约占基金的50%，是资助最多的保险项目；另外，通过“国民健康保险税”的形式向受保农民、自营者征集保险费来筹集基金。雇员在700人以上的大企业其雇员的医疗保险基金主要由雇员和雇主共同交纳形成，但规定雇主多缴，国家酌情资助。中小企业雇员的社会医疗保险基金由国库资助、雇员和雇主强制缴纳形成。公务员社会医疗保险基金由公务员和用人机构缴纳形成，国家不资助，这是因为公务员所在单位大多数是政府机关，本身就是靠国家预算拨款的。

在日本，受保人无论是雇员还是非雇员，除享受生育津贴和疾病津贴外，还享受医疗机构提供的医疗服务。对于一切受保雇员，连同他们的家属，患病后均有权享受从门诊到住院的各种医疗服务，只需缴纳少许门诊费和住院费。覆盖了全体国民的医疗保险制度使人人在遭遇疾病危险后都有一种安全感，而不用担心医疗费用沉重与否，这是一个了不起的成就。

3. 社会医疗保险模式的特点

（1）社会医疗保险的主要特征是资金统筹，互助共济，现收现付，实质上是高收入者的一部分收入向低收入者转移，健康者的一部分收入向多病者转移，是个人收入的再分配，实现社会共济与稳定的目标。如德国的社会医疗保险宗旨是“高收入帮助低收入，富人帮助穷人，团结互助、社会共济、体现公平”。

（2）强制性为主，自愿性为辅，法定医疗保险和自愿医疗保险相结合。德国法定医疗保险是强制性的，年收入超过58 500马克的雇员可以自愿参加法定医疗保险，也可以到私人保险公司投保；自愿医疗保险主要投保对象是不参加法定医疗保险的自由职业者、独立经营者、国家官员和高收入者，参加了法定医疗保险的人，如果想享受标准更高的医疗服务和卫生福利，也可以参加自愿医疗保险。其他国家如荷兰、日本等国家只有对特定对象（自营职业者、被抚养的家属及被抚养的未成年的孩子）实行自愿参加，一般也都是强制加入。

（3）社会医疗保险基金主要来源于雇主和雇员，按单位工资总额和个人收入的一定比例筹集，政府给予一定的补贴。社会医疗保险制度的筹资方式大多通过法律的规定强制性地要求雇主和雇员按一定比例或数额缴纳保险费。如日本中小企业雇员的社会医疗保险基金从20世纪80年代到90年代初，总投保费率始终

① 侯文若，孔泾源．社会保险．北京：中国人民大学出版社，2002.378

固定在8.2%左右，个人和企业各负担4.1%，个人应缴纳的部分，以月平均标准工资为计算基础，除摊入产品成本的保险费——工资总额的8.2%外，受保人和雇主还需逐月缴纳总共1%的特别保险费，后者来自企业盈利中的奖金部分，但也是社会医疗保险基金的来源之一①。

（4）与经济发展密切相关。国民收入的迅速增长为医疗费用开支提供了坚强的后盾。日本在1922年实施的《健康保险法》仅适用雇员10人以上的企业，随着经济的发展又先后制定了《国民健康保险法》、《船员健康保险法》和《职员健康保险法》，将非受雇人员纳入社会医疗保险的范畴；随着社会的稳定和经济的进一步繁荣，1948～1956年间相继推出《公务员健康保险法》，包括国家公务员、地方公务员、私立学校教职员以及公营企业职工的健康保险；目前日本的社会医疗保险已扩大到在日本工作的每一个外国人。在医疗保险覆盖范围不断扩大的同时，医疗保险险种也在不断完善。

（5）患者本人负担少量医疗费用。根据有关收益者负担部分医疗费用的原理，各国医疗保险制度几乎都有患者本人负担少量医疗费用的规定，也就是在缴纳医疗保险费的前提下，每次就医患者还要支付少量医疗费用。如日本，对于一切受保雇员，连同他们的家属，患病后均有权享受从门诊住院的各种医疗服务，规定本人应缴纳医疗费的20%，至于家属，规定门诊按医疗费的30%，住院按医疗费的20%收费；对于一些非受雇人员，如农民、自营者等，患病后一律按医疗费的30%收费。

社会医疗保险模式，一般来说，对医疗服务的供给和需求双方缺少有力度的制约措施，导致医疗保险基金的收与支循环上升。另一个问题是医疗社会保险采取现收现付的资金运行方式，只考虑当年费用的收支平衡，没有积累，没有考虑资金的纵向平衡，随着人口老年化与人口负增长趋势的发展，无法解决老年化带来的医疗费用增加的问题。

二、全民医疗保险模式

全民医疗保险，亦称为国家医疗保险或全民健康保险，是指政府直接举办医疗保险事业，通过税收形式筹措医疗保险基金，采取预算拨款给国立医疗机构的形式，向全体国民提供免费或低收费医疗服务的模式。实行国家医疗保险的国家，均由公立医疗机构提供各种医疗服务，医疗服务活动具有国家垄断性。在公立医疗机构里工作的医务人员的工资由国家财政承担。典型国家有英国、瑞典等。

---

① 侯文若，孔泾源．社会保险．北京：中国人民大学出版社，2002.382

1. 英国

英国是世界上第一个宣布建立“福利国家”的国家，也是实行所有医疗机构国有化、医护人员国家公职人员化和全民医疗保险制度的国家。英国在1911年首次对医疗保险制度立法，在1946年通过并颁布了《国家卫生服务法》，实施全民医疗保险制度。

英国的医疗保险制度主要由国民医疗保险服务制度和私人医疗保险制度构成。它是由国家通过税收，对全国居民实行免费医疗保健服务。国民医疗保险服务是大多数人医疗保健的主要渠道。英国的医疗保险服务由中央、地区、地段三级医疗保健服务体系构成。公务员以及普通公民原则上都可以免费享受国民医疗保健服务。大部分公共保健服务如疾病筛选、家庭服务、精神保健、增进健康、残疾人和老年人保健服务均由地区和地段一级公共保健机构组织实施。在地段一级还设有环境卫生、住房、社会服务的专门机构，职业保健服务则由企业与地区或地段卫生部门结合起来进行防治。私人医疗保险是英国政府为增加医疗供给，满足部分居民医疗需求，允许私人医生开业的一项社会保障措施。私人医疗保险组织的参加者一般都是私营企业部门作为职工的一项福利为其缴纳全部或部分保险金而集体投保。根据统计，目前英国约有20%的人参加私人医疗保险。

英国社会医疗保险基金的主要来源是中央的税收，很少一部分是来自个人、社会保险、地方公共卫生部门。目前，国立医疗机构的经费95%来自政府的拨款，5%是来自服务收费。医疗保险费用由专门的工作组负责分配，同时由财政派代表参加。

2. 瑞典

瑞典在1955年建立医疗卫生制度，保险的对象包括所有的公民。瑞典实行全民医疗保险制度，它具有强制性。医疗保险基金主要来自政府的拨款，个人缴纳的保险费只占很少的部分。规定只要家庭有一个成员有劳动收入，全家均有权享受国家提供的医疗保健服务。瑞典的社会医疗保健服务主要由三个方面构成：初级医疗保健服务、省市级医疗保健服务、医疗机构服务。其重点是老年人的医疗保健服务、医院的医疗服务。瑞典的医疗保健制度是以国家为主体的医疗保健服务与私人医疗保健服务的有机组合，90%的医疗保健服务是由公立医院和其他公立卫生设施提供，私人开业医师主要从事初级医疗保健服务。

3. 全民医疗保险模式的特点

（1）医疗保险的对象是全体公民，医疗服务福利化，成为国家福利的一部分。英国和瑞典实行“从摇篮到墓地”的高福利社会保险制度的国家，医疗保健服务基本免费，享受者分文不交或只交少量保险费。

（2）医疗保险基金绝大部分来源于税收。瑞典近90%的卫生保健服务由公立医院和其他公立卫生设施提供，卫生保健费用1/3来自中央政府，2/3来自地方税收。

（3）医疗服务具有垄断性。政府卫生部门直接参与医疗服务机构的建设。医疗资金通过全额预算拨给政府举办的医疗机构，或者通过合同购买民办医疗机构、私人医生的医疗服务。卫生行政部门直接参与医疗服务的计划、管理、分配。

（4）卫生资源的配置具有较高的计划性。医疗卫生资源配置、医疗服务价格等几乎不利用市场机制的调节功能，导致资源配置的低效率，居民的医疗需求往往受一定程度的限制。

这种医疗保险制度具有降低个人和企业的医疗负担，有利于把医疗保健制度和初级保健、预防保健制度很好地结合起来，可以最大限度地保护劳动者的健康，着眼于救死扶伤、治病救人的社会效益，完全符合医疗社会保险制度社会福利的特点。但是这种模式也存在一些弊端：医疗费用过高，经费不足，财政压力大，税负沉重，制约经济发展；社会医疗保险完全由国家包办，医疗机构运行缺乏活力，卫生医疗资源的配置效率低下，很难满足国民不断增长的医疗需求；特别是在国家财政遇到困难时，医疗保险基金的筹集将会受到影响。

三、强制储蓄医疗保险模式

强制储蓄医疗保险模式是通过国家立法，强制个人或单位缴费建立储蓄医疗保险基金，以劳动者的个人名义单独设立医疗储蓄账户，用于制服劳动者医疗费用的社会医疗保险制度。这种制度强调个人责任，以家庭为单位筹资，储存一定数额基金，延续使用，抵抗疾病风险。采用这种制度模式的国家主要有新加坡、智利等。

1. *新加坡*

在 1984 年，新加坡实施强制性医疗社会保险，1990 年实施大病医疗保险，1993 年实施医疗社会救助，形成了完整的和行之有效的社会医疗保险体系。新加坡的医疗保险制度是以个人责任为基础，政府负担部分费用并严格控制费用增长，以保证政府和个人都能承受基本的医疗服务。其医疗保险体系由政府补贴与保健储蓄计划、健保双全和保健基金等三种保险计划组成，通过政府补贴和三种保险计划来保证每个公民都能获得最基本的医疗服务。

政府补贴是按医疗机构提供的服务量，政府拨付相应的补贴。保健储蓄计划是一项全国性的、强制性的计划，要求每一个有工作的人，包括个体业主，都要按法律的规定参加保健储蓄。保健储蓄的基金来源为雇主和雇员缴纳的储蓄金，该储蓄金可以免缴个人所得税。保健储蓄归个人所有，可用于支付本人和家庭成员的住院和部分昂贵的门诊检查治疗项目的费用。健保双全计划是为了补充保健储蓄计划，新加坡政府在 1990 年开始实施的。健保双全是一项基本的大病保险计划，为了帮助参保者支付大病或慢性病的医疗费用。此项计划是个人自愿参加，参加的人只需支付较少的保险费，并且可以用保健储蓄金支付。保健基金是政府捐赠基金在 1993 年设立的，以确保每个公民都能得到基本的医疗服务，为那些不能支付医疗费用的穷人提供一个安全网，无力支付医疗费用的穷人可向保健基金委员会申请资助，由委员会批准和发放基金。

2. 强制储蓄医疗保险模式的特点

（1）社会医疗保险费用全部由个人支付。患者用自己的钱支付自己（家庭）的医疗费用，而不是由第三方付费，有利于提高个人的责任感，激励人们谨慎地利用医疗服务，尽可能地减少浪费。

（2）以储蓄为基础的医疗保险体制能更好地解决老龄化社会导致的医疗费用上涨的问题。在人口老龄化的情况下，现收现付的医疗保险制度越来越难以解决医疗社会保险基金的代际负担问题，而完全累积的强制储蓄医疗保险制度要求每一个有收入的居民都要为自己终身的医疗保健需求建立储蓄账户，每一代人都要解决自身的医疗保健需求，避免上一代人的医疗费用转移到下一代人的身上。

（3）新加坡的医疗保险是介于政府包揽和市场调节之间的医疗保险制度，政府补贴的医疗费用资金较少。采用公积金医疗保健账户，住院医疗费用既不是全部由承保人承担，也不是由国家全部包下来，而是根据不同的疾病等级由政府实行差额补贴，强调个人责任，政府的负担较轻。

（4）政府补贴和三项计划四为一体、相辅相成，保证每一个公民都能得到基本医疗服务。另外新加坡的医疗保险制度全国统一，没有行业区分，即使政府的高级官员也和一般的雇员享受同样的医疗服务。

但是，这种医疗保险制度也存在一些问题。如社会互济性差，不具备风险分担的功能；医疗储蓄账户积累的资金面临贬值的风险，有可能在将来不够支付个人的医疗费用。

四、商业医疗保险模式

商业医疗保险模式是由商业保险公司承办，把医疗保险和医疗服务都作为商品投放于医疗保险市场和医疗服务市场，利用市场机制运作的一种医疗保险制度。在这种模式中，医疗保险费用的筹集不是强制性的，而是由投保人自愿选择，并自意缴纳相应的保险费，因此也称作自愿保险。商业医疗保险的买方既可以是个人、企业也可以是民间团体或政府，卖方是民间团体或私人保险公司。医疗保险机构和医疗服务提供机构属于盈利性机构，医疗服务的提供和医疗服务的价格通过市场调节来实现。美国是实施商业医疗保险的典型国家。

受其特有的历史和文化的影响，在医疗保险领域，美国各个州，甚至一些市、县的法律法规都存在很大的差别，在一开始就没有形成一个像其他发达国家那样统一的医疗保险制度，从而形成世界上按照市场需要建立的最复杂、最具多样性的医疗保险系统，这个系统主要由社会医疗保险和私营医疗保险组成。卫生服务机构以私立为主，大多数公民通过自愿参加商业性医疗保险获得卫生服务，有钱人买高档的保险，钱少的人买低档的保险。

社会医疗保险是联邦政府、州及地方政府为帮助弱势群体而实行的强制性的医疗保险，主要包括这几种：老年医疗保险制度、医疗补助制度、工伤补偿保险、少数民族免费医疗和军人医疗计划。

私营医疗保险是美国最主要的医疗保险形式，医疗费用的50%是来自私营医疗保险，而且政府的许多医疗保险计划也由私营保险公司执行。私营医疗保险主要可以分为两类：非营利性保险和商业保险。非营利性医疗保险主要有蓝盾和蓝十字两大民间医疗保险组织，为投保者提供门诊和住院医疗保险。绝大多数的在职职工的医疗都是由商业医疗保险来提供。营利性的商业医疗保险可以依据收取保险费数额的不同，为个人和团体提供不同形式的医疗保险服务，并对费用昂贵的医疗项目单独设立险种。美国法律并没有规定雇主一定要为雇员提供医疗保险，但为了生存和发展，多数用人单位都会为雇员提供医疗保险，美国团体投保人数已经占全部投保人数的87%，投保费用由雇主和雇员分担，一般用人单位分担70%～75%，一些重要人才，雇主还会为其承担全部投保费用①。

纵观美国的医疗保险制度，有以下几个特点：

（1）医疗保险是一种商品。商业医疗保险机构之间互相竞争，主动吸引顾客，以形式灵活多样的保险产品，采用不同种类的筹资方式与保险提供方式满足社会对医疗保险服务多层次的需求；同时迫使医疗服务的提供者降低治疗成本，从而控制医疗费用。

（2）个人或企业自愿参加商业医疗保险。企业或个人自愿投保，共同分担意外事故造成的经济损失。

（3）保险人和被保险人签订合同，缔结契约关系，双方履行权利和义务。被保险人有按合同约定缴纳保险费的义务，有获得医疗保险保障的权利。

（4）医疗服务的供求关系由市场调节，有利于提高医疗资源配置的效率。

但是，这种模式也存在一些弊端。一是低收入者由于难以支付高昂的医疗保险费用，因而无法享受医疗保险提供的服务，社会公平性差。目前美国有3 000万人得不到任何医疗保险。二是医疗服务供给与需求双方之间一般处于不对等地位，供方可以利用技术优势诱导需求，刺激消费，导致医疗费用的膨胀，社会医

① 史柏年．社会保障概论．北京：高等教育出版社，2004.126

疗总费用失控，美国的卫生总费用居全球之首，占国内生产总值的14%。三是商业保险公司主要以盈利为目的，对参保人的身体条件要求十分严格，体弱多病者和老年人往往被排除在外，使一些人得不到医疗保险的保障，保险覆盖面不足(1997年有约31.6%的贫困人口，30%的儿童没有医疗保险)。

五、合作医疗保险模式

合作医疗保险模式又称基层医疗保险和集资医疗保险或社区合作医疗保险。它立足社区或基层，按照“风险分担，互助共济”的原则多方筹集资金，用以支付参保人及其家庭成员的医疗、预防、保健等服务费用的一项综合性医疗保健措施。中国的农村合作医疗保险是合作医疗保险模式的典型代表。

合作医疗的卫生保健制度是我国农村在特定历史条件下的一大创举。由于我国农村土地辽阔，人口众多，对卫生保健服务的需求量大，在有限的经济条件下，国家还没有力量承担全体农民的医疗费用；由个人，特别是收入低、经济困难的农民负担各自的全部医药费用又有一定的困难，尤其在遇到特大风险的情况下，更是无能为力；只靠农村集体经济组织来承担农民的全部医疗费用也是不现实的。合作医疗保险模式应运而生。合作医疗保健制度有效保障了农村的基层卫生保健，有利于农村卫生防疫、妇幼保健、计划生育等各项工作的开展，为农民创造了就近看病吃药的条件，对于农民的身体健康，农业生产发展，都发挥了积极作用。世界卫生组织对我国的农村的合作医疗制度给予可充分的肯定。

改革开放以后，农村的经济结构发生了巨大的变化，地区发展水平极不平衡，产生了许多新矛盾、新问题，导致了合作医疗保健制度在大多数农村解体的客观事实。但是，合作医疗作为一种独特的医疗保障模式仍然有其生命力。农民生存状况方面的最大威胁，是“因病致贫”、“因病返贫”，得小病舍不得花钱看，拖成大病，又往往盲目流向大城市以十倍、百倍高成本救急。因此，通过“合作医疗”模式建立合理的农村医疗体系，是当务之急。因此，自2002年起，我国政府又在广大农村推行新型合作医疗保险制度。

2003年1月16日《国务院办公厅转发卫生部等部门关于建立新型农村合作医疗制度意见的通知》(国办发［2003］3号)中，政府承诺对参加新型合作医疗的农民每人补助20元，其中中央财政负担10元、地方财政负担10元。新型农村合作医疗试点从2003年下半年开展，截至2005年6月底，全国已有641个县(市、区)开展了试点工作，占全国县(市、区)总数的21.7%，达到每个地(市)至少有一个试点县(市)；覆盖2.25亿农民，其中有1.63亿农民参加了合作医疗，参合率为72.6%。2004年，全国试点地区贫困人口参合率达到71.5%，其中，列入医疗救助范围的五保户和特困户的参合率分别为76.2%

和80%。

由卫生、财政、农业及科研机构组成的卫生部新型农村合作医疗技术指导组的专家分析认为，从各试点地区看，新型农村合作医疗普遍受到农民欢迎，但各试点地区应结合当地实际，有针对性地选择适合本地的发展模式，采取不同的补偿模式及管理模式。从各地试点的具体做法看，新型农村合作医疗制度虽然强调农民自愿参加，但在实际的筹资、组织和管理上，已超越了传统合作医疗的“社区筹资”的概念，由政府组织领导，采取以政府资金投入为主，集体扶持和农民个人缴费等多渠道筹资的办法，建立起稳定的筹资机制，以补助住院（大病）为主，适当照顾门诊，提高了卫生筹资和卫生服务的公平性。可以说是农民健康保障的雏形，也是农村医疗保障制度的一种创新。

目前合作医疗补偿的主要类型有单纯大病统筹（住院、住院和门诊大额费用）和大病、小病兼顾（既补住院又补门诊费用）两种类型。在全国试点地区中前者占28%，后者占72%，其中门诊费用补偿模式又分为设立家庭账户和设立门诊统筹基金两种，除沿海几个经济发达的省份外，多是以住院和门诊统筹兼顾的补偿模式为主。

1. 大病统筹模式

76%集中在东部地区，中部占16%，西部只占8%。该模式的优点是，具有较强的抗风险能力，对防止“因病致贫”和“因病返贫”具有一定的作用，而且管理比较简单。但其缺点是人群受益面小，单纯的大病统筹补偿只能覆盖3%～5%的患者，在持续发展方面需要进一步探索。

2. 住院统筹加门诊家庭账户模式

80%集中在中西部地区，其优点是增加受益面易于动员农民参加，且能控制门诊费用的支出。但缺点是建立家庭账户容易带来合作医疗资金的沉淀，不能充分发挥统筹基金互助共济的作用。

3. 住院统筹加门诊统筹模式

78%集中在东部地区，有19%在中部地区。它的优点是能够提高农民互助共济的意识，鼓励参保农民及时就医，提高门诊服务的利用率，增强了门诊资金的抗风险能力。但缺点是在按比例报销时，手续麻烦，除非建立了计算机信息系统，不然很难做到即时即报，管理成本相对较高。

不同试点地区应根据当地的社会、经济和人文状况，因地制宜地选择适宜的补偿模式。但新型农村合作医疗总的发展趋势应该是逐步淡化家庭账户，过渡到以大病统筹为主或住院与门诊统筹兼顾为主的补偿模式，增强合作医疗的抗风险能力。

目前，新型农村合作医疗主要是由卫生部门行使行政管理职能。按照具体经办合作医疗基金支付业务的部门来分，主要有三种类型：一是卫生部门所属合作医疗管理中心经办，在目前试点中，这种模式占94%；二是社保部门所属社保结算中心经办，这一模式占2%，主要分布在东部农业人口比较少的地区；三是商业保险公司代理结算业务，这一模式占4%，主要在东部一些地区。

发展新型农村合作医疗制度应注意三点问题：第一，要对新型农村合作医疗合理定位。由于筹资水平有限，合作医疗保障内容要合理确定，只能解决以大病为主的基本医疗问题。如一些地方把政府已有专项投入的艾滋病筛检与治疗、计划免疫等都纳入了合作医疗报销范围，势必降低合作医疗保障水平，影响合作医疗的健康发展。第二，正确处理因地制宜与相对统一的关系。试点工作开展两年多来，由于充分强调了因地制宜，鼓励各地探索，已经逐步形成了一些模式，积累了一定的经验。但“一县一策”使相邻县的补偿方案造成较大的差异，不利于制度的建立和推广。随着试点的不断深入和范围的不断扩大，应逐步形成相对统一规范的制度和管理。首先可以由各省总结出比较成熟的模式在本省推广，再由国家组织进行评估和研究，进一步归纳总结出适合不同经济社会发展水平地区的几种代表性模式，供今后开展合作医疗的试点县（市、区）借鉴。第三，合作医疗得以持续发展的关键是控制医疗费用。医疗保险并不是单纯经济意义上的筹资与给付，突出的难点是医疗费用的控制，新型农村合作医疗也不例外。随着制度的建立，参合者的潜在医疗需求会不断释放出来，基金的风险也会不断增加，因此要运用综合措施来减缓医疗费用的增长速度。同时，世界各国的经验已经证明，采用第三方付费，并不能有效地控制医疗费用。医疗保险由卫生部门管理已成为越来越多国家的共识，如美国的一些保险公司，已开始建立自己的医疗机构，以更好地控制医疗保险费用支出。

第三节 医疗保险管理体制

自从1883年德国实行强制性医疗保险以来，世界上大多数国家都实行了不同形式的社会医疗保险，而且保险覆盖人群越来越多，甚至一些国家的医疗保险覆盖了全体国民。各国也越来越多地通过医疗保险计划分配卫生资源，医疗保险已成为现代国外医疗服务市场越来越重要的经济调节手段。但由于医疗保险制度既要提供医疗服务，又要筹措和管理资金，涉及医疗卫生、社会保险、社会福利等多方面。如何协调卫生部门和社会保障部门的关系，建立合理的医疗保险管理体制，一直是各国推行社会医疗保险计划和政策最敏感、最关键的因素，它在很大程度上决定着医疗保险资源的使用效率，决定着参保者所得到医疗卫生服务的数量和质量。医疗卫生服务实质上是介于私人物品和公共物品之间，可以采取私人竞争性强或不强、政府控制程度不同公立体系。医疗卫生服务体系引入竞争机制，有利于提高医疗质量和服务态度，会鼓励医院和医生降低服务成本和价格，但也可能导致医院和医生竞相购买设备、采用高新技术、吸引高层次人才，出现费用上涨等状况。医疗卫生服务的体制并不一定与筹资体制相一致，计划与市场两种调节机制的运用的侧重点不同，卫生服务机构的所属不同，医疗保险的管理体制也不同。

一、医疗保险管理体制的类型

1. 私人筹资、公立机构提供服务的市场型机制

私人筹资购买公立医院服务，通过市场调节供给。主要有这样两种模式：个人储蓄保险向公立医院购买医疗卫生服务，如新加坡私立保险向公立医院购买服务，如美国的蓝盾、蓝十字保险公司向约占全美医院总数 30％的公立医院购买部分服务。

与公共筹资型管理体制相比，这种类型的管理体制的基本特征是政府较少干预，服务提供、费用筹集主要依赖市场调节，难以保证覆盖全体公民。年老多病者、低收入者或者由于患病风险较高而被私人保险排除在外，也可能由于本人支付能力低下而难以获得基本医疗保障，医疗卫生服务公平性较差。尽管医疗卫生服务主要由公立医院承担，但是，政府只对医疗卫生服务进行适度调节，并不掌握医疗卫生服务资金来源的主渠道，从而使政府失去了控制卫生费用的主动权，医疗卫生服务费用过度上涨难以根治。

新加坡的家庭储蓄医疗就是向公立医院购买服务，是该国医疗卫生体制的主体部分，从而成为私人筹资、公立医院提供服务的市场型体制的典型代表。新加坡政府的卫生机构分为两级：一级是初级综合诊所，负责辖区内的医疗、预防保健、社会卫生等工作，经费的主要来源是政府补贴，也向患者收取少量费用，收费标准由卫生部统一规定；另一级是医院，接受综合诊所的转诊病人的治疗，只有经过基层转诊才能享受政府津贴。医院实行完全的成本核算，医院工作人员为政府雇员，拿固定的薪水，外加按门诊量给予的津贴。医生还可以到私人诊所看门诊以增加个人收入，当然，病人也可以选择医院。

2. 私人筹资，私立机构提供服务的完全市场型体制

发达国家只有美国等少数国家采用私人筹资、私立机构提供服务市场型方式。实行这一体制的国家医疗资金的筹集和医疗服务的提供都以自由市场为准则，在医疗保险市场中私立保险作为一种特殊商品，根据社会不同需求产生不同险种开展业务，遵循自愿参保原则，供求关系由市场调节。

私立保险的特点是自由、灵活、多样化，适应社会多种需求。医院和病床大多数属于私立，医生也大多服务于私立医院和诊所。医院服务的费用由病人直接支付或由私立保险机构支付，服务的价格通过市场竞争形成。医院的运营政府很

少干预，完全由市场调节，极大地调动了医院和医生的积极性，能比较好的满足病人的多层次需求。但是，由于医疗服务供需双方处在不对等的位置上，供方可以利用技术优势诱导需求，刺激消费，导致严重的市场失灵，使得医疗费用膨胀。

美国这种以自由医疗为主，按市场法则经营的以营利为目的的制度，是居民自愿参加，60％以上的医疗服务费用开支由居民直接支付，政府不干预，仅为特殊人群（退伍军人、老年人、残疾人、低收入者）提供医疗费用补助，没有全面的国家疾病保险的制度。这种体制明显体现贫富差距，把那些需要投保的健康条件差、收入低的居民拒之门外。这些人既没有参加医疗保险，也得不到其他医疗补贴，因此这种体制的公平性较差。另外，医疗费用上涨导致医疗普及范围受限，医疗质量得不到保障。

3. 政府筹资，公立机构提供服务的计划型体制

在这种体制下，政府既负责筹资又负责提供服务，医疗卫生服务的全过程主要是政府行为。医疗卫生经费的主要来源是政府税收，医疗服务活动带有国家垄断的性质，医疗卫生机构以公有制为主，政府负责提供公共卫生和预防服务，直接参与医疗卫生服务机构的管理和建设。根据内容由各级政府分别负责公共卫生和预防服务，住院服务由公立医院提供，政府对医院按计划给予预算补偿，医院的医生是国家公职人员，领取工资。医疗服务基本为免费或低收费服务，医疗社会保险可覆盖全体国民。主要通过政府计划调节医疗卫生资源配置、医疗服务价格等。这种管理体制的代表主要是欧洲的一些国家，如英国、瑞典和丹麦等。

瑞典的医疗保健管理体制主要有卫生与社会事务部和国家卫生与社会福利部两大权力机构。卫生与社会事务部是政府机构的一个部门，代表国家行使全国的医疗保健管理权利，主要负责制定医疗卫生业务的规划，协调全国的医疗保健系统计划。国家卫生与社会福利部是一个相对独立的管理机构，主要负责管理医疗保健、药物供应和社会福利，向内阁、议会提供有关制定计划的基础资料，监督和帮助县议会实施计划，监督对门诊病人和住院病人的医疗保健，监督医疗保健部门的业务工作，开展卫生情报工作。瑞典的医疗保健管理体制的特点是地方分权，即由各县议会负责为本县居民组织医疗机构，提供医疗服务。各市政当局分别承担本地区医疗保健服务、组织与管理及其他有关事项。

这种计划型医疗卫生体制，一方面，可以按政府的意志有力地调节医疗卫生服务供需状况，调整医疗卫生资源的配置方向，使资源覆盖全体国民，消除供方的不良经济刺激，从而提高医疗卫生服务的福利性和公平性，有效地控制医疗费用的上涨；另一方面，由于公有制和计划调节造成资源配置的效率低下，计划难以及时反映居民需求的变化，不能适应社会医疗保健需求不断增长的趋势，医院、医生服务积极性难以调动，居民就医难，供需之间存在矛盾，同时，纳税人

的负担较高，影响劳动者的积极性。

4. 政府筹资，私立医院提供服务，计划和市场相结合体制

在这种体制下，筹资方式、资源配置、宏观管理等方面实行计划调节，各级卫生行政部门根据医疗卫生服务需求制定卫生发展规划，并按规划配置医疗卫生资源，医疗费用主要来自政府税收。在卫生机构内部，其机构性质、人员编制、服务数量、类型和方式、经营策略等全部由机构根据市场行情自主决定。医疗服务供给体系以私立机构为主，卫生技术人员大多不属于国家公职人员。国家在宏观上通过经济补偿手段控制医院业务量，规定医院的发展速度和方向，以保障医疗卫生服务的公平性、可及性，控制医疗费用的过度上涨；在微观上放开，通过预算安排、审批程序和自主管理，给医疗卫生服务机构经营自主权，从而可提高医疗卫生资源配置和医疗卫生服务供给的效率。通过计划和市场两种调节手段相结合，实现医疗卫生资源的合理配置。加拿大的全民健康保险制度是这种卫生管理体制的典型代表。

5. 社会筹资、私立机构或医生提供服务，市场和计划相结合体制

在这种体制下，医疗保险体系由社会健康保险体系和商业健康保险体系构成。这种体制的特点是：第一，政府不直接管理，只制定强有力的法律框架，并通过某个主管部门进行宏观调控；第二，在政府法律框架内，各机构有自主权：医疗保险部门由许多相对独立的公共机构组成，负责筹集和管理资金、支付费用，医疗保险基金社会统筹、互助共济，主要由雇员、雇主以工资税的形式缴纳，政府酌情补贴；卫生部门负责提供医疗服务，无论公立、私立医院都自主经营；第三，服务由市场调节，公共筹资向私人机构购买服务，由市场来调节医疗卫生服务的供给，医、保双方各自独立，互相协商，通过签订合同、执行合同规定的服务内容及支付办法发生经济关系，保障受益人的健康。这种模式一般出现在社会医疗保险实施之前私人医疗服务市场就已相当发达的老的工业化国家，主要是欧洲国家，如德国、法国、荷兰等。

这种体制的典型代表是德国。在德国，医疗保险基金是以社会集资为主，国家仅提供较少的财政补贴，这样可以避免出现医疗费用浪费的现象。但是，在实际操作中，也存在着对疾病预防工作的忽视、医疗保险基金短缺等问题。医疗保险的承办机构为医疗保险基金会。基金会通常按行政区划和行业组织。各种形式的基金会都是自治的管理团体，原则是维护投保人的权益。各医疗保险基金会由被保险人选出的代表组成代表大会，决定医疗保险章程、保险范围和保险费用的支付办法，并选举产生主持基金会日常工作的常务委员会。各医疗保险基金会还分别组成联邦和州医疗保险基金联合会。参加法定医疗保险者患病后可根据自己的病症和客观医疗条件选择就医单位（包括地方政府开设的医院和私人诊所）。

这种体制的优点是：①国家医疗保险制度同市场经济有机结合，公共筹资能保证社会公平，私人医疗机构根据市场调节提供医疗卫生服务能提高效率，可以调动社会各方面的财力，使高质量的医疗卫生服务有保证，为不同人群提供了更多选择，实现社会收入的再分配，既保证社会稳定，又促进经济发展；②保险和服务机构职责分明、独立核算、双方相互制约，有利于卫生资源合理有效的利用；③病人可以自由选择医院，对服务质量满意度较高。但是实行这种模式，需要有相当发达的医疗服务市场；需要有比较完善的支付制度；同时，还需要有政府较强的监督和调控。否则，医疗市场不发达，作为市场主体的医疗保险方和医疗服务提供方买卖双方不健全，这种模式无法实行，所以目前发展中国家还较少采用这种模式。或者，虽然医疗市场发达，但支付制度不合理，再加政府干预不力，可能导致忽视预防工作，缺乏对医疗卫生质量的管理、医疗卫生服务的费用上涨较快等问题。

二、我国原有的公费医疗和劳保医疗制度及其政策

中国原有的职工医疗保障制度是在20世纪50年代初期建立起来的。国家机关、事业单位实行公费医疗制度，其工作人员的诊疗、药品、住院费用全部由国家财政拨款支付，是一种免费医疗制度。国有企业单位实行劳保医疗制度，职工诊疗、药品、住院费用全部由企业支付，职工无收入的直系亲属还可以享受半费医疗的福利。这种公费、劳保医疗制度虽在一定程度上保障职工身体健康，但也存在着弊端。一是国家和单位对职工医疗费用包揽过多，职工不负担或负担很少的医疗费用，缺乏自我保障意识，财政和企业不堪重负。二是对医患双方缺乏有效的制约机制，医疗费用增长过快，浪费严重。三是医疗保障以单位自我保障为主，职工医疗费用社会互济程度低，新老企业之间、不同行业之间，职工医疗待遇很不均衡，影响了劳动力的流动和统一的劳动力市场的形成，也使许多经济不发达地区和效益差的企业职工基本医疗待遇得不到保障。四是医疗保障的覆盖面窄，改革开放以后发展起来的外商投资企业、股份制企业、私营企业及职工和个体工商户，基本没有纳入社会医疗保障范围。

针对这些问题，20世纪80年代以来，中国各地开始探索医疗费用与个人利益挂钩、医疗费用定额管理和大病医疗费用社会统筹等改革办法。1993年中国政府提出了建立社会统筹和个人账户相结合的社会医疗保险制度，并先后在40多个城市进行医疗保险制度改革试点。1998年12月，国务院发布了《关于建立城镇职工基本医疗保险制度的决定》。决定从1999年初开始在全国范围内进行城镇职工医疗保险制度改革，基本建立城镇职工基本医疗保险制度，以取代原有的公费医疗和劳保医疗制度。

三、我国新医疗保险制度的基本结构

建立新的医疗保险制度所遵循的基本原则是：基本保障、广泛覆盖、双方负担、统账结合。“基本保障”即基本医疗保险的水平要和中国目前的生产力发展水平相适应，筹资水平要根据财政和企业的实际承受能力确定；“广泛覆盖”是指基本医疗保险制度覆盖城镇所有用人单位和职工；“双方负担”即改变过去职工医疗费由国家和企业包揽的状况，实行基本医疗保险费用由单位和个人共同合理负担；“统账结合”即分别建立医疗保险统筹基金和个人账户，统筹基金主要支付大额医疗费用，个人账户主要支付小额医疗费用。新医疗保险制度的政策要点是：

（1）城镇各类企业（国有企业、集体企业、外商投资企业、私营企业等）、国家机关、事业单位、社会团体、民办非企业单位及其职工都要参加基本医疗保险；乡镇企业及其职工、城镇个体经济组织业主及其从业人员是否参加基本医疗保险，由各省（区、市）人民政府决定。

（2）基本医疗保险原则上以地级以上行政区为统筹单位。对少数地级行政区内，县（市）经济发展水平和医疗消费水平差异较大的，也可以实行县（市）级统筹。中央、省属单位按属地管理原则参加所在统筹地区的基本医疗保险。

（3）基本医疗保险费由用人单位和职工共同缴纳。用人单位缴费比例为职工工资总额的6%左右，职工个人缴费比例一般为本人工资收入的2%。用人单位和个人缴费率随经济的发展作相应调整。

（4）建立基本医疗保险统筹基金和个人账户，个人缴费全部划入个人账户，单位缴费的30%左右划入个人账户，其余部分建立统筹基金。个人账户为职工本人所有，用于支付本人的医疗费用，可以结转使用和继承。

（5）统筹基金和个人账户的支付范围分开，个人账户主要支付本人门诊或小额医疗费用，统筹基金主要支付住院或大额医疗费用。对统筹基金的支付规定了起付标准（按当地职工年平均工资的10%左右确定）和最高支付限额（按当地职工年平均工资的4倍左右确定），起付标准之下的医疗费用由个人和个人账户自付；起付标准以上、最高支付限额以下的医疗费用，主要从统筹基金支付，个人也要负担一定比例，具体的负担比例由各地区自行确定，不同等级的医院个人自付比例有差异。最高支付限额之上的医疗费用通过商业保险等途径解决。

（6）通过制定基本医疗保险药品目录、诊疗项目和医疗服务设施标准，规定基本医疗保险用药、诊疗项目和医疗服务设施范围及其给付标准。对提供基本医疗保险服务的医院和药店实行定点管理，由劳动保障行政部门认定定点医疗机构和定点零售药店资格，社会保险机构依据参保人员的选择确定定点医疗机构和定点零售药店。制定基本医疗保险费用结算办法。

(7) 退休人员个人不缴纳医疗保险费，并在个人账户计入金额和个人自付医疗费的比例上给予适当照顾；对国家公务员实行医疗补助；在特定行业建立企业补充医疗保险。

社会基本医疗保险的好处：可以扩大医疗保险的覆盖率；增强医疗保险基金抵御风险的能力；有利于医疗保险的管理；执行当地统一的政策和标准。

四、医疗保险制度管理体制的发展趋势

各国社会医疗保险制度的管理体制，都是在不同历史条件下，适应不同国情逐步形成的。各种管理模式都有自己的优缺点，因而都不是一成不变的。随着医疗保险制度的发展，医疗服务系统出现多元化，一些国家对原有管理体制的弊病进行了一些改革。纵观世界各国，社会医疗保险管理体制的发展呈现如下趋势：第一，医疗保险逐步从其他社会保险中独立出来，成为统一的医疗保险制度。医疗保险是社会保险系统的一个子系统，其现收现支的财务方式和医疗给付补偿形式与工伤、养老、失业等社会保险明显不同，具有特殊性和复杂性，绝大多数国家都倾向于或已经将它作为一项独立的计划；第二，政府调控下医疗保险部门同卫生部门分工合作的模式，在实行社会医疗保险的老的工业化国家中基本没变，在发展中国家有所增加；第三，政府筹资，公立机构提供服务的计划型体制在许多国家得到发展。医疗卫生机构以公有制为主，政府负责提供公共卫生和预防服务，直接参与医疗卫生服务机构的管理和建设。医疗服务基本为免费或低收费服务，医疗社会保险可覆盖全体国民。英国、加拿大等国通过卫生部主管的国家医疗保险制度，不仅受到本国人民的普遍支持和赞许，也得到国际社会公认，加拿大模式一度成为许多美国人热衷效仿的典范。总之，社会医疗保险管理体制，正朝着计划和市场相结合，政府调控与医疗保险机构和卫生部门分工合作相结合模式及卫生部主管模式发展，为民众提供更好的医疗卫生服务。

第四节　我国医疗保险管理的实务

一、社会医疗保险的享受条件和保障项目

1. 医疗保险的享受条件

医疗保险的给付，是指被保险人遭遇疾病风险后，医疗保险机构按事先规定的条件和待遇标准，向被保险人提供医疗服务或为其报销医疗费用。与养老、失业、工伤等保险项目相比，社会医疗保险给付条件一般较宽，它没有年龄和缴费

时间的限制。但这并不是说，社会医疗保险属于无条件给付。享受社会医疗保险仍然必须符合或满足一定的条件，这些条件包括享受医疗保险待遇的一般资格条件和具体给付条件。

（1）一般资格条件。就实行投保机制社会保险的国家来说，劳动者必须按章定期缴纳保险费，否则无资格享受社会医疗保险待遇。

（2）享受社会医疗保险待遇的具体给付条件。享受社会医疗保险待遇的具体给付条件是被保险人获得医疗服务给付的资格，履行必要的手续及遵守相关的规章制度，如凭证医疗、定点就医、逐级转诊等。被保险人生病时，只有符合事先规定的给付条件，才能获得社会医疗保险的医疗给付。

2. 社会医疗保险给付的项目

（1）医疗服务。

医疗服务包括门诊、检查、医治、整容、住院等各种医疗护理服务。它是医疗保险的主要内容。这种服务的特点是，只收很低的费用或免收费用，然后依病情进行诊治，而不管医疗服务费用多少，直至治愈。医疗服务大体上可以分为以下几项：

医疗诊疗服务。医疗诊疗服务一般包括住院服务、通科医师服务、专科医师服务、治疗性服务、医疗技术服务（如X射线、化验等）、视力检查和配镜、救护车服务、护理服务、康复服务等。例如，我国医疗社会保险提供的诊疗服务是基本医疗服务，提供临床诊疗必需、安全有效、费用适宜的诊疗项目。这些诊疗服务是由物价管理部门制定收费标准，一般是由定点医院提供规定的服务范围内的诊疗项目。

基本医疗保险不予支付费用的诊疗项目主要是一些非临床诊疗必需的、效果不确定的诊疗项目以及属于特需医疗服务的诊疗项目，包括以下五类：第一，特殊服务类。主要包括挂号费、院外会诊费、病历工本费、出诊费、检查治疗加急费、点名手术附加费、优质优价费、自请特别护士等特需医疗服务。第二，非疾病治疗项目类。各种美容、健美项目以及非功能性整容、矫形手术等，各种减肥、增胖、增高项目，各种健康体检；各种预防、保健性的诊疗项目，各种医疗咨询、医疗鉴定。第三，诊疗设备和医用材料类。应用正电子发射断层扫描装置（PET）、电子束CT、眼科、义齿、义眼、义肢、助听器等康复性器具；各种自用的保健、按摩、检查和治疗器械等。第四，治疗项目类。各类器官或组织移植的器官源或组织源，除肾脏、角膜、皮肤、血管、骨、骨髓等移植以外的其他器官或组织移植，近视眼矫形术，气功疗法、音乐疗法、保健性的营养疗法、磁疗等辅助性项目。第五，其他。各种不孕症、性功能障碍的诊疗项目，各种科研性、临床验证性的诊疗项目。

基本医疗保险支付部分费用的诊疗项目包括以下三类：第一，诊疗设备和医用材料类。核磁共振成像装置（MRI）、单光子发射电子计算机扫描装置（SPECT）、彩色多普勒仪、医疗直线加速器等大型医疗设备进行检查、治疗项目；体外震波碎石与高压氧治疗；心脏起搏器、人工关节、人工晶体；血管支架等体内置换的人工器官、体内置放材料；各省物价部门规定的可单独收费的一次性医用材料。第二，治疗项目类。血液透析、腹膜透析；肾脏、心脏瓣膜、角膜、皮肤、血管、骨、骨髓移植；心脏激光打孔、抗肿瘤细胞免疫疗法和快中子治疗项目。第三，其他。各省劳动保障部门规定的价格昂贵的医疗仪器与设备的检查、治疗项目和医用材料[①]。

基本医疗保险给予报销的项目。除了不予支付医疗费用和部分支付医疗费用的诊疗技术服务项目以外，其他诊疗项目纳入基本医疗保险支付的范围。

预防保健服务。预防保健服务一般包括牙科保健、妇女产前、产中、产后保健，计划免疫，健康体检，精神卫生等。在国外，预防保健服务也属于社会医疗保险服务的范畴。在我国，预防保健大多不属于基本医疗保险服务的范畴。

医疗药品费用。医疗药品一般包括药品费和医生处方费。我国《城镇职工基本医疗保险用药范围管理暂行办法》规定，纳入《药品目录》的药品，应该是临床必需、安全有效、价格合理、使用方便、市场能保证供应的药品，并具备下列条件之一：第一，《中华人民共和国药典》（现行版）收载的药品；第二，符合国家药品监督管理部门颁发标准的药品；第三，国家药品监督管理部门批准正式进口的药品。

医疗生活设施。主要是指与医疗技术活动非直接相关的辅助性医疗设施，如就诊环境、病房条件等。我国基本医疗设施以综合医院的普通病房的平均床位费为标准，此标准及其以下的床位费用纳入基本医疗保险基金的支付范围，高出该床位标准的差额部分，基本医疗保险基金不予支付。专科医院的床位费标准比照综合医院平均床位费标准适当调整，超过标准的费用职工自理。

（2）疾病津贴。

疾病津贴是被保险人因患病而暂时失去生活来源时，从社会保险机构获得的保障其基本生活的现金补偿，这是社会医疗保险待遇中的重要组成部分。在我国，劳动者患病的疾病津贴是由企业支付的，社会医疗保险基金不支付疾病津贴。

第一，疾病津贴的给付水平。确定疾病津贴的给付水平，需要研究疾病的发病率（或患病率），这是确定医疗社会保险费用支出的重要依据。患病率是指某一时期职工患病的人数占职工总数的比率。患病率不仅是研究慢性病、职业病发生情况的常用指标，也是确定医疗费用开支、确定疾病津贴给付水平的重要指

---

① 刘钧．社会保障理论与实务．北京：清华大学出版社，2005.198

标。一般来说，患病率高，疾病津贴的给付水平就低；反之，疾病津贴的给付水平就高。

第二，疾病津贴的给付方式和给付期。疾病津贴的给付主要有两种方式：一是均等给付制，即按统一的标准给付而不考虑被保险人的工资水平的高低。这种给付方式只在爱尔兰等少数国家实行。另一种是薪资比例制，即以被保险人患病前的工资水平为基础，按一定的百分比计发。这种给付方式的特点：一是在患病初期，给付比例往往比较高，大多规定为工资的 100%；二是在给付期内，随着时间的延长，给付比例会逐步降低；三是给付比例往往与工龄长度有关，与劳动贡献挂钩。

疾病津贴的给付是有时限的。在大多数国家，被保险人因病失去劳动能力 3 天以上才能领取疾病津贴。这样规定的理由是，因大多数人易患短期疾病，这类疾病对被保险人造成的收入损失不大。如果对大量的短期疾病患者支付津贴，这意味着要支付一笔庞大的开支。所以，规定适当的等待期可以减少疾病津贴的开支。国际劳工组织建议等待期不超过 3 天。疾病津贴也不能无限期的给付。国际劳工组织 1952 年通过的《社会保障公约》建议每次患病的疾病津贴给付最长为 26 周；如果社会医疗保险给付期满后，仍未痊愈，则由医疗救助提供相关的保障。目前，我国医疗津贴的给付期是 6 个月，超过 6 个月的由社会救助制度提供保障。

（3）被抚养家属医疗服务。

在实行医疗保险的国家除向患病的被保险人提供医疗服务外，一般还向被保险人所抚养的家属（一般为直系亲属）提供优惠的医疗服务。

（4）被抚养家属现金补助。

劳动者患病以后，依赖其生活的配偶和未成年子女也会受到影响。为保证他们的基本生活，除了向患者给付津贴以外，还向患病者供养的直系亲属给付一定数额的现金补助。家属补助给付一般要低于疾病津贴。

（5）疾病医疗期（病假）。

疾病医疗期俗称病假，也是医疗保险待遇的一种项目，是指被保险人因患病需要停止工作、治疗休息、恢复体力、调整身体机能所必需的假期。疾病医疗期也是企业、单位不得解除或者终止劳动合同的时限，在此期间劳动者可领取疾病津贴和享受医疗服务。我国劳动者的疾病医疗期是根据劳动者本人实际工作年限和在本单位工作年限确定的。职工患病超过医疗津贴给付期的，由社会救助制度提供保障。

二、医疗保险基金的给付

社会医疗保险基金给付是指社会保险机构根据相关规定补偿投保人因疾病发

生的医疗费用。医疗保险给付是社会医疗保险的重要环节，具有影响社会医疗保险政策，维持医疗保险基金平衡，配置卫生资源，控制投保者医疗行为，调节医疗服务机构的行为等重大作用。

按照现行社会医疗保险给付情况，参与医疗保险给付过程的主体有两类：社会医疗保险投保人和社会医疗保险机构。据此，可把医疗保险基金的给付分为两个方面，即社会医疗保险投保人的费用支付和社会医疗保险机构的费用支付。

1. 社会医疗保险投保人的费用支付方式

这是指社会医疗保险投保人的费用分担方式。医疗社会保险费用分担，实质是参加医疗保险的个人，按一定的额度或比例分担医疗保险费用的制度安排。实行医疗保险费用分担是为了防止个人在免费医疗情况下接受过度的医疗服务，以防止出现道德风险，并控制医疗费用的过快增长。目前，世界各国家大多采用了医疗保险费用分担制度，只是分担的方式有所不同。

（1）定额自付。定额自付是指参加社会医疗保险的个人每得到一次门诊或住院服务，都自付一定数额的医疗费用。一般来说，这种分担方式适用于按人头付费和定额付费结算的国家。例如，日本医疗保险经办机构按规定的额度支付给医院或医生的医疗费用中，其中一部分是个人按定额自付的。这种定额支付的优点是比较容易管理，缺点是诱发医疗机构或医生延长治疗次数。

（2）扣除法。扣除法是指社会医疗保险机构只支付规定的医疗保险起付线以上的医疗费用的支付方式，又称起付线方式。由社会医疗保险机构规定一个最低起付线，低于起付线的医疗费用由投保人支付，或投保人及其单位共同支付。例如，我国社会医疗保险就采用了扣除法的支付方式。根据《国务院关于建立城镇职工医疗保险制度的决定》，社会统筹基金的起付标准确定为当地职工年平均工资的10%左右。实行这种支付方式可以减少大量的小额支付手续处理和管理成本，也有利于提高投保人的费用意识，节约社会医疗保险基金，对保障高费用疾病的治疗具有积极意义。

（3）共付方式。共付方式是指社会医疗保险机构和投保人共同支付医疗费用的一种支付方式，又称为比例自付。在这种方式中，首先规定社会医疗保险机构与投保人支付医疗费用的比例，不论费用高低，保险机构和投保人都必须按照这个比例支付相应的医疗费用。社会医疗保险机构和投保人医疗费用支付比例的确定有两种方式，一是确定一个固定的比例，二是确定一个动态的比例体系，即把医疗费用分成数段，在不同的费用段中确定不同的比例。例如，法国社会医疗保险的自付比例较高，一般来说，患者承担30%的医生服务费用，25%的诊断费用，20%的医治费用，非重病患者承担35%～65%的药费，安定药100%自费，但是，长期患者、慢性病患者不承担付费比例。在法国，整个社会医疗保险费中，个人需要负担的比率平均为1/3左右。在我国，社会统筹医疗保险也要求个人自付基本医疗费用的10%～20%；享受特殊检查、特殊治疗和特殊用药等医疗服务的参保人提高自付比例①。共付方式把投保人纳入社会医疗保险基金的风险之中，让投保人与保险机构共同承担社会医疗保险的费用，对提高投保人的费用意识，减少社会医疗保险的道德风险具有重大作用。

(4) 限额方式。限额方式是指社会保险机构根据国家政策设立最高支付限额，超过这一限额的医疗费用由病人自己负担，保险机构不予支付的费用分担方式。这个最高支付限额是社会医疗保险机构支付的“封顶线”。规定限额的主要依据可以是支付金额，如规定在某个金额范围内给予支付等；也可以是时间，如规定服务的持续时间等；还可以是服务项目，如规定某个服务项目在一定时间内进行的次数等。例如，我国政府规定，社会医疗保险的最高支付限额确定为当地年平均工资的4倍左右。这种付费方式体现了社会医疗保险基本医疗的原则，对于保障多数人的医疗费用，提高人们卫生保健意识，预防大病的发生，控制人们对医疗服务机构的过度利用具有积极意义。但是，限额支付需要补充医疗保险或医疗救助等制度安排来保障重大疾病患者的医疗费用，限额医疗保险更迫切需要社会保障制度的衔接和完善。

2. 社会医疗保险机构的费用支付方式

医疗保险费用的结算是医保关系中最重要、最核心的问题。医疗保险费用采用的结算方式，直接影响医疗机构的医疗行为和医疗社会保险经办机构的管理行为。医疗保险费用的结算方式，以支付时间为依据，总体上可分为两类：后付制和预付制。预付制是指医疗保险机构根据一定标准，在医疗服务发生前向投保人支付费用的支付方式，包括按服务单元付费、按总额付费、按人头付费和按疾病种类付费的方式。后付制是指在医疗服务发生后，社会医疗保险机构根据实际发生的医疗费用向医疗服务机构或患者支付医疗保险费用的支付方式，主要包括按服务项目付费等方式。

(1) 按服务项目付费。按服务项目付费是社会医疗保险机构在医疗服务机构提供的服务项目完成后做出的费用补偿方法，是社会医疗保险中传统的、运用最广泛的一种费用支付方式。具体而言，这种支付方式是由医疗服务机构先向患者提供服务，社会医疗保险机构根据医疗服务机构提供的各种记录和收费账单，向医疗服务机构支付医疗费用，或由患者先支付医疗费用，再由社会保险机构向患者提供部分或全部补偿。目前，我国社会医疗保险大多采用这种付费方式。这种付费方式的优点是符合人们日常行为方式，实际操作方便，适用范围较广；缺点是由于医院的收入同提供医疗服务的项目相关，因而有提供过度服务的动因，医疗费用难以控制。社会医疗保险机构为了控制医疗费用的过度支出，必然要介

---

① 刘钧．社会保障理论与实务．北京：清华大学出版社，2005.209

入、规范医疗机构的行为，但是，监管、审查和行政管理的成本较高。这种按服务项目付费的方式也是导致医疗费用过快增长的原因之一。

（2）按服务单元付费。按服务单元付费是指在一个特定的参数下，将医疗服务过程划分为相同的服务单元，医疗保险机构按服务单元向医疗服务机构付费。就医疗服务机构提供的服务而言，不仅可以划分出不同的项目，而且可以将医疗服务过程在分类的基础上划分为单元，如在分类方面，可以将医疗服务分为门诊和住院两类，确定门诊服务的平均费用，确定住院服务的平均日及日平均费用，按此标准进行付费。

（3）按人头付费。按人头付费是指社会医疗保险机构按照医疗服务机构服务是人数及收费标准，在合同规定的时间内，预先支付给医疗服务机构费用的支付方式。在此期间，医疗服务机构负责提供合同规定的一切医疗服务，不再另行收费。按人头付费是一定时期一定人数的医疗费用包干制。医疗服务机构服务的患者越多，收入就越多；反之，收入就越少。这种结算方式有利于鼓励医疗机构和医生以较低的医疗费用为更多的人提供服务，鼓励医疗资源流向预防服务。例如，荷兰是社会医疗保险就采取按人头付费的方式。这种付费方式的优点是可以节省医疗费用，可以抑制医疗费用的过度增长；缺点是可能会出现医疗服务机构为节省医疗费用而减少服务或降低服务质量的问题。

（4）按总额预算付费 。总额预算付费制是指医疗社会保险机构或政府根据往年实际发生的医疗费用，参照参加保险人数的变动、人口老龄化、疾病普遍化、通货膨胀、医药科技进步等方面的情况，通过预先和医疗服务机构协商，确定年度支付总额，根据“节余留用，超支不补”的原则支付给医疗服务机构。这种方式具有消除医疗服务机构过度提供医疗服务的机制，对于合理安排卫生资源，降低管理成本具有积极意义。但这种方式也可能带来医疗服务不足和医疗服务质量下降等方面的问题，而且，要确定年度预算总额很困难。

（5）按病种付费。按病种付费是根据国际疾病分类法，将疾病分为不同的组和级别，确定每组不同级别的服务价格标准，保险机构根据不同组和级别的价格标准向医疗服务机构支付费用。简单地说，就是按照患者的病种进行定额付费。这种付费方式的特点是，社会医疗保险机构支付给每一个患者的费用只与诊断的病情有关，而与服务的质量和每一个患者的实际治疗费用无关。这种结算方式可以激励医院为获得利润而主动降低成本，缩短平均住院日，有利于控制医疗费用的过快上涨。其缺点是当诊断的界限不明时，容易诱使医生诊断升级，以获得较多的费用支出，诱使病人住院手术。另外，对疾病进行分类需要做大量的工作，建立在疾病分类基础上支付方式也存在监管复杂、难度大、成本高等方面的不足。

第五节　参保的基本流程

由于我国医疗社会保险的参保流程没有统一的规定，各省市的做法不尽相同，下面就以北京为代表介绍基本医疗保险的参保流程以及医疗费用报销比例。

一、基本医疗保险登记

凡参加基本医疗保险的用人单位，需到区县社会保险基金管理中心（以下简称区县社保中心）办理基本医疗保险登记手续。

用人单位需按规定填写《社会保险登记表》和《社会保险补充登记表》；并录入由社会保险经办机构发放的“信息采集软件”。在办理参保手续时，将单位基本信息导入软盘连同纸介一并上报参保地社会保险经办机构，由区县社保中心为其建立单位基本信息库。

二、个人基本信息采集

初次参保人员需填写《参加社会保险人员情况登记表》，用人单位对参保人员填写的《参加社会保险人员情况登记表》，内容审核后，将其准确无误录入“信息采集软件”，打印“信息采集表”交参保人员或委托人签字确认。用人单位在办理参保手续时，将个人基本信息导入软盘连同由个人签字的纸介，一并上报参保地社会保险经办机构，由区县社保中心为其建立个人基本信息库。

三、缴费工资基数核定

每年一季度，参保单位应根据本单位职工上一年月平均工资如实申报缴费工资基数，并将基数核定信息导入软盘并打印《基本医疗保险缴费工资基数核定表》。同时携带《社会保险登记证》、《劳动情况表》，到区县社保中心办理缴费工资基数核定手续。

四、基金收缴

每月 1 日，区县社保中心根据医保信息库中的时点人数，生成用人单位当月实际应缴纳的基本医疗保险缴费数额。每月 2 日起，区县社保中心委托银行代为扣缴，用人单位也可以用支票和现金缴纳。

五、个人账户

区县社保中心在用人单位缴纳的基本医疗保险费足额收缴到账后，于当月20日通过医保系统进行个人账户分配。常住本市的参保人员，由区县社保中心于每月20日以后将应分配的个人账户金划入个人医保专用存折；易地安置退休人员和长期驻外人员可选择通过邮寄或邮政储蓄的方式，由区县社保中心将个人账户金每隔3个月，邮寄至本人居住地或存入本人的邮政储蓄卡。

六、人员增减

对参加了基本医疗保险的用人单位，当发生人员调入、调出、退休、死亡等增加或减少情况时，用人单位应在每月2日至月末期间，由单位专管人员持《社会保险登记证》、《基本医疗保险参保人员增加表》或《基本医疗保险参保人员减少表》，到区县社保中心办理人员增、减手续。对未参加过基本医疗保险的人员，按新参保人员办理手续。

七、补缴与退费

用人单位办理补缴与退费手续时，应持《社会保险登记证》、《基本医疗保险基金补缴情况表》或《基本医疗保险基金退费情况表》，以及有关补缴与退费情况的说明。

八、退休人员不足缴费年限补缴

对办理了养老保险退休手续且享受按月领取养老金的参保人员，用人单位应于办理养老退休手续的当月，到参保地区县社保中心办理基本医疗保险在职转退休手续。经有关部门认定的累计缴费年限男不满25年、女不满20年，但符合补缴条件且本人愿意补缴的，由区县社保中心为其办理补缴手续。

办理在职转退休人员补缴手续时需提供以下材料：①《基本医疗保险参保人员减少表》；②《退休人员审批表》；③《基本医疗保险视同缴费年限认定审批表》；④其他相关证明材料；⑤需补缴医疗保险费的，还应填写《基本医疗保险补缴情况表》。

九、单位跨区转移

用人单位因工作地迁址等原因，需在本市行政区域内进行跨区县单位整体转移基本医疗保险关系的，用人单位需持《社会保险登记证》以及有关市内迁址的证明等相关材料，到参保地区县社保中心办理转移医疗保险关系手续。经区县社保中心审核确认，凡不欠费的用人单位，区县社保中心为其办理单位跨区转移业务。

十、参保职工医疗费用报销比例

一个年度内门、急诊：在职职工费用累计超过2000元的部分资金支付50%；70岁以下退休职工费用累计超过1500元的部分资金支付60%；70岁以上退休职工费用累计超过1500元的部分资金支付70%，但累计最高数额都为2万元。

一个年度内住院医疗费用：超过基本医疗保险统筹基金最高支付限额的住院医疗费用（同前），资金支付70%，但累计最高数额为10万元，见表5-1。

表5-1 参保职工医疗费用报销比例

名称	基本医疗保险（在职职工，三级医院，住院一次）				
	医疗费用发生额/元	支付比例/%	最高报销数额/元	自付比例/%	自付数额/元
门急诊	0～2 000	0	0	100	2 000
	2 000～42 000	50	20 000	50	20 000
	小计		20 000		22 000
住院	0～1300	0	0	100	1 300
	1 300～10 000	85	7 395	15	1 305
	10 000～30 000	85	17 000	15	3 000
	30 000～40 000	90	9 000	10	1 000
	40 000～78 531.58	95	36 605	5	1 926.58
	小计		70 000		8 531.58
住院大额互助医疗	78 531.58～221 388.72	70	100 000	30	42 857.14
合计	263 388.72		190 000		73 388.72

➢本章小结

健康是人们追求的目标，但疾病与健康是人类社会发展史中一对始终存在的矛盾。疾病发生后会给人们的生活带来困难、损失和不幸，因而称其为疾病风险。疾病风险可以分为狭义和广义两个层次。狭义的疾病风险指由于人体所患疾病导致的风险；广义的疾病风险指除了疾病所导致的风险之外，还包括生育以及意外伤害等方面所引起的风险。

为了最大限度地减轻疾病风险给人们带来的伤害，自 1883 年德国推行医疗社会保险以来，世界上许多国家相继建立了医疗社会保险制度。医疗社会保险制度是指人们因患病、负伤、生育等需要医疗费用时，由国家或企业向其提供必需的医疗服务或经济补偿的制度。在具体的实施过程中，因为各个国家的历史文化背景不同，社会经济状况不同，医疗社会保险制度有不同的模式。各国政府都把实施医疗社会保险作为一项基本的社会保障和现代国家的卫生保健通行制度，有政府组织实施，是公民享有的一项基本权利。

本章主要介绍医疗保险的基本理论、医疗保险模式比较、医疗保险管理体制以及我国医疗保险管理的实务。

➢关键术语

疾病风险　医疗保险　医疗保险模式　医疗保险的待遇给付　合作医疗

➢案例　医保卡里的黑洞

CCTV. com 消息（“焦点访谈”）：在江苏省盐城市第四人民医院城中分部，基本医疗保险的参保人员不仅可以用医保卡买到药，还可以买到清洁剂、食用油、洗衣粉等各种生活用品。

1998 年，我国启动了医疗保险制度。参保单位和个人将医保费用交到医保中心。这样，参保人员到医保定点医院看门诊时，就可以不用花钱，直接刷医保卡就可以了。之后，医保中心再将相应的医药费用转给医院。

采访中记者了解到，在盐城第四人民医院城中分部，参保人员拿着医生给的空白处方单和缴费单，就可以领走生活用品。等到城中分部把生活用品卖出去之后，再将这些生活用品名目换成医保范围内的中草药和诊疗费，报到医保中心套取医保基金。市场零售价为 10 元左右的生活用品，在城中分部要卖到 26.5 元。这样，医院又可以从中多套取 10 多元的医保基金。

据盐城市医保中心查明，从2004年7月到2005年5月，盐城四院城中分部通过违规划卡销售牛奶、色拉油、祛斑霜等14种生活用品5万元。此外，盐城第四人民医院城中分部还存在着别的骗保行为。据调查，仅在2004年5月到12月，这家医院通过“挂床住院”等假住院方式，与20名参保人一起套取了7.8万元医保基金。

目前，这起用医保卡套取医保基金的违规事件已经被查处。但对于“挂床住院”这一违规现象，盐城第四人民医院一直没有进行相应调查处理。

【讨论题】

1. 本案例说明了什么问题？
2. 怎样才能解决本案例中出现的问题？

复习思考题

1. 试述疾病风险的特点和医疗保险制度的定义。
2. 试述医疗保险制度的原则和目标。
3. 试比较社会医疗保险模式。
4. 医疗保险管理体制的类型有哪些？
5. 试述医疗保险待遇给付的条件和项目。
6. 简述我国医疗保险制度的改革与发展。

第六章

失业保险

市场经济条件下失业是客观存在的社会现象，已被人们普遍承认，但通过研究失业的类型、失业程度的衡量、失业保险的产生和发展的规律、失业保险的含义和特点、失业保险制度的类型、失业调控和就业服务等内容，并采取解决失业问题的相应对策，仍然是社会和谐发展的现实选择。

第一节 失业

失业是工业化的必然产物。在市场经济体制下，由于经济周期性波动和社会经济结构性调整等原因，社会难以实现对劳动力的均衡配置，因此失业成为一种正常的和经常产生的经济现象，同时也带来一系列的社会问题，是各国政府劳动力政策关注的焦点。长期以来，各国采取各种措施增加就业机会，降低失业率，制定各种社会保障制度来保障失业者及其家庭的基本生活，提高其再就业的能力。失业保险制度是政府稳定经济、稳定社会的现实选择，已成为保障劳动者及其家庭抵御失业风险的重要制度保证。

一、失业的概念

失业是与就业相对应而存在的概念。按照国际劳工组织的定义，就业是一定年龄阶段内的人们从事的获得报酬或赚取利润的活动。与就业相对，失业是指在劳动年龄内，有劳动能力并愿意工作的劳动力找不到工作或丧失就业岗位的社会现象，是对劳动力资源的一种浪费。1988 年国际劳工组织通过的 168 号公约即《促进就业和失业保险公约》，给失业下的定义是："能够工作、可以工作，并且确实在寻找工作，而不能得到适当职业，致使没有工资收入的人。"根据这一定义，失业者必须满足三个基本条件：有劳动能力、无工作、有就业的愿望并且在积极寻找工作。

失业的定义有广义和狭义之分。狭义的失业指的是劳动者劳动过程的中断，它是指已经就业而被解雇，并且正在等待或寻找新的就业机会的一种社会现象。广义的失业既包括劳动者劳动过程的中断，也包括达到劳动年龄的社会成员未能找到工作。国际上一般是从广义的视角来理解失业的。

二、失业的类型

在国际上，根据不同的标准将失业划分为不同的类型。按照造成失业的原因是主观还是客观的来划分，失业可以分为自愿性失业和非自愿性失业两种类型。自愿性失业是指劳动者不愿意在现行的市场工资率下工作，自行提出离开工作岗位而导致的失业。非自愿性失业是指在市场经济条件下，劳动者愿意接受现行的工资率却找不到工作，由于社会客观经济原因而造成的失业。按照导致失业的客观原因的不同，失业又可分为摩擦性失业、周期性失业、季节性失业、技术性失业和结构性失业五种。

1. 摩擦性失业

在市场经济中，由于劳动力市场运转不完善而出现的失业。人们在各地区之间、各种工作职位之间不停地变动，或者正在跨越生命周期中的不同阶段。摩擦性失业产生的主要原因有：第一，劳动力市场的波动，即在市场经济中，一些因素（如新技术的采用、新行业的产品、某种职业劳动力供求的变化、劳动力的自由择业等）使得一部分劳动力经常处于失业与就业的不断交织之中；第二，信息不对称，失业者由于缺乏与就业有关的信息或一时难以找到本人认为理想的工作，雇主在寻找工人时，也缺乏完整的信息，不能对得到的信息作出完全正确的判断；第三，求职者与拥有职业空缺的用人单位之间相互寻找、谈判需要一定的时间、存在一定的时滞性等，不仅找工作需要时间，从一个地区流动到另一个地区也需要一定的时间。摩擦性失业反映的是市场经济中劳动力资源配置的动态性，劳动力不断地从衰落的企业、行业、地区转移到发展的企业、行业、地区，从对个人或社会较少有益之处流动到对个人或社会更有益的地方，这是市场经济效率的副产品。即使经济处在充分就业水平，也总会发生一些职业变动。但是，在经济不景气时期，个人就业和重新就业就需要较长的时间。

2. 周期性失业

周期性失业是指经济周期地劳动力供给大于劳动力需求而引起的失业。在市场经济条件下，经济的运行往往呈现出周期性的波动，一个经济周期要经过繁荣、衰退、萧条和复苏四个阶段，也有人把这种波动周期划分为扩张和收缩两个阶段。在经济的这种周期性的波动中，在收缩或衰退和萧条阶段，失业会明显地增加，这时增加的失业就是周期性失业。如果经济波动剧烈，发生了严重的经济危机，则会导致大量的工人失业。周期性失业的严重程度往往是无法预料的，持续时间的长短也很难确定。

3. 季节性失业

季节性失业是指由于受季节变化和消费者季节购买的习惯等原因的影响，使生产对劳动力的需求出现季节性的波动而形成的失业。它具有以下一些特点：第一，规律性。这种类型的失业有明显的高峰和低谷之间的差异，不是均匀地分布在全年，而是分布于不同的季节，并具有规律性，当然不同行业分布的季节不同。第二，行业性。一些行业是明显的“季节性行业”，如农业，这种行业因素影响而导致就业波动较大。第三，失业持续期的预知性。完全由季节性变换面临失业的劳动者，一般情况下，不仅知道何时失业，而且知道失业时间的长短。造成季节性失业的原因主要有两个方面：一是某些行业或部门对劳动力的需求随季节的变化而波动，如建筑业、农产品加工业、一些内陆航运业等；二是某些行业随季节的不同会产生购买的高峰或低谷，从而影响作为派出需求的劳动力需求，造成季节性失业，如西方国家生产圣诞节专用产品的行业，我国生产与中秋节、春节有关的产品的行业，对劳动力的需求都会有季节性的变化。季节性失业是一种正常性失业，即使在劳动力市场处于供求均衡状态时也会存在这种失业类型。

4. 技术性失业

技术性失业是指由于使用新机器设备和材料，采用新的生产工艺和新的生产管理方式，导致局部社会生产节省劳动力而形成的失业。技术性失业形成的原因是先进的科学技术，包括先进的机器设备、先进的生产方法以及先进的经营管理方式等，能够提高劳动生产率，取代一部分劳动力。许多工人在找工作时会发现，他们通常所胜任的非技术性或半技术性工作岗位正在不断减少。而且，由于新技术的使用，一些技术老化的工厂将关闭，这可能会导致某些地区发生严重的经济困难。有人担心这种节省劳动力的技术发展会导致一些工作岗位以很快的速度消失。从短期效果和局部影响来看，引进节省劳动力的技术，一些技术水平低的工厂会关闭，工人会遭到解雇，从而造成某种程度的失业。但是，从长期来看，先进的科学技术会促进劳动生产率的极大提高，促进生产力的发展，促进新兴产业部门的产生和发展，为扩大就业提供了雄厚的物质基础，又创造出大量的就业机会。如为生产自动化设备的行业创造了很多的就业机会，同时，维护、修理和控制这些复杂的设备也增加了对技术工人的需求，还出现诸如计算机程序员这样的新工作岗位。总体来说，引进节省劳动力的新技术，可能会增加失业，也可能会创造新的工作岗位。但是，从总的发展趋势看，随着资本有机构成的提高、生产技术的改进，资本对劳动力的需求相对地甚至是绝对地减少了，在人口和劳动力数量增长甚至是保持不变的情况下，都会产生失业。对于受新技术直接排挤的工人来说，如果其年龄较大、技术水平偏低，经历的失业时间可能会很长。

5. 结构性失业

结构性失业是指工人的工作技能和工作要求不匹配或工作的地点和找工作的人不匹配，拥有技术的工人无法找到工作，由此造成的失业。这种失业的特点是职位空缺和失业者并存，在一些行业中劳动力稀缺，而在另一些行业中却存在着的失业者。结构性失业和技术性失业有一定的重合，失业者往往是因为受到新技术的排挤。引起结构性的失业的原因有很多。一部分新兴的行业或部门需要大量的人力资本较高的专门人才，但因合适的劳动力供不应求而产生大量的空缺；而另一些传统的产业却因为需求持续下降而排挤出大量的工人，这些人由于缺少专门的知识和技能，不能迅速地转移就业，结果成了失业者。另外，如进口汽车的增加导致数以千计的工人不具备新工作所需要的劳动技能。还有一些其他因素也会导致结构性的失业。来自国外的竞争会改变对某些商品的需求，相关的行业会出现衰落或重新定位；或者，随着某一地区自然资源的耗尽，还会出现“慢性”失业现象；最后，由于教育程度、工作习惯和激励、工作技能、健康等问题，或者是没有充分的就业信息，许多人也会出现长时间的失业。

三、失业程度的衡量

要制定适当的公共政策来解决失业问题，首先需要对失业程度进行衡量。失业程度的测量指标有两个：一个是失业率，另一个是失业持续时间。

1. 失业率

失业率是指失业人数在全国劳动力总人数中所占的比重，通常用百分比来表示，用公式来表示就是：失业率＝失业人员总数（社会就业人口总数＋失业人口总数）。它是反映失业的动态指标。就业人口是指一定年龄阶段内从事获得报酬或赚取利润的人口总数。失业人口是指处于法定劳动年龄与退休年龄之间，有劳动能力并且愿意工作却找不到工作的人口总数。就业和失业人口总和就是劳动人口。

依据不同的国家对劳动力、就业者和失业者的不同规定，对失业率的计算也不同。在美国，失业率指的是失业者占民用劳动力的百分比。民用劳动力指的是全体劳动力中减去军人后的其余部分。他们之所以如此计算失业率，是因为考虑到在军队中服役的劳动力具有某种强制性因素，而不是完全由劳动力市场调节的结果，如果将这部分人也计算为就业者，就降低了失业率。在我国，目前主要计算的是城镇失业率，指的是城镇失业人数同城镇在业人数加城镇失业人数之比。失业率这个指标可以用来衡量一个国家一定时期内的失业程度，也可以用来衡量不同性别、不同年龄、不同种族（民族）、不同行业以及婚姻状况不同的劳动力的失业程度。控制失业率是现代宏观经济政策的目标之一。

一些经济学家认为，在市场经济条件下，劳动力市场给予个人选择工作的自由，因此任何时间都可能存在着失业率。失业率只要不超过一定的界限，就是正常的。克拉克认为，在美国 5.5%的失业率是正常的；摩尔根在《收入与就业》一书中认为 5%的失业率是正常的。贝弗里奇认为在英国 3%的失业率是允许的不可避免的失业率。一般认为正常失业率应在 3%～6%之间，也就是说，只要一个国家就业率达到 94%～97%之间，就可以称之为“充分就业”[①]。

2. 失业持续时间

失业持续时间是衡量失业严重程度的另一重要指标，指的是新生劳动力或失去工作的人找到工作或重新找到工作所用的时间，也可以指一定范围内或某一类别的劳动力找到工作所用的平均时间。时间的计量单位可以是天、周、月，或者是年。一部分的工人能迅速找到工作。各国大多规定领取失业保险金需要经过一段等待时间，而这些工人往往没有到等待期结束就找到了工作。而有些失业者则可能要经历多个月，直到用完他们的失业保险金。

失业程度的测量，需要从失业率和失业持续时间两个方面考虑。如果一个国家的失业率比较高，但失业者平均持续时间并不长，那就说明这个国家的失业问题并不严重；相反，如果一个国家的失业率比较高，而且失业者平均持续的失业时间也比较长，就说明这个国家的失业问题比较严重。以失业率和失业持续时间来衡量失业的严重程度时，还需要注意这样一个问题，即当经济衰退开始时，总的失业人数也开始增加，这时首先表现为失业率增高了，但平均失业持续时间却下降了。这是新增的失业人员把平均失业时间拉低了。另外，当经济形势好转时，失业率开始下降了，但平均失业持续时间可能继续延长一段时间。这是因为，在一般情况下，首先被召回原来的工作岗位或重新找到工作的人往往是失业时间最短的人。

---

① 王君南，陈微波．劳动关系与社会保险．济南：山东人民出版社，2004.309

第二节 失业保险

一、失业保险制度的产生和发展

失业作为一种社会现象伴随着资本主义生产方式的产生而出现，随着周期性的经济危机的不断产生，产业结构的变化导致的失业问题逐渐被了解。到了20世纪，发达国家和一些发展中国家先后建立了社会保险制度，开始以制度化的方式分散和缓解失业风险。

失业给失业者及其家庭带来的严重的后果，有时甚至会带来致命的打击。为了预防、分散和缓解这种风险人们自然就想到采取互助互济的方式，来减少单个失业者所遭受的损失。这就是当时由工会发起和管理，或者由雇主建立的地方性行会基金会。即参加者缴纳一定的费用，在遭受失业危险后，由基金会提供一定的经济支持，用以维持本人及其家庭的生计。通过互助解决失业问题的最著名的方式是英国的友谊社。19世纪，随着工业革命的扩散，在法国、德国也出现工人自己出资建立的互助性组织，如德国的“劳动者福利中心”、法国的“互济会”等。但是这种行业基金会不是一种法定安排，是自愿性组织并且基金很少，经常会出现经费方面的困难，也有因收入与支出不平衡而难以维持的情况。不过，工人自发组织的形式还是为失业保险的制度化提供了良好的基础。

法国是世界上最早建立失业保险制度的国家。在1905年，法国由工会建立失业基金会，政府给予一定的补贴，开始实行公共自愿失业保险制度。“自愿”是指各工会自己决定是否建立失业保险基金，非工会成员可以自由选择是否参加失业保险，工会会员，自然必须参加失业保险。

世界上第一个强制性实行失业保险制度的国家是英国。1909年英国颁布的《国民保险法》主要由两部分组成：健康保险法和失业保险法。在《国民保险法》中，对失业保险实行了强制性的保险。

在法国于1905年建立失业保险制度后，挪威和丹麦两国也先后于1906年和1907年建立了失业保险制度。

第一次世界大战结束后，交战国都出现了大量的失业。在1919年成立的国际劳工组织于当年11月在华盛顿通过了关于失业及失业保险的公约和建议书。这表明以制度化的方式分散和缓解劳动者面临的失业风险已经在更广大的范围里形成了必要的共识。在1920年该组织通过了《海难导致失业赔偿公约》和《海员失业保险建议书》。此后，各国纷纷引入失业保险制度。但是，在这个时候，政府在失业保险中仍扮演着消极的角色，通常是根据国家的财力情况对失业者提供补贴，有时甚至不提供补贴。

20 世纪 30 年代的大萧条时期，严重的失业问题使资本主义各国不得不重新思考对失业者的帮助，对现存的体制进行修改。美国于 1933 年 5 月 12 日颁布了《联邦紧急救助法》，主要是通过以工代赈的方式临时性的解决严重的失业问题 。而在 1935 年 8 月 14 日通过的《社会保障法》，则在一定程度上对包括失业在内的有关问题的防范和缓解做出了制度化的安排，把失业保险制度的建立作为普遍福利政策的重点之一。

目前，在全世界 200 多个国家和地区中，截止到 1997 年共有 68 个国家和地区以立法的形式建立了社会保险制度。其中实行强制性保险制度的国家和地区有日本、美国、加拿大、德国等；实行失业救济的有澳大利亚、新西兰等 5 个国家；在工会历史悠久的丹麦、瑞典、芬兰等北欧等福利国家，则实行自愿保险制度，其中芬兰和瑞典实行的是失业救济与非强制性失业保险的双重制度；新加坡和加纳实行的是个人账户下的强制性失业保险储蓄制度。

二、失业保险制度的含义和特点

失业保险制度是社会保障系统的一个组成部分，是社会保险制度的一个类别。失业保险是针对适龄劳动人口中有劳动能力并有就业愿望的社会成员，由于非本人原因失去工作，无法获得维持生活所必需的工资收入，是由国家和社会依法保证其基本生活需要的一种社会保障制度。失业保险的内容包括保障范围、领取条件、资金来源、救济标准管理形式等方面。为了使有劳动能力和劳动愿望的劳动者尽快摆脱失业状态，失业保险还应覆盖就业安置、生产自救、转业培训等方面的内容。

失业保险作为社会保险系统的子系统，既具有社会保险各子系统的共性，又具有各子系统不具备的特殊性。失业保险的特征表现如下：

1. 保障对象的特定性

社会保险体系中，其他保险项目如社会医疗保险、养老保险、生育保险和工伤保险，主要保障暂时或永久性丧失劳动能力的劳动者；而失业保险只对有劳动能力并有劳动意愿但没有工作岗位的劳动力提供保障，这也就是说，失业保险与其他保险的最大不同点是保障没有丧失劳动能力的人。丧失劳动能力而失去工作机会的情况不包括在失业保险之列。

2. 社会性

失业保险是由国家即整个社会的代表举办的，其目的在于保障整个社会劳动者在遭受失业风险的情况下能够维持基本的生活需要，并通过有利于促使失业者重新就业的有关规定，为尽快就业创造条件，从而维护整个社会经济活动的顺利进行，促使劳动力资源配置优化和统一劳动力市场的形成。

3. 短期性

失业保险属于短期保险项目，超过一定期限，如果还没有找到新工作，就将纳入社会救助体系，按社会救助制度给予生活的补助，不再属于失业保险的享受范围。

4. 保险项目的多元性

社会保险的其他保险项目是通过给付社会保险金保障丧失劳动能力者的基本生活和基本医疗需求的，而失业保险除了保障失业者的基本生活之外，更重要的目的是通过转岗培训、职业介绍等尽快实现失业者的重新就业。因此，失业保险制度的内容应当包括失业预防、失业补救和失业保险三个方面。

5. 福利性

国家举办失业保险其目的绝非为了赢利，这一点与商业保险有着本质的区别。失业保险属于国家国民收入再分配，在制度安排上遵循有利于低收入劳动者之原则，同时在劳动者丧失工作没有收入的情况下，提供物质帮助。国家对失业保险费实行税收免除，并且在失业保险基金入不敷出的情况下给予资助。

6. 互济性

失业保险基金的收缴在一个大范围内进行，遵循“大数法则”，使社会分布不均的失业风险在一个足够大的范围内进行分散。国家通过立法，规定国家、集体和个人共担风险。对于缴纳失业保险费的广大劳动者和众多企业而言，每次享受失业保险金的只是失业的少数人，体现了劳动者之间的互助互济。

三、失业保险制度的类型

根据世界上建立了失业保险制度的国家的有关规定，失业保险制度可以分为以下几种类型：

1. 强制性失业保险

这种失业保险制度，是现今失业保险的主流，占实行失业保险制度国家的80%。强制性失业保险一般是由政府制定实施的，根据失业保险制度规定的范围，凡是符合失业保险条件的人都必须参加失业保险。强制性保险主要体现在对雇主、雇员或双方对失业保险基金供款的强制性规定。实行这种制度的有美国、加拿大、中国、意大利等国家。

2. 非强制性失业保险制度

非强制性失业保险不是由政府管理，而是由工会为主建立失业保险基金会，政府提供大量的补贴。其保险范围一般只限于工会已建立失业基金会那些产业。保险范围的大小，视这些产业工会的组织程度而有所不同。在实施非强制性失业保险的产业，工会会员参加基金会是强制性的，非工会会员则可在自愿的基础上参加。例如，丹麦失业保险由工会来管理，失业保险金的收缴和发放由工会负责管理，这种运营模式的条件是工会运作的基础较好，工会在失业保险中承担主要工作，劳工和国家就业部只是监督失业保险法的执行情况。这种管理模式不仅减轻了企业的负担，而且更能反映劳动者的愿望。

3. 失业救助制度

这是一种带有社会救助色彩的制度设计。失业救助金只发给那些符合经济情况调查或收入情况调查规定条件的失业者和没有资格享受正规制度所规定的正常保险的失业者，如澳大利亚、匈牙利和新西兰等国家的失业保险制度规定失业保险金只发给符合收入规定条件的失业者等。

4. 强制性失业保险和国家失业补助救济相结合的制度

英国、德国和法国等欧洲国家所实行的失业保障制度是强制性失业保险和国家失业救济相结合的失业保障体系。失业救济的适用范围包括失业保险除外人员及虽参加失业保险，但已无资格继续享受失业保险金的人员。不能参加失业保险而能享受失业救济金的多为季节工或非全日制零工。

5. 强制性失业保险和自愿失业保险相结合的制度

1974 年，日本颁布的《雇佣保险法》规定强制性保险制度覆盖除了农业、林业、水产业之外的一切行业和所有规模的企事业单位范围，这就包括绝大多数的受雇人员，只有农业、林业、水产业暂时可以自愿参加失业保险，实行的是强制性失业保险与自愿失业保险相结合的保障制度。

6. 自愿性失业保险和国家失业救济相结合的制度

瑞典和芬兰等北欧社会福利制度比较完善的国家，实行的是受国家财政补贴的自愿性失业保险和国家失业救济相结合的失业保障制度。瑞典失业保险采取国家资助、工会主办、个人自愿参加的形式。

瑞典失业保险资金主要有两个渠道：一是工人可以自愿参加由工会建立的失业保险社，一旦失业并且符合规定的条件就可获得失业保险金，90%的蓝领工人和 88%的白领工人通过参加工会从而集体参加了失业保险基金；二是可享受国家失业救济的人员由国家提供数额和期限均低于前者的失业救济。可享受国家失业救济的人员有：一是受雇于不存在失业保险金的产业部门的人员；二是不参加失业保险的雇员；三是参加了失业保险但尚未具备享受商业保险待遇的人；四是每天工作少于 3 小时，每周少于 17 小时的受雇人员。

目前，各国大多实行多重保障模式，除以政府为主体的强制性失业保险系统外，民间和工会系统也存在自愿性失业保险。在实行方式上则大多数是以失业保险制度为主，失业补贴和救济制度为辅的互补性双重方式。前者主要针对对象是公务员和企业雇员，而后者则是不能享受一般失业保险的人员，或经济收入低于补贴规定的雇员，两者直接目的都是既保障基本生活，又为其再就业创造条件。

四、失业保险的目标

失业保险的目标可以分为与失业者个人有直接关系和与社会经济发展有关的两组目标。

1. 与失业者个人有直接关系的目标

建立失业保险的基本目标是向处于临时非自愿失业期的劳动者直接提供经济上的支持，降低他们经济上的无保障的程度。

(1) 向非自愿失业者支付现金。对大多数劳动者来说，最重要的风险就是暂时失去工作，从而失去正常收入。按失业保险制度规定的失业保险金的给付时间，失业者可以在此期间内得到一定数量的现金收入，这样就可以使暂时处于闲置状态的劳动力不会因为失业而停止其自身能力的生产。常规的失业保险中不包括长期失业救济，对于超过规定的给付时间的失业者，一般从政府提供的其他措施中获得帮助，如以经济情况调查为前提的救助项目、就业安置项目以及就业培训、转岗培训等帮助当事人尽快就业的项目。

(2) 维持劳动者基本的生活水平。维持劳动者当前的生活水平也是失业保险的重要目标之一。为此，失业保险金应该有足够的金额和持续期。劳动者的生活水平一般由工资数量决定，由于假定失业者在短期内仍将返回原来的工作岗位，或重新受雇与以前的工作性质、收入差不多的工作岗位，因此，失业保险金的给付水平应该与失业者以前的工资收入相联系，以使暂时失业的人能够维持与以前尽可能接近的生活水平。在现代经济社会中，劳动者的就业不可能是一次性完成的，就业表现为一个连续的过程，暂时的失业反映了经济发展过程中对劳动力资源再配置的要求，失业过程也是劳动者更新素质的必要条件。因此，劳动者暂时处于失业状态时，就需要通过失业保险制度为其提供一定的生活保障，以使劳动者能够积极地适应经济波动和经济结构的变动。

(3) 为失业者提供寻找工作的时间。失业保险的另一个目标是为失业者提供寻找工作的时间。失业保险金的给付能够提高劳动者对失业的心理承受能力，延长失业者选择工作的时间，使失业者坚持寻找与自己的技能、工作经验基本相符合的工作岗位重新就业。如果没有失业保险金帮助失业者维持适当的生活水平，就可能使技术水平较高的失业人员去从事非技术性的工作。专业人员去从事非专业性的工作，这不仅浪费了当事人的劳动能力，也减少了能力素质更差的劳动者可能得到的工作岗位。

(4) 帮助失业者寻找工作。失业保险的另一个基本目标是帮助失业者寻找新工作。当失业者在当地的就业办公室申领失业保险金时，可以获得当地社区工作机会的信息。有时，劳动者是永久性被解雇，不可能被原雇主召回。这些被永久性解雇的劳动者可以从社区获得再培训项目的信息，提高自己的职业技能，从而有利于找到新工作。

2. 与社会经济发展有关的目标

失业保险的次要目标是促进经济稳定和提高经济效率，更广泛的经济目标是稳定经济，提高人力资源的利用和配置。

（1）在经济衰退时保持经济的稳定。失业保险是一个重要的自动稳定器。当经济运行处于衰退时期，申领失业保险金的人数会迅速增加，通过失业保险给付支撑了个人的收入和消费支出，从而可以使总需求不至于迅速减少，也能维持宏观经济的供需平衡。经济衰退无论是发生在局部地区还是扩展至全国，失业保险制度都能发挥反经济循环、维持供需平衡、稳定经济的作用。

（2）改善失业成本的分摊。失业保险的另一个目的是改善失业社会成本的分摊，这一目标的实现是通过雇主缴纳失业保险金实现的，由雇主与雇员共同缴纳失业保险金，雇主就承担了一定的失业成本，其承担的失业成本会包括在其产品的成本之中，这就会使其产品的价格较高，结果是产品和服务的生产者和购买者分担了失业的社会成本；另外，企业承担的失业社会成本将和他们解雇职工的记录有关，如果企业裁员多，就要承担相应的失业成本，这些成本将反映在企业的生产成本中，最终也体现在企业的产品和服务的价格上。这样，资源的配置将得到改善。在某种程度上，造成失业社会成本的企业最终将承担这一社会成本。

（3）促使劳动力的更好利用。因为失业保险金的给付水平低于一般的工资水平，这样可以减少装病的现象，保持劳动者的工作积极性。此外，失业保险金的领受者必须到就业安置机构去登记，这就使他们能够尽快地重新就业。失业保险通过鼓励劳动者寻找合适的工作，并且，如果需要的话，还会帮助失业者提高劳动技能，也能促进经济的稳定发展和提高经济效率。

（4）鼓励雇主稳定就业。如果失业保险制度根据对雇主的解雇经历的鉴定，规定雇主缴纳不同比例的失业保险金，还可以鼓励雇主采取稳定的就业政策。当然，有些雇主在稳定就业方面的改进余地很小，对另一些雇主来说，节省的失业保险金或许不足以吸引他们减少解雇工人，但有些企业由于可以节省缴费，能够明显地减少解雇。一些国家实行这种缴费制度的结果表明，一些企业可以通过更积极地努力来稳定就业，从而减少失业保险金的支出。

（5）帮助雇主保留熟练工人和技术工人。失业保险金的给付，使暂时失业的人在失业期间仍有一定的收入，这就使得熟练工人和技术工人不急于找工作，当他所在的企业恢复生产召回他们的时候，他就可以自由地返回原来的工作岗位。因此，失业保险帮助了雇主在暂时中断生产时继续保留其所雇佣的熟练工人和技术工人。

第三节 失业调控与就业服务

一、充分就业

充分就业是一个具有多种含义并且含义不断变化的概念。贝弗里奇在《自由社会中的充分就业》中认为，充分就业是指存在着比失业的人更多的工作岗位，而不是很少的工作岗位。他承认失业的存在，但他认为失业只是暂时的，失去工作的人必然能够找到与他们的能力相符合的新工作。同时贝弗里奇的福利国家的政策建议就是以这种含义的充分就业为基础的，在这样的国家里，那些能够工作的人可以得到工作及相应的收入；那些因疾病、年老或其他原因不能工作的人，则由社会福利项目提供一份适当的收入，用以维持他们的基本生活。

美国哥伦比亚大学的经济学家和社会福利专家 Russell Nixon 则把充分就业看作是一个发展的概念，把充分就业的含义分为四个层次。在最简单的层次上，意味着工作可以提供给所有的人。在这个层次上，强调的是每个人都被给予了工作机会，所有有能力并愿意工作的人都能就业。这是一个纯粹的数量目标，其中工资、工作条件、工作时间等都是不必考虑的。在稍高的一个层次上，充分就业的含义是在标准工资水平上的好工作。在这个层次上，意味着低于标准工资和一定的工作条件的工作或非自愿的部分时间工作将不被看作是实现了充分就业的目标。充分就业的再高一个层次的标准是：工作对所有的人来说都具有较好的工资和工作条件，并且有真实的向上流动的机会，人的能力和技能能够得到充分的利用。例如，女大学毕业生将不会终生只做办事员，医院的勤杂工有接受培训并从事更具有技术性的机会。充分就业的最高层次的含义是：随着时间的推移，各种就业的障碍都逐渐得到了克服。例如，通过培训和康复，身体的、精神的、社会的就业障碍能够得到克服；通过更具有灵活性的工作时间，使那些在通常的时间不能工作的人也可以就业等。只有达到这个层次，才能说不工作的人确实不是因为没有工作机会①。

通常充分就业是与一定的失业率相联系的，也就是说，充分就业并不等于失业率为零。但是究竟失业率为多少才是充分就业的失业率，不同的经济学家有不同的见解。有些经济学家将可接受通货膨胀率相联系的失业率看作是充分就业的失业率。根据菲利普斯曲线，失业和价格之间有着不可避免的替代关系。一个国家的不同时期，有着不同的失业与通货膨胀之间的替代关系。根据对美国 20 世

---

① Helen Ginsburg. Full Employment and Public Policy：The United States and Sweden. D. C. Heath and Company，1983. 4，5

纪50年代至60年代初期的经济研究，要使工资增长不超过美国经济的增长率，就需要5%～6%的失业率。当时人们接受的充分就业的失业率是3%，要满足不超过3%的失业率，价格的年上涨率就可能达到4%～5%。60年代后期，有人又提出要有5%的价格上涨率和4%的失业率一起发生。70年代初期，许多经济学家又注意到了菲利普斯曲线进一步向上移动，与既定的失业率相联系的通货膨胀率比过去更加提高了[①]。

尽管经济学家对失业率与通货膨胀率之间的具体数量关系的推断和解释有所不同，但多数都相信这种替代关系是存在的。因此，政府就可能运用一定的财政政策和货币政策降低通货膨胀率或失业率。这样充分就业就变成了某种与决策者、工商界人士、经济学家以及其他人所期望的价格稳定程度相适应的失业率。或者简单地说，就是某种领悟到的政治上可以接受的失业率。只要失业率不高于这个可以接受的失业率，就是实现了充分就业。由于菲利普斯曲线的向上移动，充分就业的失业率也不断的提高。

另外一些经济学家认为，由市场调节机制决定的自然失业率就是充分就业的失业率。既然这种自然失业率是由市场调节机制决定的，那么，其具体的比率也是不能确定的。

虽然在市场经济社会中所有想工作的人都能够找到工作是过于理想化了，也因此才有必要建立失业保险制度，但是，从人的存在和发展的角度考虑，充分就业的含义应该更多地关注人，关注人的多种社会经济需要。所以，国际劳工组织在《世界就业——1996/1997全球范畴内的国家政策》中仍然强调，充分就业并不是失业等于零。充分就业是指愿意工作并有能力工作的工作年龄段男子和妇女能够得到有报酬的和自由选择的生产性就业这个水平。从这个角度来看，充分就业作为不存在非自愿性失业以及所有积极的求职者都能够得到工作这一定义，仍然和过去一样有效。

二、充分就业的意义

现代社会中，通过就业取得收入是大多数社会劳动者获得长远经济保障的主要途径。就业对大多数的人来说不仅具有重要的经济意义，而且具有的社会意义。从失业的角度来看，失业不但会产生经济成本，还会发生社会成本。我们可以从失业造成的社会经济成本的角度来认识充分就业的必要性。

高失业率不仅是个经济问题而且是个社会问题。失业是经济问题，因为它意味着要浪费有价值的资源。失业之所以又成为社会问题，是因为它使成千上万失

① 爱德华·夏皮罗．宏观经济学．北京：中国社会科学出版社，1985.673～676

业的人面对收入的减少的困境而痛苦挣扎。在高失业率时期，经济压力笼罩着社会生活，影响着人们的情绪和家庭生活。

1. 经济影响

失业会给社会经济带来现实的、直接的成本。第一，由于不能使用所有的经济资源，国内生产总值就会减少。当失业率较高时，没有充分利用劳动力，就不能充分发挥国民经济的生产潜力，从而使 GDP 下降。第二，长时间的失业会造成成千上万的人工损失，况且劳动力是不能储存的，一小时的人力资源一旦失去就永久性地损失掉了。第三，长时间的失业会阻碍经济增长。强劲的经济增长需要充分就业和高质量的生活水准。如果没有实现充分就业或没有充分利用劳动力资源，经济就不能实现持久的增长。

2. 社会影响

失业的经济成本显然相当之大，但长时间持续非自愿性失业会给人们造成极大的心理痛苦，是不能用金钱来衡量的。事实一再证明，失业会给人们酿成种种悲剧。心理研究表明，解雇造成的创伤不亚于亲友的去世或学业上的失败。当失业持续一段时间后，技术工人的技术会退化，有些人还会变得消极和抑郁。另外，长时间的失业会造成自卑、家庭矛盾；增加酗酒、吸毒和离婚；导致家庭暴力、包括虐待儿童；还会导致健康问题、家庭生活退化等。

随着社会的发展，人们已经认识到充分就业在减少贫困、不平等、歧视、犯罪及疏离等人类痛苦，提高劳动者的生活水平和生活质量等方面有着不可替代的作用。各国在防止失业和促进就业等方面采取了大量的措施。

三、失业调控与就业

1. 失业调控

在一些国家，由于失业保险待遇水平偏高，给付期较长，导致了部分失业者不愿积极地寻找工作，尤其是不愿意从事低报酬工作。此外，如果个人长期失业，劳动技能退化，求职意志消沉，雇主也不愿雇佣。因此，越来越多的国家都开展了对现有失业保险制度进行改革，使之与促进就业挂钩，即实行积极的失业保障制度。

（1）抑制解雇。如何通过失业保险机制，抑制企业的解雇行为是许多国家失业保险制度发展中所探讨的一个新课题。抑制解雇既可以减少失业保险负担，又可以达到促进就业的目的，许多国家都制定了相应的法律，约束企业的解雇行为。如韩国的失业保险机构，对那些虽然面临困难但不解雇劳动者的企业，提供这些劳动者停产工资的二分之一的资助，对雇佣 55 岁以上劳动者占所有劳动者比例达 6%以上的企业，支付每人每年 36 万韩元的雇佣补贴。

(2) 支持培训。职业教育和培训是促进劳动者就业的一条重要途径，具有开发人力资源、培养适合经济发展需要的劳动力、确保经济稳步增长的功能。一个共同的趋势是，培训和实现就业日益紧密地结合起来。职业教育和培训分为三个层次：职前培训、在职培训和失业培训。这三个层次功能各异，贯穿于劳动者整个职业生涯。目前，以培训促进就业已取得良好的效果。例如，美国规定参加失业培训的专业人员，适当延长失业保险给付期；澳大利亚规定参加培训的失业人员，可以享受疾病、工伤、失业和养老保险待遇。

(3) 防止因失业保险给付水平高而导致的主动失业。逐渐降低失业金水平，在失业初期的待遇高些，然后逐渐将失业金降下来，建立待遇递减机制。如阿根廷规定，失业4个月内给付100%，失业5～8个月是85%，失业9～10个月仅得70%，直至给付期结束。另外，限制失业者享受待遇的最长期限，有的国家按照工作日计算，有的则按照日历天数计算。54个国家和地区的资料显示，享受失业金期限不到28周的有27个国家，占50%。

失业保障制度一方面要采取措施防止自愿失业；另一方面还必须对失业者提供就业信息及培训服务，增强失业者在劳动力市场的竞争能力和就业机会。这两种形式的结果都是一样的，都是为了降低失业率，以达到降低失业金负担的目的。因此，人们把失业金的发放看作是社会保障的主动措施。有的国家特别强调社会保障的再就业功能，这可以从基金的使用方向反映出来。例如，德国失业保险基金的运用，大约60%用于失业金的发放，其余40%用于再就业服务。

2. 促进就业的措施

(1) 在政策上给予优惠和增加财政投入。为鼓励企业吸纳更多的失业者就业或减少企业裁员，政府向企业提供一定的优惠政策增加就业。主要措施有：第一，对失业人员多、就业压力大的地区，实行自动减税政策，减轻企业成本；第二，对就业机会较多的中小企业实行低息贷款政策，减轻企业资金需求上的压力；第三，对自谋职业者提供一定的资金支持和税收优惠条件，鼓励失业者尽快就业。

财政优惠政策是一种间接投入。另外，许多国家还采用直接投入来解决就业问题。主要措施有：第一，直接增加财政预算用于弥补失业保险金缺口和支付失业救济金；第二，重视劳动力市场体系建设，每年预算都安排一定数额的资金用于劳动力市场建设；第三，加大对失业者的职业培训资金的投入，来缓解因劳动者素质偏低不适应高技术、高知识需要而产生的失业矛盾。

(2) 积极拓宽就业渠道，创造就业岗位。第一，开发经济落后地区，扩大就业面。增加对地方政府的拨款，对农村、偏远与人口稀少地区重点加强交通和通信等基础设施建设，努力发展有地方特色的工业、旅游业、绿色农业和服务业，扩大这些地区的就业。第二，积极开辟第三产业的就业渠道。第三产业具有行业多、门类广、自动化程度低、服务要求高、劳动密集等特点，对吸纳再就业具有不可替代的作用。为家庭和社会服务的职业，吸收了大量的简单劳动者，如家政服务员、装修工、推销员、餐饮工等；金融、保险、信息等产业，吸收了一定数量的复杂劳动者。政府大力发展第三产业，不仅促进经济增长，而且也使其成为增加就业的重要领域。美国的服务性行业吸纳的劳动力越来越多，近两年来新增加的400多万个就业岗位中，85%集中在第三产业。第三，发展中小企业增加就业岗位。从中小企业庞大的数量来看，吸收劳动力的能力远远超过大企业，在解决劳动力的就业方面起着不小的作用。法国有35万家中小企业，就业人数占全国职工人数的一半。在丹麦，若中小企业的资本投资受到损失时，政府给予其资本投资额一半的补贴，以鼓励中小企业的发展和增加就业机会。第四，降低税率，减轻企业负担，鼓励企业开辟新的就业岗位。劳动力的成本过高，制约了企业开拓更多的工作岗位。许多国家为刺激企业扩大雇佣，采取了多种形式的优惠措施，如把失业金补贴给企业，减少企业的社会保险费用支出，给予一定的税收优惠政策等。

（3）建立就业信息服务组织和服务网络。目前，许多国家都建立了专门机构，负责就业信息的收集、整理，实行全国联网的就业信息管理，并设立失业申请登记制度和企业职位空缺登记制度，以促进劳动力市场的良性流动。就业信息服务组织负责信息的收集、整理和发布，供需求者查询。例如，英国的人力资源委员会在全国设有1 000个直接管辖的职业辅导中心，中心设有电脑终端机，与人力资源会的主机、其他社区行政部门的终端机联网。辅导中心免费提供各种辅导手册、解答疑问，并通过终端机提供各种方案的服务。求职者的个人资料存入电脑后，辅导中心每月自动提供劳动市场的最新资料，求职机会和申请办法。

第四节 我国失业保险管理的实务

一、我国失业保险制度的建立及其作用

1986年，我国开始对国营企业“铁饭碗”式的终身用人制度进行改革，在企业新招工人中普遍实行劳动合同制。为配合劳动合同制度的实行，国务院发布了《国营企业职工待业保险暂行规定》，建立了失业保险制度，1993年对这项制度进行过一次修改和补充。经过十几年的实践，积累了一些经验，同时学习借鉴了国际上的一些成功做法，对我国的失业保险制度再次进行了修改。1999年1月22日，国务院发布了《失业保险条例》，进一步完善了制度，为今后失业保险的发展指明了方向。

1986～1993年间是我国失业保险制度的形成和初步运行时期。1993年4月，

国务院发布了《国有企业职工待业保险规定》，这一规定的发布和实施标志着我国失业保险制度进入了正常运行时期。近几年来，一些地方根据本地情况，扩大了失业保险的覆盖范围，将城镇集体企业、外商投资企业、私营企业及其职工，部分机关、社会团体和事业单位及其职工也纳入了失业保险的范围。为了增强失业保险基金承受能力，部分省市实行了个人缴费。

我国失业保险制度自1986年建立至今，已发挥了多方面的积极作用。首先，有效地保障了失业人员的基本生活。通过施行失业保险制度，给付失业保险待遇，保障了失业人员的基本生活，帮助他们渡过了难关。特别是近几年来，使用失业保险基金每年救助的人员都在300万人次以上，对维护社会稳定发挥了积极作用。其次，促进了失业人员再就业。按照有关规定，从失业保险基金中支出部分资金，用于失业人员开展生产自救，转业训练，职业介绍活动，帮助其中半数以上人员重新走上了就业岗位，实现了再就业。最后，支持了企业改革。实施失业保险制度，保障了从企业走向社会的失业人员的基本生活，减轻了企业的压力，推动了改革措施的顺利出台和实施。许多地方还运用基金支持“关、停、并、转”企业妥善分流安置富余人员。各地认真按照财政预算安排三分之一、企业负担三分之一、社会筹集（主要从失业保险基金中调剂）三分之一的“三三制”原则，从失业保险基金中调剂部分资金用于国有企业再就业服务中心，保障了下岗职工的基本生活和代缴社会保险费用，推动了国有企业改革的深化，为实现国有企业三年改革和脱困目标创造了有利条件。原有的失业保险制度尽管发挥了重要作用，但还不能完全适应建立社会主义市场经济体制，深化国有企业改革和建立现代企业制度的要求，主要存在以下问题：一是适用范围窄，只是在国有企业和企业化管理的事业单位实行，非国有经济的从业人员和大部分事业单位职工还没有纳入失业保险，造成了这部分人“有险无保”；二是基金承受能力较弱，由于覆盖范围窄，又仅限于用人单位单方缴费，收缴的失业保险费数额有限；三是统筹程度不高，失业保险基金主要实行市县统筹，只有部分地区建立了调剂金制度，失业保险社会互济的功能不能得以充分发挥。

失业保险既是社会保障体系的重要组成部分，又是形成市场就业机制的必要条件。为充分发挥失业保险的作用，进一步改革和完善失业保险制度，劳动和社会保障部成立后，在原有工作的基础上，与有关部门密切结合，加快了制定新的失业保险行政法规节奏，经过广泛征求意见、反复研究论证，向国务院上报了《失业保险条例》（草案）。1998年12月16日，国务院常务会议通过，并于1999年1月22日，发布了国务院第258号令，颁布了《失业保险条例》（以下简称《条例》）。

《条例》吸取了我国失业保险制度建立和发展的实践经验，借鉴了国外有益做法，在许多方面做了重大调整，体现了社会主义市场经济对失业保险制度的要求，体现了失业保险制度服务改革和稳定大局的精神，为形成具有中国特色的基本完善的失业保险制度打下了坚实基础。

1999年，各级劳动保障部门围绕贯彻落实《条例》，做了大量艰苦细致的工作。在制度建设上，为配合《条例》和《社会保险费征缴暂行条例》的贯彻实施，劳动保障部于3月20日下发了《关于贯彻两个条例扩大社会保险覆盖范围加强基金征缴工作的通知》（劳社部发［1999］10号）。为推动事业单位参加失业保险工作，劳动保障部、财政部和人事部于8月31日联合下发了《关于事业单位参加失业保险有关问题的通知》（劳社部发［1999］29号），就缴费所需资金的列支渠道和管理体制等问题做出了规定。为落实《条例》有关基金支出项目的规定，劳动保障部和财政部于8月31日联合下发了《关于调整失业保险基金支出项目有关问题的通知》（劳社部发［1999］28号）。各省、自治区、直辖市在制定地方性法规、规章和规范性文件方面也取得了明显进展。黑龙江省制订发布了《黑龙江省失业保险条例》，北京、上海、重庆市政府颁布了失业保险的规定（办法），四川、山东、安徽、内蒙古、新疆和云南省（自治区）政府下发了贯彻《条例》的通知，河南省政府办公厅下发了有关通知，天津、河北、辽宁、吉林、安徽、江西、湖北、湖南、广西、贵州、陕西、甘肃、青海等省市区劳动保障部门也都完成了地方性法规、规章的起草工作。在扩大失业保险覆盖面加强基金征缴上，工作取得了明显成效。截止到1999年11月底，全国参加失业保险的人数达9 670.2万人，比上年末增加1742.3万人，增长22%。预计年底参保人数将达9 800万人；1～11月，全国失业保险基金收入96.9亿元，预计全年收入可达110亿元，接近前两年的收入之和。在充分保障失业人员基本生活的同时，失业保险基金向国有企业再就业服务中心调剂资金32亿元，有力地支持了“两个确保”工作。失业保险工作正朝着“制度完善，资金雄厚，管理服务优良”的目标健康发展。

二、现行失业保险制度的基本内容

1. 适用范围

城镇企业（包括国有企业、城镇集体企业、外商投资企业、城镇私营企业以及其他城镇企业）事业单位，城镇企业事业单位职工必须参加失业保险。此外，省级人民政府根据当地实际情况，可以决定将社会团体及其专职人员、民办非企业单位及其职工、有雇工的城镇个体工商户及其雇工纳入失业保险范围。

2. 失业保险基金的来源和失业保险费的费率

失业保险基金的来源包括：城镇企业事业单位、城镇企业事业单位职工缴纳的失业保险费，失业保险基金的利息，失业保险基金入不敷出时地方财政的补贴，依法纳入失业保险基金的其他资金。

城镇企业事业单位按照本单位工资总额的2%缴纳失业保险费，城镇企业事业单位职工按照本人工资收入的1%缴纳失业保险费，城镇企业事业单位招用的农民合同制工人本人不缴纳失业保险费。

3. 基金的统筹和调剂

失业保险基金在直辖市和设区的市实行全市统筹；其他地区的统筹层次由省级人民政府确定。各省、自治区可以建立失业保险调剂金。失业保险调剂金以统筹地区依法应当征收的失业保险费为基数，按照省、自治区人民政府规定的比例筹集。

统筹地区的失业保险基金不敷使用时，由失业保险调剂金调剂、地方财政补贴。

4. 失业保险基金的支出项目

失业保险基金用于下列支出：①失业保险金，主要用于保障失业人员的基本生活；②领取失业保险金期间的医疗补助金；③领取失业保险金期间死亡的失业人员的丧葬补助金和其供养的配偶、直系亲属的抚恤金；④领取失业保险期间接受职业培训、职业介绍的补贴；⑤国务院规定或者批准的与失业保险有关的其他费用。目前这个支出项目是指失业保险基金调剂用于国有企业下岗职工基本生活保障的资金。

5. 失业保险金的申领条件

失业人员申领失业保险待遇，必须同时具备三项条件：一是按照规定参加失业保险，所在单位和本人已按照规定履行缴费义务满1年；二是非因本人意愿中断就业；三是已办理失业登记，并有求职要求。失业人员在领取失业保险金期间，按照规定同时享受其他失业保险待遇。

失业人员在领取失业保险金期间有下列情形之一的，停止领取失业保险金，并同时停止享受其他失业保险待遇：重新就业；应征服兵役；移居境外；享受基本养老保险待遇；被判刑收监执行或者被劳动教养；无正当理由，拒不接受当地人民政府指定的部门或者机构介绍的工作；或者有法律、行政法规规定的其他情形。

6. 失业保险金的发放标准和期限

失业保险金的标准，按照低于当地最低工资标准、高于城市居民最低生活保障标准的水平，由省、自治区、直辖市人民政府确定。发放期限的具体规定是，失业人员失业前所在单位和本人按照规定累计缴费时间满1年不足5年的，领取失业保险金的期限最长为12个月；累计缴费时间满5年不足10年的，领取失业保险金的期限最长为18个月；累计缴费时间10年以上的，领取失业保险金的期限最长为24个月。重新就业后，再次失业的，缴费时间重新计算。再次失业领取失业保险金的期限可以与前次失业应领取而尚未领取的失业保险金的期限合并计算，但是最长不得超过24个月。

三、参保的基本流程

因为我国缺乏全国统一的失业保险制度，下面就以上海市失业保险参保流程为例：

（1）先到户籍所在地街道、乡镇劳动服务所（社会保障服务中心）办理失业登记，然后进行失业保险登记；

（2）失业保险登记由本人办理，特殊情况如需他人代办的，应经劳动服务所（社会保障服务中心）同意；

（3）符合条件的，可办理失业保险金申领手续；

（4）失业保险金申领手续由本人在约定的日期，携《劳动手册》到户籍所在区、县职业介绍分中心，在接受职业指导员职业指导，并在有求职要求的前提下办理。

➢本章小结

本章主要阐述了失业的类型、失业程度的衡量，失业保险的产生和发展，失业保险的含义和特点，失业保险制度的类型，失业调控和就业服务，我国的失业保险管理实务。失业与就业是相对应的概念，失业是市场经济条件下客观存在的社会现象，是一种不能完全依靠个人和家庭的力量来抵御的经济风险。当失业现象的存在被人们普遍承认，并且被看作是需要运用社会的力量来加以解决的问题时，便产生了解决失业问题的相应对策，主要对策之一就是建立社会保险制度。法国是世界上最早建立失业保险制度的国家。失业保险制度伴随着世界各国的工业化、城市化的社会经济发展进程，经历了从萌芽到制度创新和不断完善的发展过程。失业保险制度一方面要采取措施防止自愿失业，另一方面还必须采取措施促进就业。我国的失业保险制度作为深化改革、建立现代企业制度的配套制度，在逐渐发展和完善。

➢关键术语

失业　失业保险　充分就业　失业调控

➢案例　有关失业保险缴费年限的行政诉讼

20多年连续工龄的集体企业干部，参加失业保险刚刚半年就因企业转制下岗，有没有资格领取失业保险金？近日，顺德开庭审理了一起因对失业保险缴费年限的理解不同而引起的行政诉讼，引起了各界的广泛关注。

王先生原为顺德挂车厂企业干部，1976 年 9 月参加工作，连续工龄 24.5 年。2000 年底顺德挂车厂转制，裁减 200 多人，王先生下岗。2001 年 1 月，他到顺德市社保局大良办事处咨询办理失业保险待遇事宜，被告知由于他只是在 2000 年 7 月始参加失业保险，连续缴费未满一年，没有享受失业保险待遇的资格。

王先生一听愣住了。他只好四处奔波找工作，由于在企业一直当管理干部，没有什么具体的技术，年龄又大，王先生一年多来面试了 10 多家企业，均以失败告终。更令王先生烦恼的是，王先生的 40 多岁的妻子也失业了，儿子就要升高中了，这一年多一家人全靠王先生下岗时厂里发的几万元经济补偿金维持生计，眼看也快用完了，一家人彷徨无计。

缴费年限该如何计算？

王先生对于自己 24 年多工龄却无法享受失业保险待遇一直感到不能理解。他说："顺德是从 2000 年 7 月才实施失业保险的，以前国家没有失业保险规定，这是历史遗留问题。如果因为缴纳失业保险费不满一年，就把我们以前辛辛苦苦工作的几十年工龄一笔勾销，这似乎不合理。"王先生查阅了有关社会保险方面的法律法规，认为有关失业保险缴费年限的认定，顺德市的实施办法与国家和广东的相关法规有出入，国家劳动和社会保障部颁布的《失业保险金申领发放办法》以及《广东省失业保险规定》都规定："国有和县以上集体所有制单位的原干部和固定工，在当地实施失业保险前按国家原规定计算的连续工龄视同缴费年限。"

王先生遂向顺德市法院提起行政诉讼，要求顺德市社保局给予他享受有关失业保险待遇。

顺德市社保局在行政答辩状中称，根据国务院《失业保险条例》第十四条，具备下列条件的失业人员，可以领取失业保险金：①按照规定参加失业保险，所在单位和本人已按照规定履行缴费义务满 1 年的；②非因本人意愿中断就业的；③已办理失业登记，并有求职要求的。

《广东省失业保险规定》第十七条也规定，被保险人同时具备下列条件的，可以领取失业保险金：①在法定劳动年龄内非自愿性失业；②本人及单位按规定参加失业保险并连续缴费满一年以上；③进行失业登记；④有求职要求并接受职业介绍和就业指导。

王先生的缴费时间不满 1 年，因此不符合享受失业保险待遇的条件。

【讨论题】

1. 王先生的要求是否有法律依据？

2. 顺德市社保局的回复是否有法律依据？

复习思考题

1. 失业的类型有哪些？如何衡量失业的程度？
2. 试述失业保险制度的产生和发展。
3. 试述失业保险制度的含义、特征和类型。
4. 充分就业的意义何在？如何促进就业？

第七章

工伤保险

工伤保险制度一直受到各国政府的高度重视，被公认为工业化国家义不容辞的职责。现代工伤保险制度经过长期的实践和改革，很好地保护了工伤职工的合法权益，给家庭、企业和社会带来了良好的影响。从世界范围来看，工伤保险的类型有三种：雇主责任保险、工伤保险和混合型保险。了解我国的工伤保险制度及其改革，工伤保险争议处理等问题仍然具有重大的现实意义。

第一节　工伤与工伤保险

在工业化以前的社会，劳动者日出而作，日落而息，几乎全靠手工从事社会经济活动，生产节奏缓慢，因工负伤、中毒、致残、死亡的可能性极小。进入工业社会，一方面工业革命创造了人类历史上前所未有的物质文明，给社会带来巨大的物质财富；另一方面也无情地夺走劳动者的部分肌体、器官乃至整个身躯，使他们或是暂时失去劳动能力，或是永久丧失劳动能力，或是再也返回不到人间。现在，国际劳工组织专家估计，世界上平均每年发生约 10 万次工伤事故，死亡约 2 000 万人以上。工伤是工业化的副产品，工伤事故及受到伤害的劳动者的增加，对家庭、企业和社会产生了严重的影响。因此，实行工伤保险是工业化国家义不容辞的职责。通过工人运动及工会组织的不断努力，社会给予的支持和压力，各国对工伤保险制度的建立一直予以高度的重视，工伤保险几乎是世界上首先推出的社会保险项目之一。现代工伤保险制度经过长期的实践和改革，实现了保障工伤劳动者生活和医疗的目的。

一、工伤

在劳动的过程中，由于与劳动工具或劳动对象的接触，或者是置身于不良的劳动环境中，使劳动者的生理机能遭到破坏，从而导致劳动者身体的某些功能部分或全部丧失，有时甚至死亡。劳动者在工作岗位从事与生产劳动有关的工作中，发生的人身伤害事故、急性中毒事故，称之为工伤。即使职工不在劳动岗位，由于企业设施不安全、劳动条件恶劣而引起的人身伤害事故，也属于职业伤害。

工伤的范围是随着社会文明和经济的发展而逐步变化的。最初工伤的范围是不包括职业病的，主要指由于工作直接或间接引起的事故。1952 年，国际劳工组织制定的《社会保障（最低标准）公约》所确定的工伤范围是：身体处于疾病状态者，由于职业伤害丧失了劳动能力而造成工资收入的中断者，由于永久性或暂时失去劳动能力而完全失去生活来源者。同时在该公约中，采用“职业伤害”代替了“工伤”，工伤成了职业伤害的简称。工伤包括两大类别：一是在工作过程中因意外事故而导致的人体器官及其生理机能受损，二是因职业性质和工作环境因素引起的职业性疾病。这种职业伤害有三种具体情况：第一种情况是因工负伤，指在劳动过程中机体受到物理、化学、生物的外力作用，致使器官生理功能损伤，因此造成暂时、部分丧失劳动能力的后果，这种人体伤害经过治疗后可以痊愈；第二种情况是有些因工负伤的人，虽经治疗、休养，仍然不能完全康复，致使身体或智力功能部分或全部丧失、永久性部分或全部丧失劳动能力，也就是因工致残；第三种情况是因为长期在有害的职业环境中，或者长期从事有职业性毒害的工作引起的职业性疾病，也就是职业病。

工伤会给劳动者、企业和社会带来很多问题。对于遭遇工伤的劳动者来说，工伤会使得劳动者负伤、致残、染上职业病直至死亡，其后果必然导致劳动收入的中断、减少甚至失去，给劳动者本人和家庭带来极大的伤害；对于企业来说，由于职工不能参加生产活动，影响了企业的经济活动的正常进行，更为严重的是，企业还要为劳动力的修复支付医疗费用和护理费用。如果伤亡事故严重，企业则有可能因无力承担巨额的费用而破产；对社会来说，如果工伤职工或其家属的基本生活得不到保障，就会影响社会的稳定和发展。

为了保障工伤职工得到及时的医疗救助和经济补偿，同时分散工伤风险并积极预防工伤事故的发生，就需要建立健全的工伤保险制度。

二、工伤保险

工伤保险是社会保险制度中的基本项目之一。建立工伤保险制度的目的在于保障工伤劳动者的生活和医疗需要，达到基本或部分消除工伤家庭的经济损害和稳定社会经济的秩序。

1. 工伤保险定义

工伤保险是指由国家通过立法组织实施，对劳动者在生产经营过程中或在规定的某些特殊情况下所遭受的意外伤害、职业病，以及因这两种情况造成死亡、暂时或永久丧失劳动能力时，劳动者及其家属能够从国家、社会得到必要的生活、医疗服务、职业康复和经济补助等物质补偿的一种社会保障项目。

工伤事故是工业化生产的副产品，对劳动者、企业和社会都会带来不良后果，因此实行工伤社会保险是工业化国家义不容辞的职责。也正因为如此，工伤保险制度是世界上各国推出最早，也是世界各国实施的一项最普遍的社会保险事业。从 1884 年德国推出《劳工伤害保险法》至今，已有 100 多年的历史。到 20 世纪 90 年代初期，世界上有 155 个国家或地区建立了工伤保险制度，占 163 个已经建立社会保险制度的国家或地区的 95%，其普及率比养老保险还要高①。

2. 工伤保险制度的特点

实行工伤社会保险的国家，雇主必须按照法律的规定向社会保险机构缴纳工伤保险费，社会保险机构建立工伤保险基金，向受到职业伤害的劳动者及其家属支付补偿费用。工伤社会保险具有社会保险项目的一些共性，但同时自身又有些特点。

（1）工伤保险立法最为完善，最具有强制性。工伤保险制度是世界上出现最早的一种社会保险制度，从诞生之日起国家就以立法形式强制雇主必须对雇员的工伤负责，其待遇的给付不受企业破产和停产的影响。100 多年来，雇主负责工伤赔偿，并从法律强制变成了一种习惯。目前，实施社会保险制度的国家大多都有工伤保险项目。

（2）普遍性。工伤保险是通过国家立法形式，强制推行的一项社会制度，它要求对全体劳动者，皆需要投保工伤保险，没有工作年限、年龄、性别等条件的限制，一旦发生工伤事故，企业即应给予经济赔偿，给付伤残保险金。一些国家，如德国、意大利、巴西等国对农业劳动者制定了专门的工伤保险法。对政府雇员、家庭雇员、警察，有些国家还另有规定。因此可以说，工伤保险实施的范围最为广泛。

（3）福利性。在现有的社会保险项目中，工伤保险待遇最优。工伤保险，劳动者个人不缴纳工伤保险费，经费全部有雇主承担。另外，工伤保险待遇比医疗、养老、失业保险的待遇都要高。养老保险保障的是老年人的基本生活，但个人要缴费；失业保险虽也保障失业者的基本生活，但带有救济性质，而且是短期

---

① 王君南，陈微波．劳动关系与社会保险．济南：山东人民出版社，2004.395

的；工伤保险的目标是保障工伤职工的工资水平不降低，从而保证伤残职工原有的生活水平，并且工伤职工的生活费给付要随着工资水平的增长而增长。工伤保险给付条件最宽。

（4）补偿性。实行“无过失赔偿”制。对于因工伤伤亡的工人，不论责任在哪方，雇主均应依法负有补偿责任。工伤保险除了长期保障伤残人员的生活外，还要根据其伤残情况补偿因工受伤的经济损失，对各级伤残者要进行一次性的经济补偿。

（5）保障项目完备，待遇优厚。社会化大生产条件下，生产劳动危害性大，有些事故是不可避免的。工伤保险是维持社会再生产和劳动力再生产的必不可少的一项社会经济制度。因此，工伤保险制度是社会保险待遇给付中最为优厚的、保障项目最完备的社会保险制度。

3. 工伤保险制度的类型

从世界范围来看，各国实行的工伤保险大致分为三种类型：雇主责任保险、工伤社会保险和混合型保险。

雇主责任保险是指遭受工伤事故的劳动者或其家属直接向雇主索赔，雇主依照法律法规向他们直接支付保险赔偿金。如果工伤涉及他人，出现争议，国家有关部门或法院还要介入。雇主责任保险在立法上主要有三种类型：一是国家立法对雇主的赔偿责任、赔偿办法只做简单、原则的规定，没有规定具体的赔偿标准，发生工伤事故时，雇主按照政府规定的原则根据自己的经济能力支付工伤待遇，遇到争端由法院裁决；二是国家立法具体明确雇主的责任，规定赔偿的最低标准，并规定某些危险性大的行业必须向商业保险公司投保；三是国家立法规定由雇主和承担工伤风险的商业保险公司向政府主管部门缴纳一定的保险费，以便在企业或保险公司破产时，仍能向需要工伤赔偿的工人及其家属支付赔偿金。

雇主责任保险比起早期的依靠民事诉讼解决工伤劳动者的赔偿有了很大的进步，但在实施的过程中仍有许多不足。例如，雇主责任难以兑现，赔偿金多为一次性支付，商业保险公司介入工伤保险存在很大的局限性，等等。为了克服雇主责任保险的弊端，许多国家实行了工伤社会保险。

工伤社会保险是国家立法，政府有关部门或监督机构负责工伤保险事务建立工伤社会保险基金和一整套处理工伤事故、支付保险待遇的规章制度，明确规定雇主、雇员和政府三方的责任、权利和义务。实行社会保险制度的国家，在工伤社会保险推出的同时，实行“补偿不究过失”的原则，凡是参加工伤保险的雇主，都必须向社会保险机构缴纳职业伤害保险基金，劳动者不负缴纳工伤社会保险费用的义务，在发生职业伤害时由社会保险机构支付伤残补助金。

混合型保险是雇主责任保险类型和工伤社会保险类型并存的类型。

4. 工伤保险制度的原则

（1）无责任补偿原则。无责任补偿原则又称为补偿不究过失原则，是指劳动者在从事经济活动以及与之有紧密关联的其他生产、工作时，若负伤、中毒、致残乃至死亡，不管责任出在劳动者本人身上还是出自企业或其他方面，伤残者均有权获得收入补偿，而且法律也给予保障。德国在 19 世纪 80 年代颁布并实施《工人伤害赔偿保险法》。依照此项法案，工人受到工业伤害而负伤、致残、死亡，不管过失出自哪一方，雇主均有义务赔偿工人的经济损失。从此以后，“补偿不究过失”原则便广泛实行，迄今已成为职业伤害社会保险制度中一项铁的原则。

（2）个人不缴费原则。工伤保险不用劳动者个人缴费，而是由雇主或企业按照国家规定的费率缴费，这显然与养老保险、医疗保险和失业保险不同。这是因为劳动者在为雇主或企业创造财富的同时，还付出了健康乃至生命，所以，由雇主或企业缴纳全部的费用是完全必要和合理的，这已经成为世界各国的共识。

（3）补偿与预防、康复相结合的原则。工伤保险的目标是保障劳动者的生活、劳动者的安全，促进经济发展。通过补偿来保障劳动者的基本生活是工伤保险的根本任务，但不是唯一的任务。工伤保险应把补偿与预防和康复结合起来，也就是说，一旦发生工伤事故，除了进行工伤补偿外，还需要做好预防和康复工作。各国政府充分重视安全生产，采取种种措施减少或消灭事故隐患；对因事故而受到伤害的劳动者，除了给予经济补偿外，更重要的是对其及时地进行医学康复和职业康复，帮助其尽可能地恢复健康，恢复劳动能力，重新走上工作岗位。

（4）一次性补偿与长期性补偿相结合的原则。工伤事故发生后，对因工部分或全部丧失劳动能力的或者因工死亡的劳动者及其家属，工伤保险管理机构应该给予一次性补偿金，作为劳动者因工伤残或死亡的经济补偿。但是，一次性补偿金无法对受害者及其遗属未来的生活给予足够的保障，需要给予长期的补偿。这种长期的补偿一直支付到其失去供养的条件为止。

（5）补偿直接经济损失的原则。工伤保险补偿的金额应以对被伤害者所造成的直接经济损失为最高限额。直接经济损失，是指劳动者因遭受社会保险法规认同的伤害而造成的与其第一职业标准工资收入相关的损失，以及为消除伤害后果所需的必要开支，这是劳动者维持自身与其供养家属的生活收入。间接经济损失是指在遭受工伤事故时所受到的其他经济收入的损失，如兼职收入、稿费收入及其他形式的收入，这些收入并不是每个劳动者都能够获得的，收入的数额也不稳定，具有隐蔽性，不好确定，因此对这种损失是不予赔偿的。另外，工伤保险补偿的是经济损失，至于因工伤事故造成的心理伤害和因身体伤害带来的恋爱、婚姻、家庭等的不幸，则不在补偿的范围之中，这也是金钱所不能补偿的。

5. 工伤认定

工伤是劳动者享受工伤待遇的基本条件，劳动者在遭遇伤害事故、负伤、致残、死亡或患病是因工作造成的，还是与工作无关，这就需要进行工伤认定。工伤认定是指法律法规规定的机构对特定伤害是否属于工伤范围的确认。

（1）工伤认定的范围。最早的工伤范围局限在由工作直接或间接引起的事故，随着时间的推移世界各国将职业病纳入工伤范围，1964 年，国际劳工组织在《工伤事故和职业病津贴建议书》中规定：每一会员国均应在规定的条件下将下列事故列为工伤事故：①不管什么原因，凡工作时间内在工作地点或工作地点附近，或在工人因工作需要而去的其他任何地方发生的事故；②上班前和下班后的一段合理时间内，当事人在搬运、清洗、准备、整理、维修、堆放或收拾其工具和工作服时发生的事故；③工人往返于工作地点和住宅、聚餐点的途中发生的事故；④通常领取工资的地方。”可见，工伤范围扩展到上下班途中发生的交通事故。

我国 2003 年颁布的《工伤保险条例》（以下简称新《条例》）第十四条规定：“职工有下列情形之一的，应当认定为工伤：（一）在工作时间和工作场所内，因工作原因受到事故伤害的；（二）工作时间前后在工作场所内，从事与工作有关的预备性或收尾性工作受到事故伤害的；（三）在工作时间和工作场所内，因履行工作职责受到暴力等意外伤害的；（四）患职业病的；（五）因工外出期间，由于工作原因受到伤害或者发生事故下落不明的；（六）在上下班途中，受到机动车伤害的；（七）法律、行政法规规定应当认定工伤的其他情形。”同时第十五条规定：“职工有下列情形之一的，视同工伤：（一）在工作时间和工作岗位，突发疾病死亡或者在 48 小时之内经抢救无效死亡的；（二）在抢险救灾等维护国家利益、公共利益活动之中受到伤害的；（三）职工原在军队服役，因战、因工负伤致残，已取得革命伤残军人证，到用人单位后旧伤复发的。”

（2）工伤认定的程序。工伤认定的程序是指国家法律法规规定的确认因工负伤必须履行的步骤。在我国，工伤认定的程序包括工伤认定申请和工伤认定。

新《条例》第十七条规定：“职工发生事故伤害或者按照职业病防治法规定被确诊、鉴定为职业病，所在单位应当自事故伤害发生之日或者被诊断、鉴定为职业病之日起 30 日内，向统筹地区劳动行政部门提出工伤认定申请，经报劳动行政部门同意，申请时限可以适当延长。用人单位未按前款规定提出工伤认定申请的，工伤职工或者其直系亲属、工会组织在事故伤害发生之日或者被诊断、鉴定为职业病之日起 1 年内，可以直接向用人单位所在地统筹地区的劳动行政部门进行工伤认定申请。”

认定工伤应当根据以下资料：①工伤认定申请表；②与存在劳动关系（包括

事实劳动关系）的证明材料；③医疗诊断证明或者职业病诊断证明书（或者职业病诊断鉴定书）。工伤认定申请人提供材料不完整的劳动行政部门应当一次性书面告知工伤申请人需要补足的全部材料。申请人按照书面告知要求补足材料后，劳动保障行政部门应当受理。

劳动行政管理部门接到企业的工伤报告或者职工的工伤保险待遇申请后，应当组织工伤保险经办机构进行调查取证，在 60 日内做出是否认定工伤的决定，并书面通知申请工伤认定的职工或者直系亲属和该职工所在的单位。新《条例》第十九条规定：“劳动保障行政部门受理工伤认定申请后，根据审核需要可以对事故伤害进行核实，用人单位、职工、工会组织、医疗机构以及有关部门应当予以协助。职业病诊断和诊断争议鉴定，依照职业病防治法的有关规定执行。对依法取得职业病诊断证明书或者职业病诊断鉴定书的，劳动保障行政部门不再进行调查核实。职工或者直系亲属认为是工伤，用人单位不认为是工伤的，由用人单位承担举证责任。”

新《条例》还规定了不能认定为工伤或视同工伤的情形：第一，因犯罪或违反治安管理伤亡的；第二，因醉酒导致伤亡的；第三，因自残或者自杀的。

职业病也是大机器工业生产的副产品，但要享受工伤保险待遇的职业病，必须是经过指定的医疗机构和专家委员会的认可，并得到国家医疗部门批准。目前国际上主要有两种方式对职业病进行认定：一种是在国家立法中原则规定那些可以导致职业病的职业；另一种是列表式。列表式又分为开放式列表和封闭式列表。所谓的开放式列表指国家的职业病管理机构可以随时把那些以前虽然没有列入但完全可以证明是职业环境导致的疾病列入职业病的范围，封闭式列表是指只承认过去列入的职业病，对新增的病种的审核程序极端严格。1980 年国际劳工组织规定的职业病为 29 种。我国在 1987 年规定的职业病为 99 种。其中，职业中毒 51 种，尘肺 12 种，物理因素职业病 6 种，职业性传染病 3 种，其他职业病 27 种。

6. 劳动能力鉴定

劳动能力鉴定又称职业伤害造成的失能鉴定，是指由专门的机构利用科学技术和方法，对工伤、疾病职工失能程度做出判断结论，并依据此鉴定结果确定相应的工伤保险待遇。劳动能力鉴定一般需要委托有条件的医疗机构或者聘请具有鉴定资格的艺术组成的专家组进行鉴定。新《条例》第二十四条规定：“省、自治区、直辖市劳动能力鉴定委员会和设区的市级劳动能力鉴定委员会分别由省、自治区、直辖市和设区的市级劳动保障行政部门、人事行政部门、工会组织、经办机构代表以及用人单位的代表组成。劳动能力鉴定委员会建立医疗卫生专家库。”劳动能力鉴定委员会分为两级：设区的市一级和省、自治区、直辖市一级。

伤残等级是工伤保险给付的依据，评残标准是劳动能力程度鉴定的标准。劳动能力鉴定中的重要内容是对工伤职工的伤残等级予以确定，在此基础上，对工伤职工进行劳动能力鉴定。1996年颁布实施的《职工工伤与职业病致残程度鉴定标准》将470种致残的不同情况分门别类地分为10个等级，基本包容了现代医学和人身损害鉴定相关的所有病种，是评定工伤和职业病致残程度以及进行劳动能力坚定的科学性法律依据。工伤职工按照器官损伤、功能障碍、医疗依赖、护理依赖程度和心理障碍五项指标，进行工伤评残等级的划分，将伤残状况分为10个等级，470个条目。伤残程度分级，从1级到10级由重到轻的顺序排列，最严重的工伤是第1级，最轻的工伤是第10级。在此基础上大致划分了工伤职工丧失劳动能力的程度，分为三个等级：完全丧失劳动能力，伤残鉴定为1～4级可确定为完全丧失劳动能力；大部分丧失劳动能力，伤残鉴定等级为5～6级可确定为大部分丧失劳动能力；部分丧失劳动能力，伤残鉴定为7～10级的，可确定为部分丧失劳动能力。

劳动能力鉴定的程序包括提交鉴定申请和做出鉴定结论。劳动能力鉴定由用人单位、工伤职工或者其直系亲属向劳动能力鉴定委员会提出申请，并提供工伤认定决定和职工工伤医疗的有关资料。劳动能力鉴定委员会受到劳动能力鉴定申请后，应当从其建立的医疗卫生专家库中随机抽取3名或者5名相关专家组成专家组，由专家组提出鉴定意见。市级劳动能力鉴定委员会根据专家组的鉴定意见，在收到劳动能力鉴定申请之日起60日内做出工伤职工劳动能力鉴定结论，必要时，做出劳动能力鉴定结论的期限可以延长30日。劳动能力鉴定结论应当及时送达申请鉴定的单位和个人。申请鉴定的单位或者个人对鉴定结论不服的，可以在受到该鉴定结论之日起15日内向省、自治区、直辖市劳动能力鉴定委员会提出再次鉴定申请。省、自治区、直辖市劳动能力坚定委员会做出的劳动能力鉴定结论为最终结论。自劳动能力鉴定结论做出之日起1年后，工伤职工或其直系亲属、所在单位或者经办机构认为伤残情况发生变化的，可以申请劳动能力复查鉴定。劳动能力鉴定复查制度的建立避免了伤残程度和劳动能力鉴定结论一定终身现象的发生，使工伤职工的伤残情况变化与待遇调整的有机结合。

7. 工伤保险待遇

正确、合理地制定工伤社会保险待遇，包括治疗、休养、生活保障和必要的补偿以及康复，关系到大批因工负伤以至残障劳动者的生活安排、心理平衡，也关系到更多在职劳动者的心理状态。所以，与其他社会保障项目相比，工伤保险待遇无论在给付项目、给付标准还是给付期限上，均更为优厚。一般来说，工伤社会保险待遇的给付包括三大类。

（1）工伤保险的医疗待遇。工伤社会保险的医疗给付是一种综合给付，不仅包括治疗疾病的医疗给付，而且还包括治愈疾病期间的生活费、路费和工伤津贴给付。治疗工伤所需费用符合工伤保险诊疗项目目录、工伤保险药品目录、工伤保险住院服务标准的，由工伤社会保险基金支付，个人不负担以上费用。在我国，工伤保险在由“企业保险”向“社会保险”过渡的过程中，有的地方规定企业也承担部分的医疗费用。住院生活费用，由所在单位按照本单位职工因工出差伙食补助标准的70%发给住院伙食补助费；经医疗机构出具证明，报工伤保险经办机构批准，工伤职工到统筹地区以外的地区就医的，所需交通、食宿费用由所在单位按照本单位职工因工出差的标准报销。工伤职工的康复治疗费用符合工伤保险条例规定的由工伤社会保险基金支付。

(2) 工伤保险的伤残待遇。伤残待遇是指劳动者因工伤失去劳动能力时，由工伤保险经办机构所给予的现金津贴。伤残待遇一般包括护理费、辅助器具费、一次性伤残补助金、年金性伤残津贴、一次性医疗补助金和伤残就业金。

生活不能自理的工伤职工在停工留薪期间需要护理的，由所在单位负责；工伤职工已经评定伤残等级并经劳动能力鉴定委员会确认需要生活护理的，从工伤保险基金按月支付生活护理费。生活护理费按照生活完全不能自理、生活大部分不能自理和生活部分不能自理3个等级支付，其标准分别为统筹地区上年度职工月平均工资的50%、40%、30%。

工伤职工因日常生活需要或者辅助从事生产劳动的需要，必须安置假肢、义眼、镶牙和配置轮椅或其他代步工具等辅助器具的，所需费用按照国家规定的相关标准从工伤保险基金支付。

一次性伤残补助金一般是指职工因工负伤或患职业病，由劳动能力鉴定机构确认致残和进行劳动能力鉴定后，按其伤残程度给付一次性补偿的工伤待遇。一次性伤残补助金一般有连续支付期限的限制，如26～52周，具体需视工作时间长短而定。

年金性伤残津贴也称永久性伤残待遇。永久伤残又分为完全永久伤残和部分永久伤残两类，按照伤残等级的不同而享受不同的伤残待遇。完全永久性伤残待遇是经过鉴定完全永久丧失劳动能力的工伤职工享受的伤残抚恤金或伤残年金，一般规定了最高限额和最低限额，多数国家支付的标准为本人工资的66%～75%，需要护理的一般都规定加发护理费。部分永久伤残待遇是经过鉴定部分丧失劳动能力的工伤职工所享受的工伤待遇，通常以年金的形式支付，其数额为全额补助金的一部分，视丧失劳动能力的程度而定。但是，也有国家永久性部分伤残补助金采取一次性的形式支付。大多数国家以丧失20%劳动能力为界限，20%以下的一次性支付。

一次性医疗补助金和就业补助金应由工伤保险基金或残疾人就业基金承担。对于5～6级、7～10级伤残的工伤职工来说，他们只是大部分或部分丧失了劳动能力，并不完全妨碍就业，一次性医疗补助金和就业补助金能够使工伤职工成为市场中的就业者，为他们谋取新的工作岗位提供相应地条件。

(3) 因工死亡待遇。因工死亡待遇是指职工因工伤事故直接导致死亡、停工医疗期间死亡、工伤旧伤复发死亡（包括1～4级伤残职工停工留薪期满后死亡），社会保险经办机构支付给工伤职工所供养亲属的相关待遇。一般包括丧葬补助、遗属抚恤金和一次性工亡补助金三种。

丧葬补助金是指工伤保险经办机构在职工因工死亡后对其丧葬费用给予的资助，是工伤待遇的组成部分。丧葬补助是一次性支付的，有的国家按一定的金额支付，如美国的一次性丧葬补助为700～6000美金，也有的国家按月工资的倍数支付，如我国丧葬补助金按照统筹地区上年度职工月平均工资6个月的标准支付。还有的国家按最低工资的几倍支付，如智利按最低工资的3倍支付。

遗属抚恤金是指社会保险经办机构在职工因工死亡后，按照职工本人生前工资的一定比例，为保障职工生前供养亲属的基本生活而定期发给死者法定亲属的现金待遇。遗属抚恤金支付给遗属，不论其年龄，直到死亡或改嫁，也可支付给有残疾的鳏夫和低于一定年龄限度的孤儿。若孀妇和孤儿尚未领尽，则受供养的父母或其他亲属也常有获得领取小额抚恤金的资格。各类遗属抚恤金的支付标准，通常按死者生前平均收入的百分比计算，或按工人死亡前可领年金的百分比计算，给付最高不得超过死亡职工的工资。国际劳工大会规定，遗孀给付大约为死者工资的30％～50％，子女给付为死者工资的15％～20％，总的限额不超过死者工资的75％。我国规定，供养亲属抚恤金按照死亡职工生前工资的一定比例发给由因工死亡职工生前提供主要生活来源、无劳动能力的亲属，标准为配偶每月40％，其他供养亲属每人每月30％，孤寡老人或者孤儿每人每月在上述标准的基础上加发10％。核定的各供养的抚恤金之和不应高于因工死亡职工生前的工资。

一次性工亡补助金是指有工伤保险经办机构支付给职工亲属的现金待遇。我国的标准为48～60个月的统筹地区上年度职工月平均工资。具体标准由统筹地区的人民政府根据当地的经济、社会发展状况规定，报省、自治区、直辖市人民政府备案。

第二节　我国工伤保险制度及其改革

一、我国工伤保险制度的建立

我国的工伤保险制度是20世纪50年代建立的。1951年我国政务院颁布了《中华人民共和国劳动保险条例》，制定了包括工伤保险在内的一系列保障措施。1953年进行了重新修订，颁布了《中华人民共和国劳动保险实施细则修正草案》。这部综合性法规主要包括了养老保险、医疗保险、工伤保险和生育保险等内容，初步形成了我国的社会保险体系。规定工伤保险的实施范围是企业，包括国营、公私合营、私营及合作社经营的厂矿等，实施对象包括上述企业的职工、学徒工、临时工和试用人员，工伤保险待遇包括医疗和康复费用、伤残待遇和死亡待遇等。对于职业病的确认，也是实施工伤保险制度的一项重要工作。1957年，卫生部制定和颁布的《职业病范围和职业病患者处理办法的规定》，首次将职业病伤害列入工伤保险的保障范围，并确定了将危害工人、职员健康和影响生产比较严重、职业性比较明显的职业中毒、尘肺、职业性皮肤病等14种职业病正式列入职业病范围。并明确规定，患职业病的工人、职员，在治疗或修养期间及医疗终结确定残废或治疗无效而死亡时，均按照《中华人民共和国劳动保险条例》有关规定作因工待遇处理。随后又将布氏杆菌病、煤矿井下工人滑囊炎、铅中毒、钩螺旋体病、接触炭黑的尘肺等纳入职业病范围。

我国企业职工工伤社会保险制度的实施，对保障职工的合法权益，减轻职工的后顾之忧，促进生产的发展起了积极的作用。但是，1969年我国职工工伤保险制度的社会化管理被取消，演变成了国营企业的保险制度。从1969年2月财政部颁布的《关于国营企业财务工作中几项制度的改革意见（草案）》中可以看出：国营企业一律停止提取劳动保险金，企业的退休职工、长期病号工资和其他劳保开支，改在营业外列支。原来企业每月要按职工工资总额的3%上缴的社会保险费，其中的30%交全国总工会（社会保险基金管理机构）作为全国范围企业保险金开支的调剂基金。伴随着企业保险的实行，社会保险的统筹调剂职能彻底丧失。

随着我国经济体制由计划经济向市场经济的转变，原来分别由单位管理的工伤保险制度越来越难以适应社会主义市场经济发展的要求，其弊端日益突出。主要表现有：一是各单位自行管理和负担职工的工伤费用，缺乏社会救济，难以均衡和化解企业的工伤风险；二是缺乏稳定的资金来源，企业间负担畸重畸轻，职工工伤或因工死亡后，要么得不到及时而妥善的处理，严重影响企业职工生产积极性，要么由于标准的废止而使一些“闹工伤”的家属不合理地得到高额甚至超高额的“补偿”，加重了企业的负担；三是社会化管理程度低，覆盖范围窄，企业的社会事务负担重，难以公平参与市场竞争，而一些改革后新出现的外商投资企业，港、澳、台资企业，私营企业，其职工工伤权益难以保障。

二、我国工伤保险制度的改革

为了适应经济发展的要求，切实保障职工的权益，随着经济体制改革的不断深化和社会保障体系的不断完善，我国政府开始对工伤保险制度进行改革，先后出台了一系列法律法规。1978 年 6 月国务院 04 号文件《关于工人退休、退职的暂行办法》中对伤残职工的退休、护理等待遇作了相应调整。1980 年 3 月国家劳动总局、全国总工会做出《关于整顿和加强劳动保险工作的通知》，强调建立医务劳动鉴定委员会，确定病、伤职工的休假、复工、定残工作；加强对退休、残废职工和因工死亡职工遗属的管理教育工作；受理职工的申诉。1980 年全国总工会颁布的《中华全国总工会工会疗养院工作条例》规定，职工因伤、病，各级工会应积极创造条件组织他们进行疗养，往返路费由企业负担，疗养期间工资照发。1982 年财政部发布的财事字第 1 号文规定，国家机关、事业单位工作人员因工（公）负伤住院疗养期间的膳费由原单位报销 2/3，个人负担 1/3。1985 年增加了对抚恤遗属给予困难补助的规定。1987 年 11 月颁布的《职业病范围和职业病患者处理办法的规定》是对 1957 年 2 月颁发的《职业病范围和职业病患者处理办法的规定》的重新修订，该规定扩大了原有规定的职业病范围，计 9 类 99 种。1987 年 12 月国务院又颁布了《中华人民共和国尘肺病防治条例》，以法律的形式明确了接尘职工应有的权利。这些改革大都集中在"提高工伤职工经济补偿待遇"方面，体现了工伤保险保障职工合法权益的出发点。但是，这样的工伤保险制度仍处在事后补偿阶段，与发挥保险预防机制还有一定的距离。

经济发展的实践，迫切要求建立国家统一筹集资金、覆盖范围广泛、分散企业风险、评残标准规范的工伤社会保险制度。1988 年劳动部开始组织研究工伤社会保险改革方案，在广东、海南的海口市、福建、辽宁东沟县等沿海地区进行工伤保险改革试点，主要工作包括以下几方面：扩大工伤保险范围；调整工伤保险待遇；建立工伤保险基金，企业缴费，统筹调剂，实行社会化管理；实行工伤保险与工伤预防、职业康复有机结合。

随着改革的进程，工伤保险制度在社会主义经济建设中发挥着重要的作用，为以后进一步改革提供了坚实的基础。1991 年，第七界人大四次会议批准的《国民经济和社会发展十年规划和第八个五年计划纲要》指出：要努力改革工伤保险制度。这是我国工伤保险制度改革进程中的里程碑，标志着工伤保险改革将进一步深入。1993 年，党的十四界三中全会通过的《中共中央关于建立社会主义市场经济体制若干问题的决定》中明确指出"普遍建立企业工伤保险制度"。1994 年 7 月颁布的《中华人民共和国劳动法》规定："国家发展社会保险事业，建立社会保险制度，设立社会保险基金，使劳动者在年老……工伤等情况下获得帮助和补偿。""劳动者在下列情形下，依法享受社会保险待遇：退休、患病、负伤，因工伤伤残或患职业病，失业，生育。"将工伤保险作为五项社会保险制度之一确定下来，进一步明确了工伤保险的法律地位，工伤保险制度的发展也逐步走上了正轨。

在总结了工伤保险制度改革试点经验的基础上，1996 年劳动部颁布了《企业职工工伤保险试行办法》，为鉴定工伤和职业病致残程度提供了依据，第一次将工伤保险作为单独的保险制度统一组织实施，对沿用多年的企业自我保障的工伤福利制度进行全面的改革。作为配套标准，同年国家技术监督局颁布了《职工工伤与职业病伤残程度鉴定》。这两个文件具体规定了工伤社会保险改革措施，与社会主义初级阶段经济发展要求基本相适应。至此，有效地分散风险保障劳动者权益的工伤保险制度初步建立起来。

从实践的情况来看，《企业职工工伤保险试行办法》的颁布和实施取得了一定的成效，主要表现在以下几方面：一是建立了工伤保险基金，各地按照“以支定收，收支基本平衡”的原则筹集工伤保险基金，实行地市级统筹，集中调剂和使用，暂不具备条件的，以县市为单位进行统筹，工伤保险费按照职工工资总额的一定比例由企业缴纳，职工个人不缴费；二是实行基金的社会统筹，变“企业保险”为“社会保险”实行差别费率和企业浮动费率，实现了工伤保险的互助互济，分散了工伤风险，减轻了企业负担；三是规范了工伤保险待遇，增加了一次性经济补偿，维护了职工的合法权益，保障了工伤职工及遗属的基本生活。但还存在诸如工伤保险覆盖的职工人数还比较少、社会化服务管理水平还有待进一步提高、工伤保险管理制度和配套措施还不够完善等问题，和建立健全社会保险体系，促进社会主义市场经济建设还有相当的距离。

由于《企业职工工伤保险试行办法》只是一个部颁文件，缺乏一定的权威性，并且没有形成完整的政策体系，原则性较强，可操作性较弱。到2001年工伤保险立法列入了国务院的立法计划 。2001年10月全国人大常委会颁布了《职业病防治法》，对职业病病人的诊疗、康复费用、伤残以及丧失劳动能力的职业病病人的社会保障等做了规定，必须按照国家有关工伤社会保险的规定执行。2003年4月国务院颁布了《工伤保险条例》，并在2004年1月1日开始实施。这是自1953年修订颁布的《中华人民共和国劳动保险条例 》之后，第一次制定的专门的具有法律效力的工伤保险法规，它对于推进工伤保险改革，规范工伤保险制度，解决工伤保险争议具有非常重要的意义。在这之后，劳动保障部等有关部门陆续出台了《工伤认定办法》、《因工死亡职工供养亲属范围规定》、《非法用工单位死亡人员一次性赔偿办法》、《关于劳动能力鉴定有关问题的通知》、《关于工伤保险费率问题的通知》等配套文件。《工伤保险条例》从法律上实现了《劳动法》赋予劳动者工伤保险待遇权利，增强了工伤保险待遇权的行使与保护机制，与《中华人民共和国安全生产法》、《职业病防治法》共同筑起维护职业安全和保障伤残者权益的屏障，也由此形成了一个以《劳动法》为龙头，以新《条例》为核心的工伤保险法律体系，为建立和健全完善的社会保障法律体系奠定了法律基础①。

---

① 孙祁祥，郑伟．中国社会保障制度研究．北京：中国金融出版社，2005.86

改革开放以来，特别是新《条例》实施以后，我国工伤保险制度改革取得了丰硕的成果，从全方位切实维护职工的合法权益。主要表现在以下几方面。

1. 扩大了工伤保险的适用范围

第一，新《条例》在原来基础上把适用范围扩大到有雇工的个体工商户。1996 年试行的《企业职工工伤保险试行办法》第二条规定的适用范围是“中华人民共和国境内的企业及其职工”。而在新《条例》中明确规定：“中华人民共和国境内的各类企业、有雇工的个体工商户均应依照《条例》规定参加工伤保险，为本单位全部职工或者雇工缴纳工伤保险费。”同时还规定：“中华人民共和国境内的各类企业的职工和个体工商户主的雇工，均有权依照新《条例》的规定享受工伤保险待遇。”第一次明确地将有雇工的个体工商户也纳入了工伤保险范畴。第二，新《条例》进一步细化了工伤、职业病认定的情形，扩大工伤认定的范围。如在 1996 年颁布的《试行办法》规定，职工在上下班必经的路线上，发生非由本人负主要责任的交通事故，认定为工伤；在新《条例》中则规定，在上下班途中，受到机动车事故伤害的，就认定为工伤。第三，新《条例》首次规定了用人单位使用童工发生伤残后的赔偿。在新《条例》颁布之前，童工发生工伤后的赔偿具有很大的争议性，使他们的合法权益无法得到有效保护。针对这种实际情况，新《条例》第六十三条规定：“用人单位不得使用童工，用人单位使用童工造成童工伤残、死亡的，由该单位向童工或者童工的直系亲属给予一次性赔偿，赔偿标准不得低于本条例规定的工伤保险待遇。”

2. 切实维护了企业和职工的合法权益

一旦发生工伤事故后就会给企业带来巨大的经济损失，甚至破产倒闭。而工伤事故和职业病给劳动者本人和家属带来的损失和危害更是不堪设想。新《条例》多角度多层次地维护了受伤职工的合法权益，一定程度上解决了伤残待遇和死亡待遇偏低的问题，进一步保障了职工的合法权益。同时新《条例》也有效地维护了用人单位的合法权益。因为只要企业或雇主参加了工伤社会保险，履行了工伤社会保险义务，那么一旦发生工伤事故时，不仅受伤职工能够得到及时救助和补偿，而且企业或雇主也不会因此影响生产和经营，也在一定程度上解决了企业的后顾之忧。

3. 实现了丧失劳动能力鉴定标准化、制度化

劳动鉴定有了国家评残标准，鉴定工作有较大加强。新实施的《职工工伤与职业病致残程度鉴定》（GB/T16180—1996）的国家标准，将过去粗略划分的完全丧失劳动能力、大部分丧失劳动能力和部分丧失劳动能力以器官损伤、功能障碍、医疗依赖和护理依赖程度四个方面为依据，进行综合评定，细分为 10 个伤残等级，并确定了分级原则。

4. 建立工伤保险给付的工资指数化调整机制，提高工伤保险的给付水平

《企业职工工伤保险试行办法》和新《条例》都规定，按月支付的伤残抚恤金、遗属抚恤金、生活护理费要由地区劳动保障行政部门根据职工平均工资和生活费用指数变化等情况适时调整。调整的办法由省、自治区、直辖市人民政府规定，工伤保险给付的指数化调整机制可以使工伤职工及死亡职工遗属的给付也会随着社会经济的发展不断地得到提高，维护他们的合法权益。

5. 初步建立起工伤预防的保险机制

实行差别费率和浮动费率及采取安全奖励措施后，一些地区已出现事故下降的效果。工伤保险促进安全机制的完善，主要是从经济上约束和激励企业提高安全生产的积极性，使企业把安全生产与经济效益有机的结合起来。

三、现行工伤保险制度存在的问题

我国是一个工伤事故发生频繁、职业病危害严重的国家。重大恶性工伤事故频频发生，职业病人数居高不下。自 1991 年以来，全国各类事故的死亡人数呈上升趋势。据不完全统计，全国有 50 多万个厂矿存在不同程度的职业危害，实际接触粉尘、毒物和噪声等职业危害的职工有 2500 万人以上。目前，从接触职业危害人数、职业病患者累计数量、死亡数量到新发现病人数量，我国都居世界首位。粗略估算，近几年我国每年因此造成的经济损失近 400 亿元①。这不仅严重影响了工人的安全和健康，也严重阻碍了我国经济体制改革的顺利进行。新中国成立 50 多年来，我国政府每年都要花费较大的资金投入到发展工伤保险事业上。然而，由于经济基础、政治制度、文化背景和社会习惯等方面的差异，与发达国家相比，我国的工伤保险在覆盖范围、补偿水平、费率机制、资金筹集、管理制度、工伤预防和职业康复等方面都存在不少的差距和问题。

1. 工伤保险实际覆盖范围较窄，改革的力度仍不够

与发达国家相比，我国工伤保险覆盖率较低，工伤保险的职工参保率仅在30%，远未达到国际劳工组织规定的 50%～70%覆盖率的标准。另外，尽管在新《条例》中把有雇工的个体工商户也纳入了工伤保险的范畴，却没有就农民工社会保险的特殊权益做出规定，因而对于农民工社会保险而言缺乏可操作性，至今尚无一部关于农民工工伤社会保险的全国性专门法规或规章。到目前为止，进城务工的农民已突破 1 亿。然而，农民工的工伤社会保险却严重滞后于农民工的大幅度增长和城镇工伤社会保险制度的改革。我国的社会保障事业一直将重点放在城镇，而占全国总人口 80%，占世界总人口 15%，世界农业人口 35%的中国

---

① 章晓懿．社会保障：制度与比较．上海：上海交通大学出版社，2004.238

农民却依然被拒之社会保障的大门之外。有的地方虽然有要求将农民工纳入城镇社会保险范围的规定，但未能实际落实。

2. 统筹费率差距过大，缺乏科学完善的费率系统

《企业职工工伤保险试行办法》规定，工伤保险的缴费率确定为企业工资总额的1%以下。但在实际征缴过程中，各地自行确定工伤保险的缴费率，有的地方的缴费率达到工资总额的2%左右，而有的地方仅为工资总额的0.5%，工伤保险缴费率的差距较大[①]。由于缺乏有效竞争机制，一套科学的保险费率体系难以形成。工伤保险差别费率档次划分较少，没有按不同行业的特点和事故发生的概率确定费率，甚至挫伤了部分企业参保的积极性，没能充分利用好工伤保险差别费率和浮动费率机制经济杠杆的调节作用。由于企业对保险赔付不重视，也助长了瞒报现象。新《条例》并未对企业缴纳的工伤保险费率作出规定，工伤保险费率的确定还有待于进一步的规范化、合理化。

3. 工伤保险预防、康复制度有待进一步完善

工伤保险在事故预防上乏力，形成主要是事后赔偿的局面。我国现行的工伤保险偏重于待遇的处理，对工伤的预防和康复的制度的建设没有引起高度重视。安全与工伤保险跨部门管理，工伤保险管理部门没有安全生产技术支撑条件，缺少工伤保险的自我能动功能，因而对企业的技术服务不到位。这和预防、赔偿、康复相结合的现代工伤保险模式存在不小的差距。国家在实行工伤保险的同时，更应该加强对工伤事故的预防，使引发事故的风险因素能够及早的发现和排除，这既可以防止工伤事故的发生，又可以降低工伤保险基金的支付。

4. 工伤保险管理体制不完善

目前，我国工伤保险管理职能部门是劳动和社会保障部，管理模式采取属地管理，地市级统筹，共担风险的办法。主要问题是政府多头管理，操作不合乎市场法则，与国际标准背道而驰。我国现在由劳动和社会保障部门负责工伤保险的运作管理，对安全事故的认定查处预防等工作主要由安全生产监督部门负责，这就造成工作上的不衔接和重复劳动。比如，安全生产监督管理部门本来对事故性质已经做出认定，但是劳动部门在进行保险理赔时仍要重复鉴定，浪费了行政资源。操作不符合市场规范，基本上是行政动作，保险机构成了政府机关。而国际上都是采用市场运作的模式，不论是德国的同业工会模式还是美国的保险公司模式。由于是行政机关操作，投保好像是政府收费一样，造成工伤保险覆盖范围窄。投保对象主要集中在国有企业，而对安全生产工作相对薄弱的中小型企业，特别是集体企业、民营企业和危险性较大的企业覆盖率较低，这些企业发生事故后，往往是政府承担无限责任，没有充分发挥出工伤保险的社会保障作用。

---

① 刘钧．社会保障理论与实务．北京：清华大学出版社，2005. 292

5. 在职业病方面还缺少规范的管理，劳动者的合法利益没有得到有效的保障

由于少数外资企业将危害因素转嫁和一些合资、乡镇及私营企业对职业危害的疏忽管理，职业病的发病率呈现出上升的趋势。另外，在职业病的诊断中也存在不少问题，例如，一部分企业为逃避所应承担的责任，拒绝患职业病的劳动者的诊断要求或拒不承认已确诊的职业病；许多新发现的严重职业危害没有列入职业病名单，从而无法做出职业病诊断；广大流动人群的职业病诊断受到当地职业病诊断规定的限制，诊断往往不规范，存在误诊、漏诊的现象。

我国社会经济发展在各地区之间极不平衡，面对经济全球化的挑战和中国加入世界贸易组织后迫切需要建立一个统一的、规范的、科学的、具有强制性的工伤保险制度，及早实现与国际社会保障发展制度的接轨。因此，我国的工伤制度还有待进一步的改革，朝着工伤赔偿、工伤预防以及康复工作的全面发展的方向前进，真正保障劳动者的合法权益，促进社会的和谐发展。

第三节 工伤保险争议处理

工伤保险争议也叫工伤保险待遇争议。工伤保险争议涉及的关系非常复杂，包括社会保险经办机构、劳动能力鉴定机构、工伤认定机构、企业（或雇主）、工伤职工及其供养亲属、定点医疗机构、行政部门和职业康复机构等多方面。在工伤认定、劳动能力鉴定、工伤津贴、伤残待遇、残疾待遇、特殊员工的工伤待遇、工伤保险机构拖欠待遇支付等各个方面都可能发生分歧和争执。

1951 年颁布《劳动保险条例》之后，一旦发生工伤待遇由单位承担相关的工伤待遇认定和赔偿。1957 年 7 月劳动部颁布了《关于撤销劳动争议仲裁委员会的通知》，劳动仲裁程序便停止了运作，劳动争议诉讼制度也随之取消。在 20 世纪 80 年代之前，发生工伤事故的处理程序一般是：工伤—行政审查—落实待遇。职工因工致残后，通常能够按照《劳动保险条例》及其他相关政策落实工伤待遇。个别工伤职工因工伤致残的伤残等级、待遇标准等方面与用人单位发生争议的，一般通过行政申诉性的信访渠道解决彼此之间的冲突。然而，随着改革开放进一步深入，企业开始走向市场，逐步转变为独立经营的市场主体，工业化进程加快，工伤事故频发，工伤纠纷也越来越多，不仅新发生工伤的职工难以从企业尽快落实工伤待遇，部分经济效益差的企业，原有工伤职工的待遇也出现了危机。单纯依靠信访途径已不能妥善解决工伤纠纷，工伤职工的合法权益无法保障，需通过制度化的途径来解决工伤争议。1987 年以后，我国劳动争议制度得以恢复，包括劳动争议调解、仲裁、诉讼等程序。在我国根据《企业劳动争议处理条例》的规定，工伤争议中用人单位与其职工发生的纠纷属于劳动争议的范畴，各县、市、市辖区都设立了劳动争议仲裁委员会，由劳动争议处理机构解决

当事人之间的纠纷。这是因为职工的工伤待遇不少仍是由用人单位负担的结果。随着“企业保险”逐渐向“社会保险”发展，工伤待遇由社会保险经办机构负担后，工伤保险待遇享受者与社会保险经办机构之间的纠纷则属于行政争议的范畴。工伤保险争议分为劳动争议和行政争议两类，使现有的规章制度能够较好地处理工伤纠纷。

工伤保险争议涉及的关系较复杂，并且在多个方面都可能发生纠纷。为了更好地解决工伤保险争议必须理清工伤保险争议的类别。工伤保险争议主要有以下几种类型。

一、社会保险经办机构与用人单位之间的争议

社会保险经办机构与用人单位之间的工伤保险争议包括：审核、确定缴费费基的争议。工伤保险是由用人单位按照职工工资总额的一定比例缴纳的，由于用人单位与劳动者之间的劳动关系经常处于变动之中，工资总额也会因不同的时点而发生变化，社会保险经办机构与用人单位就费基的审核、确定存在潜在的争议。工伤保险费根据各行业的伤亡事故风险和职业危害程度的类别实行差别费率。行业工伤风险分类和差别费率由劳动保障行政部门根据工伤事故和职业病的统计及统筹费用进行测算，征求主管部门的意见后提出办法，经同级政府批准执行。工伤保险行业费率每几年调整一次。劳动保险行政部门对企业上一年度的安全卫生状况和工伤保险费用支出情况进行评估，适当调整企业下一年度的工伤保险费率，实行浮动费率。在这个环节上，社会保险经办机构和用人单位之间存在潜在争议的可能。另外，如果存在企业拖欠、拒绝缴纳工伤保险费等情况，社会保险经办机构与用人单位之间也会产生争议。

二、社会保险经办机构与工伤职工及其供养亲属之间的争议

社会保险经办机构与工伤职工及其供养家属之间在工伤待遇（如工伤津贴、伤残待遇、残疾待遇、一次性补偿待遇和定期补偿待遇等）标准上可能发生争议。工伤保险待遇会随经济的发展而根据有关的规定进行调整。在工伤保险待遇未及时调整的情况下，社会保险经办机构与工伤职工及其供养是家属之间也可能发生争议。

三、工伤认定机构与用人单位、工伤职工及其供养的家属之间的争议

目前，我国社会保险制度的建立仍处在劳动保险制度向社会保险制度的过渡

阶段，用人单位还承担着相当重的工伤保险待遇，是雇主强制责任的一种表现形式。用人单位为了免除或减轻工伤保险待遇的支付，自然希望工伤认定机构所作的工伤认定结论能够符合自己的意图，这样，工伤认定机构和用人单位之间就可能因工伤认定结论发生争议。对于工伤职工来说，如果工伤认定机构对其在工作中受到的人身伤害没有认定为工伤，那么该职工及其供养的家属不仅不能获得从工伤保险基金中支付的待遇，还将丧失向用人单位主张工伤保险赔偿的权利，他们的合法权益可能得不到保障，生活可能陷入困境。因此工伤认定机构与用人单位、工伤职工及其供养的家属之间也可能存在争议。

四、劳动能力鉴定机构与用人单位、工伤职工及其供养家属之间的争议

当职工由于工伤事故伤残后，由劳动能力鉴定机构对其劳动能力损失进行评价，确定残疾等级，按照残疾等级支付工伤保险待遇。劳动能力鉴定机构对受伤职工伤残程度所作的鉴定结论，决定着用人单位必须尽什么样的义务和工伤职工及其家属可以享受什么样的待遇。例如，1～4 级伤残等级的，工伤保险待遇由工伤保险基金支付；而 5～6 级伤残的，保留与用人单位的劳动关系，由用人单位安排工作，难以安排工作的，由用人单位按月发给伤残津贴，并且由用人单位为其按照规定缴纳应缴纳的各项社会保险费。工伤事故伤残等级越高，工伤职工及其供养家属所享受的工伤保险待遇就越高。因此，劳动能力鉴定机构与用人单位、工伤职工及其供养的家属之间也可能存在争议。

五、用人单位与工伤职工及其供养家属之间的争议

在社会保险制度改革之前，用人单位和工伤职工及其供养的家属之间的争议可以说在工伤认定、伤残等级评定、待遇标准等各个环节上都可能存在争议。随着工伤保险制度的改革的深入，用人单位与工伤职工及其供养家属之间的争议呈下降趋势。但是，《工伤保险条例》规定，不少工伤保险待遇仍由用人单位支付，用人单位与工伤职工及其供养家属之间不可避免地存在争议。

六、医疗机构、职业康复机构与社会保险经办机构、工伤职工之间的争议

工伤医疗机构在工伤职工的医疗康复中，就医疗标准、用药标准与社会保险经办机构、工伤职工之间存在可能发生的争议；职业康复机构与社会保险经办机

构、工伤职工就康复费用、康复条件、康复手段等都可能引起分歧和争执。

此外，在工伤保险登记、变更和注销手续的办理、查询缴费记录、办理待遇转移关系等方面，都可能发生争议。

自工伤保险制度改革以来，特别是新《条例》颁布实行后，处理工伤保险争议的方式逐渐向程序化、制度化方向发展，工伤当事人不再依赖信访渠道解决彼此之间的纠纷。目前已形成依靠行政复议、行政诉讼、劳动争议调解、仲裁和民事诉讼等法律程序处理工伤争议的格局。

(1) 行政复议。

1996年颁布的《企业职工工伤保险实行办法》第五十六条规定："工伤职工及其亲属或者企业，对劳动行政部门作出的工伤认定和工伤保险经办机构的待遇支付不服的，按照行政复议和行政诉讼的有关法律、法规办理。"从此，工伤职工与劳动行政部门就工伤认定而产生的争议，与社会保险经办机构就工伤保险待遇而产生的争议都纳入行政复议、行政诉讼的渠道。2001年5月颁布的《社会保险行政争议处理办法》将当事人之间就工伤保险待遇所产生的争议拿人行政复议程序加以解决。这是因为工伤认定一直是劳动行政部门负责，相应地认定结论自然被认为属于行政行为。

(2) 劳动争议仲裁。

职工在发生工伤后，如果权益得不到维护，可以向劳动争议仲裁机构申请仲裁。新《条例》第五十二条规定："职工与用人单位发生工伤待遇方面的争议，按照处理劳动争议的有关规定处理。"劳动仲裁制度在处理工伤争议中发挥了巨大的作用，在很大程度上维护了工伤职工的合法权益。

(3) 工伤争议的诉讼。

工伤争议的诉讼包括行政诉讼和民事诉讼两类。新《条例》第五十三条规定："有下列情形之一的，有关单位和个人可以依法申请行政复议；对复议决定不服的，可以依法提起行政诉讼：(一) 申请工伤认定的职工或者其直系亲属、该职工所在单位对工伤认定结论不服的；(二) 用人单位对经办机构确定的单位缴费费率不服的；(三) 签订服务协议的医疗机构、辅助器具配置机构认定经办机构未履行有关协议或者规定的；(四) 工伤职工或者其直系亲属对经办机构的工伤保险待遇有异议的。"工伤争议处理的另一类诉讼是劳动争议诉讼，属于民事诉讼的范畴。工伤争议当事人如对劳动争议仲裁部门的仲裁裁决不服的，可以向人民法院提起工伤诉讼。

➢本章小结

工伤是工业化的副产品，工伤事故及受到伤害的劳动者的增加，给家庭、企业和社会带来了严重的影响，因此，实行工伤保险是工业化国家义不容辞的职责。各国对工伤保险制度的建立一直予以高度重视。现代工伤保险制度经过长期的实践和改革，很好地保护了工伤职工的合法权益。工伤保险贯彻“补偿不究过失”的原则。从世界范围来看，工伤保险的类型有三种：雇主责任保险、工伤保险和混合型保险。本章主要介绍了工伤及工伤认定，我国的工伤保险制度及改革，工伤保险争议处理。

➤关键术语

工伤　职业病　工伤保险　补偿不究过失　工伤保险待遇　工伤保险争议

➤案例1　社会保险与商业保险之间的困惑

在依《工伤保险条例》为本单位所有职工缴纳了工伤保险费后，甲企业又向乙保险公司购买了雇主责任保险，每人每次责任限额为2万元。雇主责任保险条款规定，“在被保险人所聘用的员工，于本保险有效期内，在受雇过程中（包括上下班途中），从事与本保险单所载明的被保险人的业务工作而遭受意外或患与业务有关的国家规定的职业性疾病，所致伤、残或死亡，对被保险人根据劳动合同和中华人民共和国法律、法规，须承担的医疗费及经济赔偿责任，保险人依据本保险单的规定，在约定的赔偿责任限额内予以赔付。”在保险期间内，甲企业的职工丙因工受伤，甲企业为此向丙支付医疗费8 000元、去外地治疗的交通费和食宿费1 500元。其后，甲企业向乙保险公司索赔，要求乙保险公司赔偿其支付给职工C的医疗费和交通住宿费共9 500元。乙保险公司则主张甲企业应先向工伤保险基金索赔。双方因此发生争议，于是甲企业将乙保险公司诉至法院，要求乙保险公司根据雇主责任保险条款规定承担赔偿责任9 500元。

【讨论题】

应如何评价上述案例？究竟谁该胜诉呢？

➤案例2　A是工伤吗？

某市建筑工程公司高层建筑施工中发生高空坠落事故，一名员工从30米高处坠落在地死亡，施工工人A目睹事故惨状，精神受到了严重刺激，出现精神失常，经住院治疗未能痊愈，A亲属向当地劳动保障局社会保险处申请要求认定为工伤。经社会保险处调查查明A并非在工作中直接受伤导致精神失常，研究认定A不是工伤。

【讨论题】

你认为社会保险处所做的非工伤认定正确吗?

复习思考题

1. 为什么要建立工伤保险制度?
2. 工伤保险的定义、特点、类型和原则分别是什么?
3. 如何认定工伤?工伤保险待遇给付的内容有哪些?
4. 试述我国工伤保险制度的建立和改革。
5. 如何处理工伤保险争议?

第八章

其他社会保险

随着人类社会的发展，世界各国对于国民健康日益重视，并认为保证国民的健康是现代文明进步国家的基本职责和国民应享有的基本权利。生育社会保险将保证处在生育期的女职工的身心健康，补偿因繁衍后代中断劳动而失去或减少的收入。疾病保险制度能够保证劳动者的身体健康，促进生产的正常进行；能够保证劳动者的基本生活需要，解除劳动者的后顾之忧。死亡保险有利于减轻死者家庭的经济负担，有利于解除劳动者后顾之忧，激发劳动者的劳动积极性。

第一节 生育社会保险

一、生育社会保险的特点和作用

1. 生育社会保险的特点

生育社会保险，简称生育保险，是指在妇女劳动者由于生育子女而暂时丧失劳动能力失去正常工资收入来源时，由社会给予必要的物质帮助的制度。其目的是为了保证处在生育期的女职工的身心健康，补偿因繁衍后代中断劳动而失去或减少的收入。

由于妇女生育前后的历程有如患病过程，所以国际上不少国家都把生育保险与疾病保险归并为同一类保险项目。生育保险与疾病保险虽然都属于暂时丧失劳动能力的保险，但二者又有一定的区别。生育保险具有的主要特点是：

第一，生育引起的暂时丧失劳动能力属于正常的生理性改变，不是病理性改变，所以一般无需特殊治疗而重在休养与营养补充。因此，生育保险重在给予生育者足够的生育假期以保证其得到休养；同时，对生育引起的收入损失给予经济帮助，以保证生育者对生育带来的身体损失予以休养恢复。

第二，生育保险带有双重性质，既是为了维持妇女劳动者的劳动力简单再生产，又是为了保障劳动力的扩大再生产，即劳动力数量的增加。所以生育保险待遇较之其他保险待遇高。

第三，生育保险要受国家人口政策制约。我国一项长期的基本国策是“实行计划生育，控制人口增长，提高人口素质”，提倡晚婚晚育，少生优生，提倡每对夫妇只生一个孩子。因此，生育保险的对象只限于依法结婚并且符合国家计划生育政策规定的妇女劳动者，对于非婚妇女劳动者生育，不符合法定年龄的已婚妇女劳动者生育以及不符合国家计划生育规定的生育，一律不能享受生育保险待遇。

第四，生育保险的主要对象是已婚妇女劳动者。虽然生育子女是包括男性劳动者在内的整个家庭的事情，但一般只对妇女劳动者因生育造成的直接经济损失给予物质补偿。

第五，生育社会保险实行“产前与产后都应享受”的原则。妇女怀孕后，在临产分娩前的一段时间内，由于行动不便和预产期的迫近，已经不能工作或不宜工作；分娩以后，更需要一段时间的休假，一方面照顾婴儿，一方面恢复身体健康。所以，妇女劳动者的产假包括产前和产后两个阶段的假期。产假期间照发原标准工资。只有实行“产前和产后都应享受”的原则，才能更好地保护产妇和婴儿健康，达到生育保险的目的。

2. 生育社会保险的作用

（1）保证女职工的身体健康和本人劳动力的再生产。女职工在怀孕期间以及生育时，身体耗损很大，需要一段时间的休养和足够的营养补充。生育保险，一方面保证了女职工在生育期间得到及时的治疗和保健，使她们及时地恢复和保证身体健康；另一方面，通过给予带薪假期，保证了她们产前产后的基本生活和安心休养，保护了女职工的劳动力并保证了女职工的劳动力再生产。

（2）有利于优生优育，保证社会劳动力的扩大再生产。人类繁衍，世代延续，这是社会得以存在和发展的基础。生育保险，保证了下一代得到正常的孕育、出生和哺育，使下一代具有健康的体魄和正常的智力，这不但使劳动力数量的增加有了保证，而且保证了下一代社会劳动力素质的提高。

（3）有利于促进计划生育政策的推行。在我国，由于享受生育保险的对象只限于符合国家计划生育政策规定生育的女职工，所以生育保险还有利于贯彻我国的人口政策，促进计划生育政策的推行。

二、生育社会保险的内容及待遇标准

1. 生育社会保险的给付条件

（1）被保险人实际上没有收入。她在产假期间不再从事任何有报酬的工作，雇主也停发了她的工资。

（2）被保险人缴纳保险费的时间必须在规定标准以上。一般是在怀孕的 10 个月中缴费 6 个月，或者在生育前两年中有 10 个月的缴费记录。如巴西规定，被保险人必须在最近 12 个月内缴费；印度规定必须在最近 26 周内缴费 13 周；英国规定被保险人曾经缴足 26 周的保险费，她才能享领生育补助金。

（3）被保险人必须在产前达到一定的工作时间。例如，德国规定，参加保险 12 个月或在产前 4～10 个月中曾受雇，并在预产期前 6 周还在工作或特许停工者，才能领取生育补助。法国规定，享受生育补助金者，必须在产前 12 个月的头 3 个月内受雇 100 小时。比利时规定，被保险人必须在分娩前工作 120 天才有资格领取生育补助金。

也有少数国家取消了最低缴费和最低合格工作期限的规定，如东欧一些国家。瑞典则规定，新生婴儿的母亲恢复了工作，如果父亲停止工作在家照顾婴儿也可以领取生育补助金。

应该注意，生育社会保险一般限制在劳动妇女中实施。我国根据社会的发展和政策的需要，生育保险只限于达到结婚年龄、符合计划生育政策而生育的女职工。

2. 生育社会保险的给付

根据人体生理，妇女生育具有一定期限，一般在 15～45 岁，共计有 30 年的生育能力。但生育能力随妇女年龄的不同而有差异，15～20 岁的妇女，虽具有生育能力，但身体发育尚未成熟，所生婴儿多弱小并且死亡率高，对母体的损伤亦较大；25～30 岁的妇女身体发育健全，为生育力全盛时期，此时因母体健康，所生婴儿也强壮；35 岁以后，生育能力逐渐衰退。

各国生育保险待遇一般分为现金给付和医疗服务两种，现金给付多为一次性给付及短期生育补助金。医疗给付则对因生产引起的疾病，由指定医院或保险机构自设医院提供各项必需的医疗及护理等服务。

医疗给付即对产妇提供的助产医疗服务。通常包括：①一般医师治疗；②住院及必要的药物供应；③专科医师治疗；④生育照顾；⑤牙医治疗；⑥病人运送及家庭护理服务等。

现金给付包括生育津贴、生育补助费和看护津贴等。生育现金给付的标准，大多数国家规定为工资的 100%。给付期限通常为预产期前 6～8 周。有些国家另外还给付护理津贴，一般为前者的20%或25%，给付期限可达6个月或6个月以上。还有少数国家为新生婴儿购买日常用品，或发给购置婴儿用品的津贴。

英国规定，被保险人或其配偶缴纳保险费达26次以上的，可于产前11周起至产后7周止，每周申请生育津贴18.5镑，共18周。另外给付生育补助费25镑。德国对生育保险的现金给付的规定是，被保险人于产前6周及产后8周，给付100%的投保工资，每日最低给付3.5马克，最高25马克。如果无法按期申请领取的，可由疾病基金会一次性给付50～100马克的生育津贴。

三、我国的生育社会保险待遇及改革

1. 我国的生育社会保险待遇

我国党和政府一贯重视生育保险。早在1951年企业建立劳保制度时，就将生育保险和妇幼保健提上议事日程，从此，我国婴儿和产妇死亡率大大降低，新成长的一代青少年，其素质远胜于以往任何时代，这对于促进我国社会和经济建设起到了巨大的作用。

我国生育保险待遇，企业单位由《劳保条例》规定，国家机关和事业单位制定有单行法规，两者内容基本一致。根据《劳保条例》及其实施细则，以及新近颁布的《女职工劳动保护规定》的规定，生育保险待遇除实行免费医疗外，还包括产假、产假工资和生育补助金三项内容。具体给付如下：

（1）产假长度。女职工生育，假期长度为90天。其中，产前休假15天，如系难产，再增加15天，如系多胎生育，每多生育1个婴儿，增加15天。凡符合计划生育规定的晚育条件的，增加产假30～100天，具体天数由地方根据当地情况具体规定，并且，也给予男方7～14天的护理假。女职工怀孕流产，经医疗机构证明，也给予一定长度的休养期。

至于晚育，指的是适当推迟初育年龄。所谓初育年龄，是妇女婚后生育第一个子女的年龄。按中国计划生育政策规定，妇女22岁后结婚为晚婚，属鼓励范围，25岁后生育属晚育，也属鼓励范围。平均生育年龄越晚，两代人间隔越长。在平均预期寿命相同的情况下，生育的人口数目就会少些，而有利于控制人口。

（2）产假津贴。中国同其他国家一样，对生育假期的生育津贴按最高标准给付，即按相当于妇女产前的工资水平给付，而且规定，不得在女职工怀孕期、生育期、哺乳期降低生育津贴（即原工资），也不允许借故解除劳动合同。

怀孕女职工，在工作和劳动期间进行产前身体检查，应当算做工作时间，不允许任意折扣。有不满一周岁婴儿的女职工，其所在单位应当在每班劳动时间内给予两次哺乳时间，每次30分钟。多胎生育的，每多哺乳一个婴儿，每次哺乳时间增加30分钟。女职工劳动时间内的两次哺乳时间，可合并使用。哺乳时间在本单位内往返在途时间，亦应视为工作时间。

(3) 生育医疗费。女职工生育期间发生的一切与生育有关的医疗费用，包括检查费、住院费、手术费、接生费、药费，等等，一律按医疗保险规定对待，全部报销。其中，难产手术和接生费的个人负担部分应减轻。

(4) 独生子女补助。凡领到国家颁发的“独生子女证”的夫妻，从领证之日起直至独生子女成长到 14 周岁，每月应酌情给予独生子女补助，具体金额可根据各地生活费、物价水平，由当地社会保险机构规定。

为使人们对独生子女有个确切理解，有必要指出，只是下列情况才属独生子女范畴：第一，一对夫妇生育两个以上子女只存活一个；第二，再婚夫妇已有一个子女，再婚后不再生育；第三，一对夫妇只生育一个子女，不再生育第二个。

下列情况不属于独生子女：第一，只生育一次，但是双胞胎或多胞胎；第二，生育两个子女，其中一个送给别人抚养；第三，不能生育，但抱养了一个子女；第四，生育两个子女的夫妇，离婚后各带一个。

对于非婚生子女、早育，因为与人口控制政策完全违背，所发生的一切医费，包括妊娠、分娩等费用，一律由生育者自理。此外，也不提供任何生育津贴和优待。

但自愿绝育的情景与计划生育则不同。对自愿绝育，所花费的一切医费，一律由夫妇所在单位负责承担，其也构成生育社会保险的要素之一。

2. 我国生育社会保险的改革

(1) 生育社会保险制度中存在的问题。

第一，企业保险社会化和覆盖范围扩大化面临诸多阻力，扩面工作任重道远。1994 年颁布实施的《生育保险条例》(以下简称《条例》) 迄今已有十多年时间了，应当说生育保险法规在我国各大类社会保险法规中是出台和实施较早的，但是我国各地，生育保险却是普遍发展滞后的，许多地方到最近两三年之内才出台了有关的地方性实施细则。2001 年底全国参加基本养老保险和失业保险的职工人数分别达到 10 802 万人和 10 355 万人，参加基本医疗保险的人也有 7 629万人之多，而参加生育保险的职工仅为 3 455 万人，尚不及前几者的 1/2 到 1/3，而相当多没有参加生育保险的单位，仍由该单位负担支付生育待遇的责任，更有大量的中小企业，特别是私营企业，既没有参加生育保险，也没有给女职工生育待遇。造成生育保险覆盖面低的原因主要有：其一，部分大型、特大型企业不愿参加生育保险。其二，女职工少，特别是未生育女职工少的企业不愿加入生育社会保险。其三，部分中小企业、私营企业不愿为女职工生育提供保障。其四，法规不完善与建设滞后。1994 年出台的《企业职工生育保险试行办法》只是国家劳动部的部门规章，权威性不强，而且该办法并未对企业进入生育保险做出强制性规定及相关处罚规定，在目前尚无《社会保险法》和《生育保险法》等法律情况下，其实施效果无疑将大打折扣。在构建社会保障体系的过程中，各地普遍将养老、医疗、失业三大险种的构建作为当务之急，其次是工伤保险，而生育保险由于只涉及占职工很少比例的未生育女职工，再加上其给付是一次性的，其重要性似乎没有前几者那么明显，所以大都被排到最后一位，以重庆市为例，1998年国家关于基本养老保险制度的规定出台不到半年，重庆市就出台了实施细则，而1994年国家就颁布了生育保险条例，但重庆市到2001年才出台生育保险试行办法。

第二，保费费率偏高，生育保险基金结余较多，保费收缴困难，到账率低。生育保险条例规定企业缴费一般不应超过企业工资总额的1%。2001年全国平均费率仅为0.7%，而当年全国生育保险保费收入共计14亿元，而支出仅为10亿元，累计滚存21亿元，超收率达40%，这说明目前1%的保费费率标准偏高，有下调的空间。据1997年底27个省市统计数字显示，结余率最高的是青海省，达89%。结余率超过50%的有8个省，占统计省市的35%。1997年底基金滚存结余达7.5亿元。基金结余上涨的趋势，将严重影响生育保险改革工作健康有序的发展。1993年以来，基金结余情况如下：1993年期末结余0.7亿元；1994年1.4亿元；1995年2.7亿元；1996年4.9亿元；1997年7.5亿元。目前一些地方对费用收缴不进行科学测算与预测，也不遵守“以支定收，收支基本平衡”的原则，主观认为保费越多越好，导致企业负担过重，本来1%的费率上限标准就已偏高，而一些地方的费率则已超过1%，高的甚至达2%以上，致使一些企业抵制缴费，损害了生育保险的严肃性。目前保费收缴困难，到账率低还有其他诸多原因。一些女职工少的企业和集体、私营企业缺乏对生育保险的正确认识，而目前又缺乏明确的奖罚措施，导致企业拖欠保费严重；而一些企业效益不好，资金周转困难也是导致到账率不高的一个重要原因。

第三，执行中标准难统一，随意性大，管理操作难以规范。管理操作范围广、头绪多、一直是生育保险发展中的难点问题之一，也是生育保险能否顺利实施的关键，但目前在操作上存在着一些实际困难，影响其实施效果，由于规范性不足，或者损害女职工合法权益，或者给企业增加负担，或者使得管理层次加大。

虽然对生育保险保费的支付范围《条例》有明确的规定，但由于一些具体标准未细化，导致执行随意性大，典型的问题是《条例》规定女职工生育出院后，因生育引起疾病的医疗费，由生育保险基金支付，但问题是目前国家并未确定哪些病种由生育引起。在生育保险金的给付中，经办机构对生育费用与补贴的报销严加控制是必要的，但由于缺乏可操作的标准，导致在实际执行中惜赔行为严重，对一些合理的补偿要求以种种理由搪塞，将本应由社保机构承担的费用推回给企业承担。另外，按《条例》的规定，女职工的生育津贴应由生育保险基金支付，但目前各地在执行中要么将其推给企业承担，要么根本就没有这一支出项目，这无疑影响了企业的投保积极性，也影响了女职工的合法权益。因此各地方劳动局应会同卫生局制定一个可操作的标准，并建立医疗专家顾问组对某些疑难问题做出界定。

在生育保险的管理和监督方面，1994 年的生育保险条例做了原则性的规定，但在实际操作中行政监督与业务管理混为一体，导致监督失效，管理失控，其具体表现就是管理费用过高，基金使用失控。其对策应当是将具体经办机构与监管部门分离，将生育保险事务纳入社会化管理，这样既有助于基金的筹集，也有利于基金的运作与保值增殖，更有助于防范违规操作。

第四，生育医疗费用给付控制难。生育医疗费用的给付控制是目前矛盾比较集中而又最难解决的问题。由于目前的医疗体制很不完善，各类额外的医疗费用大幅增长，同时由于生育引起的疾病缺乏科学界定，导致各类检查费，手术费的花费难以控制，社会保障部门事实上很难对生育费用进行控制，所以有些地方将补偿性的生育费用支付变为定额支付方式，导致企业也要承担定额之上的费用，这违背了生育保险设立的初衷。如果控制过严，女职工的合理权益将得不到全面保障，而如果口子放得过宽，又将造成生育保险基金的大大超支，所以这是目前生育保险制度面临的两难问题。可以考虑从多方面加以控制。

由于试行办法中规定生育医疗费用全由生育保险基金支付，个人不付费，实报实销，导致不合理的医疗费支出大大增加，对生育保险基金造成巨大压力，可以参考国外经验和商业医疗保险的做法，由基金和个人分担医疗费用，比如妇女个人分担 20%左右，或在超过一定限额之后个人负担一部分，这一方面可以减轻基金压力，另一方面也有助于抑制生育费用上的高消费。

目前导致生育医疗费超支的核心原因在于医疗机构自身经济利益驱动所至，因此应重点加强对医疗机构的约束。可以采取以下方式：第一，招标签订定点医院合同数量适当加以控制，但也要有一定的数量以确保竞争。第二，拟订生育医疗费的最高限价。第三，由生育社保部门与医院直接结算费用。第四，制定有关费用标准和奖惩措施，对超标医院可以取消其资格，节约者可以给予一定比例的奖励。

由于生育医疗涉及到生育和医疗两方面，因此要明确区分带病生育和生育疾病，对非生育引起的医疗费用不能纳入生育保险基金报销。鉴于生育过程一般伴随着医疗行为，从便于管理的角度，可以参考某些国家做法，将生育保险和医疗保险合并管理，资金上可以分开，但诸如医疗监督等可以合并以减少管理成本。

（2）改革的总体目标。

改革的总目标是要围绕落实《劳动法》和《妇女发展纲要》，保障女职工合法权益，适应现代企业制度的需要，深化改革女职工生育保险制度。改革要将实施范围由国有企业扩展到城镇各类企业，同步将受保人群扩大到所有企业的各类劳动者；在条件成熟的地区还要积极吸纳个体经济从业人员参保。通过改革进一步规范生育保险制度的各项操作标准，保障女职工及时足额地享有生育保险各项待遇；要建立生育保险基金，扩大社会统筹覆盖面，逐步改生育保险企业管理为社会统筹管理；同时提高统筹层次，逐步实现在直辖市和地市级范围内统一保险项目、统一保险费率、统一支付标准；逐步统一全国立法，保证生育保险覆盖到城镇全体女性劳动者。改革的总原则是使新的生育保险制度具备立法稳定性、统筹互济性、支付可靠性和运行有效性。

(3) 改革遵循的主要原则。

为了确保生育保险事业的健康发展，改革必须遵循以下基本原则：

第一，保障生活，有利生产，兼顾公平与效率。建立生育保险的直接目的是保障生育女职工及其婴儿的基本生活，因而无论保障形式、制度设置或保障水平、筹资体制，都要以能够保证母婴基本生活，恢复和增进受保人身体健康为出发点。同时必须考虑到，经济发展是一切社会保险事业赖以存在的物质基础，经济的发展必须依靠提高效益完成，因而生育保险的发展要同我国生产力发展水平相适应，以促进社会和经济的综合效益为前提，服从经济建设这个中心。通过提供社会保险，实现社会公平，焕发妇女参与社会劳动的积极性，达到促进生产发展、提高效率和提高人口整体素质的目的。

第二，统一方针，统一决策，因地制宜，分级管理。生育保险是国家保护生育女职工合法权益，协调两种再生产配置比例的一项社会政策，必须由国家统一立法。鉴于现阶段沿海、内地，以及城市和乡村社会经济发展差别巨大，在改革步骤与发展速度上，应允许各地从实际出发，量力而行，或做迈大步、求突破的决策，或做迈小步、不停步的决策，切忌事无巨细都由国家大包大揽。要注意集中各方思维，发挥各级工会、妇联等组织、社区服务以及家庭保障的补充作用；考虑到生育保险在保障对象、实施方式、资金来源、待遇标准和享受条件等方面的个性，生育保险工作应建立中央和地方职责分工明确、立法权限清楚、法规体系相互配套、与社会保障总体工程协调结合的分级管理体制。

第三，远近结合，全面规划，坚持区域覆盖，加快社会化进程。生育保险的建设，涉及劳动、人事、卫生、计生、财政、税务、统计、审计、银行、工会、妇联等多个部门，是一项综合工程。必须从提高整体效应出发，坚持科学性、严肃性、安全性、效益性原则，针对现实中具有关键性、要害性、全局性的基本保障水平和筹资管理体制问题，坚持按属地组织实施的原则，突出重点，着眼全局，统筹各方，制定可持续发展规划，以保证改革沿着有序前进的方向发展。逐步提高区域覆盖率和基金统筹率。逐步取消由企业支付部分生育保险待遇的中间环节，实现社会保险机构直接对医院结算生育保险医疗保健费用，并直接对生育女职工或其委托人支付生育津贴等待遇。

第四，加强立法建设，带动改革前进。党的十五大已经站在世纪之交的纵横点上提出了到2010年的两个时间表：一是“形成比较完善的社会主义市场经济体制”，二是“形成有中国特色社会主义法律体系”。这说明，市场经济就是法制经济，当法制健全之时，也就是市场经济成熟之日。生育保险改革已开展了十几年，积累了较为丰富的试点经验和立法实践，为此，可以设想，生育保险的深层次改革应该进入以立法带动改革发展的阶段。随着《生育保险条例》的制定被摆上日程，立法的指导思想正在由保护改革的经验成果向超前立法的方向迈进；随着改革的不断深入，用立法来引导改革、推动改革和保障改革应该成为今后生育保险改革的主要形式。

第五，强化全体公民的生育保险意识。受中国超稳定结构的影响，传统生育决策观念在今后一个时期内仍然是生育保险快速发展的一大阻力，为此要动员全社会力量，加强理论普及教育，结合养老保险改革及家庭人口微型化趋势，破除生育是家庭私事、妇女个人私事等陈规陋习，通过开展全方位、多层次、多形式的宣传教育和社会服务活动，扩大人民群众的参与范围，提高参与度，转变社会对生育价值的认识，为生育保险事业的发展廓清雾障。

(4) 改革的主要措施。

第一，生育保险待遇保障水平要符合国情。中国从20世纪50年代初创建生育保险制度至今，在保障形式上做了很大的调整，这是适应我国经济发展的选择。我国目前的生育保险制度，基本上与国际标准接轨。我国经济发展水平与发达国家相比还有一定的差距。生育保险应该以保障职工的基本生活和基本医疗服务为原则，切忌不合实际的大包大揽，过高地追求保障水平和医疗消费，而忽略用人单位的承受能力，造成生育保险基金在运作方面的难度。基金在支付产前检查费、接生费、手术费、药费，以及生育引起疾病、计划生育手术等费用之外，再支付奖励假期费用，会导致提取比例增高，使一些效益不好的企业难以参保。另外，在医疗费用的支付方面也要严加控制，抵制不合理开支，保障基金的良性运转。一些地区由于支付过高的医疗费用和提供过长期限的生育津贴，出现了基金不够用的情况。社会保障界的专家认为，医疗费用大幅度增长、诊疗项目和用药范围不规范，以及过长期限的生育津贴支付是生育保险基金超支的主要原因。生育保险的保障水平一定要适应我国的基本国情，要研究制定可行的生育保险待遇标准以及生育医疗费用结算办法，以保证生育保险有序、健康、稳定地发展。生育保险待遇水平应该根据本国的经济发展情况确定，即生育保险待遇的支付标准要与国家的财力、物力、能力相适应。在我国，尤其应该注意这一点。人口多、底子薄，各地区经济发展不平衡，这是我国的基本国情，也是发展生育保险事业的立足点。在制定生育保险发展规划上，应从国民经济发展的实际出发，以保障基本生活为目标，随着社会的发展，逐步进行调整。

第二，规范生育保险费用结算办法。生育保险基金支付方式多样化，是生育保险发展的难点之一，也是生育保险能否顺利实施的关键。各地由于生育保险发展不平衡，在基金提取办法、支付方式、享受条件、待遇水平等方面存在很大差异。特别是由于经验不足和习惯势力的影响，部分地区的生育保险处于随意性强、规范不足的状态，许多管理办法没有长远通盘考虑，既造成损害职工的合法权益，又增加企业的负担，给改革带来阻力，这也是生育保险发展的“瓶颈”。专家认为，为了更好地保障女职工的权益，使其依法享受生育保险待遇，当前必须在以下几个方面下工夫：一是要规范生育保险的待遇支付标准，明确生育职工应该享受的具体内容；二是要将生育保险孕产期诊疗项目课题研究成果运用到实践中，保障生育女职工得到科学、合理的医疗服务；三是要加快研究制定生育保险费用结算办法，控制生育医疗费用的不合理开支；四是要制定符合实际的生育津贴支付的标准，保障生育职工的基本生活。目前，国际上采用的结算办法有按病种付费、按项目付费、按人头付费等，虽然每种结算办法各有优点，但也存在不同的缺憾。因此，摸索出一条适合我国生育保险医疗费用结算办法应该是今后发展的趋势。此外，生育保险在规范管理方面，还要加强生育保险基金的监督和审计工作，保证基金专款专用。同时要逐步引进现代化管理手段，提高工作效率，降低管理成本，合理运用基金，并保证用在参保职工身上。

第三，加快生育保险立法步伐。加快生育保险法制建设步伐，是生育保险顺利实施的保证。从世界范围看，无论是第一个实施社会保险的德国，还是将社会保险推向新阶段的美国，都是通过立法来建立和实施社会保险的。现阶段我国生育保险的法律制度尚不健全，原劳动部颁布的《企业职工生育保险试行办法》已不适应当前“五保合一”，城镇企业、机关、事业单位和农村社会保险“四位一体”以及社会保险逐步要走向统一规划、统一实施、统一制度、统一管理的新格局。其一，制定统一的生育保险规章是依法治国的必然要求。生育保险是关系职业妇女生理、心理和身体健康正常发展并提供保障的一项社会政策。它维系人口素质的提高，反映社会文明程度的水平。我国生育保险改革已经经历了10多个年头，初步形成了一套比较完整并经实践证明行之有效的政策措施、管理方法和规章制度，需要用法律的形式固定下来，使之长期坚持并不断充实完善，以巩固和发展改革成果。其二，生育期间的待遇保障水平与经济发展速度相适应需要用法律的形式确定下来。机关、事业单位的生育保险政策也需要予以明确。现阶段国家机关、事业单位以及部分企业的生育保险待遇中的医疗费用，从公费医疗或劳保医疗费中开支。为了使我国医疗保险事业适应经济的发展，国务院1998年下发《国务院关于建立城镇职工基本医疗保险制度的决定》（以下简称《决定》）之后，城镇所有用人单位，包括企业（国有、集体、外商投资及私营企业等）、机关、事业单位、社会团体、民办非企业单位及其职工的医疗保险制度都进行了改革。但是，在《决定》中没有涉及生育保险有关医疗费用的内容。这部分人员的生育保险待遇如何享受，应通过立法予以规范和明确。其三，享受生育保险是劳动者的基本权益，应由国家通过立法在制度上予以保障。当前在国家经济体制改革的大背景下，需要通过专门立法来界定和明确劳动者在生育问题上的权益和义务。地方法规虽然对此作过规定，但存在不足，亟待完善。其四，生育保险法规是规范和保障生育保险行政管理部门及其工作人员依法行政的依据。依法行政是依法治国的一方面。《劳动法》等有关法律的出台，以及群众法律意识的提高，客观上对政府依法行政提出了更高的要求，需要用法律规范生育保险管理活动，使一些地方生育保险行政执法的随意性得到约束。在生育保险管理方面存在的一些部门相互交叉甚至越权的现象，仅靠工作协调是难以奏效的，对生育保险稳定发展极为不利，只能通过法律明确主体、客体的责任，才能规范生育保险管理行为和管理职责。其五，需要为地方生育保险立法提供依据。社会保险是由国家法令规定保护劳动者权益的社会政策，是中央和地方政府集中领导的政府行为，并以国家为实施主体，社会保障机构组织管理的系统工程。因此，政策性强，涉及面广，社会影响大。生育保险的重大政策，应由国家统一规定，而地方法规只能从当地实际出发依据国家规定来制定，这样才能保证全国生育保险制度的统一、平衡、完整和规范。

总之，生育保险的深层次改革必须把握大局，贴近企业实际，以制度创新为核心，强化服务，务实创新。

第二节 疾病社会保险

一、疾病社会保险的特点和作用

1. 疾病社会保险的特点

疾病社会保险是国家、企业对职工因病（含非因工负伤）暂时丧失劳动能力时，给予必要物质帮助的一种社会保险制度。

疾病保险实行较早，目前世界上共有 85 个国家建立了这项社会保险制度。在性质上，疾病保险是指一般疾病，发病原因与劳动无直接关系，因此它属于福利性质和救济性质的社会保险。实行疾病保险的目的在于使劳动者患病后尽快康复，恢复劳动能力，重返生产和工作岗位，因此属于维持劳动力简单再生产的范畴。

疾病社会保险由德国于 1883 年创立，是德国社会制度中最早立法的险种。近年来，随着社会的发展和卫生教育事业的进步，人们对处理疾病影响问题的观念有了改革。多数人认为：事先的预防胜于受害后的治疗，因而从个人身体的病害转而注重环境与工作场所的卫生，由治疗而转向保健。这种观念的变化逐渐体现在社会保险中。现今各国制定的社会保险法规中，一般称疾病保险为健康保险。也有些国家命之为国民健康保险，旨在使健康保险的利益造福全体国民，如英国实施的国民保险制度、日本实施的国民健康保险制度。疾病社会保险具有以下特点：

(1) 疾病保险的享受条件，必须以疾病所致的丧失劳动能力为先决条件，即在劳动者患病造成身体抵抗力减弱，人体内生理上发生异常变化，导致劳动能力部分或全部暂时丧失的条件下，疾病社会保险就给予必要的帮助。

(2) 疾病保险的发病原因与劳动没有直接关系，即生产过程中与职业因素相联系的职业病不在疾病保险承保的范围。

(3) 疾病保险的目的，是从解除劳动者因患病而造成的经济困难，维持其基本生活需要这一点出发，以求达到其身体尽快恢复健康，恢复原来正常的生产和工作能力，保证社会经济机体的正常运行，促进社会秩序的安定。

(4) 疾病保险只限于产生劳动关系的单位中实行。

2. 疾病社会保险的作用

建立疾病保险制度具有重要作用：

(1) 保证劳动者的身体健康，促进生产的正常进行。劳动者患病，本人身心受到一定痛苦，一个单位如果患病率过大，延续的时间过长，也会使生产受到影响。实行疾病保险，可以保证劳动患病后能够及时治疗，解除病伤带来的痛苦，减轻劳动者医疗费的负担，使劳动者早日恢复健康，保证生产的正常进行。

(2) 保证劳动者的基本生活需要，解除劳动者的后顾之忧。劳动者主要靠劳动报酬，维持其本人和家属的基本生活，而健康的体魄是劳动者取得劳动收入的基本前提。劳动者患了病，就不能参加劳动和工作，也就不能通过劳动取得报酬，以满足本人和家属的基本生活，他们的生活就会发生困难。实行疾病保险，不但给患病的劳动者以及时治疗，而且对其停工治疗期间的基本生活给予保障，使他们的基本生活需要得到满足。这样就解除了劳动者的后顾之忧，有利于稳定劳动者的劳动情绪，调动劳动者的积极性。

要使疾病保险的上述两个作用很好地发挥，建立这项保险制度时，要注意以下几点：

第一，疾病保险待遇的水平，要能保障劳动者及其家庭的基本生活需要，使劳动者得以安心休养。如果劳动者患病期间得到的疾病保险待遇过低，连基本生活都难以维持，患者迫于经济压力，就会带病上班工作，导致病情加重，甚至发生生命危险。这样就达不到社会保险的目的。

第二，短期疾病保险待遇的确定。要于生产有利，做到劳动与不劳动要有所区别。劳动者在患病期间不能从事生产劳动，不但不能给国家和单位创造财富，而且还要增强国家和单位的负担。因此，在制定疾病保险待遇时，要兼顾国家、集体和个人三者利益。既要能够保障患病的劳动者的基本生活，又要有利于生产。病假待遇应该低于劳动者的基本工资。另一方面，还必须看到，社会主义阶段，人们的思想觉悟还不够高，劳动还是一种负担。如果劳动与不劳动在病假待遇上没有差别，规定不合理，就会使一些觉悟不高的人"小病大养"。从而影响团结，影响其他劳动者的积极性，给生产带来损失。

第三，长期疾病保险待遇的标准，要低于相应的退休待遇标准。否则不利于动员长期患病职工中符合退休条件的退休。

二、疾病社会保险的内容及待遇标准

1. 疾病社会保险的给付条件

（1）被保险人必须患病失去工作能力，并停止工作进行治疗。这一点可以由医生证明。

（2）被保险人患病时已从事有收入的工作，并且因工患病而又不能从雇主方面获得正常工资或病假工资。

（3）有的国家规定，被保险人必须缴足最低期限的保险费。如巴基斯坦规定，被保险人必须在6个月之内缴纳90天的保险费才能享受疾病保险。又如，英国规定，被保险人在生病前的头一年要缴足50周的保险费及本年内26周的保险费；智利规定，被保险人必须参加保险满半年，并缴足13周的保险费。

（4）也有一些国家规定了最低工作期限。如法国规定，被保险人在受益前3个月之内，必须工作满200小时，如享受延长给付时，则应具有12个月保险期，并在此之前工作800小时或在病前12个月内非自愿失业。

（5）少数国家规定，被保险人事先必须获得基金会会员的资格，才能享受疾病保险给付。如卢森堡规定，被保险人在享受疾病保险给付前必须参加基金会6个月以上。

（6）关于等待期，即在规定期间不给付疾病补助，如果病期较长，规定期间未发给付也补发。1967年国际劳工大会通过的《医疗护理与疾病津贴或公约》规定，等待期不得超过3天。一些国家规定的等待期为2～7日，相当多的国家则没有等待期限制。

关于缴纳保险费的规定，其目的在于使被保险人享领的给付，至少有一部分系自己所缴的保险费，以减轻国家负担。而关于等待期的限制，目的主要在于减少工作量，省去核实病情所花费的人力、财力及时间，从而节约费用开支。

2. 疾病社会保险的现金给付

按照各国的通例，疾病保险的给付包括现金给付和医疗给付两种。现金给付中，又可分为疾病给付、残废给付和死亡给付。

(1) 疾病现金给付。疾病现金给付中，许多国家的法令规定有等待期制度。如英国和德国都规定，给付从被保险人不能工作的第4天算起；法国则规定从不能工作的第6天算起，但如果被保险人有未成年子女三人以上者，可以从第4天开始受领疾病现金给付。

关于给付的期限。1883年德国疾病保险办法规定为13周，以后又普遍实行26周。1969年国际劳工大会规定：给付期不得少于52周，并对有希望治愈者继续给付。目前许多国家将给付期限延长至38～52周，最长有2、3年，也有一些国家甚至不规定给付期限。例如爱尔兰规定，最长给付52周，如果本人缴纳保险费156周（3年）以上的，则不再限制给付期限，可以一直发到病愈或保险人死亡为止。

关于给付的标准。一般为被保险人平均工资的50%～75%。国际劳工大会1952年规定：给付不得低于正式工人（包括供养妻子和两个子女）收入的45%。1969年又重新规定为原有收入的60%。也有少数国家规定为80%、90%，甚至100%的。英国采用均等给付方式：被保险人在患病时，每周除支付18.5英镑外，尚有扶养眷属的另再附加给付。此外，另有按所得比例给付方式，所得在30英镑之内者。每月给付1/3.30镑以上者，每周给付15%，最高可达所得的85%。德国也采用比例给付方式，被保险人患病时，前6周仍由雇主继续支付工资，从第7周起，由保险人给付投保薪资的80%，给付期限3年内以78周为限。西班牙规定，开始时发基本工资的60%，3周以后发工资的75%。意大利则规定，头20天发本人工资的50%，以后为本人工资的2/3。我国的《劳动保险条例》则规定："停止工作，连续医疗在6个月之内的，按其本企业工龄的长短，由该企业行政方面或资方发给病伤假期工资，其数额为本人工资的60%～100%；停止工作连续医疗期间在6个月以上的，改由劳动保险基金项下按月付给疾病救济费，其数额为本人工资的40%～60%，至能工作或确定为残废或死亡为止。"

(2) 残废给付及死亡给付。因疾病所致残废或死亡，给付情形与因伤害所致的残废或死亡给付大体一致。大多数国家规定，如果被保险人领取疾病现金给付已达到最高期限而疾病尚未痊愈时，现金给付可改为残废年金。我国《劳动保险条例》规定："工人与职员因病医疗终结，确定为残废，完全丧失劳动能力退职后，停发病假工资或疾病救济费，改由劳动保险基金项下发给救济费，其数额按下列情况规定之：饮食起居需要人扶助者为本人工资的50%；饮食起居不需人扶助者为本人工资的40%，至恢复劳动能力或死亡为止；部分丧失劳动能力尚能工作者不予发给。"

死亡给付有将给付范围扩大，将被保险人眷属包括在内的趋势，其给付金额约为被保险人的一半。

3. 疾病社会保险的医疗给付

由于各国的经济发展水平和医疗水平的不同，造成各国提供的医疗服务种类和水平的差别。一般来说，医疗服务至少包括各科的治疗、住院治疗及供应必要的药物。也有些国家提供专门人员服务（包括家中护理服务）和病人使用的辅助器。如墨西哥规定的医疗服务包括：普通治疗、专科治疗、产科护理、住院或疗养、药物、化验、牙科诊治和辅助器具。法国的医疗补助用以偿还被保险人及其家属接受医疗服务时所垫付的费用；医疗服务的范围包括普通治疗、住院、化验、药品、牙科治疗、产科护理、辅助器械、交通工具等一切必要的医疗服务。我国则规定："工人或职员在该企业医疗所、医院、特约中西医师处治疗时，其所需诊疗费、手术费、住院费及普通药费，均由企业行政方面或资主负担；贵重药费、住院的膳费及就医路费由本人负担，如本人经济状况确有困难，可由劳动保险基金项下酌予补助。"

关于医疗服务的期限，部分国家有限制。1952 年国际劳工大会公约认为，规定期限是必要的，同时认为，医疗期限应该放到最大限度，而且在规定医疗期限届满时，如需继续医疗，应该继续给予医疗。我国《劳保条例》规定："患病及非因工负伤的工人职员，应否住院或转院医治及出院时间，应完全由医院决定。"

关于医疗给付的范围，许多国家将被保险人的眷属纳入进来。如墨西哥规定，供养亲属医疗补助，与受保人相同；法国规定，被保险人及其配偶与 16 岁以下的子女，均可享受医疗给付，被保险人与其家属享受同等待遇。我国关于这一问题的规定是："工人与职员供养的直系亲属患病时，得在该企业医疗所、特约医院或特约中西医师免费诊治，手术费及普通药费，由企业行政方面或资方负担 1/2，贵重药费、住院费、住院时的膳费及其他一切费用均由本人自理。"

三、我国疾病社会保险的待遇及改革

1. 我国疾病社会保险的待遇

（1）企业职工病、伤津贴（病假工资或疾病救济费）标准。《企业职工患病或非因工负伤医疗期规定》（劳部发［1994］479 号）第 5 条规定："企业职工在医疗期内，其病假工资、疾病救济费和医疗待遇按照有关规定执行。"1953 年《劳动保险条例实施细则修正草案》第五章关于病假工资和疾病救济费的规定如下：

病假工资："工人职员疾病或非因工负伤停止工作连续医疗期间在 6 个月以内者，根据《劳动保险条例》第 13 条乙款的规定，应该由企业行政方面或资方按下列标准支付病伤假期工资：本企业工龄不满2年者，为本人工资的60%；已满2年不满4年者，为本人工资的70%；已满4年不满6年者，为本人工资的80%；已满6年不满8年者，为本人工资的90%；已满8年及8年以上者，为本人工资的100%。”

疾病救济费：“工人职员疾病或非因工负伤停止工作连续医疗期间超过6个月时，根据《劳动保险条例》第13条乙款的规定，病伤假期工资停发，改由劳动保险基金项下，按月付给疾病或非因工负伤救济费。其标准如下：本企业工龄不满1年者，为本人工资的40%；已满1年未满3年者，为本人工资的50%；3年及3年以上者，为本人工资的60%。此项救济费付至能工作或确定为残废或死亡时止。”

最低疾病救济费：“工人职员的本人工资低于该企业的平均工资者，领取疾病或非因工负伤救济费时，如其所得救济费数额低于该企业的平均工资40%，应按平均工资40%发给，但不得高于本人工资。”

(2) 国家机关工作人员的病、伤津贴（病假工资）标准。与企业职工比较，国家机关工作人员病假不论在6个月之内，还是超过6个月的，领取的都是病假工资。此外，机关工作人员享受病假工资的时间也不受医疗期的限制。对国家机关工作人员的病假期间的病假工资等待遇，国务院发布的《国家机关工作人员病假期间生活待遇的规定》(国发［1981］52号）规定为：

病假在6个月之内的病假工资：第一，工作人员病假在2个月以内的，发给原工资。第二，工作人员病假超过2个月的，从第3个月起按照下列标准发给病假期间工资：其一是工作年限不满10年的，发给本人工资的90%。其二是工作年限满10年的工资照发。

病假超过6个月的，从第7个月起按照下列标准发给病假期间工资：第一，工作时间不满10年的，发给本人工资的70%。第二，工作年限满10年和10年以上的，发给本人工资的80%。第三，1949年9月2日以前参加革命工作的人员，发给本人工资的90%。

上述三类人员中，获得省、市、自治区人民政府和国务院各部门授予的劳动英雄、劳动模范称号，仍然保持荣誉的，病假期间的工资经过省、市、自治区人民政府和国务院各部门批准，可以适当提高。

病假期间工资照发人员规定：1949年9月底以前参加革命工作的行政公署副专员及相当职务或行政14级以上的干部，1945年9月2日以前参加革命工作的县人民政府正、副县长及相当职务或行政18级以上的干部，1937年7月6日以前参加革命工作的工作人员，在病假期间工资照发。

工作人员在病假期间，可以继续享受所在单位的生活福利待遇。上述规定，国家机关所属事业单位参照执行。

(3) 执行现行病假工资或疾病救济费标准必须注意的界限。1995年8月4日颁发的《关于贯彻执行〈中华人民共和国劳动法〉若干问题的意见》(劳部发[1995] 309号)第59条指出:“职工患病或非因工负伤治疗期间,在规定的医疗期内由企业按有关规定支付其病假工资或疾病救济金,病假工资或疾病救济金可以低于当地最低工资标准支付,但不能低于最低工资标准的80%。”

2. 我国疾病社会保险的改革

疾病保险对保证广大职工的身体健康和正常生活,促进生产的正常进行曾起过积极的作用,但是随着形势的变化,也暴露出不少问题,需加以研究改革。主要问题是:给付标准规定不合理,短期病假工资待遇偏高,长期病假工资给付过低,产生小病大养等现象,这一方面挫伤了职工的劳动积极性,另一方面又不利于职工身体的恢复;病假工资给付条件上,档次划分过粗。另外,病假工资计算上,存在病假计算方法及病假工资计算基数规定不合理的问题。

目前,有些地方企业单位本着“利于生产,保证生活”的原则,做了些改革试验,其主要内容是:①提高享受最高短期病假待遇的工龄条件,把8年工龄给付100%的工资,改为20年或25年工龄给付95%或100%;②适当提高长期病假待遇,把40%~60%的疾病救济费,提高为50%~70%;③病假的计算方法,把连续病休6个月改为在1年或一定时期内把多次病休天数累积计算,以消除各种不正常情况。

鉴于病伤社会保险是临时性的社会保险事故,是短期社会保险金的支付行为,是非基金制的社会保险计划,所以,可以由国家对该项保险规定最低和最高标准,具体由地方政府自行规定,企业负责实施;也可以通过保险的办法,企业为职工投保,由保险公司负责实施。

由于疾病社会保险具有社会福利的性质,在制定疾病社会保险待遇时,应注意遵循以下原则:第一,疾病社会保险待遇要能保障职工及其家庭的基本生活,有利于职工安心养病。第二,短期疾病社会保险待遇要从有利于生产出发。劳动与不劳动要有区别。第三,长期病假待遇要有利于退休制度的贯彻执行。第四,疾病保险基金的筹集应采取“危险分担”的原则,即把一般保险的原理运用到疾病社会保险。

第三节 死亡社会保险

一、死亡社会保险的概念与作用

死亡社会保险,又称遗属社会保险,也称死亡保险,是指劳动者死亡后由国家和社会对死亡者本人的丧葬费用和其生前供养的直系亲属的基本生活给予必要的物质帮助的社会保险制度。但是也有不少学者认为，现行企业遗属补助制度本质上是一种特殊的社会救济制度，而不是遗属津贴或遗属保险制度。

人总是要死的，这是不可抗拒的自然规律。劳动者死亡率的高低，直接影响着社会劳动力连续再生产的正常进行。劳动者死亡对其家庭来说，是一个不幸事故，死者家属由此在精神上将受封极大的痛苦，在经济上将受到巨大损失。建立死亡保险，给依靠劳动者为生的配偶及未成年子女提供必要的物质帮助，从经济上保障他们的基本生活，从精神上给予安慰是非常必要的。建立死亡保险有如下重要作用：

（1）处理好死亡职工的后事，有利于减轻死者家庭的经济负担。劳动者在其辛勤劳动的一生中，将自身的体力和智力奉献给了社会和单位，为社会经济的发展做出了贡献。当其与世长辞后，社会和单位有义务以丧葬费、抚恤费等形式给予一定的物质帮助，以减轻死者遗属为处理后事所增加的经济负担，对其遗属在精神上以示安慰，使死者遗属切实体会到单位和社会的温暖，从而激励他们和社会其他劳动者劳动的积极性。

（2）建立死亡保险，有利于解除劳动者后顾之忧，激发劳动者的劳动积极性。建立死亡保险，妥善解决死者的后事，安排好其遗属的生活，特别是对遗属的抚恤，并做到随着社会经济的发展而不断提高，这就解除了劳动者的后顾之忧，从而稳定劳动者的劳动情绪，激励劳动者在能够劳动的时候，努力劳动，为社会多创造财富。

（3）对遗属抚恤有利于下一代的健康成长，促进劳动力的连续再生产。在实行按劳分配的条件下，职工供养的家属的生活是由劳动者取得的工资维持的，劳动者一旦死亡，其遗属，尤其是未成年的子女就会失去收入来源，生活就会发生困难。死亡社会保险的遗属抚恤，就为死者的供养直系亲属提供了一定的物质保障，使其基本的生活需要得到保障，使死者的下一代健康地成长，保证劳动力的连续再生产，使劳动力资源得到不断的补充。

二、死亡保险的内容及待遇标准

死亡保险待遇，包括两类死亡，一种是工业伤害造成死亡，即因工死亡而享受的社会保险待遇；另一种是非因工死亡而享受的社会保险待遇。后者一般要低于前者，因工死亡的社会保险待遇，包括死者的丧葬金和给予遗属抚恤金、丧葬金一般为死者生前1～3个月的工资额。抚恤金国际上有两种给付办法，一是一次性给付，如新加坡一次给付的遗属恤金相当于死者生前4～9年的工资额。二是定期给付，以死者生前最近几年的平均工资为计算基础，规定一个合理的百分比。通常，受供养的配偶享有占此项工资约30%～50%的抚恤金，受供养的未成年子女享有较低一些的抚恤金，从而死者遗属继续获得生存所需的收入，又保持了在业与不在业之间收入上的差距。非因工死亡的社会保险待遇除丧葬金外，遗属抚恤金一般采取一次性给付的办法。

在中国等社会主义国家，由于实行的是国家统筹式的社会保险，死亡社会保险待遇的水平取决于死者生前供养的直系亲属的人数，与后者成正比。在实行个人参加养老保险制度的国家中，却只有投保人投足了一定期限和数额的社会保险金后，他死后遗属才有权享受死亡社会保险待遇，较为鲜明地体现了社会保险中权利与义务对等的原则。

1952 年，国际劳工大会通过的《社会保障（最低标准）公约》（第 102 号公约），确立遗属保险为最主要的社会保障项目之一。1967 年国际劳工组织又制定和通过了《残疾、老年和遗属津贴公约》，遗属保险作为社会保障的基本项目受到世界各国的普遍重视。到 1999 年，全世界举办老年、残障和遗属保险的国家达 167 个。

三、我国死亡社会保险的待遇及改革

新中国成立后，我国政府于 1951 年颁布《劳动保险条例》，将死亡职工的遗属抚恤和供养纳入劳动保险范围，所需费用从劳动保险基金中列支。1957 年和 1964 年，内务部、财政部、国务院人事局就国家机关、事业单位工作人员遗属临时或者定期补助问题联合发出通知。文革中国家停止筹集劳动保险基金后，即改由企业支付。1980 年，民政部和财政部又联合颁布了《国家机关、事业单位工作人员死亡后遗属生活困难补助暂行规定》，要求国家机关、事业单位根据“困难大的多补助，困难小的少补助，不困难的不补助”的原则，给予遗属定期或临时补助。1994 年颁布的《中华人民共和国劳动法》又对遗属保险做了明确规定：劳动者死亡后，其遗属依法享受遗属津贴。

1. 我国死亡保险的待遇

我国死亡社会保险的待遇支付区分为三种情况：

（1）企业职工遗属保险待遇。第一，因工死亡或因工残废退休后死亡，发给相当于该企业职工平均工资 3 个月的丧葬费；并按其供养的直系亲属人数的多少，按月付给一定数额的抚恤金，供养 1 人，发给死者本人标准工资的 25%；供养 2 人为 40%；供养 3 人及 3 人以上者为 50%。如还有困难，可酌情适当补助。第二，非因工死亡、因病或退休后死亡，付给丧葬补助费，其数额为该企业平均工资的 2 个月；并按其供养的直系亲属人数的多少，由企业一次付给供养救济费。有供养直系亲属 1 人，发给死者生前 6 个月的标准工资；供养 2 人发 9 个月的标准工资；3 人及 3 人以上发 12 个月的标准工资。第三，企业职工供养的直系亲属死亡时也付给一定的丧葬补助费，为该企业月平均工资的1/3至1/2。

(2) 国家机关、事业单位和人民团体职工的遗属保险待遇。第一，因工死亡的保险待遇。职工因死亡后由其所在单位发给一定数额的丧葬费。标准由各省、自治区、直辖市人民政府确定；丧葬费包括装殓方面的服装、整容、遗体存放、运送、火化、骨灰盒及其存放费用等。对其供养的直系亲属发给一次性抚恤金，数额相当于死者生前20个月的工资。如其生活还有困难，可酌情补助。第二，非因工死亡的保险待遇。职工死亡后由所在单位发给一定数额的丧葬费。对其供养的直系亲属发给相当于死者生前10个月工资的抚恤金。如仍有困难，可酌情补助。

(3) 烈士遗属待遇为一次性抚恤和定期抚恤。一次性抚恤金发放标准，因战按烈士牺牲时工资水平发给40个月的工资；因公按烈士牺牲时工资水平发给20个月的工资。其中如立功和获荣誉称号的，增发一次性抚恤金。按荣誉称号授予单位的级别和立功的等级，增发5%～35%。

2. 我国死亡保险的改革

我国现行死亡保险制度存在着如下弊端：

(1) 制度改革相对滞后。我国从20世纪80年代起逐步改革了养老、失业、医疗和工伤保险制度，将这几项保险由企业保险转变为社会保险。遗属保险属于社会保险的一种，但改革明显滞后，目前只将企业离退休人员的遗属保险由企业保险改为了社会保险，而在职职工遗属保险至今仍由企业负责，已经对企业改革产生了较为严重的掣肘作用。

(2) 政策规定不符合现状。遗属抚恤的政策多形成于20世纪50～80年代，期间劳动制度已经发生了很大的变化，但政策调整始终没有跟上，如供养直系亲属的条件界定，过去规定死亡职工的母、妻未从事有固定报酬的工作的均列入供养范围，但随着就业形式多样化和收入多元化的形势发展，有固定报酬的工作已不能成为一个衡量标准。凡此种种都需要进行较彻底的改革。

(3) 未完全实行社会统筹，造成制度在执行过程中有失公平且引发矛盾。在遗属抚恤待遇的支付上，由于死亡离退休人员和死亡在职职工的供养直系亲属抚恤责任主体不一样，出现了在同一个企业中，在职死亡职工的遗属没有享受社会保险，而退休后死亡的遗属享受了社会保险，加上有的企业已经没有保障能力，在企业内部引发了较大的矛盾，一些重组和破产企业死亡职工的遗属领不到抚恤金，权益得不到保障。这类矛盾已经成为影响企业改革的焦点之一，也是群众上访反映最为强烈的问题之一。

(4) 缺乏社会化管理。一方面，死亡的在职职工遗属保险日常管理服务仍由企业承担，由于企业追求减员增效、降低管理成本，管理流于形式，甚至有的企业干脆不再执行政策，降低抚恤标准或一次性支付几个月工资后便不再支付抚恤金，使最需要救助的群体得不到保障。另一方面，还有一些地方由于管理不到位，已经不符合遗属抚恤条件的仍在领取遗属抚恤金，致使企业福利资金大量流失。

我国死亡保险改革的具体思路是：

（1）修订完善遗属保险法规政策。我国目前执行的各项遗属抚恤政策时间跨度长，多形成于计划经济时期，改革遗属保险制度首先要制定切合实际的政策，使遗属抚恤政策符合当前的实际。劳动保障部已做出规定，对因工死亡职工供养亲属的范围、领取资格出台了新政策，因病或非因工死亡职工的供养亲属的范围、条件界定也亟须重新调整。

（2）建立遗属保险基金。由于遗属抚恤需求的刚性和企业生存期限的不确定性，企业不可能也不应当承担抚恤的责任，因此遗属保险费用必须实行社会统筹。基金来源可以通过以下方式解决：第一，企业缴费，使基金有稳定的来源。建立遗属保险基金，不仅可以满足在职职工遗属抚恤支出，还可以将死亡离退休人员的遗属抚恤逐步从由养老保险基金支付改由遗属保险基金支付，从而减轻养老金确保发放的压力。第二，个人账户分摊抚恤费用。在职职工死亡后，个人账户中的个人缴费部分将由遗属继承。可以考虑有遗属抚恤需求的，其个人缴费余额分摊一部分遗属定期抚恤费用，以体现遗属抚恤的公平性。第三，养老保险基金划拨。在职职工死亡后，个人账户中的企业缴费部分将返回养老保险统筹基金，可以考虑划拨一定比例的资金补充遗属保险基金。第四，财政予以支持、补助。积极争取采取灵活的管理方式保障基金保值增值。在遗属保险基金支付困难时，由同级财政补助一部分，以体现政府的社会保障职责。

（3）实行社会化管理。企业今后只承担缴费义务，逐步将企业过去承担的在职职工遗属管理事务剥离出来，交还社会管理。劳动保障行政部门负责遗属保险法规、政策制定和监督检查。遗属抚恤金的支付由养老保险经办机构负责，资格认定及日常事务管理逐步纳入社区劳动保障机构的工作范围。

（4）逐步实现遗属保险的统一管理。可以结合实际采取分步走的办法，在改革遗属保险制度起步时，对当期发生的在职职工死亡的遗属抚恤纳入基金支付，对过去已经发生的抚恤在重新清理认定的前提下，分步纳入新的制度管理，一来可以对遗属抚恤的执行政策情况进行规范，二来可以做必要的基金准备。

➢本章小结

生育社会保险是指在妇女劳动者由于生育子女而暂时丧失劳动能力失去正常工资收入来源时，由社会给予必要的物质帮助的制度。其目的是为了保证处在生育期的女职工的身心健康，补偿因繁衍后代中断劳动而失去或减少的收入。生育社会保险是保证女职工的身体健康和本人劳动力的再生产，生育社会保险有利于优生优育，保证社会劳动力的扩大再生产，促进计划生育政策的推行。疾病社会保险是国家、企业对职工因病（含非因工负伤）暂时丧失劳动能力时，给予必要物质帮助的一种社会保险制度。建立疾病保险制度能够保证劳动者的身体健康，促进生产的正常进行；能够保证劳动者的基本生活需要，解除劳动者的后顾之忧。死亡社会保险，是指劳动者死亡后，由国家和社会对死亡者本人的丧葬费用和其生前供养的直系亲属的基本生活，给予必要的物质帮助的社会保险制度。建立死亡保险，处理好死亡职工的后事，有利于减轻死者家庭的经济负担；有利于解除劳动者后顾之忧，激发劳动者的劳动积极性；对遗属抚恤有利于下一代的健康成长，促进劳动力的连续再生产。

➢关键术语

生育社会保险　生育医疗费　疾病社会保险　最低疾病救济费　死亡社会保险

➢案例 1　谁应缴纳生育保险费?

某合资企业，按照省政府规定于 1997 年参加当地的生育社会保险，并按中方职工工资总额的 0.7%的比例按月向当地社保机构缴纳生育保险费。但是，企业自行规定按照每个职工月工资 0.3%的比例，向职工个人征收生育保险费。该企业职工认为，国家规定职工个人不缴纳生育保险费。因此，向劳动争议仲裁部门反映此情况，劳动争议仲裁部门与企业就这一问题进行协商。

【讨论题】

该企业向职工个人征收生育保险费违反国家规定，应由何部门裁决?

➢案例 2　职工住院治疗过程中的劳动关系争议

李某 1995 年 7 月大学毕业后到国有企业性质的 A 公司工作。A 公司经济效益很好，员工工资水平较高，1999 年又参加了城镇职工基本医疗保险，为所有员工按时足额缴纳了医疗保险费，因此李某对自己的工作一直比较满意。但天有不测风云，2000 年 3 月初，李某因患上了一场大病而住院治疗。住院期间，A 公司以已经为李某按时足额缴纳了医疗保险费为理由，停发了李某的工资，要求李某到医疗保险经办机构申请有关医疗待遇。6 月中旬，A 公司决定发给尚在住院的李某相当于 5 个月工资的经济补偿金并与李某立即解除劳动关系。李某认为公司侵害了其合法权益，委托代理人向劳动争议仲裁机构提出申请，请求劳动争议仲裁机构责令公司补发住院期间的病假工资，撤销解除劳动关系的决定。

【讨论题】

能否立即解除劳动关系？李某的医疗费用如何解决？

➢案例3 因工死亡的界定

赵某是山东省某矿业集团职工。2004年1月，赵某自费旅游期间，因交通事故死亡。赵某近亲属要求该矿业集团按因工死亡支付相关待遇，遭到拒绝。赵某近亲属提起劳动争议仲裁，在仲裁期间，通过向赵某近亲属讲解法律政策，同意该矿业集团按非因工死亡支付相关费用，通过调解解决了纠纷。

【讨论题】

赵某是否符合《工伤保险条例》？是否应当按照赵某非因工死亡来支付丧葬补助费及供养直系亲属生活补助费？

复习思考题

1. 简述生育社会保险的作用。
2. 生育社会保险改革的主要原则是什么？
3. 简述疾病社会保险的作用。
4. 疾病社会保险的给付条件是什么？
5. 简述死亡社会保险的作用。
6. 试述我国死亡社会保险改革的思路。

第九章

社会保险基金管理

社会保险基金是国家实施各项社会保险计划的专用基金。社会保险基金的构成包括养老保险基金、失业保险基金、生育保险基金、工伤保险基金和医疗保险基金。社会保险基金具有强制性、储备性和互济性的特点。社会保险基金在抵御社会风险，保证社会的安定，增强社会凝聚力，促进经济发展等方面发挥了积极的作用。应通过社会保险基金监督有效地制止和纠正违法、违规行为，增强社会保险基金管理运营机构的自我约束力。

第一节　社会保险基金的作用

一、社会保险基金的定义与构成

1. 社会保险基金的定义

社会保险基金是在社会经济生活中，国家为实施各项社会保险计划而预先建立起来的，用以保障受保人在年老、疾病、伤残、生育、失业时需要的专款专用基金。社会保险基金是参加社会保险制度的广大社会劳动者所创造的剩余价值的一种转化形式，是国家在国民收入初次分配中为劳动者建立的具有调剂、互助功能的专项基金。社会保险基金经办机构依照政府授权，对社会保险基金进行管理。社会保险基金主要包括养老、失业、医疗、工伤和女职工生育保险基金。目前，城镇企业养老保险基金和失业保险基金已在全国建立起来，医疗、工伤、女职工生育保险基金正在试点中。对社会保险基金这一概念的理解可以从以下几个方面来把握：

第一，社会保险基金是依据法律和国家政策规定设立的。社会保险制度作为现代国家的社会政策之一，其建立和实施具有鲜明的法律强制性特点；并受法律和政策的保护和监督。实施社会保险制度的国家，一般都从法律和政策上要求为该制度建立基金，并对基金的来源、筹集、管理及运作方式等做出种种法律规定，以确保社会保险制度的正常运行。

第二，社会保险基金的筹集管理机构，或是国家政府某一部门，或是国家特别授权成立的专门机构。这也是由社会保险制度的性质决定的。任何个人或私营机构不能，也无权筹建社会保险基金。也只有如此，社会保险基金才能被统一而有效地筹集并合理地加以运用。

第三，社会保险基金是一种专项资金，必须专款专用。社会保险基金建立的目的是保障劳动者遭遇劳动风险后的基本生活需要。就养老保险制度而言，劳动者在年老退休之前已经为国家和社会做出了很大贡献，由于不可避免的年老体衰和劳动能力的逐渐降低，他们不得不从工作岗位上退下来，与此同时，他们以前赖以维持生计的劳动收入也失去了。这时，他们就必须依赖国家的养老社会保险制度，或更确切地说，依赖养老社会保险基金获得生活来源。这既是他们的一项基本权利，也是国家和社会应负的义务。从这个意义上说，养老社会保险基金是广大劳动者年老丧失劳动能力以后的“活命钱”。正因为社会保险基金有如此重要的作用，它必须单独设立，并保证专款专用，任何机构或个人都不能任意挪作他用。

第四，社会保险基金是社会保险制度的物质基础。如前所述，社会保险制度建立的目的是保障劳动者遭遇劳动风险后的基本生活需要，而实现这一目的的关键是资金问题，这是不言自明的道理。没有或缺乏足够的资金，保障这些人员基本生活的目的便不可能实现。西方“福利国家”的社会保障制度，今天所出现的种种弊端，可以说主要与资金有关。也正因此，社会保险制度改革基本上是围绕资金问题进行的。社会保险制度要正常运行，发挥其应有的作用，必须有雄厚的资金作保证，缺乏这一物质基础，社会保险制度只能形同虚设。

2. 社会保险基金的构成

社会保险基金构成见图 9-1。

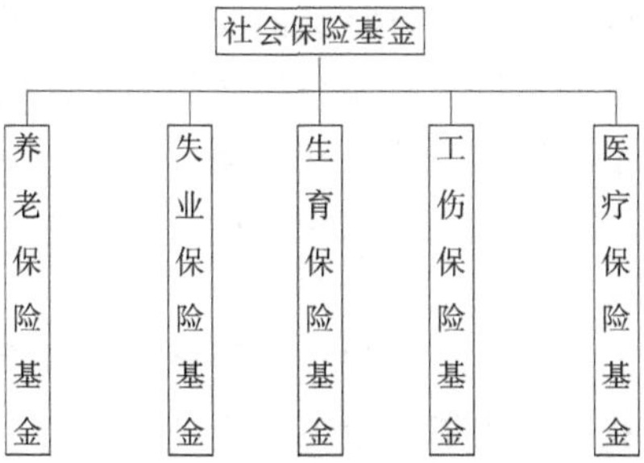

图 9-1　社会保险基金构成

二、社会保险基金的特点和作用

1. 社会保险基金的特点

（1）强制性。社会保险基金是依法强制筹集的，并严格按照法律的规定管理和使用。任何企业和个人都不能违反法律的规定，都不能强调自己的特殊性，躲避缴纳社会保险费的责任。由于社会保险基金直接关系到劳动者的切身利益，在基金的管理和使用上也必须排除各种干扰，严格按照有关的法律法规运行。

（2）储备性。基金为了能抵御风险，就必须未雨绸缪，要根据科学的方法，计算风险发生的概率，事前在资金上做好准备。社会保险基金一般分为积累型和现收现付型。积累型基金是为了应付那些发生概率很高的风险，如老年风险。绝大部分劳动者在年老丧失劳动能力退出劳动力队伍之后，都有相当长的时期处于没有劳动收入的状态。为了保证劳动者的老年生活，就必须事前有所积累。在一个国家面临人口老龄化时，这种事前的积累就更为必要。现收现付型基金主要是为了应付那些发生概率比较稳定的风险，如工伤风险。这种风险的发生概率是可以预测的，并且随着科学技术的发展和人们防范意识的提高，这类风险是可以逐步降低的，所以。这类保险基金应当采取“以支定收、略有节余”的政策。现收现付型基金并非完全没有积累，只是积累额较小，只应付短期发生的风险。

（3）互济性。互济是保险的一个重要特点，也是社会保险的重要特点，社会保险基金正是这种互济性的反映。特别是对某些社会保险项目而言，每个人发生风险的概率大不相同，但在基金筹集时并不考虑这种差异，而是按统一标准筹集。这样就会出现每个人享受的社会保险待遇不一定等于其对社会保险基金的贡献的情况。有些人的收益大于贡献，有些人的贡献大于收益，但在总体上，两者是平衡的，这就是保险的互济性。

2. 社会保险基金的作用

社会保险基金对于维持社会安定和经济的正常运行及发展有着重要的作用。主要体现在以下几个方面：

（1）增强抵御风险的能力，保证社会的安定。在市场经济条件下，无论是企业还是劳动者，由于竞争的加剧，在效率提高的同时，风险也增加了。社会保险基金的建立可以有效地抵御这些风险。在劳动者遭遇风险时，社会保险基金可以保障其基本生活，使社会免于动荡。当一个社会处于变革时期时，人们面临的风险在加大，社会保险基金的作用更为重要。

（2）发挥保险互济的作用，增强社会的凝聚力。风险是社会生活中经常遇到的，社会保险比个人自我储蓄更能有效地抵御风险损失，特别是当个人处于意想不到的风险时，社会保险比个人承担风险的能力大得多。在市场经济条件下，社会保险的互济性使人们在遵循市场经济的投入与收益对等的效率原则之外，又实现了相互帮助、相互关心、帮助弱者的社会公平原则。因此，社会保险的实施对增强社会的凝聚力是非常重要的。

（3）发挥基金的经济功能，促进经济的发展。发达国家的经验表明，社会保险基金在经济发生波动时可以起到缓解波动的作用，有利于经济的恢复。例如，如果没有失业保险基金，失业者就会立即失去劳动收入，购买力就会显著下降，这会给本已衰退的经济以更沉重的打击；而有了失业保险，劳动者在失业之后还可以有一定的收入用以维持基本生活，社会的购买力也不会受到太大的影响。同时，社会保险基金中往往有相当一部分是积累性质的，它并不需要立即支出。这些积累起来的基金对经济发展是十分重要的。特别是像我国这样的发展中国家，资金短缺是经济发展的瓶颈，运用好社会保险基金，不仅对社会保险事业本身十分重要，而且对经济的发展也会起到巨大的推动作用。

三、社会保险基金管理的任务和内容

为规范社会保险经办机构经办社会保险基金的财务行为，加强社会保险基金管理，维护保险对象的合法权益，根据国家关于社会保险的有关法律、法规，1999 年 6 月 15 日财政部、劳动和社会保障部印发了《社会保险基金财务制度》（财社字［1999］360 号），就境内社会保险经办机构（以下简称经办机构）经办的企业职工基本养老保险基金（以下简称基本养老保险基金）、失业保险基金、城镇职工基本医疗保险基金（以下简称基本医疗保险基金）等社会保险基金财务管理的内容做了全面规定。

1. 社会保险基金管理的任务和基本要求

（1）基金财务管理的任务是：认真贯彻执行国家有关法律、法规和方针、政策，依法筹集、使用基金；建立健全财务管理制度，努力做好基金的计划、控制、核算、分析和考核工作，并如实反映基金收支状况；严格遵守财经纪律，加强监督和检查，确保基金的安全。

（2）为保证基金的按时、足额收缴和支付，税务机关和经办机构根据工作需要有权按规定要求缴费单位如实提供用工情况、工资表、财务报表等与社会保险有关的原始资料和数据。

（3）基金纳入单独的社会保障基金财政专户（以下简称财政专户），实行收支两条线管理，专款专用，任何地区、部门、单位和个人均不得挤占和调剂。

（4）基金根据国家要求实行统一管理，按险种分别建账，分账核算，专款专用，自求平衡，不得相互挤占和调剂。

2. 基金预算

基金预算是指经办机构根据社会保险制度的实施计划和任务编制的、经规定程序审批的年度基金财务收支计划。

(1) 基金预算的编制。年度终了前，经办机构应按照财政部门规定的表式、时间和编制要求，根据本年度预算执行情况和下年度基金收支预测，编制下年度预算执行情况和下年度基金收支预测，编制下年度基金预算草案。

(2) 基金预算的审批。经办机构编制的年度基金预算草案，由劳动保障部门审核汇总并报财政部门审核，经同级政府批准后，由财政部门及时向劳动保障部门批复执行，并报上级财政和劳动保障部门备案。

(3) 基金预算的执行。经办机构要严格按批准的预算执行，并认真分析基金的收支情况，定期向同级财政和劳动保障部门报告预算执行情况。

财政和劳动保障部门应逐级汇总上报预算执行情况，并加强基金监控，发现问题应立即采取措施解决。

(4) 基金预算的调整。遇特殊情况需要调整预算时，经办机构要编制预算调整方案，由劳动保障部门报财政部门审核，经同级政府批准后，由财政部门及时向劳动保障部门批复执行，并报上级财政和劳动保障部门备案。

3. 基金筹集

(1) 基金按国家规定按时、足额地筹集。任何地区、部门、单位和个人不得截留和减免。

(2) 基金收入包括：社会保险费收入、利息收入、财政补贴收入、转移收入、上级补助收入、下级上解收入、其他收入。

社会保险费收入是指缴费单位和缴费个人按缴费基数的一定比例分别缴纳的基本养老保险费、失业保险费、基本医疗保险费等收入。

利息收入是指用社会保险基金购买国家债券或存入银行所取得的利息收入。

财政补贴收入是指同级财政给予基金的补贴收入。

转移收入是指保险对象跨统筹地区流动而划入的基金收入。

上级补助收入是指下级经办机构接收上级经办机构拨付的补助收入。

下级上解收入是指上级经办机构接收下级经办机构上解的基金收入。

其他收入是指滞纳金及其他经财政部门核准的收入。

上述基金收入项目按规定分别形成基本养老保险基金、失业保险基金和基本医疗保险基金等。

(3) 基本医疗保险基金收入按规定分别计入基本医疗保险统筹基金和医疗保险个人账户基金。

基本医疗保险统筹基金收入包括按规定应记入统筹账户的缴费单位缴纳的基本医疗保险费收入、统筹账户基金利息收入、财政补贴收入、上级补助收入、下级上解收入、其他收入。

医疗保险个人账户基金收入包括按规定应记入个人账户的缴费单位缴纳的基本医疗保险费收入、个人账户利息收入、转移收入等。

（4）实行经办机构征收社会保险费的地区，经办机构可以根据工作需要在同级财政和劳动保障部门共同认定的国有商业银行设立社会保险基金收入户（以下简称收入户）。

收入户的主要用途是：暂存由经办机构征收的社会保险费收入；暂存下级经办机构上解以及其他收入等。收入户除向财政专户划转基金外，不得发生其他支付业务。收入户月末无余额。

实行税务机关征收社会保险费的地区，不设收入户。

（5）税务机关或经办机构要定期或定额将征集的基金缴存财政专户。具体时间或额度由各省、自治区、直辖市自定。缴存时，须填制银行制发的进账单或划款凭证（一式多联），并填写收入项目和具体金额。各有关部门或机构凭该凭证记账。未按规定执行的，财政部门委托各开户银行于月末将全部基金收入划入财政专户。

4. 基金支付

（1）基金要根据社会保险的统筹范围，按照国家规定的项目和标准支出，任何地区、部门、单位和个人不得以任何借口增加支出项目和提高开支标准。

（2）基金支出包括：社会保险待遇支出、转移支出、补助下级支出、上解上级支出、其他支出。

社会保险待遇支出是指按规定支付给社会保险对象的基本养老保险待遇支出、失业保险待遇支出和基本医疗保险待遇支出等。

转移支出是指社会保险对象统筹地区流转而转出的基金支出。

补助下级支出是指上级经办机构拨付给下级经办机构的补助支出。

上解上级支出是指下级经办机构上解上级经办机构的支出。

其他支出是指财政部门核准开支的其他非社会保险待遇性质的支出。

上述基金支出项目按规定分别构成基本养老保险基金支出、失业保险基金支出和基本医疗保险基金支出等。

（3）基本医疗保险基金的补助下级支出、上解上级支出和其他支出在统筹账户中列支，转移支出在个人账户中列支。

（4）基本养老保险待遇支出包括：基本养老金、医疗补助金、丧葬抚恤补助费。

基本养老金包括基础性养老金，个人账户养老金，过渡性养老金和支付给《国务院关于建立统一的企业职工养老保险制度的决定》（国发 E1997）26 号，以下简称《决定》）实施前已经离休、退休和退职人员的离休金、退休金、退职金、补贴。

第一，基础性养老金是指按各省、自治区、直辖市或（市）上年度职工月平均工资的20％支付给《决定》实施后按照统一的企业基本养老保险制度计发待遇的退休人员的基本养老金。

第二，个人账户养老金是指缴费个人的个人账户储存额除以120支付给按照统一的企业职工基本养老保险制度计发待遇的退休人员的基本养老金，以及一次性支付给个人的个人账户储存额。

第三，过渡性养老金是指按规定支付给按照统一的企业职工基本养老保险制度计发待遇且在《决定》实施前参加工作、实施后退休的人员除基础性养老金和个人账户养老金以外的基本养老金。

第四，离休金、退休金、退职金、补贴是指按规定支付给《决定》实施前已经离休、退休和退职人员的生活费用和各种生活补贴、物价补贴等。

医疗补助金是指按规定支付给未实行医疗保险地区已纳入基本养老保险基金开支范围的离休、退休人员的医疗费用。

丧葬抚恤补助费是指用于已纳入基本养老保险基金开支范围的离休、退休、退职人员死亡丧葬补助费用及其供养直系亲属的抚恤和生活补助费用。

（5）失业保险待遇支出项目包括失业保险金、医疗补助金、丧葬抚恤补助费、职业培训和职业介绍补贴、国有企业下岗职工基本保障补助和其他费用。

失业保险金是指支付给失业人员在失业期间的基本生活费用。

医疗补助金是指按规定支付给失业人员在领取失业保险金期间的医疗费用。

丧葬抚恤补助费是指按规定支付给在领取失业保险金期间死亡的失业人员的丧葬补助费用及由其供养的配偶、直系亲属的抚恤金。

职业培训和职业介绍补贴是指按规定支付给失业人员在领取失业保险金期间接受职业培训、职业介绍的补贴。

国有企业下岗职工基本生活保障补助是指从失业保险基金中调剂用于进入企业再就业服务中心的国有企业下岗职工基本生活保障的支出。

其他费用包括农民合同制工人一次性生活补助金及国家规定的其他费用。农民合同制工人生活补助金，是一次性支付给合同期满不再续订或者提前解除劳动合同的农民合同制工人的生活补助费。

（6）基本医疗保险待遇支出项目按规定分别形成社会统筹医疗保险待遇支出和个人账户医疗保险待遇支出。

社会统筹医疗保险待遇支出是指按规定在基本医疗保险统筹基金支付范围以内，并在起付标准以上、最高支付限额以下由基本医疗保险统筹基金支付的医疗费支出。

个人账户医疗保险待遇支出是指按国家规定由医疗保险个人账户基金开支的

医疗费支出。

基本医疗保险统筹基金和医疗保险个人账户基金要划分各自的支付范围，不得相互挤占。

（7）经办机构在同级财政和劳动保障部门共同认定的国有商业银行设立社会保险基本支出户（以下简称支出户）。

支出户的主要用途是：接收财政专户拨入的基金、暂存社会保险支付费用及该账户的利息收入、支付基金支出款项、划拨该账户资金利息收入到财政专户、上解上级经办机构基金或下拨下级经办机构基金。支出户除接收财政专户拨付的基金及该账户的利息收入外，不得发生其他收入业务。

（8）经办机构要根据财政部门核定的基金年度预算及月度收支计划，按月填写财政部门统一印制的用款申请书，并注明支出项目，加盖本单位用款专用章，在规定的时间内报送同级财政部门。对不符合规定的凭证和用款手续的，财政部门有权责成经办机构予以纠正。财政部门和用款申请审核无误后，应在规定的时间内将基金从财政专户拨入支出户。具体时间由各省、自治区、直辖市自定。

5．基金结余

（1）基金结余是指基金收支相抵后的期末余额。基本医疗保险基金的结余包括医疗保险统筹基金结余和医疗保险个人账户基金结余。

（2）基金结余除根据财政和劳动保障部门商定的、最高不超过国家规定预留的支付费用外，全部用于购买国家发行的特种定向债券和其他种类的国家债券。任何地区、部门、单位和个人不得动用基金结余进行其他任何形式的直接或间接投资。

（3）基金当年入不敷出时，按下列顺序解决：

第一，动用历年滚存结余中的存款；

第二，存款不足以保证支付需求的，可转让或提前变现用基金购买的国家债券，具体办法由财政部另行制定；

第三，转让或兑付国家债券仍不能保证支付需要时，建立了基金调剂金的地区，由上级经办机构调剂；

第四，调剂后仍存在不足的，由同级财政部门给予适当支持；

第五，在财政给予支持的同时，根据需要按国务院有关规定报批后调整缴费比例，基本医疗保险基金在申请调整缴费比例之前也可经同级财政部门审核并报政府批准后，在国家规定的范围内，调整缴费单位缴纳的基本医疗保险费划入基本医疗保险统筹基金与医疗保险个人账户基金之间的比例。

6．财政专户

（1）财政专户是财政部门按照国务院有关规定设立的社会保险基金专用计息账户，在同级财政和劳动保障部门共同认定的国有商业银行开设。财政专户、收入户和支出户在同一国有商业银行只能各开设一个账户。

(2) 财政专户的主要用途是：接收税务机关或经办机构转入的社会保险费收入；接收税务机关或收入户暂存的利息收入及其他收入；接收基金购买国家债券兑付的本息收入、该账户资金形成的利息收入以及支出转入的利息收入等；接收财政补贴收入；接收上级财政专户划拨或下级财政专户上解的基金；根据经办机构的用款计划，向支出户拨付基金；购买国家债券；向上级或下级财政专户划拨基金。

(3) 财政专户发生的利息收入直接记入财政专户，支出户的利息收入从支出户定期转入财政专户。财政部门凭银行出具的原始凭证记账，同时，财政部门要出具财政专户缴拨凭证，并附加盖专用印章的原始凭证复印件，交经办机构记账和备查。

(4) 补贴收入由国库直接划入专户。财政部门凭国库出具的拨款单记账，同时，财政部门要出具财政专户缴拨凭证，并附加盖专用印章的原始凭证复印件，交经办机构记账和备查。

(5) 根据国务院批准或经财政部、劳动保障部决定从原行业统筹单位上缴中央财政专户结余中的补助地方基金，由中央财政专户直接拨付到省（自治区、直辖市）财政专户。各省、自治区、直辖市财政部门在收到款项时，要填制财政专户缴拨凭证，交经办机构记账和备查。

(6) 经办机构设立收入户的地方，在发生基金下拨业务时，根据经办机构的缴拨计划，财政部门应将基金从财政专户拨入同级经办机构的支出户，经下级经办机构收入户进入下级财政专户；在发生基金上缴业务时，财政部门应根据经办机构的缴拨计划，将基金从财政专户划入同级经办机构支出户，经上级经办机构收入户进入上级财政专户。

(7) 不设收入户的地区，在发生基金的上下级缴拨业务时，财政部门应根据经办机构的缴拨计划，将基金从上级财政专户直接拨入下级财政专户或从下级财政专户缴拨凭证记账。

(8) 财政部门应根据劳动保障部门提出的意见，在双方共同协商的基础上，及时将基金按规定用于购买国家债券或转存定期存款。财政部门凭银行出具的原始凭证记账，同时，财政部门要出具财政专户缴拨凭证，并附加盖专用印章的原始凭证复印件，交经办机构记账和备查。经财政部、劳动保障部共同研究确定的特种定向债券计划，要保证完成。

7. 资产与负债

(1) 资产包括基金运行过程中形成的现金、银行存款（含收入户存款、财政专户存款、支出户存款）、债券投资、暂付款项等。

经办机构和税务机关应认真做好现金的保管、押运、管理工作，建立健全现金的内部控制制度。现金的收付和管理，要严格遵守国务院发布的《现金管理暂行条例》。

经办机构应及时办理基金存储手续，按月和开户银行对账，同时，要做到经办机构、税务机关、财政部门定期相互对账，保证账账、账款相符。

用基金购买的国家债券应视同货币资金，由财政部门或劳动保障部门委托开户银行代为妥善保管，确保账实相符。

暂付款项应定期清理，及时收回。

（2）负债是指基金运行过程中形成的各种借入款项和暂收款项等。借入款项和暂收款项应定期清理，及时偿付。因债权人等特殊原因确实无法偿付的，经财政部门批准后并入基金的其他收入。

8. 基金决算

（1）年度终了后，经办机构应根据财政部门规定的表式、时间和要求，编制年度基金财务报告。财务报告包括资产负债表、收支表、有关附表以及财务情况说明书。

（2）经办机构编制的年度基金财务报告应在规定期限内经劳动保障部门审核并汇总，报同级财政部门审核后，由同级人民政府批准，批准后的年度基金财务报告为基金决算。

（3）财政部门应逐级上报审核汇总的本级决算和下一级决算。经办机构的年度基金财务报告不符合法律、法规规定的应予以纠正。

（4）各省、自治区、直辖市财政厅（局）将本级决算和下一级财政部门报送的决算审核汇总后报财政部，由财政部审核汇总后报国务院。

9. 监督与检查

（1）经办机构要建立健全内部管理制度，定期或不定期地向社会公告基金收支和结余情况，接受社会监督。

（2）劳动保障、财政和审计部门等要定期或不定期地对收入户、支出户和财政专户内的基金收支和结余情况进行监督检查，发现问题及时纠正，并向政府和基金监督组织报告。

（3）缴费单位未按规定缴纳社会保险费的，由税务机关或劳动保障部门责令其限期缴纳；逾期仍不缴纳的，除补缴欠缴数额外，从欠缴之日起，按日加收所欠款额2‰的滞纳金。

（4）下列行为属于违纪或违法行为：截留、挤占、挪用、贪污基金；擅自增提、减免社会保险费；不按时、按规定标准支付社会保险待遇的有关款项；未按时将基金收入存入财政专户；未按时、足额将财政专户基金拨付到支出户；其他违反国家法律、法规规定的行为。

（5）有上述违纪或违法行为的，应区别情况限期纠正，并做以下账务处理：

即时追回基金，即时退还多提、补足减免的基金，即时足额补发或追回社会保险待遇的有关款项，即时缴存财政专户，即时足额将财政专户基金拨付到支出户，国家法律、法规及财政部规定的其他处理办法。

（6）对有上述违纪或违法行为的单位以及主管人员的直接责任者的处罚，按照《中华人民共和国行政处罚法》《国务院关于违反财政法规处罚的暂行规定》《社会保险征缴暂行条例》等有关法律、法规执行；触犯刑律的，依法追究刑事责任。对单位和主管人员以及直接责任者处以的罚款应及时上缴国库。

10. 其他

（1）各省、自治区、直辖市经政府批准建立的工伤保险基金和生育保险基金，参照本制度执行。

（2）基金专用票据由省级财政部门统一印制。

（3）各省、自治区、直辖市财政厅（局）会同劳动保障部门根据本制度并结合本地区实际情况制定实施细则，报财政部、劳动和社会保障部备案。

第二节　社会保险基金的筹集

一、社会保险基金的筹集原则

社会保险基金是社会保险制度得以正常运行的支柱，而社会保险基金的筹集是能否形成可靠的社会保险基金的关键。因此，社会保险基金的筹集问题在社会保险中具有特别重要的地位。社会保险基金的筹集要遵循以下几项原则：

1. 确保社会保险制度正常运行的原则

社会保险基金的筹集，必须以保证社会保险制度的正常运行为基本出发点。因此，在基金来源渠道上应有多种准备，既要有在正常条件下的基金来源，又要有在特殊情况下的基金来源。在基金筹集量上，要把握“收支平衡，略有节余”的方针。这里讲的“收支平衡”，既指短期的收支平衡，也指长期的收支平衡。

2. 妥善处理积累与消费关系的原则

社会保险基金，特别是积累型的社会保险基金，涉及宏观经济中积累与消费的关系问题。积累的基金将一部分当前的消费推迟到未来，在宏观经济需求大于供给的情况下，较多的积累有利于缓解求大于供的状况；但是，在宏观经济供大于求的状况下，较多的积累则不利于经济的发展。因此，要根据经济发展的不同阶段和宏观经济的不同形势，科学地确定社会保险基金在国民生产总值中的比重，确定企业和员工社会保险基金的负担程度，这对于保证国民经济的正常运行是十分重要的。

3. 有利于资源有效配置的原则

社会保险基金是用于抵御风险的。但是，抵御风险的程度是可变的，如果追求完全消除风险，将风险的损失降低到零，那就可能付出极大的成本。如果将风险控制在可接受的程度之内，则成本也可以降低。经济学已证明，随着风险程度的降低，降低风险所需的成本将递增。成本实际上也是资源的一种表现形式，也就是说，如果我们将资源投入一种用途，就会失去将资源投入另一种用途所带来的收益。在资源有限的条件下，我们必须权衡资源的投入方向。所以，社会保险基金的筹集还取决于社会保险水平的确定。像我国这样经济发展水平不高的发展中国家，社会保险水平也不能太高。必须将发展经济放在首位，只有经济发展了，社会保障基金才有更可靠的来源。

二、社会保险基金的来源

从本质上讲，社会保险基金无论是采取必要劳动的形式还是采取剩余劳动的形式，都是劳动者创造的社会新增价值的一部分。从形式上看，社会保险基金主要来自三条渠道：企业缴纳；劳动者个人缴纳；国家财政资助。

1. 企业缴纳的社会保险费

这笔费用是企业人工成本的组成部分，是劳动者必要劳动的一部分，所以，社会保险基金水平越高，企业需要缴纳的费用就越多，企业的人工成本就越高。

在这种情况下，市场竞争中的企业就愿意尽可能地少使用劳动力，用资本替代劳动。特别是劳动密集型企业，其劳动成本在企业全部成本中的比重较高，企业用资本替代劳动的动力很大。而这种结果对于劳动力资源丰富、就业压力大的国家是十分不利的。因此，在劳动力资源丰富的发展中国家，社会保险水平不能过高。

2. 劳动者个人缴纳的社会保险费

这是社会保险基金的来源之一。从企业成本的角度讲，在社会保险费用负担率一定的情况下，无论是企业代员工缴纳社会保险费用，还是员工个人缴纳社会保险费用，实际支出是等量的，都是企业人工成本的组成部分，都不会改变劳动力市场上的劳动力价格。但是，个人缴纳社会保险费仍然有其独特的意义：第一，有助于社会保险互济功能的实现，特别是当按劳动者的工资收入的同一比率缴纳，工资收入高的人多缴纳，工资收入低的人少缴纳时，社会保险的互济功能就更清晰地体现出来了。第二，有助于基金的积累。劳动者个人缴费机制使每一位劳动者都更加关心社会保险基金的积累、运用和管理，容易形成人人监督的格局，有利于社会保险基金的良好运行。在实践中，社会保险的个人缴费往往与个人工资收入相联系，并且往往有最低缴费线和最高缴费线。设定最低缴费线是为了保护低工资收入者，因为同一缴费率看来似乎平等，但对于低工资收入者来说，他们每一分钱收入的减少对于他们已经很困难的家庭都会产生很大的影响。设定最高缴费线是为了保护激励机制。在市场经济条件下，劳动者的工资收入往往是其劳动贡献的体现。如果所有的劳动报酬都要按同一比率缴纳社会保险费，那么，劳动报酬越高，缴纳的保险费就越多，在达到一定水平后，由于缴纳的费用太多，劳动者的工作积极性就会下降。所以，在实践中，为了保护劳动者的劳动积极性，社会保险基金个人缴费部分往往确定个人缴费基数的上限，劳动报酬高过上限部分，就不再缴纳。另外，如果劳动者是按照缴费的等比例享受社会保险待遇的，那么，规定了个人缴费基数的上限，也就避免了高收入者享受过高社会保险待遇的可能性。

3. 国家财政资助

国家财政资助在社会保险基金中往往处于最终支持者的地位。国家财政资助在社会保险基金初建时期和社会保险项目遇到特殊困难的时期是最重要的。社会保险基金的初建时期，往往也是保险基金负担比较重的时期，国家财政的支持实质上是将国家积累的财富在使用途径上予以重新分配，将一些建设或发展的项目推迟，将资金用于缓解社会矛盾。社会保险基金虽然是未雨绸缪的积累，但有时会遇到超出预计的无法抵御的风险，从而造成保险费用入不敷出。在这种情况下，国家财政的支持就是必不可少的。例如，一些发达国家在经济衰退时期，曾多次出现失业人数迅速增加，失业周期加长，失业保险缴费相应减少，失业保险基金出现危机的情况。这时，国家财政为了缓解经济和社会危机，就需要进行支持，补贴失业救济基金。一般来讲，国家财政对社会保险基金的资助可以分为直接资助和间接资助两种形式。直接资助往往采取财政拨款、发行财政担保的社会保险债券等形式；间接资助是通过税收减免的方式给予资助。例如，对企业建立的各种补充保险项目在资金上免予征税，对个人参加各类自愿参加的社会保险予以个人所得税减免等。

还应当指出，社会保险基金的另一来源是基金的投资收益，也就是基金的增值部分。在有些国家，基金的增值已成为基金的重要组成部分之一。

三、社会保险基金的筹集方式

按照是否有基金积累、积累多少，社会保险基金的筹集方式可以分为三大类。

1. 统筹分摊方式

统筹分摊方式，也称为“现收现付社会统筹式”或纳税方式。这种方式以“横向平衡”原则为依据，先做出近年内需支付的保险费用的测算，然后以支定收，将这笔费用按一定的提取比例分摊到参加保险的各个单位。这种方式体现了社会保险互助互济的调剂职能，简便易行，也可避免物价上涨后基金贬值的危险，并具有通过再分配达到以公平为主导的特征。它是各国包括养老、医疗、失业等所有社会保险险种采用的传统的资金筹集模式。但由于只以现实收支为基础，对被保险者的权利义务关系缺乏数量上的长期规划，因此，当社会步入人口老龄化，就业的年轻一代所承担已退休一代人的保险费用逐年增加，提取比例不断上升之后，就会出现企业、国家负担过重的困境。

2. 预提分摊方式

预提分摊方式，也称“储备积累式”或全基金方式。这种方式以“纵向平衡”原则为依据，在对一些有关的人口健康和社会经济发展指标（如退休率、伤残率、死亡率、工资率、通货膨胀率等）进行宏观上的长期测算之后，将被保险者在享受保险待遇期间的费用总和按一定的提取比例分摊到整个投保期间，并对已提取而尚未支付的保险基金进行有计划的管理和运营。这种方式体现了社会保险的储备职能，使社会保险能有一个较为稳定的经济保证。但长期测算和科学管理有很强的专业性，难度较大，特别是对半途采用这种方式的国家，由于过去未提留积累，新建制度时势必面临偿还旧债和预筹新款的两方面压力。因为物价动荡，为避免保险基金贬值，许多国家不敢采用这种办法。

3. 混合式

混合式或称部分基金式，即前两种办法兼而有之，它保持一定时期（比如30年）的平衡，现已为许多国家所采用。

我国目前实行的社会统筹和个人账户相结合的部分基金积累制模式，从理论上看，是在维持社会统筹现收现付制框架基础上，引进个人账户储存基金制的形式，积累基金建立在个人账户的基础上，具有了激励机制和监督机制，同时又保持了社会统筹互济的机制，集聚了“两制”之长，防止和克服了“两制”的弱点和可能出现的问题。我国养老和医疗保险制度的改革正是采用社会统筹和个人账户相结合的模式。但是改革实践处于起步阶段，制度不健全，操作不规范，因而个人账户能否建立起实际积累基金，涉及社会统筹基金与个人账户两类基金是混合管理还是分开管理，这些问题还需要通过从理论到实践进一步研究解决。

第三节　社会保险基金的运营

实行社会保险，筹集资金的活动固然十分重要，但是，如何对筹集和逐渐积累起来的社会保险基金加以运营，也十分重要。这也可从另一个角度来说明：各项社会保险基金已经积累到相当可观的规模，但却不善运营，死钱不会活用，结果，在物价上涨的情况下，基金的“含金量”每况愈下，出现严重贬值。严格地讲，基金贬值是一种渎职行为，因为它保证不了既定的社会目标——补偿收入，保证不了劳动者在失去劳动能力后继续享有基本生活。从这个意义讲，如何运营各项社会保险基金，使它保值和增值，不但是门学问，更是一项对广大工资劳动者负责的政治行为。也正因如此，实行社会保险的国家，不但重视各项社会保险基金的筹措和积累，也重视它的有效运营。有效地运营各项社会保险基金，表现为基金的保值和增值。从理论上讲，运营各项社会保险基金的目的应该是保值，因为社会保险机构不属于商业性营利机构，但在物价波动的市场经济条件下，为了保值，往往需要以增值作为目标，所谓“法乎其上取其中”。

一、社会保险基金运营原则

各项社会保险基金的运营，总体来讲，需要遵循四个原则，这四个原则均与基金的保值和增值有关。第一个是专款专用原则，如老年社会保险基金只能用于退休金给付，生育社会保险基金只能用于生育津贴等。第二个是安全返回原则，即运营时必须保证投放的社会保险资金按期如数收回。这是各项社会保险基金运营所必须遵从的基本原则，也是国家对社会保险机构的最低要求。只有投出资金如数收回，才能切实保证原定的对保险资金的需要。如果投出资金不能按期收回，也不能如数收回，可以说，是对工资劳动者犯下了罪行。如果资金可以如数收回，但不能按既定时期收回，也是渎职行为。据此，安全返回原则是个铁的法则，不容打任何折扣。为了保证投出资金安全返回，投入方向常是购买国家发行的各种债券，因为后者有政府作可靠后盾，往往给予优惠利率，并保证按期如数兑付。也正因如此，在美国，政府规定社会保险基金应主要用于购买长期国库券和短期公债，英国规定主要用于购买国家发行的公债。经过国家金融机构帮助，把保险资金用于贷款收益，也是社会保险基金运营贯彻安全返回原则的方式之一。这里，国家也是可靠的后盾。还有，把资金投入国家银行生息，也属于贯彻安全返回原则的做法。但是，安全返回原则往往难以使社会保险基金增值，因为不管储蓄生息或公债本息、国家贷款收益，金额都不可能庞大，也不过刚刚抵补物价上涨的影响，充其量做到基金保值。这就是说，安全了，危险小了，但难以增值。一般说，在刚刚推行社会保险的时刻，或者在推行社会保险已久，但社会保险机构的经营能力尚不高的时刻，为安全起见，贯彻安全返回原则应作为社会保险基金运营的出发准则。第三个是保值原则，即不使基金“含金量”减少的原则。第四个是争取盈利原则。如果说社会保险的社会效益在于保证劳动者在特殊情况下仍能享有基本生活，促进社会安定，那么，它的经济效益则是尽可能争取盈利，使筹措累积起来的各项社会保险基金大于各项保险金的支出。但不能是“大大”大于支出，只可能是“尽量”大于支出，这是社会保险属于国家的社会政策这个特殊性所决定的，也是社会保险机构并非营利机构所决定的。

争取盈利，尽管是争取微利，也得冒险。危险与盈利成正相关关系。社会保险机构把积累起来的保险资金用于商业经营活动、径直投资、购买不动产、购买私营企业股票、向私营企业投资、径直向各企业贷款，都可获得较高利润，只是危险太大。比如购买私营企业股票，如果事先没有全盘掌握该企业的底细，也没弄清楚或没有准确地预测市场行情，很有可能因该企业破产而使社会保险机构丧失大量股票，从而丧失一大笔积累起来的保险资金。因此，只有当积累起来的社会保险基金非常雄厚，社会保险机构的经营能力十分强，并且，在经济景气的条件下，冒投资和购买股票的风险才有可能盈利。为了争取增值，美国学者罗伯特·J. 莱普曼认为，社会保险基金的运营方向，除购买政府债券、存入公私银行生息外，还可以有三种：一是向需要资金的私营公司贷款购买有价证券；二是投资于不动产并直接取得经营权；三是向投保人提供服务和贷款，其中购买有价证券和投资不动产均属冒风险的运营行为。

二、社会保险基金运用的方式

1. 购买政府债券

政府债券是以国家信誉为担保的，为了鼓励购买，政府债券的收益往往高于银行同期储蓄利息，因此，它是最可靠的投资渠道之一。各国的社会保险基金有很大一部分投资于政府债券。除政府债券外，有些大企业的债券也是很好的选择。在企业遇到破产风险时，债券的索取权优先于股票，所以，其风险小于股票。债券往往有固定的期限，尤其是不能上市流通的债券，其及时兑现性较差。

2. 存入银行

在市场经济条件下，银行也是企业，也有破产的风险。因此，将基金存入银行的风险略高于政府债券。但是，在正常情况下，只要选择了正确的银行，基金的风险是很低的。存入银行的基金可以选择多种存期的组合，既要有长期，也要有短期，以增强基金的可兑现性。

3. 投资于符合政策导向的项目

在政策允许的情况下，社会保险基金应有选择地投资于建设项目，特别是符合政策导向的建设项目，如基础设施项目。这些基础设施项目的建设周期长，需要有像社会保险基金这样的长期资金的支持。同时，这些基础设施一旦建成将有长期的收益，这也符合社会保险基金要求长期回报的特点。项目投资的风险大于购买债券和存入银行的风险，所以，这部分投资在社会保险基金中的比重不宜过大。同时，在确定投资项目时，要排除外界的各种干扰，实行科学决策。20 世纪 80 年代以前，房地产曾是 OECD 国家养老基金的一个主要投资方向；90 年代以来，房地产投资在这些国家养老基金投资中的比重开始下降。

4. 进入资本市场购买股票

股票是股份制公司发行的表示股票拥有者对公司具有相应所有权，并能定期取得股息和红利的一种凭证。股票与债券不同，股票没有期限，购买者可以出售所持有的股票，但不能向发行者要求收回本金。股票的收益来自两个方面：一是定期的股息或红利，二是通过市场流通买卖股票取得的差价收入。因此，股票持有者收益的大小取决于两个方面：一是企业经营状况，二是股票市场的波动情况。一般来讲，在资本市场正常运行的情况下，企业经营得好，企业的股票价格就上升，股票持有者就可以得到更多的股息或红利，所有者也可以将升值的股票在市场上卖出以获取收益。相反，企业经营得差，该企业的股票价格就会下降，股票持有者的收益也会下降。按照取得股息的方式不同，股票一般分为普通股和优先股。普通股的风险大于优先股，如果公司倒闭，普通股的股东只能在债权人和优先股股东之后获得清偿。正因为其风险大，所以，普通股的分红并不是事前确定的，而是随企业经营好坏而波动的。债券的利息和优先股的红利一般都是事先约定好的，与企业的经营业绩不直接联系。也就是说，普通股的风险大，可能的实际收益也大。优先股实际上兼有股票和债券的特点，它是股票，但它像债券一样，红利是事前约定的。它的优先权是优于普通股票，但仍在债券之后，因此，其风险大于债券、小于普通股。对于社会保险基金来讲，股票市场的最大优点不仅是可能获得的收益较高，而且基金的可兑现性高。但是，股票市场是风险因素较多的市场，社会保障基金应在条件成熟时再进入股票市场。

5. 进入国际资本市场

社会保险基金的投资不能仅注重国内，在有条件的情况下，也应当进入国际市场。有时，国际市场的资本收益率高于国内市场，特别是在国内资本相对充裕，投资国际资本相对短缺时更是这样。智利养老基金近年来在海外投资的收益高于其国内投资就是很好的例证。

三、社会保险基金运用的管理

社会保险基金的运用，要求政府和社会保险专管机构都必须加强管理，才能保证社会保险基金的运用达到预期目的，取得良好的经济效益。

1. 国家对社会保险基金运用的宏观管理

国家对社会保险基金运用的宏观管理，主要表现在运用法律手段进行管理和运用行政手段进行监督管理。

对社会保险基金的运用，国家应制定相应的法规和政策加以指导，因为社会保险是整个金融体系中的有机组成部分，必须服从国家宏观控制。其内容包括：

（1）赋予社会保险专管部门资金运用自主权。随着国家经济形势的好转，保险基金额度运用的限度应放宽。在投资方向上也应基本放开，明确资金运用的合法性、连续性，允许保险企业做固定资产投资、各种中短期贷款、有价证券买卖、同业拆借、房地产开发等项目。

（2）规定社会保险基金投资方式，如贷款种类及其限制等。

（3）规定各种投资对象在资金数量上的限制，即对各条投资渠道占总投资中的资金比例进行限制。考虑到社会保险基金的特殊性，应对它的使用从投资的需要和可能出发，从宏观上进行控制，每若干年确定一个大致比例和投资总规模。既要防止全部投资于高利投向，片面追求利润，也要防止把保险投资作为“第二财政”或一种“慈善事业”。

（4）协调社会保险基金的运用与国家信贷资金运用的关系。社会保险基金的运用，必须不逾越国家货币信贷政策允许的范围，否则有可能扰乱整个金融市场，产生不良影响。

在日常经营活动中，社会保险基金的运用除受法律制约外，还应接受政府有关职能部门的管理和监督。如经济计划部门可以对社会保险基金的运用提出指导性计划和建议，以促使其发挥更好更大的社会经济效益；审计、银行部门则可定期或不定期地检查投资经营状况，以保障社会保险基金运用的安全性、收益性、社会性和合法性等得到实现。

社会保险基金的管理还必须有一个完整、健全的组织机构加以保证。从中央到地方各级必须设有专门的管理机构，配备专职管理人员。

总之，社会保险基金的运用较为复杂，它既要符合社会保险事业本身的特殊性和国家有关法规的规定，又要与其他经济部门相互配合．接受政府职能部门的监督、指导和管理。

2. 社会保险专管部门的微观管理

社会保险专管部门的微观管理包括投资前、投资中和投资后的全面管理。为保证社会保险基金运用的微观管理卓有成效，要求投资者必须抓好以下管理环节：

（1）准备阶段。资金运用前的可行性研究。为了避免社会保险基金投资的盲目性和草率，投资部门在资金运用前均应对每一投资项目进行可行性研究。一方面，要广泛收集资金市场、生产市场、产品销售市场上的有关信息，充分考虑到整个社会经济协调发展的需要；另一方面，要了解被投资单位的经营现状和发展前景。经过比较分析和反复论证，为投资决策提供详细而又正确的数据和文字材料。

（2）投资决策。资金运用前的可行性研究为投资决策提供的科学依据，可以说是有效地开展投资活动的必要前提；而投资决策正确与否，则是社会保险基金运用成败的关键所在。因此，对投资决策的管理要特别予以重视。对投资决策者来说，要坚持决策系统化的原则，按照系统理论的要求来筛选决策资料，评选决策方案；同时，还要坚持决策民主化的原则，既要发挥各路专家的作用，也要听取普通干部、群众的意见，依靠集体的智慧选定决策方案。关于投资决策的内容，通常包括：第一，投资对象的确立；第二，投资方式的选择；第三，投资期限长短的选择；第四，投资数量多少的选择等。一般而言，社会保险基金的运用应尽量避开见效慢、风险大的投资项目。

(3) 投资管理。资金运用中的管理也是社会保险基金运用微观管理的重要环节。第一，社会保险专管部门对资金的具体运用进行监督管理，保证资金运用的安全可靠性与合法性。不能将所有资金余额都拿去运用，应当留有适量周转金，以避免突发性经济波动造成的资金短缺，随时准备应付急需。第二，社会保险专管部门应提供资金运用的情报，咨询服务，协助接受投资的单位和企业管好、用活资金。投资必须安全可靠，力避风险，且投资返还率必须高于物价和工资的上涨幅度，必须有较高的收益率，使资金尽可能地获得增值，以获得最佳的经济效益。第三，由于各种风险的客观存在和不确定性，还应制定相应的避免风险造成损失的措施，如规定凡是接受社会保险基金投资的单位必须参加商业性保险，将风险转嫁出去，以求获得稳定的收益。第四，要合理安排运用计划。用于银行存款、直接放贷、购买有价证券、房地产投资等途径的资金分配比例一定要恰当，以保证各个时期的基金需要与基金返还期相符。第五，以上几项业务的操作，成功与否主要取决于有无健全的管理制度，所以，应参照银行系统信贷管理责任制的有关规定，并结合社会保险的具体情况制定社会保险基金运用管理责任制，以明确资金投放中调查人员、审批人员的责任。

(4) 资金运用的考核。建立健全包括财务核算制度、预决算制度、审计监督制度、统计分析制度等的各项资金管理制度，在投资回收后，由社会保险专管部门对其进行总体评价：其一，看其是否带来了好的经济效益；其二，各项投资的社会效益如何，即是否真正有益于社会经济的发展；其三，有何经验教训；等等。

(5) 投资收益的处理。投资所获的收益，除扣除必要的费用开支外，应全部纳入社会保险基金项下，以不断增加和壮大社会保险基金的积累；同时，在资金闲置的情况下，应尽快再次投入各投资渠道，使有限的资金发挥最大的作用。

在科学管理、合理运用社会保险积累基金方面，国外不乏成功的经验，可以作为我们的借鉴。例如，日本的退休年金余额，按法律规定存入财政部的资金运用部门，再转借给政府用于公共事业投资，主要用于住宅、环境卫生和社会福利等风险小、获利可靠的事业。企业的补充退休年金，积累部分可委托信托银行或保险公司使用以增值。如单独由企业使用，则规定获利可靠、优厚的投资额应占本金50%以上，如购买政府公债等。新加坡中央公积金制度下的社会保险积累基金，在1956～1988年的30余年间，总额增长3 000多倍，达340亿新加坡元。其中相当部分用于政府担保的投资上，如低成本的房屋建设、通信系统、能源设施和码头建设等，既安全，又有较充足的利息收入，为职工各项社会保险提供了雄厚的保障资金。

第四节 社会保险基金的监管

一、社会保险基金监管的内涵

社会保险基金监管，是指由国家行政监管机构、专职监督部门等为防范和化解风险，根据国家法规和政策规定，对社会保险经办机构、运营机构或其他有关中介机构的管理过程及结果进行的评审、认证和鉴定。社会保险基金监管是对社会保险基金管理行为的监督。即依据国家有关法律、法规，对社会保险基金的预决算、基金收支、基金运营管理的合法性、真实性、有效性，依法实施的监督检查。

社会保险基金监管是政府职能部门为确保基金依法征收、储存、有效管理和运用，有效规避投资风险，防止基金被挪用、挤占，最大限度地提高基金收益率，保证基金保值增值、合理分配并及时支付，保障参保劳动者的合法权益，实现促进社会经济协调、稳定、健康发展和社会安定的采取的有效措施。社会保险基金监管是依据国家立法，遵循公平与效率相统一的原则，以风险监管为核心，对基金的筹集、储存、运用及管理、支付等循环往复、动态运动的全过程，运用法律的、经济的、行政的手段，从多角度、综合性地进行全方位监督管理的一项系统工程。

社会保险基金监管包括的主要内容有以下三个方面：

1. 基金征缴的监管

主要是监督企业缴费行为，监督检查：有无少报参保人数、少报工资总额、故意少缴或不缴费；经办机构征缴的保险费是否及时足额缴入收入户管理，有无不入账、搞体外循环或被挤占、挪用；收入户资金是否按规定及时足额转入财政专户等现象。

（1）对征缴机构行为的监管。主要对以下行为进行监督检查：征缴机构是否按规定的项目和标准，及时、足额征缴社会保险费；是否擅自提高或降低社会保险费的征缴比例，擅自对企业减免征收社会保险费。征缴机构有无转移或隐瞒基金收入，私设“小金库”或多头开户的问题。征缴机构有无挤占挪用收入户基金的行为。征缴机构是否将收入户基金及时、足额缴存财政专户。征缴机构有无不按规定收取滞纳金，或未将滞纳金列入基金收入的情况。企业有无以实物抵顶社会保险费，造成少征基金的情况。

（2）对缴费单位行为的监管。主要对以下行为进行监督检查：缴费单位或个人是否按规定缴纳社会保险费，有无隐瞒工资总额，造成少缴或漏缴的情况、缴费单位有无故意拖欠或拒缴社会保险费的情况，有无将应缴的社会保险费截留，用于单位其他开支的情况。

2. 基金支付的监管

主要是监督：经办机构是否按规定的项目、范围和标准支出基金，有无多支、少支或不支，有无挪用支出户基金；受益人有无骗取保险金行为等现象。

（1）对经办机构或社会化发放机构行为的监管。主要对以下行为进行监督检查：经办机构是否违反社会保险有关政策法规，任意扩大基金开支范围和标准，并由基金支付待遇。经办机构或社会化发放机构是否依法及时足额支付生活保险金，有无拖欠、截留的问题。保险金支付是否按规定编制预算、计划，调剂金的分配、使用是否合理合法，资金的调度和用款计划是否按规定的程序报批。经办机构有无虚列支出、转移资金和挤占挪用等损害侵蚀社会保险基金的问题。内部控制制度是否健全，内部管理是否形成相互制约、相互监督机制，业务结算中是否出现计算差错，造成多付或重复支付。

（2）对参保单位或参保人行为的监管。主要对以下行为进行监督检查：领取社会保险金的人员是否已参加社会保险并符合享受的条件。参保人是否有骗取社会保险金的情况。参保单位是否有多报离退休人数或死亡不报、冒领社会保险金的行为。

3. 结余基金的监管（财政专户基金监管）

主要是监督有无挤占、挪用基金的行为；结余基金收益状况，是否合理安排存期以追求收益最大化；是否按规定及时足额拨入支出户等。

根据规定，社会保险基金必须存入社会保险基金财政专户，实行收支两条线管理，专款专用。任何部门、单位和个人均不得挤占挪用，也不得用于平衡财政预算。目前规定结余基金除预留相当于2个月的周转金外，应全部存入银行和购买国债。为此，监督机构必须对以下方面进行监督检查：各级政府、财政部门、经办机构和其他单位、个人有无将社会保险用于对外投资、经商办企业、自行或委托放贷、参与房地产交易、弥补行政经费和平衡财政预算，以及为企业贷款担保、抵押等问题。经办机构的年度决算和有关会计账簿、凭证是否真实合法。经办机构的内部控制部门是否能够有效地行使权力，基金是否安全、完整，其保值增值是否合法、合规。管理人员有无贪污、私分基金等违法违纪行为。是否发生不可抗拒的基金损失，如盗窃和自然灾害事件。基金管理措施是否安全严密。

二、社会保险基金监管的意义

1. 有利于确保基金的安全和完整

确保基金的安全和完整是基金监管的直接目标。社会保险基金无论从收支的过程来看，还是从具体运营的操作来看，都潜伏着风险。基金规模越大，基金风险也越大。风险一旦发生，直接影响到社会保障对象待遇的实现，影响到国民经济和社会的稳定。因此，国家必须采取有力措施，对基金实行严格的监管，以建立规避基金风险的“防火墙”和“隔离带”，保证基金的安全和完整。

2. 有利于维护劳动者的合法权益

维护劳动者的合法权益是基金监管的根本宗旨。社会保险基金是国家为行使社会管理职能，保障劳动者因年老、失业、疾病、伤残、生育时的基本生活需要，依照法律法规强制建立的专项基金，是劳动者的“血汗钱”和“保命钱”。由于社会公众难以充分了解基金管理运营状况，其利益往往容易受到侵害，这就要求基金监管机构代表参保人员，对基金运行进行严格监管，以切实维护劳动者的合法权益。

3. 有利于实现基金的保值增值

通过对基金进行有效监管，不仅可以确保基金安全，同时还可以促进基金经办和运营机构建立良好的基金运营结构和信息反馈体系，逐步改善管理方式和运营环境，合理配置基金资源，稳步提高投资效益，最终实现保值增值的目标。

通过有效的社会保险基金监管，可以更好地实现以下目标：

首先，维护国家社会保险基金管理政策的贯彻执行，保障社会保险基金的正常运行，预防社会保险基金管理的各种风险；

其次，及时分析、综合反映和评价社会保险基金管理、运行状态与预期标准的偏差，及时分析研究偏差产生的原因及可能带来的损害，为政府制定和实施社会保险基金管理政策提供可靠的信息和依据；

最后，通过社会保险基金监督有效地制止和纠正违法、违规行为，增强社会保险基金管理运营机构的自我约束力。

三、社会保险基金监管的方式

1. 对基金的监管方式可以划分为三种

（1）事先控制。主要采用基金预算、确定收益率指标等方法进行控制。

（2）实时监控。特指对基金在征缴、支付和运营过程中所实施的控制，如现场检查基金运营情况。

（3）事后控制。是指从基金的运行结果中获取信息，并采取积极措施，处理有关问题，如清理被挤占挪用的基金。

2. 对社会保障机构的监管方式可以分为两种

（1）非现场监管。是现场监管的基础，指监管机构通过现代化的报表系统和监测预警系统，对经办机构、运营机构的活动进行全面、动态的监控，随时掌握有关机构和整个体系的运营状况、突出问题和风险因素，发现异常情况，及时预警并采取防范和纠正措施。非现场监管十分注重统一性、综合性和预测性。各国监管机构为了减少分析的困难，降低信息成本，一般都建立了统一的非现场监督检查体系，运用统一的监督检查报表，并据此分析有关机构基金运营业务的全面情况，对相关机构实际运营的状况进行比较，运用多种经济模型，加强非现场监管的预警作用，判断和预测有关机构可能发生的问题，并以此确定是否实施现场检查。

非现场监管的内容有：管理或运营的风险性，主要涉及资本充足性、资产质量、资金流动性、收益状况和经营管理水平等；管理或运营的合规性，主要涉及资产负债、准备金或再保险状况等。

非现场监管的程序是：第一，资料收集审查。监管机构收到被审核单位报来的资料后，对其完整性、真实性、准确性进行审查。第二，计算整理。对被审核单位报送的资料进行计算、整理，产生非现场监管表。第三，分析质询。对计算得出的结果进行分析，对被审核单位经营管理上的问题提出质询，被审核单位应按规定的时间和方式对质询事项做出说明，并提供有关资料。第四，报告处理。根据非现场监管的结果，按有关规定写出非现场监管报告，并按规定对被审查单位做出审查结论，必要时可做出处理决定。第五，信息反馈。监管机构应及时将审查结论、处理决定和其他有关分析报告向被审查单位反馈，对非现场监管审查中发现的重大问题，要写出专题报告，提出采取的措施、意见和建议。必要时，劳动保障部门可向社会公布非现场监管的结果。

（2）现场监管。是指监管机构指派监管人员，到有关机构进行实地检查，分为全面检查和专项检查。全面检查是对有关机构的相关业务、管理运营和财务状况进行检查。专项检查是对某一业务或某一方面进行检查。监管机构通过检查，比较详尽地掌握有关机构的基金运作控制程序和相关信息，对其业务经营合规状况、内部控制和管理水平，以及基金流动性、安全性和效益性进行深入细致的了解，发现财务报表和业务资料中的问题，并对有关机构的资产财务状况和遵守法规政策情况做出客观的评价。根据法律规定，监管机构有权对社会保险经办机构、基金运营机构进行检查，有关机构必须接受监管机构选派或指定的检查人员的检查，任何阻碍调查、造假、隐藏、销毁证据或事实的人都将受到法律制裁。

现场监管的主要内容有：基金管理水平；基金资产质量；基金收益水平；基金流动性；基金管理的内部控制情况。

现场监管的程序是：第一，立项。根据年度检查计划确定具体检查的对象、目的和内容，挑选既具备专门知识和业务专长又具有丰富经验的检查人员组成检查组，并指定检查组长和主查人。第二，准备。根据上次检查报告和上次检查以来的非现场监测报表、分析报告和其他有关资料，确定检查重点，研究检查方案，准备检查问卷，向被检查单位发出检查通知。第三，实施。检查组进驻被检查单位，出示检查证，听取自查情况汇报，检查分析会计凭证和报表，调查取证，核实有关问题。第四，报告。现场检查结束后，检查组在规定的时间内向监管机构提交检查报告。检查报告应简明扼要地写清检查的对象、内容和时间，被检查单位的基本情况，与检查事项有关的事实、存在的问题以及处理意见和依据等。第五，处理。检查报告经监管机构审核后，对被检查单位存在的一般性问题，提出整改建议，出具检查意见书，对应当纠正或给予行政处罚的行为，依法做出检查处理决定。

四、社会保险基金监管的原则

1. 独立原则

社会保险基金行政监管是政府在法律法规基础上管理社会保险基金的一种形式。监管机构依照法律法规独立行使监管权力，不受其他任何单位和个人的干预，以确保监管的严肃性、强制性、权威性和有效性。

2. 公正原则

监管机构在履行监管职能时，应以客观事实为依据，以法律规章为准绳，综合运用行政、经济和法律手段，对经办机构及有关机构的违规违纪行为予以监督检查。监管机构要按照客观、公正、公开的原则，提高执法的透明度，对监管的主体、对象、目的、手段和程序进行统一规范，使被监管者充分了解自己的权利和义务，自觉地依照法律管理基金。

3. 审慎原则

监管机构按照基金对安全性、流动性、效益性的要求，合理设置有关监管指标，认真进行评价和预测，最大限度地控制风险，促进基金管理运营机构自我约束运作行为。

4. 科学原则

监管机构必须建立严密的监管法规体系和科学规范的监管指标体系，适应金融业发展和变革的情况，运用先进的科学技术，不断提高监管的质量和效率，推动基金监管水平不断提高。

五、社会保险基金监管体系的构成要素

1. 基金监管的主体

是指依法对基金的筹集、储存、管理与营运、分配与支付实施监管的政府或准政府机构。一般是社会保障行政管理部门和财政部门，或由上述两个部门为主要成员组成的、负责基金监管的监管委员会。在我国，主要是劳动保障部及各级劳动保障厅、局，财政部及各级财政厅、局、社保基金理事会等。

2. 基金监管的客体

是指依法应当接受基金监管当局监管的机构和个人。具体包括基金的具体征收、储存、支付机构，如各级社保机构的具体操作部门；基金的运营机构，如基金公司、证券公司、投资基金及其托管银行等；基金的缴纳人和受益人，如参保的各类企业和劳动者个人等。

3. 基金监管的手段

是基金监管部门实施监管的工作方法的总称，是基金监管方式的具体体现。基金监管的手段主要有法律手段、行政手段和经济手段等。

六、我国社会保险基金监管

1. 我国社会保险基金监管体系的现状

目前，我国已初步形成了以劳动保障部门行政监管为主，财政监督、审计监督、内部控制以及法律监督、社会监督有机配合的社会保险基金监管体系，明确了社会保险基金监督的主体，结束了基金管理分行业、分部门“五龙治水”的局面，基本形成了统一规范的筹资、管理、支付体系和相互制约、相互协调的管理体制框架，社会保险基金的行政监督体系和监督举报网络已初步建立。全国有239个地市设立了基金监督机构，13个省、自治区和直辖市建立了省级社会保障监督委员会，28个省级和205个地市劳动保障部门开通了社会保险基金监督举报电话。确立了社会保险基金监管的法制性、安全性、公正性、独立性和谨慎性原则，初步建立了基金征缴、支付和投资营运的财务、会计、审计等制度，在基金管理中实行了“收支两条线”和“专款专用原则”，减少了基金管理中的“坐收坐支”和挪用基金的可能性。

（1）劳动保障部门行政监管。根据国务院规定，劳动和社会保障部是中央社会保险基金监管机构，负责组织实施各项社会保险基金监督管理工作，具有制定基金监督管理制度和社会保险经办机构管理规则、制定基金运营准入的资格标准、认定基金运营机构资格、监管基金运营、查处基金管理重大违规违纪案件等项职责。各级劳动保障部门社会保险基金监管机构构成了我国社会保险基金监管

体系的主体。

（2）财政监督。财政部门对社会保险基金实施财务监督，保证基金的财务收支按规定有序进行。

（3）审计监督。各级社会保险基金经办机构和运营机构必须自觉接受审计部门的监督检查。审计部门要定期或不定期地对基金财务收支，包括基金会计凭证和账簿报表进行审计，发现问题及时处理。

（4）内部控制。内部控制是基金监督管理的基础环节。管理运营基金的各级社会保险经办机构和有关运营机构，必须加强基金规章制度建设，健全内部审计稽核制度，实现自我约束。

（5）法律监督。人民代表大会依照法律规定，对社会保险基金的运行情况进行监督检查。有关政府部门必须认真听取人大的意见和建议，严肃地对待和处理检查出来的问题。

（6）社会监督。社会保险基金是政府建立的专项资金，是广大人民群众的“保命钱”。公众有权了解各项基金的收支、结余情况。各级社会保险经办机构要定期或不定期地向社会公布基金收支和结余报告，自觉接受公众、团体和组织的社会监督。

2. 我国社会保险基金监管工作中存在的问题

我国社会保险基金监管工作存在的主要问题表现在以下几个方面：

（1）社会保险基金监管法律制度不健全，执法不力，处罚力度不够，缺乏完整的社会保险基金监督法律法规。新中国成立初期我国就着手建立社会保障制度，并逐步制定颁布了一些社会保障的法规、条例及制度，如 1951 年 2 月国务院颁布的适用于企业职工的《中华人民共和国劳动保险条例》等。随着多层次社会保障制度的建立，社会保障法律制度建设严重滞后。我国目前的社会保障法律制度不仅在内容上不全面，且不少已经过时。基金监管方面的法规大多是行政法规，比较零星分散，缺乏权威性，没有形成一整套监督法规体系。

（2）人大监督不力。各级人民代表大会没有充分发挥监督的作用，导致地方大量挤占、挪用社会保险基金。

（3）社会保险基金监管在一定程度上分散无序，带有明显的地方利益倾向。劳动社会保障部门、财政部门、卫生部门、人事部门及民政部门体制关系仍未理顺，在社会保险基金管理上，存在严重的“条块分割”现象，各地区、各部门从自身利益出发，使政府制定的法规制度很难实施到位。

（4）基金管理部门内控薄弱，缺乏自律，导致养老金违规、违法使用的现象时有发生。据审计署的有关统计，自 1999 年以来，国家审计署共组织审计养老保险基金 5 825 亿元，查出违规违纪基金 269 亿元，其中挤占、挪用 110 亿元。违纪基金大部分用于购置固定资产、委托金融机构贷款、自行放贷、投资入股和经商办企业，有些已经无法收回。

（5）社会监督的缺位。基金缺乏有效的社会监督，社会监督的法制保证不健全。

（6）基金监督方法不多，手段缺乏科学性，没有形成体系和制度性措施，更多的是依靠内部监督。

（7）基金管理透明度低，信息披露制度不健全。

3. 我国社会保险基金监管体系的架构思路

（1）加快社会保险基金监管立法。基金监管中过多的行政干预不仅使监管缺乏应有的权威性与规范性，而且会导致有法不依、执法不严，最终的结果是监管弱化。权威的、操作性强的监管法律法规能够更好地促使基金管理部门从消极管理走向积极管理。作为国家的最高权力机关和立法机关，全国人民代表大会及实行社会保险统筹的地方人民代表大会应设立“劳动与社会保障委员会”，以加强对包括社会保险基金在内的整个社会保障基金的立法监督。其基本职能是：向本级人大及人大常委会提议制定包括社会保险基金在内的有关劳动和社会保障的法律、地方法规；对劳动和社会保障法规、规章、地方规章进行立法审查；对社会保障预算的编制和执行进行监督；对整个社会保障基金的运行情况进行检查；督促政府审计部门加强对社会保险基金的审计工作并向社会及时公开社会保险基金审计报告；受理有关社会保险基金的投诉和举报等。

（2）完善社会保险基金财务制度。完善的社会保险基金财务制度是实施社会保险基金监管的直接保证。要根据社会保障改革进程的要求，健全和完善养老基金、失业基金、医疗保险、工伤保险、生育保险的财务会计制度，规范各项社会保险基金运行与核算，确保社会保险基金的安全与完整。

应当建立社会保险基金预算制度，完善社会保险基金投资监控制度，完善社会保险基金法律责任制度和社会保险司法救济制度，完善社会保险基金财务制度、强化内部监控，建立社会保险基金专项审计制度，建立和完善社会保险基金精算制度和中介服务制度。

（3）强化内部监督。社会保险机构的财务部门应根据会计制度规定的核算办法，按照业务管理程序设立岗位，建立会计核算岗位责任制，做到岗位之间相互合作、相互制约。同时，充实稽查力量，进行常规性定期稽查，形成强有力的制约机制。

（4）充分发挥精算、会计、审计师事务所和各种风险评级公司等中介机构的作用，强化外部监督机制。这些机构可以向公众提供信息服务，使他们能够获得并准确理解有关基金运营的信息，从而加强对基金的监管。鉴于我国目前市场中介机构很不发达，离独立、客观、公正的标准还有很大的差距，应加快中介机构市场化改革的进程，加强对中介机构管理的立法及监督。社会保险机构还应主动接受财政、审计部门的监督。审计和财政监督是国家监督体系重要的组成部分，加强审计和财政监督既是保证国民经济和社会发展计划顺利完成的要求，又是促进单位加强经济核算的需要，同时还是维护财经纪律、加强综合治理的重要手段。

（5）推行社保机构主要负责人和财务负责人离任审计和引咎辞职制度。

（6）加强监管人才的培养。加强社会保险基金监督机构和队伍建设，选配必要的财会、金融、法律等专业人员，充实社会保障基金监督队伍。加强监管人员的职业道德教育、提高业务技能。

（7）选择合适的基金投资营运监管模式。目前，我国的资本市场和中介机构发育程度低，采用审慎性监管模式进行管理的法律、制度和经济环境等条件还不具备。因此在现阶段应由专门养老基金监管委员会对养老基金投资进行严格的限量监管。

（8）充分发挥个人、社会团体和舆论媒介的监督作用。建立和完善社会监督制度，拓宽监督渠道。让工会、企业团体、社会舆论、广大参保劳动者都享有监督批评权。

（9）加快建立和完善社会保障监督委员会，充分发挥其职能。监管委员会由社会保障部门、财政部门、雇主、雇员、专家、基金业和托管人行业代表共同组成，实行委员会制。监管委员会按城市设立地方监管办事处，垂直管理。

（10）监督机构应按照基金流动性、安全性、效益性三大原则，合理设置有关监督指标，进行评价和预测，最大限度地控制风险，促进管理运营机构自我约束基金运作行为。

（11）完善基金管理的公示制度，提高基金管理的透明度。定期向社会公布社会保障基金的收支及投资收益状况，形成一种常设的信息披露机制。目的是将基金管理人置于基金持有人和监管机构的双重监督之下，防止基金管理人违规操作，损害基金持有人的利益。

（12）建立预警机制，确保基金安全。有关部门和机构应在调查研究的基础上，运用科学的方法，建立规范的基金收支预警模型，确立社会保险基金预警线，及时发布社会保险基金财务预警信息，以使社会保险部门及各级政府能够及时采取有效的调控措施。

➢本章小结

社会保险基金是在社会经济生活中，国家为实施各项社会保险计划而预先建立起来的，用以保障受保人在年老、疾病、伤残、生育、失业时需要的专款专用基金。

社会保险基金的构成包括养老保险基金、失业保险基金、生育保险基金、工伤保险基金和医疗保险基金。

社会保险基金具有强制性、储备性和互济性的特点。社会保险基金的作用主要体现为：增强抵御风险的能力，保证社会的安定；发挥保险互济的作用，增强社会的凝聚力；发挥基金的经济功能，促进经济的发展。

社会保险基金管理的任务是：认真贯彻执行国家有关法律、法规和方针、政策，依法筹集、使用基金；建立健全财务管理制度，努力做好基金的计划、控制、核算、分析和考核工作，并如实反映基金收支状况；严格遵守财经纪律，加强监督和检查，确保基金的安全。

通过有效的社会保险基金监管，可以更好地实现以下目标：首先，维护国家社会保险基金管理政策的贯彻执行，保障社会保险基金的正常运行，预防社会保险基金管理的各种风险；其次，及时分析、综合反映和评价社会保险基金管理、运行状态与预期标准的偏差，及时分析研究偏差产生的原因及可能带来的损害，为政府制定和实施社会保险基金管理政策提供可靠的信息和依据；最后，通过社会保险基金监督有效地制止和纠正违法、违规行为，增强社会保险基金管理运营机构的自我约束力。

➢关键术语

基金预算　基金筹集　基金支付　基金结余　统筹分摊　预提分摊　混合式　现场监管　非现场监管　社会保险基金监管

➢案例1　挪用社保基金

某市为投资一项大型工程，提高地方形象，多方筹措资金仍不充足，有关领导知道社保基金有钱，一道命令便将几百万基金挪作他用。这部分资金一直无法弥补，给当地社保基金造成了资金缺口，而类似事件使得缺口越来越大，影响了基金的正常发放，引起当地百姓的强烈不满。前不久，河南省农行某部门经理张某为帮朋友筹款做生意，请社保局的会计唐某利用职务之便，先后两次将200余万元保险基金挪用。

【讨论题】

以上现象反映了什么问题？应如何处理？

➢案例2 人口老龄化趋势下的基本养老金问题

据有关资料显示，目前，我国60岁以上人口为1.3亿，占总人口的10%，预计到2015年前后，老年人口将达到2亿。21世纪20～40年代，我国老年人口将由世界人口的1/5逐步提高到1/4。人口老龄化是21世纪一个重大的社会问题，也是21世纪人类发展的主要特征。据有关部门预测，到2022年，我国基本养老金支出将达到在职人员工资总额的30%，2027年将超过35%，2033年将达到峰值39.2%。

【讨论题】

针对这种现实状况，目前运行的制度能否满足养老基金日益扩大的需求？试分析我们在养老保险基金的筹集模式与具体筹资形式上应如何选择。

复习思考题

1. 为什么要设立社会保险基金？
2. 社会保险基金有什么特点？
3. 社会保险基金管理的主要任务是什么？
4. 社会保险基金的筹集要遵循哪些原则？
5. 社会保险基金运营需要遵循哪四个原则？
6. 社会保险基金监管体系的构成要素有哪些？
7. 我国社会保险基金监管体系的架构思路是怎样的？

第十章

社会保险的发展趋势

在经济全球化、一体化的背景下，社会保险的理念发生了重大的变化，普遍认为只有在提高效率的基础上，才能更好地实现广泛公平。社会保险的发展出现了多样化、范围扩大化、私营化、基金资本化、产业化和一体化的趋势。国际上的变化对于国内扩大保险覆盖面、向就业保障方向发展、建立多层次的失业保障体系、提高统筹层次、理顺管理体制、合理调整待遇标准、寻求社会保险的新发展产生了积极的影响。

第一节　社会保险发展趋势概述

社会保险自产生至今已有100多年历史，随着各国经济和社会的变革，社会保险制度建立的某些原则和社会保险关系及其形态有了明显的变化。总体说来，传统形式的社会保险，即以被保险人缴纳税（费）为基础的社会保险，仍占统治地位，尤其是在发展中国家还极为盛行，但也有许多国家产生了新的社会保险形态。

一、社会保险的新形态

1. 低收入者补助型的社会保险

有些国家对于在特定生活标准以下的低收入者，经过经济情况调查后，符合条件的由政府给予生活补助，受益人不需缴纳保险税（费）。澳大利亚、新西兰、中非共和国、立陶宛和匈牙利等国的失业保险，就实行这种补助制度。

2. 社会救助型的社会保险

部分国家实行一种全国儿童福利救助制度。按照规定，受益儿童的父母，事先不必缴纳保费，也不需要进行家庭经济情况调查，只要儿童的父母居住国内的时间和儿童的年龄符合规定的条件，不论儿童家庭收入情况和社会地位如何，都可享受救助金，其经费通常由国家从一般税收中拨付。实施该项制度的国家有俄罗斯、匈牙利、日本、英国、瑞典、新西兰、丹麦、加拿大、澳大利亚、爱尔兰、挪威等国。

3. 普遍医疗服务型的社会保险

有的国家（如英国、马来西亚、新西兰、冰岛）对于患病的被保险人规定：一是给付现金，以维持被保险人及其家庭的正常生活；二是对所有病人提供医疗服务，使他们早日恢复工作能力和生活自理能力。尤其是实行全民免费医疗的国家，不论是否参加保险，一律给予免费就医，所需费用由政府从一般税收中支付或另收健康服务费。

4. 强制性储蓄型的社会保险

这种制度要求凡从事工商业劳动的劳动者及雇主，必须按照法定的时间和标准，缴纳保险费，待缴费期满或达到规定年限时，将全部保费和应得的利息一次性退还给劳动者。由此可见，该保险制度名为保险实为储蓄，仅适用于老年、残障和遗属保险。实施该保险制度的有印度、马来西亚、尼泊尔、新加坡、斯里兰卡、斐济、乌干达、赞比亚、坦桑尼亚等国。

此外，作为较传统的社会保险形式，雇主责任保险大多已被普通社会保险所代替，但是，在部分国家，这种保险形式却有加强的趋势。例如，美国、比利时等国为保障劳动者的最低生活需要，保证工作场所的卫生与安全，以法律形式强制规定雇主必须就某些保险项目直接向雇员支付保险费用或提供保险服务，并强制规定雇主对工业伤害和职业病应采取有效的预防措施。

二、社会保险的发展特征

20 世纪 50 年代以后，世界上出现了两个新的变化：第一，相当部分殖民地半殖民地国家获得独立，许多新兴国家崛起；第二，世界经济特别是资本主义经济得到空前发展，各国的注意力转向了发展经济、改善人民生活、稳定社会秩序等方面。以上变化，促使社会保险事业经过 20 世纪 70 年代末以来的调整和改革，进一步向广度和深度发展，呈现出新的发展特征：

第一，社会保险举办国不断增加。从表 10-1 中可以看出，任何险种的举办国数量都呈现递增的趋势。

表 10-1 有关年份社会保险举办国数量情况

年份	疾病、生育保险	失业保险	工伤保险	老年、残障、遗属保险	家庭津贴
1940	24	21	57	33	7
1958	59	26	77	58	38
1977	72	38	129	114	65
1999	112	69	164	167	85

资料来源：邓大松．社会保险．北京：中国劳动社会保障出版社，2002

第二，保障范围逐步扩大。在德国首创社会保险时期，社会保险的范围仅限于受雇的工商业劳动者，后来扩大到一切受雇人员（包括政府机关、家庭雇佣人员）和独立（个体）的劳动者。现在，社会保险制度较完善的国家，除少数人外，绝大多数成员都属于社会保险的对象。有的国家，如英国、爱尔兰和前苏联，社会保险的对象甚至包括了全体国民。在广大发展中国家，社会保险的范围也在逐渐扩大，如科威特，以前不包括在社会保险范围内的其他职业团体，现在已有资格享受老年、病残和遗属保险；叙利亚的社会保险范围已扩大到农业工人；厄瓜多尔扩大到手工艺者；博茨瓦纳的工伤保险对象包括所有武装部队的成员；利比亚将所有在业工人列为社保对象，等等。

第三，退休年龄从降低向提高反弹。过去，大多数国家规定退休年龄在60～70岁之间。20 世纪 70 年代后，有些国家做出了降低退休年龄的规定。原因有三：一是上了年纪的劳动者尚未达到法定退休年龄前，他们当中有许多人由于身体病残，感到体力不支，难以适应技术革新及其他变化；二是上了年纪的劳动者一旦失业，很难获得就业的机会，同时也不愿意接受条件不利的工作；三是部分国家劳动力过剩，有丰富的劳动力资源；四是为减少失业，实施充分就业政策。因此，从 1979 年以后，部分国家（如哥斯达黎加、尼日利亚、塞舌尔、特立尼达和多巴哥等国）降低了退休年龄，其中尼日利亚将退休年龄由 55 岁降至 50 岁，欧洲各国则利用奖励的方式刺激老工人提前退休，让位给年轻人。但是，也有部分国家，尤其是在经济发达国家，人口平均寿命延长，老年人身体健康状况尚佳。为了增加社会保障收入，减少社会保险支出，相当一部分国家开始逐步提高退休年龄。例如，日本的退休年龄从 55 岁提高到 60 岁，如今已提高到 65 岁；德国 1989 年将退休年龄提高到 64 岁，现在提高到 65 岁；丹麦把男女退休年龄提高到 67 岁；美国计划将正式退休年龄从现在的 65 岁提高到 67 岁、68 岁或 70 岁；英国已将退休年龄从 60 岁提高到 65 岁；乌拉圭的男性劳动者的退休年龄从 55 岁提高到 60 岁；利比亚的男性劳动者退休年龄从 60 岁提高到 65 岁。

第四，社会保险关系的各方当事人应尽的义务有所改变。社会保险制度建立初期，社会保险税（费）由个人和企业承担绝大部分，后来发展到国家、企业和个人平均分担。经过一段时期后，进一步发展到国家和企业负担绝大部分，个人负担小部分，这一做法成为长时期社会保险税（费）分组与缴纳的一般原则。不过，自20世纪80年代以来，国家负担的社会保险税（费）比例呈下降趋势，企业缴纳的社会保险税（费）构成社会保险基金的主要部分，被保险人个人缴纳的社会保险税（费）也在逐步增加。

三、社会保险的发展趋势

1. 社会保险多样化

社会保险制度是人类共同的稳定机制，各国的社会保险项目在基本原理和技术操作上具有很大的相通性，特别是在经济全球化的新形势下，社会保险制度出现了一定程度的融合趋势，但这种趋势并不表明各国社会保险制度会完全一致。由于各国经济发展程度、民族文化传统、政治体制等制约社会保险制度的因素各不相同，社会保险制度必然是在多样化的基础上呈现一定程度的一体化趋势。社会保险制度多样化主要表现在以下几个方面：

（1）社会保险目标多样化。社会保险制度的目标由单一的消除贫困、保障受保人基本生活需要目标向促进储蓄和经济增长、消除贫困等多重目标转化。

（2）社会保障筹资渠道多样化。各国将社会保险给付的财政责任社会化，社会保险基金可根据各国情况，通过保险税、保险费、捐赠、福利彩券、国有资产变现、消费税、商品增值税等形式筹集，尽可能减轻政府负担。

（3）项目体系多样化。有的国家具有完整的社会保险体系，有的国家只有部分社会保险项目，有的国家甚至只有简单的社会救助和民间福利；有的国家社会保险包括职业教育与培训，有的国家则将其排除在外。

（4）管理体制多样化。既有一个部门统一管理的，也有多个部门分工管理的；既有完全由官方管理的，也有私营机构参与管理的。

（5）实施方式多样化。在各国的社会保险项目中，既有官方直接组织实施的第一支柱保障方式，也有企事业单位组织实施的第二支柱保障方式，还有由保险公司、社会团体及民间组织实施的第三支柱保险方式。由于各国生产力发展的不平衡性和地域与文化差异，决定了保险实施方式多样性将是社会保险制度的一个长期发展趋势。

2. 社会保险范围扩大化

社会保险范围扩大化包括两方面内容：一是指各国将逐步建立和完善包括社会养老保险、失业保险、医疗保险、工伤保险等多重保障机制的社会保险制度。工业化国家虽然战后建立了比较完整的社会保险体系，但随着社会经济条件的变化，项目还在不断增加，如 20 世纪 90 年代后发达国家方兴未艾的护理保险和就业培训项目等。发展中国家由于社会保险项目本身不齐全，完善其社会保险项目将是其长期而艰巨的任务。二是指保障范围和内容将不断得到扩展。现在，许多国家已经不仅仅将人的生老病死作为防范对象，而且将影响人类生活质量的因素如环保、精神状况、教育和培训等也纳入了社会保险的内容。随着社会经济的不断发展，这些内容在社会保险中的地位将日益重要。

3. 社会保险私营化

由于社会保险是一种准公共产品，在人的自然需求本性驱使下，存在过度消费的可能性。福利国家公共提供和管理社会保险项目的弊端和智利模式的成功证明了社会保险私营化改革的必要性。社会保险私营化包括四个方面的内容：第一，在个人账户基础上，从规定受益制转为规定缴费制；第二，对社会保险基金的集中性垄断管理转为分散竞争性管理；第三，鼓励社会机构参与社会保险或将某些社会保险项目委托社会机构管理；第四，社会保险基金依照商业化的原则运营与管理。社会保险私营化有以下优点：一是缴费和受益挂钩，缴费越多，受益越多，可以实现激励机制与社会保险功能兼容；二是可以增加资本积累，促进经济增长；三是可以弱化政治效应，并通过提高运营效率增加社会保险基金，增强偿付能力，增加社会福利。社会保险私营化并不是全盘私有化，全盘私有化排斥了公平原则，不利于社会稳定与发展。即使在智利，私营化也仅限于社会保险主要险种，某些社会救助项目等仍由官方直接提供保障。即使在养老保险领域，政府也并未完全放任，而是在立法和监管方面尽到自己的责任，在养老基金公司破产或发生财政危机时，政府要负责接管并承担最终责任。仿效智利的拉美国家也并非完全照搬照抄。如阿根廷、乌拉圭采用混合改革模式，哥伦比亚采用的是公营和私营平行的改革模式，还没有哪个国家采用完全取消雇主缴费或纳税的智利模式。所以，无论从理论还是实践看，社会保险部分私营化而不是全部私营化，更不是私有化将成为社会保险制度世界性的改革趋势。

4. 社会保险基金资本化

随着人口老龄化的加剧及对效率的追求，基金积累模式越来越受到大多数国家的偏好。实行基金积累制面临的最大风险便是基金贬值的风险，时间跨度越大，风险也就越大。基金进入资本市场，一是可以使社会保险基金保值增值；二是由于社会保险基金是长期的机构投资者，可以对资本市场的稳定性、金融创新和金融市场的效率产生积极而深远的影响；三是可以为国家建设提供雄厚的资金。从实践看，20 世纪 80 年代以来，养老基金市场化程度不断加深，养老基金投资呈现出股市化和国际化的趋势。养老基金投入企业股票和债券的比重大幅度上升的原因主要有：第一，各国金融业现代化和市场化加速发展，金融投资工具的多样化和投资管理基金化促进了养老基金投向的股票化和分散化；第二，投资于企业股票和债券的收益率高于购买国债的收益率。据计算，1926 年在美国的长期国库券市场投入 1 美元，到 1996 年可升值为 33.75 美元；如果 1926 年将 1 美元投资到美国标准普尔指数 500 家大企业股票市场，到 1996 年底就可收回 1 371美元，是同期国库券投资收益的 40.6 倍。随着世界范围养老金体制改革的深化，养老金私营化、采取基金制、允许私营部门管理公共养老金计划以及放松养老金资产投资限制的趋势将会越来越明显。

5. 社会保险产业化

社会保险体系包括老年人的经济供给、失业救济、就业和职业培训、医疗照顾、伤残给付、家庭补助、居住方式、精神慰藉和生活照料等方面，归纳起来主要有两部分：一是社会保险的经济来源，即衣、食、住、行、医和学习、文娱、体育等物质文化生活的费用由谁提供以及是否有保障；二是上述物质文化生活服务由谁提供。经济来源是社会保险的基本方面，物质文化生活服务的供给是社会保险的最终实现条件。社会保险产业化主要是针对老年人而言的，是指对国家提供的基本生活保障以外的附加需求或特殊需求实施产业化经营和管理。西方发达国家的老年产业已得到了较充分的发展，这主要是由于这些国家早已进入了人口老龄化阶段，社会成员的经济力量增强，出现了超出基本生活保障以外的福利需求，同时也说明了市场经济对人口年龄结构变动和需求变动的敏感性和老年产业的收益性。

在世界上第一个进入人口老龄化的国家——法国，老年人成了市场的“宠儿”，为老年人提供的社会服务多种多样，应有尽有，如帮助老人做饭、洗澡、料理家务、陪伴老人聊天、旅游等生活服务；护理病残老人、治疗和健康咨询等医疗保健服务；以及向老人提供交通工具，协助老年人再就业，为老人排忧解难等其他服务。这些蓬勃发展的老年产业不仅切实解决了老年人的生活问题，而且企业也从中获得了可观的收益。

老龄化是未来的一个趋势，可以预见的是，由于人口老龄化的加快、社会意识的急剧变化、家庭结构的小型化和老人与子女分居现象的普遍化，21 世纪人口老龄化所带来的养老保障问题不会仅仅是经济供养方面的问题，而且在生活照料和精神慰藉方面的问题会日趋突出。社会保险的涵义也将拓展，不仅仅包括经济保障，还包括精神和服务保障。据统计，欧洲发达国家和日本老人的独居率都超过 40%以上，发展中国家老龄化和独居率也呈快速上升之势。老年保险产业化的蓬勃发展将是 21 世纪全世界的一个崭新趋势。

6. 社会保险一体化

在经济金融全球化的冲击下，一国的社会保险制度已不仅仅是一国内部的事务，它还影响着全球的资本和人员流动。经济金融的全球化通过三个方面影响社会保险制度的发展。一是福利水平的高低影响一国产品的成本，影响其对外贸易，如“福利国家”产品由于工资成本高，就难以和发展中国家的廉价劳动力生产的产品抗衡。二是由于跨国企业的蓬勃发展，人员跨国流动日益频繁，社会保险制度的衔接日益重要。三是由于各国社会保险基金积累不断增加，基金投资国际化不断发展，需要各国加强在社会保险基金投资监管方面的协调。如北欧五国制定了社会保障公约，对北欧五国的社会保险作了原则性规定：各国的社会保障法规必须体现公约的精神并不得违反公约的规定，同时应将另一个北欧国家的公民等同于本国的公民，并对具体的社会保险项目和内容进行了规范。它在很大程度上使社会保险制度安排在北欧五国得到了较高程度的规范。从经济金融全球化趋势以及北欧的实践来看，社会保险正从主权国家内部走向政府间合作或区域集团化并进而走向全球性联盟或合作①。

第二节　养老保险的发展趋势

一、国外养老保险制度的发展趋势

至 1991 年底，全世界 170 多个国家或地区已有 50 个国家（地区）步入了老龄化行列，有 138 个国家（地区）已在全国范围内或个别部门建立了统一的社会养老保险制度。但是随着物质生活水平的提高和生命科学研究的飞跃发展，人的寿命在普遍增长，世界（特别是西方发达国家）面临着“白发浪潮”的冲击，有些国家，如智利、新加坡和爱尔兰的社会养老保险制度经受住了这一严峻的考验，获得了极大的成功；而在一些“高税收、高福利”的国家，这一制度正岌岌可危，社会公平与经济效率的矛盾、代际之间的冲突、国家财政负担沉重等问题都日益表面化、公开化了，经济滞胀、巨额赤字的局面更使得各国政府、政党之间谋求妥协，寻找改革养老保险制度的道路。而许多尚未建立统一的社会养老保险制度的国家出于多方面的需要，也在纷纷酝酿建立这一制度。纵观世界各国社会养老保险制度，其发展呈现出以下趋势：

1. 多样化趋势

养老保险基金的筹措渠道、运营方式及制度的目标都在走向多样化。智利的养老保险基金由企业和国家负担改为个人全部负担，美国、英国等都加大了国民年金中个人缴费的比例。养老保险制度的目标正在由单一的消除贫困、保障老年人基本生活需要目标向促进储蓄和经济增长、消除贫困等多重目标转化，养老保险制度在走向自我完善、自我发展，而且以单一的基本养老保险为主的制度也在转向多层次、多形式的多重支持体系，包括企业（团体）补充养老保险、个人储

① 邓大松．社会保险．北京：中国劳动社会保障出版社，2002．23～28

蓄保险、个人年金保险等多个层次，共同保证养老目标的实现。

2. 效率优先趋势

养老保险制度是经济发展战略的一部分，其运行要服从经济增长的目标，至少不能阻碍经济效率的提高。然而由于一些社会养老保险制度建立较早的国家过分强调了“社会福利”的因素，长期实行现收现付制的筹资方式，在缴费人（在职职工）与领取保险金的老年人的比例日益缩小的趋势下，不得不通过提高养老保险费率来获得必要的养老保险资金。福利的普遍性和刚性因素，使得在职员工的税费负担越来越沉重，政府的财政压力也越来越大，造成代际冲突加剧、产品国际竞争力下降、经济效率下降等许多新的经济、社会问题。为了扭转这种局面，各国政府在改革该制度时，都提出了“效率第一”的原则，美国克林顿政府1994年的改革方案削减了大量社会保险开支，只为一部分能交得起保费的人提供养老金，政府还降低了对养老保险基金补贴的比例。许多实行现收现付制的国家也纷纷建立专门的养老保险基金，增加个人缴费比例，在补充养老保险层次实行“个人账户式”积累，使个人缴费与养老金收入直接挂钩。例如，澳大利亚一方面加强控制社会统筹式基本养老金的给付对象和给付标准，另一方面又着力发展个人账户储存基金模式（称为“捐款制度”），从1988年起，政府将原来自愿参加储蓄的个人账户公积金改为全面的、强制性的个人账户制，英国、新西兰等国家也在着力发展个人账户储存基金制养老保险。在各国社会养老保险遇到支付不足等一系列难题时，各国的商业养老保险却在飞速发展，成为社会养老保险的重要补充。20世纪70年代末，世界寿险占总保费的比重仅为39.3%，到80年代末，这一比重已达到52.4%，商业保险的技术加上社会保险的实施机制为经济带来了更高的效率和稳定性。从长远来看，经济的发展和高效率比一项福利性的社会保险政策更有助于养老问题的解决。

3. 基金运营商业化趋势

基金运营商业化趋势包括两个方面的含义：一是保险基金由政府暗补转向明补或不补贴，政府为养老保险制度提供法律上的保证，给予投保人税收上的优惠，但对保险基金减少补贴或不补贴，遵循商业化运营的操作原则，基金运营走向自我平衡，最大可能地保值增值；二是政府只对少数重要保险项目的基金进行管理，亲自运营或制定某些重要的全国性统一的标准，而大多数项目交由地方非营利性社会机构甚至私营商业保险公司负责，基金的管理由公营管理趋向私营化管理，政府的责任仅限于严格的法律监督、业务指导和最后担保，不直接参与经营。世界银行的数据表明，由于国有养老保险机构大多依附于国家财政，其基金实体由于国家政策的需要很容易被侵蚀，只有具有独立经营权或交给具有利益约束的私营机构进行商业化经营，才能保证基金的积累增值，保障缴费人的利益。智利率先实现了这一改革，基金交由经严格选择的竞争性私营公司经营，利润率高达13%以上，既为国家发展积累了巨额资金，又切实保障了基金的支付能力。

4. 给付年龄提高的趋势

随着人均寿命的延长和工作方式的变革，人们的工作年限已大大延长，因而在以往制度中设计的给付年龄在当前已经不适用了，老龄化程度的加深也使得政府为缓解支付危机而逐步提高退休年龄（相当于给付年龄），瑞典社会养老保险制度建立之初的给付年龄规定为60岁，后提高到65岁，现已为67岁；德国和英国的退休年龄在2000年后也提高到67岁（现为65岁）。在24个发达国家中规定退休年龄为65岁的占67%，67岁的占17%，60岁的占13%，55岁的占3%，给付方式也由普遍、统一标准的绝对水平方式向与个人收入水平、生活费用指数、物价指数等挂钩的相对给付方式过渡，而且养老金的给付水平与物价指数、生活费用指数并不是同比例变化。各收入层次的社会养老保险金的工资替代率不同，美国中等收入家庭的养老金工资替代率一般为40%，富裕阶层只有20%～30%，且养老金工资替代率有降低的趋势。许多国家都建立起了基本养老保险和补充养老保险的自动和半自动调整机制。

5. 重归家庭的趋势

发达国家普遍建立养老院以解决部分老年人的养老问题，瑞典的老人公寓尤为典型。但独居生活不能解决老年人心理安慰和生活方便的需要。比利时政府在1994年开始试行"老年人家庭寄养计划"，规定接养老人的家庭每日可收取20～25欧洲货币单位的寄养费，此外不再收任何钱物。计划向社会公布后，报名的寄养家庭与独身老人都很踊跃，新组合的家庭双方都很满意。目前世界上有140多个国家的法律中有涉及老年人合法权益的条款，美、日等国家和地区则有专门的老人法。1994年8月新加坡颁行的《赡养父母法》引起了世界性轰动，该法将赡养父母这一人伦道义上的责任上升为每个公民必须遵守的法律，规定凡拒绝赡养或资助其年迈双亲和处于贫困状态的双亲者，处以1万新元罚款或判刑一年。韩国政府已在考虑实施与此类似的强制法案，以保证老人向子女索取生活费。日本政府早已实施对与父母同住者和赡养父母者给予税收上的优惠或住房上的补贴。

6. 分步走的趋势

各国社会养老保险水平是与经济发展的水平和要求相一致的，大多是诱致性变迁的结果，政府的制度供给既要及时满足广大人民对养老保障的需求，又要考虑国民经济与财政的承受能力，避免制度供给不足或浪费。由于农民这一群体的特殊性，大多数国家都是首先建立经济发展与社会安定急需的雇员和公务员社会养老保险，而后再将范围慢慢扩大到独立劳动者和农民。由于独立劳动者和农民的收入来源多样化，在达到退休年龄后一般仍可继续从事劳动并获得收入，其个人缴纳保费占总保费的比例较低，瑞典一般雇员的养老保险税是工资的34.5%，而独立劳动者和农民则为其平均收入的32%。各团体在同时期可获得的养老保险形式可以是不同的。日本在1941年开办厚生年金保险，1959年建立国民年金保险，1970年建立农工年金保险；德国在1889年就建立了工人养老保险，直到1957年扩大到农民；美国在1935年举办职工养老保险，直到1981年仍有25%的农民及农业工人没有政府的养老保险保障。根据社会需要发展相应的保险形式，扩展到相应的保障对象已成为各国建立、完善社会养老保险制度过程中普遍的趋势[①]。

二、我国养老保险的发展趋势

有关资料显示，我国社会从年轻型、成年型过渡到老年型只用了20多年时间（而世界发达国家的过渡时间为50～100年），老年人口增长速度大大快于世界平均水平。2000年，我国65岁以上人口占总人口比例在7%以上，而人均GDP不过800美元，也就是说，我国是在经济还不发达的时期就面临着比发达国家还要严重的老龄化问题。因此，我国的社会养老保险也承受着极大的压力，迫切需要改革现有的不合理制度，实现养老保险与经济发展的良性互动[②]。我国养老保险的发展趋势主要表现如下：

1. 扩大养老保险制度的覆盖面

目前，我国社会养老保险的体制尚属于城乡二元化体系，覆盖面非常有限，农村养老保险制度基本缺失，城镇地区的养老保险主要覆盖行政事业性单位、国有企业和部分集体企业职工，而其他所有制形式的劳动者被覆盖的比率依然很低。城乡之间、不同所有制之间的差别相当大，基金来源不一致，各地区、各行业、各所有制退休职工所享受的待遇也不尽相同。据统计，我国城镇基本养老保险制度参保职工占全部就业人口的比例在12%左右，参保职工占城镇就业人口的比例在40%左右，参保职工占城镇在岗职工的比例在80%左右。

扩大养老保险体系覆盖范围，一方面要积极拓宽城镇养老保险的覆盖面，另一方面也要在条件允许的情况下逐步建立并完善农村养老保障体系。对于城镇职工基本养老保险，还要坚持“覆盖广泛、水平适当、结构合理、基金平衡”的原则，切实覆盖城镇各类企业职工、个体工商户及其从业人员、各种灵活就业人员、农民合同制职工、国有企业下岗职工等，统一非公有制企业劳动者、城镇个体工商户和灵活就业人员参保政策。我国农村地区人口老龄化趋势、农民收入的地区与个体差异、人口流动性和城市化进程决定了农村养老保障模式必须是一个

---

① 皮立波，杨生斌．国外社会养老保险制度的发展趋势．人口研究，1997，(6)

② 林义．社会保险．北京：中国金融出版社，2003．150

多元的、结合正式和非正式制度的整合型养老保障体系，是以非纳费型社会救助制度、土地保障制度、家庭保障制度为基本保障制度，以纳费型养老保险制度、商业养老保险制度和个人储蓄为重要组成部分的动态调整的、综合的制度体系，并考虑在较远期的未来分类、分步与城镇养老保险体系接轨。

2. 降低养老保险费用

按照养老保险费用的现行政策，企业缴费率占企业工资总额的20%，个人缴费率为个人工资总额的4%，这一缴费标准应该说还是比较高的，原因是缴费率实际上隐含着要补偿养老保险基金的隐性债务问题。因而，如何降低养老金费用将成为今后养老保险改革的关键问题。提高退休年龄、降低工资替代率，并使养老金与物价指数而不是工资指数挂钩，是降低养老保险费用的主要方法。

提高退休年龄。我国现行的男性60岁，女性55岁的退休年龄是在很早以前确定的，当时人们的平均预期寿命大约为50岁。而如今，人口的平均预期寿命提高到了70多岁，许多退休人员仍然具备较强的工作能力和工作意愿，事实上也有相当大比重的退休人员仍然在某些岗位上继续工作。出于降低养老保险费用的考虑，可以适当地推迟退休年龄，如往后推5年，即男性65岁，女性60岁；也可以采取灵活性的退休安排解决上述问题。

降低工资替代率。目前，我国基本养老保险的平均替代率约为89%，如此高的工资替代率在世界上是少有的，多数国家只有40%～60%，如美国、加拿大的法定基本养老金平均替代率为40%，法国最高的水平为50%，日本为68%，但已决定降到60%以下。考虑到我国长期实行低工资制度，养老金的绝对数量不高，社会经济整体上又处于发展阶段，因此，本着“低水平，广覆盖”的原则，降低工资替代率是可行的。国家已出台相关规定，将基本养老金的替代率量化为60%左右，这意味着今后工资替代率将逐步降低，如此一来，既可以鼓励职工增加个人账户储蓄，也可以给子女施加一定压力，使他们尽到赡养已退休父母的义务。

养老金指数化调整。目前的做法是规定养老金按工资进行指数化调整，这使退休者得以享受当前劳动生产率的提高而增加的收益，并有利于住房、医疗卫生之类的实物津贴向现金工资转变的调整。然而在大多数情况下，根据工资的增长调整养老金的指数化系数，往往会高于根据物价的上涨调整养老金的指数化系数。在中国目前的条件下实际工资增长率预计会很高，根据世界银行的报告，估计在今后10年或更长时期中，中国的工资增长每年将以5%的速度递增。如按工资增长率指数化，将极大地增加养老金负担。考虑到2030年体制内抚养率将急剧提高，而为过渡筹资十分困难。因此，应设法降低退休人员的期望值。在目前阶段，较为现实可行的方法是将养老金按消费价格指数进行调整。

3. 偿还养老保险金隐性债务

国务院《关于建立统一的企业基本养老保险制度的决定》（以下简称《决定》）中，在统一养老金计发办法中，提出了“老人”老办法，“中人”中办法，“新人”新办法。对于新人，因在新制度实施才参加工作，其未来的养老金支付可以使用个人账户积累和社会统筹部分，不成问题。而对于“老人”，《决定》提出仍按原规定计发和调整养老金，对于“中人”则规定了过渡性养老金，问题是这两部分人过去都没有个人账户积累，或者即使有也只是或多或少的一部分，而不是全部。而现在要保证他们的退休金维持原有水平不降低，只有两种可能：一是转嫁养老金给现在还在工作的一代，提高他们的缴费水平；二是政府进行财政补贴或由企业支付。提高现职职工的缴费水平不太现实，因为现在的缴费水平已经很高了，由退休职工所在企业支付也不太可能，因为企业已把现在已退休职工的养老金发放全部交给了社会保险机构，而且很多企业无力也不愿继续发放这部分退休者的退休金。面对这种情况，政府必须承担起这笔养老保险金的隐性债务责任（养老保险金隐性债务是指一项养老金计划对职工和养老保险金领取者所作的津贴承诺）。据世界银行测算，中国养老保险金的隐性债务大约占 GDP 的 46％～49％，远低于智利和阿根廷的 80％～120％，中国通过多种手段是可以支付养老债务和弥补资金缺口的。

中国为支付养老金债务和弥补资金缺口可以使用的手段有：一是通过调整财政支出结构，如发行国债、福利彩票等财政手段筹集养老基金；二是通过国有资产的合理分割筹集资金；三是社会统筹与个人账户逐步实行分账管理，逐步做实个人账户；四是开征养老保险税，保证资金来源的稳定性和连续性；五是逐步提高养老保险覆盖率①。

4. 养老保险商业化，通过多元化投资实现养老保险基金的保值增值

我国养老保险改革的基本原则曾规定社会保险管理机构的行政管理职能与基金收缴营运职能相分离，但实际运行中却是交叉管理。两种资金统一管理的结果是忽视了个人账户资金保值增值的要求，从而造成养老保险基金贬值，并且公共管理机构由于缺乏激励约束机制，在现收现付制下管理养老金，执行简单的收付结算职能已勉为其难，弊端诸多，更不用说管理统账结合下的养老基金、执行投资职能了。1999 年以前，中国的社会养老保险基金几乎只能投资于国债和银行存款，而我国储蓄存款利息率水平多次下调，已降至历史最低，国债利息也相应降低，故盈利空间非常有限，并且难以抵御通货膨胀风险，资本易遭受侵蚀，不能达到保值增值目的。

为确保社保基金的安全及保值增值，多元化投资将成为主要方向。第一，根

---

① 任正臣．社会保险学．北京：社会科学文献出版社，2001.136～139

据流动性、安全性原则对社会养老保险基金资产进行合理组合。如具有高度流动性的现金或活期存款、保持相对流动性的国债以及定期储蓄或中长期投资都是养老保险基金最主要、最稳健的投资品种。第二，部分养老保险基金将在控制风险的前提下，有条件、有步骤地进入证券市场。2000 年 10 月以来，国家已允许商业保险资金通过购买封闭式的证券投资基金间接进入证券市场，事实表明已取得较好收益。在社会各界呼吁下，社保基金直接入市估计也为期不远。但社保基金入市时，必须要有行之有效的法律保障，必须用社会保险法及相关管理条例加以规范，并有专门的监管机构监督执行，以确保其相对安全地运行。第三，委托专业化的资产管理机构，如证券基金管理公司、券商、保险公司等对社会养老保险基金进行投资理财，或专门设立私营养老保险基金公司，对其放开资本市场，使养老保险基金能够通过多元化投资实现保值增值。

第三节　医疗保险的发展趋势

一、国外医疗保险制度的发展趋势

到 20 世纪 50 年代，西方各国特别是发达国家都已建立了相对完善的医疗保险制度。这些制度的建立，对于维持劳动力再生产、缓和劳资冲突和稳定社会都起到了积极的作用。但是，20 世纪 70 年代以后，由于受到通货膨胀和经济停滞的影响，西方工业化国家的医疗保险制度存在的问题日益突出，加上医疗费用的恶性增长愈演愈烈，医疗保险基金面临入不敷出的困境。为此，整个世界范围内掀起了一股对原有医疗保险制度进行改革和调整的浪潮，许多国家和地区医疗保险的制度模式和管理方式都发生了一定的变化，主要有以下几个明显的趋势：

1. 强调私营化管理和市场机制的作用

在许多国家的医疗保险制度中，国家和政府的作用逐渐淡化，管理上的私营化已成为改革和发展的方向。由于大部分西方国家，特别是所谓的福利国家过分强调扩大医疗保险的覆盖范围和保障程度，造成越来越多的公用资金用于医疗保险。但医疗费用的上涨、人口的老龄化和经济发展速度下降已使这些国家的政府不堪重负，为此，各国都开始减少政府的责任和负担，积极引进私营管理模式，试图避免政府管理医疗保险组织和医疗机构所造成的资源浪费、效率低下和服务质量差等问题。

此外，国家分配卫生资源并直接组织和提供医疗服务虽然有其公平性，但医疗服务的效率是不高的。为此，许多国家在医疗保险改革中都试图将市场竞争机制引入医疗服务体系，力图在保证公平的前提下，提高医疗服务的效率，甚至把加强保险组织之间的竞争作为提高效率的一项重要手段。同时，考虑到市场机制自身的弊端，以商业医疗保险为特征的美国，反而开始强调医疗机构间“有管理的竞争”，对以往完全市场化的医疗保险管理模式也进行了相应的调整。

2. 费用控制成为制度建设的重点

20世纪70年代以后，许多西方发达国家的经济增长减缓，人口老龄化、疾病谱改变和医疗技术的进步等诸多原因都导致医疗费用持续上涨，给医疗保险基金带来了沉重的经济负担，为了控制医疗费用的过度增长、减少卫生资源浪费、提高卫生资源的利用效率，一系列医疗费用的控制方法被相继采用，费用控制成为医疗保险制度建设的重点，而医疗保险支付制度的改革则成为了控制费用的主要手段。

近年来，国外对医疗费用的控制已开始从过去以控制需方为主发展到兼顾供需双方的行为，控制方式从事后审查发展到事前和事后相结合，控制关系也从以第三方为主的松散管理模式发展到保险机构和医疗机构间相互协同的紧密结合模式。医疗保险支付制度的发展趋势具体表现在四个方面。

第一，支付方式从后付制向预付制发展。后付制的最大弊端是医疗保险部门作为第三方，在医疗行为发生后进行补偿，难以有效地控制费用。尤其是医疗保险部门支付的数额是依据医疗机构提供的服务量为标准，这对医疗部门非但不是经济约束，反而刺激其更多地提供医疗服务。从世界各国医疗保险的教训看，后付制是造成医疗费用上涨过快的一个重要原因。据国外研究部门估计，卫生费用上涨的12%是由第三方按服务付费引起的。

改为预付制后，医疗保险部门可通过制定预付标准控制总支出，医疗部门也因承担了经济风险而自觉规范自己的行为。同时，医疗保险的预付制，也为医疗机构提供了一笔相对稳定并可预见的周转资金，使其在这一范围内合理使用医疗资源，达到既控制了费用，又保证医疗服务质量的目的。

预付制有各种形式，如按日费用定额支付、按人头定额支付、总预算制等。预付制的实行对各国控制医疗费用起了重要作用。近40篇研究报告报道，按人头预付制与按服务项目支付相比，人均卫生费用下降10%～40%，住院率下降25%～45%，而门诊次数和平均住院天数几乎相同，所接受的预防服务甚至更多。英国、德国、法国、加拿大、瑞典等国因实行总预算制，卫生费用占国民生产总值的比例相对较稳定。

第二，支付标准从自由定价向政府控制价格或统一价格发展。传统的医疗服务价格是由医疗机构确定的。而实际上，许多医疗机构确定的收费价格，不仅依据他们为患者提供治疗的实际费用，还依据其个人收入需要。因此，世界许多国家都改变了医疗服务的定价方式，实行政府定价，或由医疗保险机构与医疗服务提供者协商定价。统一定价的好处是，通过统一的价格信号，引导医生行为规范化和医疗保险资源利用的标准化。德国、日本的统一医生酬金价目表，被认为是两国医疗保健制度较好的一个重要原因，日本甚至将其看作是政府统一定价，其实际效果已引起广泛关注。

第三，由全部支付向部分自付制发展。医疗保险的运行形式是，医疗保险部门作为第三方，承担着受保人的医疗费用。如果实行免费医疗，参保人与费用支出毫无关系，极易出现道德风险，造成医疗消费的过度需求，带来医疗费用的上涨。为了防止消费者过度需求带来的医疗费用上涨过快，只有改变免费医疗的做法，让参保人负担部分费用，增强参保人的费用意识。美国兰德公司曾在联邦政府支持下，进行了卫生服务史上一项耗资最大、历时最长的健康保险实验。研究结果表明，人均卫生费用随自付比例增加而下降，95%自付组与免费组相比，人均卫生费用低 60%；卫生服务次数也随自付增多而减少，开药量随自付增多而下降，但从整体来看并不影响被保险人的健康状况。正因为如此，自兰德健康保险实验开展以来，世界各发达国家的健康保险都已用各种形式的费用分担制来代替免费医疗，如法国、德国增加药费中的自付定额，美国、澳大利亚和英国逐步实行自付 10%的费用等，这些对控制急剧增长的卫生费用起到了重要作用。

第四，支付体制由分散独立向集中统一发展。一个国家卫生总费用的多少及增长速度，不仅取决于微观上每个医疗保险机构支出的费用是否得到有效利用，还取决于宏观上整个国家医疗保险资源的配置是否合理。世界各国因医疗保险资源配置方式的不同，医疗保险支付体制主要分三种模式：集中的单一支付人模式、比较集中的准单一支付人模式、分散独立的支付人模式。

目前加拿大全国统一的医疗保险计划被本国公民视为“社会之宝”，其政府作为唯一支付人（集中计划配置资源的支付体制）；德国、法国、日本等作为主要支付人，以全国统一的社会医疗保险计划控制医疗保险资源主渠道（准单一支付体制）。世界公认这对各自医疗费用的控制起重要作用。

3. 医疗储蓄模式受到推崇

医疗费用支出的过度膨胀使得现收现付制的医疗保险基金筹措方式面临巨大的冲击。由于不可能无限制地增加税收或提高医疗保险的筹资比例，基金积累制的医疗保险筹资模式越来越受到人们的重视，以新加坡为代表的医疗储蓄模式特别受到人们的推崇。在医疗储蓄模式下，患者是用自己储蓄账户上的钱来支付医疗费用，大大降低了滥用医疗服务的机会，同时，医疗储蓄模式还避免了现收现付制中下一代人为上一代人支付医疗费所造成的代际冲突，这在人口老龄化趋势不断增强的现实环境中更有意义。最后，医疗储蓄模式强调个人责任，减轻了政府和社会的负担。当然，如果将医疗储蓄和现收现付制模式相结合，则更能发挥两者的优势，因此，近年来个人医疗储蓄和共济基金相结合的“统账结合”模式越来越受到人们的推崇[①]。

---

① 林义．社会保险．北京：中国金融出版社，2003.174，175

二、我国医疗保险制度的发展趋势

建立多层次医疗保险体系，满足不同人群、多层次的医疗保障需求。

多层次的医疗保险体系主要包括三个主体性层次：一是基本医疗保险，二是企业补充医疗保险和商业医疗保险，三是社会医疗救助。此外，还包括国家公务员医疗补助、职工医疗互助保障和特殊人群医疗保障等辅助性制度形式。建立和完善多层次医疗保险体系，除了已经着手建立的“低水平、广覆盖，双方负担，统账结合”的城镇职工基本医疗保险制度外，还需要重点做好四方面工作。

第一，要与基本医疗保险制度同步建立“大病救助基金”用于解决超封顶线以上的大额医疗费用。

第二，大力发展企业补充医疗保险。企业补充医疗保险的经办机构，可以是商业医疗保险机构，也可以是社会医疗保险机构，或者由大集团、大企业自办。企业为职工缴纳的补充医疗保险费，按国家规定渠道列支。

第三，积极发展商业医疗保险。商业医疗保险更能满足多层次医疗保障的需要，也具备较强的抵御风险的能力，是一种相对比较成熟的医疗保险形式。基本医疗保险制度在全国实施后，商业医疗保险对基本医疗保险的补充主要体现在三个方面——医疗费用、医疗项目和范围对象。商业医疗保险由商业保险公司经办，企业或职工自愿参加。

第四，在经济条件好、财政负担能力强的地区，要逐步建立主要由政府财政支持的社会医疗救助制度。社会医疗救助的对象是因病致贫的低收入者和贫困者。社会医疗救助的资金主要由财政支持，也可以吸纳社会捐助等其他来源的资金。社会医疗救助的形式有三种：一是提供社会医疗救助金，给救助对象以经济补偿；二是给医疗机构一定的经济补贴，使后者直接减免救助对象的部分医疗费；三是由社会医疗救助机构举办专门医疗机构，免费为救助对象提供医疗服务①。

扩大惠及面，变城镇职工基本医疗保险为城镇居民医疗保险。

我国现有社会保险制度的惠及面主要是用人单位的各种正规就业人员，但与劳动保险的疾病待遇相比，缺少了一项惠及职工供养直系亲属的特殊待遇，即免费诊治和由企业负担一般手术费和药费。这项待遇在 1996 年 5 月职工医疗保障制度改革时仍被明确保留，可在 1998 年 12 月发布的、作为医疗保险制度行政规章的《国务院关于城镇职工基本医疗保险制度的决定》中，并没有提及如何处理这项待遇。制度惠及面从职工及其家属到参保者本人，大大减少了覆盖范围，这

---

① 姚宏．关于城镇职工医疗保险制度改革和发展趋势．医学与哲学，2000，(1)

些家属也容易成为制度的“漏斗”，出现很多冒用医保卡的情况。家庭作为我国社会的一个基本单位，内部结构紧密，不仅是生活的共同体，而且是经济利益的共同体，几千年来，中国人就有依靠家庭内部自行解决生老病死等一系列生活保障问题的传统。因此，顺应文化传统，仿效同样强调家庭观念的新加坡的做法，将账户建立从个人扩大到家庭，既可以保留中国传统的家庭保障习惯，将较小的医疗风险留给家庭内部解决，也进一步扩大了医疗保障的覆盖面，让全社会来分担医疗风险。

从供方入手，建立医保一体化结构解决费用控制问题。

在医疗保险的费用控制方面，由于医院作为医疗服务的供方，不用面临付费问题，故而医院为了得到更多经济利益，一方面利用医患不对称，诱导患者过度消费；另一方面放任甚至纵容患者人证不符，因而导致医疗费用增长过快。在医疗管理体制中，只有把医院也纳入医疗保险的责任主体行列，把费用控制的重点放在供方，费用控制的问题才可能真正得到解决。

我国出台的《关于建立城镇职工基本医疗保险制度的决定》，已经在第三方制约医疗服务费用的办法及费用结算管理模式等方面进行了初步探索。近年来，随着医疗保险制度改革的不断深入，运行模式的改变，结算方式总体上也在由单项向多项、后付向预付、微观向宏观方向发展。结算方式的变化，一定程度上受医疗保险运行模式的变化而变化；结算方式的发展，其宗旨就是控制医疗费用的过快增长，合理使用医疗保险基金，增强医院和参保人员的费用节约意识。

成立老年医疗保险制度，解决因人口老龄化而导致的费用上涨。

我国是世界上拥有老龄人口最多的国家，人口老龄化速度也最快。人口老龄化导致了慢性病增长率不断上升，老龄人口对治疗慢性病的卫生服务需求和利用不断增加，成为卫生费用过度增长的重要原因。1998 年《国务院关于建立城镇职工基本医疗保险制度的决定》规定单位缴费以在职职工工资总额为基数进行缴费（单基数缴费原则），在单基数缴费原则下，退休人员应享受的基本医疗保险费用是全体在职职工分担的，实际退休人员的医疗费用，无论是建立个人账户的费用还是需要从统筹基金支付的费用，都是由单位缴费解决的，也就是由每个在职职工分担的。这充分体现了社会保险的代际原则，但也是医疗保险基金面临出险问题的原因所在。在这种情况下，为确保老年医疗费用安全运行，今后可以借鉴日本、德国等国的经验建立老年医疗保健制度，将老年医疗保险制度从一般医疗保险制度中剥离出来，专立账号，增加一份以养老金为基数筹集的医疗保险费。还可以与社区联手开发住宅护理、医疗咨询、健康指导等老年医疗援助项目，并以老年人医疗保险为契机，走出仅限于医疗费保障的传统做法，向全面保障的方向发展。

第四节 失业保险的发展趋势

一、国外失业保险制度的发展趋势

1. 失业保险的多样化趋势

失业保险向多重保障的方向逐步发展，特别是复式保障结构日益受到各国的普遍重视。世界上失业保险的发展趋势是改革失业保险的单一形式，鼓励和支持各方自筹资金举办补助失业保险、个人储蓄失业保险等，逐步建立多形式、多层次的失业保障体系，朝着国家、社会和个人多方参与的方向发展。其目的主要是扩大失业保障覆盖面，提高失业者及其家庭的生活保障程度。目前各国的模式基本上都在向复式结构发展，比较典型的有德国的“失业保险＋失业补助”结构，美国的“失业保险＋企业补充失业津贴”结构和加拿大的“失业保险＋特殊失业补助”结构。

2. 失业保险制度的改革向提供就业保障转变

国际上失业保险制度改革的主要方向和发展趋势是变消极的生活保障为积极的促进再就业，向提供就业保障方向转变。除工作重心的逐步转移外，失业保险基金的支出同样注重促进就业功能的发挥。如德国颁布了《就业促进法》，要求在失业保险的基础上建立起就业服务系统，这样失业保险金就不仅仅用于基本生活保障，还用于职业介绍、转业培训、在职培训及帮助企业安置富余劳动力等方面。德国的失业保险部门也成了各级政府推行劳动就业政策的责任机构之一，其失业保险基金的支出中，除60％用于保险给付外，余下40％中的大部分被用于职业介绍、职业培训及其补贴、补助企业雇佣等促进就业的工作。与德国相类似，英国和法国每年用于职业培训的经费分别达到了30亿英镑、170亿法郎。美国政府也更加注重职业培训和失业人员再就业问题，克林顿执政时期就制定了《美国再就业法案》，主旨就是促进失业者得到他们所需要的有效的、高质量的培训。可以看出，目前各国失业保险制度中促进就业的规定越来越多，失业保险越来越向就业保险靠拢。

二、我国失业保险制度的发展趋势

1. 进一步扩大失业保险覆盖面

自从1999年国务院颁布的《失业保险条例》实施以来，我国的失业保险覆盖范围比过去有所扩大，基本包括了所有的城镇企业、事业单位职工，尤其是把农民合同工纳入社会保险体系，规定对工龄满一年以上、雇用单位已为其缴纳失业保险费的农民合同工，可由社会保险经办机构对其支付一次性生活补助，这显然是一个前所未有的历史性突破和进步。尽管如此，我国的失业保险覆盖面依然比较窄，目前覆盖的主要是城镇正规就业人员，而国家公务员、大量短期处于失业状态的农民工、由于工业化和城镇化等原因逐渐丧失土地的农民以及灵活性、非正规就业人员没有被覆盖到。2003 年全国参加失业保险人员大约占非农就业人员的 27.4%和城镇就业人员的 40.5%，接近 3/4 的非农就业人员和 60%的城镇就业人员没有参加失业保险。扩大失业保险覆盖范围，应当重点关注四类人员：国家机关工作人员、城镇非正规就业人员、实际在城镇工作和生活的农民工、农村的广大剩余劳动力。

2. 就业方式多样化及劳动力供需矛盾要求失业保险向就业保障方向发展

由于经济全球化带来的竞争日益激烈，加之人们生活理念、就业观念的变化，人们的就业方式也日益多样化，非全日制、临时性、阶段性和弹性工作时间等多种灵活的就业形式大量出现，而伴随着就业方式多样化产生的是不规则的失业，这种失业形态是针对传统就业方式的失业保险制度所难以解决的。目前，从事临时性工作、工作时间短的人越来越多，由于没有达到最低缴费期限，没有资格享受社会保障权益的人会逐渐增加。将这些新型就业方式的从业人员完全排除在失业保险范围以外，或者完全覆盖，都会抑制就业方式的丰富和发展，使就业压力无法缓解。因此，这是失业保险制度面临的一个挑战。失业保险覆盖范围的扩大应从就业保障、促进再就业的角度出发。

此外，我国的就业形势也异常严峻，越来越大的供需差距、经济增长对就业的弹性逐渐降低都给失业保险工作带来了极大的挑战。从劳动力供给看，“十五”期间，新生劳动力每年达到 1 400 万人，城镇登记注册的下岗失业人员截至 2001 年底已达到 1 250 万人，同时农村剩余劳动力已有 1.5 亿人以上，而从劳动力需求看，劳动和社会保障部 2001 年发布的全国 62 个城市劳动力市场供求信息显示，100 个求职者只有 75 个就业岗位，供给已大于需求。伴随着下岗职工再就业难、农村剩余劳动力大量转移、青年人失业日益严重等问题的出现，劳动力供需间的矛盾将越来越尖锐，建立就业保障型的失业保险制度将是我国失业保险制度的发展取向[①]。

具体措施：一是建立失业保险预警制度，当失业率达到警戒线，失业保险基金支付期限有限时，政府能够及时合理地调控，多方筹集失业保险支付资金，防止因失业保险金发放不到位引发的社会问题。二是在失业保险金的发放上，允许正在领取失业保险金期间要求自谋职业的失业人员，凭营业执照和外出务工有效证明，一次性领取余下期限应当领取的失业保险金和医疗补助金；或者用失业保

① 程新富．我国失业保险制度发展方向研究．华北水利水电学院学报，2004，(4)

险金为要求自谋职业的失业人员提供小额贷款贴息。三是用好用活职业培训、职业介绍两项补贴资金，通过公开招标的方式购买再就业培训和职业介绍的成果。四是通过街道社区劳动保障服务机构加强失业保险与职业介绍的有机联系，搞好失业人员登记，准确掌握其求职情况，并通过职介机构引导帮助其实现再就业①。

3. 改革失业保险的单一形式，逐步建立多形式、多层次的失业保障体系

采取灵活多样的失业保险模式，如补助失业保险、个人储蓄失业保险等。允许异地和农村进城自谋职业人员自愿参加失业保险，并按规定比例缴费，失业后与当地城镇职工享受同等的失业保险待遇。在缴费方式上，允许灵活就业人员阶段性投保、断保和续保，其缴费年限累计满一年即可享受失业保险待遇。在失业保险金的发放上也采取灵活的办法，对失业人员在领取失业保险金期间实现再就业的，可暂时停发失业保险金，再次失业时，没有续保的，允许继续领取余下的失业保险金；续保的，享受失业保险金的时间可以合并计算。建立参保人员个人账户，将目前的个人缴费记录转化为个人账户，员工失业后享受失业保险待遇与个人缴费额挂钩。连续缴费，退休前未享受待遇的，其个人账户余额及利息一次性返还给本人及继承人。

4. 提高统筹层次，理顺管理体制

由于各统筹地区经济发展的不平衡以及现行财政管理体制的制约，在基金不敷使用时，不同统筹地区的调剂金不能相互调剂。今后的发展趋势将是逐步实现市级统筹、省级统筹，增强失业保险抵御风险的能力。同时建立和完善调剂金制度，充分发挥失业保险的调剂功能，设立中央失业保险调剂基金，各省、自治区、直辖市按每年征收失业保险费的一定比例，向中央上缴失业保险调剂金。

目前，全国只有 18 个省市设置了独立的失业保险机构，不少地方失业保险工作由劳动就业服务机构承担，今后的趋势应当是广泛设立失业保险工作机构，确保失业保险事业的健康发展，并且加强失业保险信息管理系统建设。此外，在社区重要性日益凸显的今天，失业保险工作也要逐步拓展到基层社区，通过社区平台准确掌握失业人员就业状况，帮助失业人员尽快实现再就业，同时，失业保险金的发放也可依托社区来进行。

5. 适当提高缴费率，合理调整失业保险的待遇标准

现行的失业保险缴费率，为城镇企事业单位按照本单位工资总额的 2%缴纳失业保险费，职工按照本人工资的 1%缴纳失业保险费。这一缴纳费率是 1999 年调整制定的，比原来有所提高，但已实行 6 年。根据几年来经济社会发展、生活水平普遍提高、失业人数增加、失业保险费支出增大的动态情况，应适当调高失业保险缴费率以进一步充实失业保险基金。失业保险制度的主要目的在于保障

---

① 何韬．失业保险制度改革初探．中国劳动社会保障，2005，(11)

失业人员的基本生活，保险金给付应达到失业人员失业前工资水平的一定比例，要与经济发展和消费水平相适应。新《条例》第十八条规定了失业保险金的标准："按照低于当地最低工资标准、高于城市居民最低生活保障标准的水平，由省、自治区、直辖市人民政府确定。"各地的具体做法大多是按当地社会救济金额的120%～150%的标准发放保险金，我国目前社会救济金额本身就比较低，这显然难以保障失业人员的基本生活。同样，我国目前最低工资标准本身定位就比较低，仅仅能维持劳动者的最低生活水平，即使失业者领取失业保险金也难以维持其基本生活需要，这就大大弱化了失业保险制度的保障功能，起不到化解失业风险的作用。因此，需要经过精心的测算，同时充分考虑承受能力，制定科学合理的失业保险待遇标准①。

第五节　社会保险的国际化

社会保险制度是与欧美各国工业化、现代化进程密切相联、相伴而生的一种制度安排，并伴随着工业化进程在全球范围内迅速推进。尤其是进入21世纪以来，区域经济一体化乃至全球经济一体化日益深入，世界各国的经济往来、人员交流、科学技术合作更加频繁，在此背景下，一国的社会保险制度已不仅仅是一国内部的事务，它直接影响着全球的资本和人员流动，对国际经济格局产生着相当重大的影响。因此，社会保险国际化是经济全球化背景下的一个必然趋势。

事实上，社会保险一体化早在20世纪下半叶就出现在国与国的双边协定中，接着经由多边协定、区域联盟直至向经济全球化背景下真正意义上的社会保险国际化方向发展。欧洲联盟各国社会保险的一体化，便是一个佐证。北欧五国制定了社会保障公约，对北欧五国的社会保险作了原则性规定：各国的社会保障法规必须体现公约的精神并不得违反公约的规定，同时应将另一个北欧国家的公民等同于本国的公民，并对具体的社会保险项目和内容进行了规范。它在很大程度上使社会保险制度安排在北欧五国得到了较高程度的规范。与之类似，越来越多的区域联盟正探索社会保险一体化的具体政策方法。从经济全球化趋势以及区域联盟的实践来看，社会保险正从主权国家内部走向政府间合作或区域集团化并进而走向全球性联盟或合作。

社会保险国际化与经济全球化的关系主要表现为：

第一，福利水平的高低影响一国产品的成本，进而影响其对外贸易。如"福利国家"的产品由于工资成本高，难以和发展中国家的廉价劳动力所生产的产品相抗衡。社会保险的国际化促进了各国社保机构在管理模式、给付方式、集资方

① 蒋万庚．论失业保险制度模式创新．经济与社会发展，2006，(1)

法、实施原则等方面的相互了解，能够帮助各国发挥自身比较优势，在国际经济贸易中发挥所长，实现互补与整合。

第二，由于跨国企业的蓬勃发展，人员跨国流动日益频繁，社会保险制度的衔接日益重要。社会保险国际化使得各国的社会保险制度得以顺利衔接，为全球范围内人力资源的自由流动与合理配置创造了有利条件。

第三，由于各国社会保险基金积累不断增加，基金投资国际化不断发展，需要各国加强在社会保险基金投资监管方面的协调。社会保险的国际化有助于各国在可能范围内展开投资、监管的相互学习合作，实现社保基金的保值增值。

社会保险国际化的具体表现为：

第一，社会保险给付标准愈益国际化。也就是，各国将更加遵从国际劳工组织建议的给付标准，如失业金标准、工伤补偿标准、退休金标准、女员工生育待遇标准等。当然，鉴于各国国情、经济水平的差异性，保险待遇的国际化主要是就相对水平而言。比如，国际劳工组织建议，失业保险金不低于工人失业前工资的60%等。

第二，社会保险金享受属地化。根据双边、多边或区域联盟协议，任何一个协议国的工人、技术人员、专家到其他协议国参加工作，在遇到风险后可以享受所在国的社会保险待遇。

第三，社会保险享受项目与所在国员工一致。工人、技术人员、专家根据协定到别国工作，享受接受国的社会保险项目，一如享受同等的国民待遇。

➢本章小结

传统社会保险的理念基础主要是对人的自然本性与基本权利的维护，现代社会保险理念在延续传统精华的基础上，既强调公平原则，要通过“互助互济”方式保障劳动者的基本生活，也更为重视效率原则，认为只有在提高效率的基础上，才能更好地实现广泛公平。社会保险的目标主要有四点：保障劳动者的基本生活，促进社会安定；保证劳动力再生产，维护社会再生产顺利进行；提供有力后盾，促进经济发展；推动社会主义精神文明建设。社会保险的发展趋势突出体现在：多样化、范围扩大化、私营化、基金资本化、产业化和一体化六个方面。具体而言，养老保险的国际发展趋势有：多样化、效率优先、基金运营商业化、给付年龄提高、重归家庭、分步走，国内发展趋势是扩大覆盖面、降低费用、偿还隐性债务、商业化运营。医疗保险的国际发展趋势是：强调私营化管理和市场机制作用、强调费用控制和支付体制改革、医疗储蓄模式受到推崇，国内趋势为：建立多层次医疗保险体系、扩大惠及面、控制费用、成立老年医疗保险制度。失业保险的国际发展趋势主要是多样化以及向提供就业保障转变，国内发展趋势为：扩大覆盖面、向就业保障方向发展、建立多层次的失业保障体系、提高统筹层次、理顺管理体制、合理调整待遇标准等等。社会保险国际化是区域经济一体化和全球经济一体化的产物，其主要表现是给付标准国际化、保险金属地化和享受项目一致化。

➢关键术语

社会保险发展趋势　商业化运营　养老保险金隐性债务　预付制　自付制　就业保障　多层次的失业保障体系　社会保险国际化

➢案例　国际养老保险改革

总体说来，国际养老保险制度的改革有两种思路：结构性改革和制度性改革。

实施结构性改革的国家主要是欧美以及东亚的日本等经济发达、社会保险体系也发达的国家。结构性改革有两种措施：

(1) 开源节流。开源的主要措施有：扩大缴费基数、提高缴费率、开征收益税和增加税收项目等。节流的主要措施有：提高法定退休年龄、限制提前退休、降低替代率、改变计算基数、严格领取资格和调整指数化调节机制等。

(2) 构建多层次养老保险模式。就是从原先的只有一个层次的养老保险制度模式转变为多层次的制度模式。英国、德国、法国、美国、瑞士、日本等都是走的这条路。法国在1972年就建立起了全国统一的强制性补充养老保险计划，近期又决定在法定的基本养老金计划和强制性的补充养老保险计划之外再建立一个志愿性的个人储蓄计划，从而形成三个层次的养老保险模式。

实施制度性改革的国家主要是东欧经济转轨国家、拉美国家以及东亚国家和地区。东欧经济转轨国家的改革也有部分属于结构性改革的范畴，如实施养老保险金指数化调整、严格保险金支付条件、加强保险基金的征集与管理等。但是从根本上来说，东欧经济转轨国家的改革主要还是属于制度性改革。

1. 瑞典养老金改革方案

瑞典养老保险制度分为基本养老金和补充养老金两部分。基本养老金享受者为全体公民以及适应互惠协定的外侨。基金由企业和政府承担，职工则不承担。基本养老金为退休者提供基本的生活保障，每个退休者领取的基本养老金是相同的，与退休前的工薪水平无关。补充养老金则是一种与收入有关的资金积累型养老金，养老基金由企业和职工共同负担，通过特种税收的方式收取。对那些无权取得充分补充养老金或只能取得部分补充养老金的退休者，则通过一般补助金给予社会基本权益的补偿。

1994年6月瑞典议会定下了改革的基调，具体的政策举措在后来陆续制定，实施日期定为1999年1月。

新执行的养老保险制度为每个工人建立两个相互独立的个人账户：一个是由瑞典政府代表个人管理的名义个人账户，另一个是个人账户。新的养老保险制度对税率也做了微调，从原来的19％降低到18.5％。个人和所在的企业各承担一半，即9.25％，然后在上述两个账户之间分配。

在新体制下，政府为每个工人建立一个名义上的账户，记录工人的缴费历史，然后等工人到退休年龄时，政府按照名义账户上的积累，根据通货膨胀和工资的增长状况，确定和安排工人的退休年金。实质上，工人的这个账户上是没有钱的，因为他们所缴的税款都按现收现付的形式支付给退休人员了。所以，冠以“名义个人账户”的名称。由于按名义个人账户计算工人退休后的受益年金，所以，工人工作的时间越长，其所得的年金将越多。这种改革的目的就是鼓励工人多工作，提前退休将受到严厉的惩罚。瑞典法定的退休年龄是65岁，新的制度允许工人61岁就退休，也允许工人工作到70岁。

此外，新制度下18.5％的税率的小部分（2.5％）将进入个人账户，这个账户是新的养老保险制度实行基金制的部分，这部分资金将直接进入资本市场，进行投资。到工人退休时，其账户资金的积累再转换成年金，供工人退休享用。为此政府专门成立了管理该项基金的机构——养老保险基金管理局（Premi um Pension Agency，PPA）。通过制定严格的个人账户管理规则和养老金进入资本市场的途径，工人就可以将个人账户上的资金投资到规定的五大类低风险低回报基金。工人也允许在五大类基金间转换，但要支付管理费用。如果工人没有选择购买这五类基金，留在账户上的基金，养老保险基金管理局也会支付一定的回报。个人账户上的资金由于采用基金制的运作方式，所以可以以遗产的形式继承给相关的受益人。

在瑞典，几乎所有的工人都有职业养老金。在新的养老金制度改革前，这些不同的职业养老金都是依照规定受益制形式计发工人退休后的养老金受益，而新的养老金制度规定，除了政府的名义个人账户仍然依照规定受益外，其他所有的养老金都依照规定缴费制的形式计算未来个人养老金受益，使得各类个人养老金的管理、计算和发放与个人账户一致。

工人被允许另外占工资2.0％～4.5％的资金作为职业养老金存入个人账户，这样职业养老金和私有化了的政府养老保险计划中个人账户之和的比例已经达到占工资的4.5％～7.0％。

养老保险模式的转换需要一个较长时间，亦即1934年以前出生的瑞典公民依照现行制度领取养老金，1954年以后出生的公民则完全适用新制度。对于中间阶段出生的公民，则采取了一些相应的调整性改革措施。

2. 俄罗斯养老金改革方案

原苏联的养老制度是同高度集中的计划经济相适应并因此而发展起来的，属于一种由国家大包大揽、统一筹资并实行高度集中管理、广大劳动者免于缴费而普遍享有的社会福利制度。俄罗斯的养老保险制度改革已经进行了十多年。在经历了两个阶段的艰难探索之后，目前初步建立了“多支柱”的养老保障体系。该体系中不乏创见之举，但目前也面临着诸多困难，改革前景依然是“任重而道远”。

苏联解体后，俄罗斯政府为了适应市场经济发展的需要，在 1990 年通过了养老金法案，确立了国家社会保障的基本原则。该法案以市场经济为立法基础，旨在建立起同市场经济原则相适应的养老保险制度，其主要内容包括如下：养老保险同国家预算相脱钩，通过俄罗斯联邦预算外自治养老基金（PFR）进行管理；养老金给付水平由法律规定，政府、劳资双方以及养老基金之间的任何协议都无权改变法律规定；国家养老保险是强制性的；给付额根据参保年限和工资水平确定；PFR 的基金除了给付退休人员的养老金之外，不得挪作他用，基金日常开支列入政府财政预算。

但是这些规定仅仅停留在纸面上，在社保领域的许多方面依然沿袭原苏联的那一套。在实际执行中遇到了各种问题，首先是工人退休后的养老金给付水平很低，在近年来俄罗斯的高通胀水平下，工人在退休后的基本生活水平无法维持，同时过高的缴费率也使雇主尽可能压低工人工资，并想尽办法逃避缴费；再加上养老负担轻重不均、财务机制运作不畅、养老给付忽视缴费贡献大小等诸多问题，政府只能被动面对各方面指责。

1995 年俄罗斯政府采用了世界银行的“多支柱”养老保险改革思路。1997 年，俄罗斯政府将养老保险改革的思路重新加以调整，部分基金制呼之欲出。新版本的养老保险包括社会养老保险、强制养老保险、补充养老保险等三个支柱。

其中，属于第一支柱的社会养老保险其实就是政府的救助措施。第二支柱的强制养老保险包括两个部分，即现收现付部分和基金制部分。前者采用名义规定缴费（NDC）账户形式，资金主要来源于国家财政和企业缴费（2002 年企业缴费占职工工资总额的 14%），后者则采用规定缴费（DC）账户形式，资金来源于企业和个人缴费。基金制部分缴费比例逐渐上升，从 2000 年占工资总额的 1%逐渐达到 2010 年的 8%。最终基金制部分应与现收现付制部分平分秋色。参保人员在达到退休年龄后，个人账户的资金（包括 DC 和 NDC）可以用来购买商业年金保险以保障退休后的生活。为了应付潜在的人口老龄化压力，改革者不直接延长退休年龄，而是减少男女退休年龄的差距，从而逐渐修正女性精算因子，利用调高替代率的手段鼓励女性晚退休。作为第三支柱的补充养老保险则采用了基金制，使职工在得到基本生活保障之外，可以根据个人偏好，通过购买补充养老保险灵活调整退休后的生活质量。为了进一步鼓励补充养老保险的发展，俄罗斯政府将采取一些税收减免措施。

3．智利养老金改革方案

智利是拉美国家中最早建立社会保障制度的国家。1924年，智利建立了旨在对不同部门、职业的劳动者提供经济保障，以基金制为运行机制的养老保险制度。这一制度规定养老保险金由政府、企业和职工三方共同承担，政府则负责养老保险基金的管理，并在职工退休之后提供一定的养老金。但到20世纪70年代后期，由于人口老龄化加快、政府财政补贴日趋严重等一系列问题，这一养老保险制度难以为继。

1973年皮诺切特军政府上台以后，强行推动实施了对社会保险制度的根本性改革，于1980年开始实施的新的社会保险制度的主要特征是个人账户和私营化经营管理。在财务机制上，该制度是完全的基金制，个人的缴费全部进入个人账户，退休后的待遇也完全取决于个人退休账户的积累额和投资收益。考虑到新旧模式的过渡问题，智利政府规定，1981年以后参加工作的职工一律进入个人退休账户计划，而对原有社会保障体制下的职工则采取志愿的原则，可以选择是保留在原有体制内还是加入新的个人退休账户计划。若选择加入个人退休账户计划，政府通过发行认购退休债券的方式承诺其在原有体制下积累并应享受的社会保障权益。智利的新的社会保险模式的运行取得了非常好的结果。在改革前的20世纪70年代，即使企业的缴费率达到76%依然入不敷出，而在1980年缴费率就降到了33.25%。而且由于实施了商业性的基金管理模式，智利的养老金的投资收益率一直是一枝独秀。在欧美国家由政府主管的养老金的投资收益率是负数或只有极小的收益时，智利养老金的投资收益率在改革后的最初10年，年平均收益率达到13%。智利改革成功后，秘鲁、阿根廷、哥伦比亚、乌拉圭、墨西哥、玻利维亚、萨尔瓦多等拉美国家都参照智利模式进行了改革。

复习思考题

1．21世纪社会保险的发展将呈现何种趋势？

2．结合社会保险的理念和目标，思考社会保险应当如何权衡公平原则和效率原则，并对其进行组合。

3．试述养老保险的国际国内发展趋势。

4．试述医疗保险的国际国内发展趋势。

5．试述失业保险的国际国内发展趋势。

6．区域联盟、经济一体化将对社会保险产生怎样的影响？

参 考 文 献

爱德华·夏皮罗．1985. 宏观经济学．北京：中国社会科学出版社

陈文辉，王治超，李航．2005. 我国现行养老保险制度评析及发展思路．中国金融，(11)

程新富．2004. 我国失业保险制度发展方向研究．华北水利水电学院学报，(4)

邓大松．2002. 社会保险．北京：中国劳动社会保障出版社

董之鹰．2006-10-20. 可持续发展的中国社会保障制度研究．中国社会保障网．http：//www.cnss.cn

高书生．2006-10-20. 社会保障：我们该走哪条路．中国社会保障网．http：// www.cnss.cn

韩良诚，焦凯平．1997. 企业养老保险制度的统一与实施．北京：中国人事出版社

何韬．2005. 失业保险制度改革初探．中国劳动社会保障，(11)

侯文若，孔泾源．2002. 社会保险．北京：中国人民大学出版社

胡晓义，施明才．2001. 社会保险基金管理与监督，北京：中国劳动和社会保障出版社

姜守明，耿亮．2002. 西方社会保障制度概论．北京：科学出版社

蒋万庚．2006. 论失业保险制度模式创新．经济与社会发展，(1)

林义．2002. 社会保险基金管理．北京：中国劳动社会保障出版社

林治芬．2001. 公共财政下的社会保障管理．沈阳：东北大学出版社

刘贯学，刘学民．1999. 最新实用医疗保险政策问答．北京：经济科学出版社

刘雄．2004. 失业保险政策顾问．北京：中国劳动社会保障出版社

刘雄．2004. 养老保险政策顾问．北京：中国劳动社会保障出版社

刘雄．2004. 工伤保险政策顾问．北京：中国劳动社会保障出版社

吕学静．2005. 社会保险基金管理与监督．北京：中国劳动社会保障出版社

皮立波，杨生斌．1997. 国外社会养老保险制度的发展趋势．人口研究，(6)

仇雨临，孙树菡．2001. 医疗保险．北京：中国人民大学出版社

任正臣．2001. 社会保险学．北京：社会科学文献出版社

申曙光．1998. 社会保险学．广州：中山大学出版社

王静．2005. 劳动与社会保障统计学．北京：中国劳动社会保障出版社

王君南，陈微波．2004. 劳动关系与社会保险．济南：山东人民出版社

王晓燕．2005. 我国社会医疗保险制度的变迁与发展．科学对社会的影响，(2)

王新梅．2005-08-30. 全球性公共养老保障制度改革与中国的选择．中国社会学网．http：//www.sociology.cass.cn

王元月，游桂云，李然．2004. 社会保障——理论、工具、制度、操作．北京：企业管理出版社

魏华林，林宝清．1999. 保险学．北京：高等教育出版社

魏加宁．2002. 养老保险与金融市场——中国养老保险发展战略研究．北京：中国金融出版社

徐永林．2005. 论我国失业保险制度的改革与完善．云南民族大学学报，(6)

杨伟民.2000.失业保险.北京：中国人民大学出版社
杨燕绥.2000.社会保险法.北京：中国人民大学出版社
杨宜勇，吕学静等.2005.当代中国社会保障.北京：中国劳动社会保障出版社
杨宜勇.2006-10-15.社会保险模式的选择与中国.中国社会保障网.http：// www.cnss.cn
姚宏.2000.关于城镇职工医疗保险制度改革和发展趋势.医学与哲学，(1)
易云霓.1994.国外医疗保险支付制度的发展趋势及对我国的启示.中国卫生经济，(3)
袁伦渠.1999.社会保险概论.北京：中国铁道出版社
袁宗蔚.2000.保险学.北京：首都经济贸易大学出版社
詹姆斯·S.特里斯曼等.2002.风险管理与保险.裴平主译.大连：东北财经大学出版社
张思锋等.2003.社会保障概论.北京：科学出版社/武汉出版社
郑功成.2002.中国社会保障制度变迁与评估.北京：中国人民大学出版社
郑尚元.2004.工伤保险法律制度研究.北京：北京大学出版社
郑斯林.2006-10-20：中国社会保障的可持续发展.中国社会保障网.http：// www.cnss.cn
周绿林等.2003.医疗保险学.北京：人民卫生出版社

附录一

国务院关于完善企业职工基本养老保险制度的决定

（国发［2005］38号）

各省、自治区、直辖市人民政府，国务院各部委、各直属机构：

近年来，各地区和有关部门按照党中央、国务院关于完善企业职工基本养老保险制度的部署和要求，以确保企业离退休人员基本养老金按时足额发放为中心，努力扩大基本养老保险覆盖范围，切实加强基本养老保险基金征缴，积极推进企业退休人员社会化管理服务，各项工作取得明显成效，为促进改革、发展和维护社会稳定发挥了重要作用。但是，随着人口老龄化、就业方式多样化和城市化的发展，现行企业职工基本养老保险制度还存在个人账户没有做实、计发办法不尽合理、覆盖范围不够广泛等不适应的问题，需要加以改革和完善。为此，在充分调查研究和总结东北三省完善城镇社会保障体系试点经验的基础上，国务院对完善企业职工基本养老保险制度作出如下决定：

一、完善企业职工基本养老保险制度的指导思想和主要任务。以邓小平理论和“三个代表”重要思想为指导，认真贯彻党的十六大和十六届三中、四中、五中全会精神，按照落实科学发展观和构建社会主义和谐社会的要求，统筹考虑当前和长远的关系，坚持覆盖广泛、水平适当、结构合理、基金平衡的原则，完善政策，健全机制，加强管理，建立起适合我国国情，实现可持续发展的基本养老保险制度。主要任务是：确保基本养老金按时足额发放，保障离退休人员基本生活；逐步做实个人账户，完善社会统筹与个人账户相结合的基本制度；统一城镇个体工商户和灵活就业人员参保缴费政策，扩大覆盖范围；改革基本养老金计发办法，建立参保缴费的激励约束机制；根据经济发展水平和各方面承受能力，合理确定基本养老金水平；建立多层次养老保险体系，划清中央与地方、政府与企业及个人的责任；加强基本养老保险基金征缴和监管，完善多渠道筹资机制；进一步做好退休人员社会化管理工作，提高服务水平。

二、确保基本养老金按时足额发放。要继续把确保企业离退休人员基本养老金按时足额发放作为首要任务，进一步完善各项政策和工作机制，确保离退休人员基本养老金按时足额发放，不得发生新的基本养老金拖欠，切实保障离退休人员的合法权益。对过去拖欠的基本养老金，各地要根据《中共中央办公厅　国务院办公厅关于进一步做好补发拖欠基本养老金和企业调整工资工作的通知》要求，认真加以解决。

三、扩大基本养老保险覆盖范围。城镇各类企业职工、个体工商户和灵活就业人员都要参加企业职工基本养老保险。当前及今后一个时期，要以非公有制企业、城镇个体工商户和灵活就业人员参保工作为重点，扩大基本养老保险覆盖范围。要进一步落实国家有关社会保险补贴政策，帮助就业困难人员参保缴费。城镇个体工商户和灵活就业人员参加基本养老保险的缴费基数为当地上年度在岗职工平均工资，缴费比例为20%，其中8%记入个人账户，退休后按企业职工基本养老金计发办法计发基本养老金。

四、逐步做实个人账户。做实个人账户，积累基本养老保险基金，是应对人口老龄化的重要举措，也是实现企业职工基本养老保险制度可持续发展的重要保证。要继续抓好东北三省做实个人账户试点工作，抓紧研究制订其他地区扩大做实个人账户试点的具体方案，报国务院批准后实施。国家制订个人账户基金管理和投资运营办法，实现保值增值。

五、加强基本养老保险基金征缴与监管。要全面落实《社会保险费征缴暂行条例》的各项规定，严格执行社会保险登记和缴费申报制度，强化社会保险稽核和劳动保障监察执法工作，努力提高征缴率。凡是参加企业职工基本养老保险的单位和个人，都必须按时足额缴纳基本养老保险费；对拒缴、瞒报少缴基本养老保险费的，要依法处理；对欠缴基本养老保险费的，要采取各种措施，加大追缴力度，确保基本养老保险基金应收尽收。各地要按照建立公共财政的要求，积极调整财政支出结构，加大对社会保障的资金投入。

基本养老保险基金要纳入财政专户，实行收支两条线管理，严禁挤占挪用。要制定和完善社会保险基金监督管理的法律法规，实现依法监督。各省、自治区、直辖市人民政府要完善工作机制，保证基金监管制度的顺利实施。要继续发挥审计监督、社会监督和舆论监督的作用，共同维护基金安全。

六、改革基本养老金计发办法。为与做实个人账户相衔接，从2006年1月1日起，个人账户的规模统一由本人缴费工资的11%调整为8%，全部由个人缴费形成，单位缴费不再划入个人账户。同时，进一步完善鼓励职工参保缴费的激励约束机制，相应调整基本养老金计发办法。

《国务院关于建立统一的企业职工基本养老保险制度的决定》（国发［1997］

26号）实施后参加工作、缴费年限（含视同缴费年限，下同）累计满15年的人员，退休后按月发给基本养老金。基本养老金由基础养老金和个人账户养老金组成。退休时的基础养老金月标准以当地上年度在岗职工月平均工资和本人指数化月平均缴费工资的平均值为基数，缴费每满1年发给1%。个人账户养老金月标准为个人账户储存额除以计发月数，计发月数根据职工退休时城镇人口平均预期寿命、本人退休年龄、利息等因素确定。

国发［1997］26号文件实施前参加工作，本决定实施后退休且缴费年限累计满15年的人员，在发给基础养老金和个人账户养老金的基础上，再发给过渡性养老金。各省、自治区、直辖市人民政府要按照待遇水平合理衔接、新老政策平稳过渡的原则，在认真测算的基础上，制订具体的过渡办法，并报劳动保障部、财政部备案。

本决定实施后到达退休年龄但缴费年限累计不满15年的人员，不发给基础养老金；个人账户储存额一次性支付给本人，终止基本养老保险关系。

本决定实施前已经离退休的人员，仍按国家原来的规定发给基本养老金，同时执行基本养老金调整办法。

七、建立基本养老金正常调整机制。根据职工工资和物价变动等情况，国务院适时调整企业退休人员基本养老金水平，调整幅度为省、自治区、直辖市当地企业在岗职工平均工资年增长率的一定比例。各地根据本地实际情况提出具体调整方案，报劳动保障部、财政部审批后实施。

八、加快提高统筹层次。进一步加强省级基金预算管理，明确省、市、县各级人民政府的责任，建立健全省级基金调剂制度，加大基金调剂力度。在完善市级统筹的基础上，尽快提高统筹层次，实现省级统筹，为构建全国统一的劳动力市场和促进人员合理流动创造条件。

九、发展企业年金。为建立多层次的养老保险体系，增强企业的人才竞争能力，更好地保障企业职工退休后的生活，具备条件的企业可为职工建立企业年金。企业年金基金实行完全积累，采取市场化的方式进行管理和运营。要切实做好企业年金基金监管工作，实现规范运作，切实维护企业和职工的利益。

十、做好退休人员社会化管理服务工作。要按照建立独立于企业事业单位之外社会保障体系的要求，继续做好企业退休人员社会化管理工作。要加强街道、社区劳动保障工作平台建设，加快公共老年服务设施和服务网络建设，条件具备的地方，可开展老年护理服务，兴建退休人员公寓，为退休人员提供更多更好的服务，不断提高退休人员的生活质量。

十一、不断提高社会保险管理服务水平。要高度重视社会保险经办能力建设，加快社会保障信息服务网络建设步伐，建立高效运转的经办管理服务体系，把社会保险的政策落到实处。各级社会保险经办机构要完善管理制度，制定技术标准，规范业务流程，实现规范化、信息化和专业化管理。同时，要加强人员培训，提高政治和业务素质，不断提高工作效率和服务质量。

完善企业职工基本养老保险制度是构建社会主义和谐社会的重要内容，事关改革发展稳定的大局。各地区和有关部门要高度重视，加强领导，精心组织实施，研究制订具体的实施意见和办法，并报劳动保障部备案。劳动保障部要会同有关部门加强指导和监督检查，及时研究解决工作中遇到的问题，确保本决定的贯彻实施。

本决定自发布之日起实施，已有规定与本决定不一致的，按本决定执行。

二〇〇五年十二月三日

附录二

江苏省《社会保险登记证》年度核查检验暂行办法

二〇〇二年六月十日

为依法组织实施各项社会保险，规范《社会保险登记证》管理，根据国务院《社会保险费征缴暂行条例》、国家劳动和社会保障部《社会保险登记管理暂行办法》有关规定制定本办法。

第一条　年检的对象：依照国家有关社会保险的法律、法规、规章的规定，应依法参加社会保险的所有企事业单位和各类经济组织（以下简称“参保单位”），都须到劳动保障部门所属社会保险机构办理社会保险登记，领取《社会保险登记证》（正本、副本及纸质副本），接受发证机构进行的《社会保险登记证》年度核查检验（以下简称“年检”）。

第二条　年检的目的：核实参保单位和单位职工参加社会保险的情况，督促参保单位和职工个人履行社会保险义务。

第三条　年检的内容：核查参保单位参加社会保险，履行社会保险义务，按章申报缴费基数申报、按时足额缴纳社会保险费等有关情况。

第四条　年检的时间：《社会保险登记证》年检每年进行一次。参加单位应在发证机构规定的时间内办理《社会保险登记证》年检。

第五条　参保单位的需提交的年检材料。

1.《社会保险登记证》正本（或副本）。

2.《参保单位社会保险年度报告书》。

3. 参保单位《劳动统计基层年报》、《企业工资总额使用手册》。

4. 经社会保险机构核定的参保单位职工缴费工资申报表。

5. 参保单位年度财务报表。

6. 年检受理机构需要参保单位提交的其他相关材料。

第六条　年检的机构：如参保单位参加的各项社会保险分属不同的社会保险机构经办，其《社会保险登记证》年检工作由为其办理社会保险登记并发放《社会保险登记证》的社会保险机构办理。年检结果由办理年检的社会保险机构负责通知其他各险种经办机构。

省直管企业应分别至省社会保险基金管理中心、当地社会保险机构，进行《社会保险登记证》正、副本年检。

第七条　年检的步骤：

1. 参保单位社会保险登记事项发生变更时，应按《社会保险登记管理暂行办法》（劳动和社会保障部令第 1 号）首先办理社会保险变更登记。

2. 参保单位在办理《社会保险登记证》年检或变更登记前，应当缴清应缴纳的社会保险费、滞纳金和其他应缴款项。暂无能力一次性缴清欠费的单位，应与社会保险机构订立欠费还款计划。

3. 《参保单位社会保险年度报告书》一式三份，由参保单位按表格要求如实填写，年检时与《社会保险登记证》、年检参保单位所需提交的其他材料一并提交受理《社会保险登记证》年检的社会保险机构。

4. 社会保险机构根据参保单位所提交的材料，与参保单位进行的社会保险登记情况，年度实际缴费情况相核对。参保单位所提供的材料，与其核查年度内社会保险业务活动实际情况相符，并且未发生严重违反社会保险制度有关规定的行为，由社会保险机构于《参保单位社会保险年度报告书》和《社会保险登记证》正本（或副本）上分别加盖“社会保险年检合格”专用章，并发放《社会保险登记证》“年度检验合格标记”（不干胶激光防伪标记），由参保单位贴于《社会保险登记证》（纸质副本）“年度检验合格标记”栏目处。年检合格的《参保单位社会保险年度报告书》一份存社会保险机构，一份存劳动保障监察部门备案，一份交还参保单位留存。

5. 对于参保单位有下列行为之一的，社会保险机构暂不加盖“社会保险年检合格”章，暂不发放《社会保险登记证》“年度检验合格标记”。并可按《社会保险费征缴暂行条例》规定对有关责任人予以经济处罚。（1）未按规定申报、缴纳社会保险费的；（2）违反有关财务、会计、统计制度和国家有关规定，伪造、变更、故意毁灭有关原始凭证，或者拒不提交有关帐册，致使社会保险登记内容、职工缴费工资等有关情况失实或无法确定的；（3）转借、涂改、损毁、买卖、伪造《社会保险登记证》的；（4）未按规定进行《社会保险登记证》年检，伪造、涂改年检记录的；（5）其他严重违反国家和省社会保险规定的行为。

6. 社会保险机构应在参保单位按规定提交相关材料后的 10 日内完成该单位的社会保险年检工作，并由劳动行政部门授权对年检不合格单位做出处罚决定，或向劳动监察部门提出处罚建议。社会保险机构的处罚决定或建议和相关处理意见应填写于该单位《参保单位社会保险年度报告书》，同时将该单位《报告书》递送一份至劳动保障监察部门。社会保险机构和社会保障监察部门应共同对该单位执行年检处罚决定、纠正错误行为的相关情况进行跟踪督察。

7. 年检不合格的参保单位在执行劳动监察部门或社会保险机构的处罚决定和相关处理意见后，经社会保险机构再次检验，确已纠正错误的，由社会保险机构补盖“社会保险年检合格”章，补发《社会保险登记证》“年度检验合格标记”。

第八条 《社会保险登记证》的有效期及换证：《社会保险登记证》（包括正本、副本及纸质副本）使用期均为五年，新领取或重新更换的《社会保险登记证》当年不再进行年检。参保单位在进行《社会保险登记证》第五次年检时，上交登记内容完备、四次年检记录完整的《社会保险登记证》，更换新的《社会保险登记证》（正、副本及纸质副本）。

第九条 《社会保险登记证》的补办：社会保险机构对于因遗失而重新补办《社会保险登记证》的单位酌收工本费。具体收费标准和办法按江苏省财政厅、江苏省物价局《关于同意收取〈社会保险登记证〉补领工本费的函》（苏财综［2002］55号文）执行。

第十条 参保单位在办理招用职工手续等重要活动时，在接受劳动保障行政部门进行劳动用工等项检查、劳动保障监察部门实施劳动保障监察时，应当出示《社会保险登记证》。建议当地工商部门、税务部门、技术监督部门在对相关单位进行登记或年度审核时，应要求单位出示《社会保险登记证》及其年检记录。

第十一条 劳动保障监察机构实施劳动保障监察时，对当年社会保险年检合格的参保单位可免于社会保障相关内容的监察。

第十二条 参保单位对《社会保险登记证》及年检记录的资料应妥善保管。《社会保险登记证》（纸质副本）应悬挂于参保单位住所之醒目位置，方便查验。

第十三条 本办法自发布之日起施行。由江苏省劳动和社会保障厅负责解释。

附录三

苏州市企业年金实施细则

企业年金参保与缴费

（一）年金参保

用人单位携带以下材料到市社保中心“企业年金”窗口办理企业年金参保手续：

1. 经劳动保障行政部门备案通过的企业年金方案；

2. 经劳动保障行政部门核准的《苏州市企业年金年度申报表》；

3. 市区基本养老保险统筹范围外的单位，需附当地社保经办机构出具的单位及其职工参加社会保险的证明及相关基本信息。

（二）签订协议

用人单位与市社保中心签订企业年金基金与个人帐户委托管理的书面协议，并将书面协议报劳动保障行政部门备案。

（三）申报缴费

企业年金可以由企业和职工双方根据年金方案确定的比例共同缴纳，也可以由企业单独缴纳。企业缴费部分每年不超过本企业上年度职工工资总额的1/12，企业缴费和个人缴费合计不超过本企业上年度职工工资总额的1/6。

1. 单位凭《苏州市企业年金年度申报表》、《苏州市企业年金个人基本信息花名册》（附盘片）向市社保中心进行申报。

2. 市社保中心对单位申报的资料进行复核并录入，复核通过后打印出《苏州市企业年金申报缴费清单》。

3. 单位对《苏州市企业年金申报缴费清单》进行核对，核对有误返回市社保中心重新处理，核对无误则由单位有权签字人签字并加盖单位公章。

4. 单位持盖章确认后的《苏州市企业年金申报缴费清单》到市社保中心进

行缴款。

5. 单位在缴款后3个工作日后到中国光大银行苏州分行干将路支行领取企业年金缴款收据及首次参加企业年金的职工年金卡。

企业年金参保人员增减及信息变更

（一）参保人员的增加

缴费期内有人员增加的，单位在办理申报缴费手续时，需填写《苏州市企业年金个人基本信息花名册》（附盘片），并报送市社保中心。

1. 如新增人员在原单位已参加年金，且属苏州市企业年金统筹范围（苏州大市，下同）内的，附报《个人退出××企业年金计划证明》。

2. 如新增人员在原单位已参加年金，但不属苏州市企业年金统筹范围内的，可凭当地年金经办机构开具的年金关系转移证明，在转移基金到帐后办理企业年金个人帐户转移手续。

（二）参保人员的减少

1. 参保人员因变动工作、升学、参军、失业等原因发生减少时，单位应根据年金方案，确定减少人员的年金个人帐户中企业缴费部分的归属，并向市社保中心报送《苏州市企业年金减少人员花名册》。

2. 市社保中心在年金系统中进行登记，并对减少人员个人年金帐户的单位缴费收回部分进行处理，对个人缴费部分和未收回的单位缴费部分进行封存。

3. 市社保中心打印减少人员的《个人退出××企业年金计划证明》交企业和个人，以备个人日后具备条件时办理转移手续或待遇支付时用。

（三）信息变更

1. 对不涉及企业年金方案的单位（或个人）信息变更，由单位向市社保中心提交《苏州市企业年金单位（或个人）信息变更表》，社保中心审核后变更。

2. 涉及企业年金方案的变更，须将新的企业年金方案重新向市劳动保障行政部门报备审核。

企业年金帐户管理

（一）帐户建立

1. 市社保中心在企业年金帐户管理系统中，为建立企业年金制度的企业建立企业年金帐户；

2. 市社保中心在企业年金帐户管理系统中在对应的企业帐户下为参保职工建立个人帐户。

（二）帐户查询

光大银行向每位参加企业年金的职工发放“苏州市企业年金卡”。职工可以凭企业年金卡查询企业年金个人帐户信息，目前可提供的查询方式有光大银行各网点柜台、BST多媒体查询机。

（三）帐户转移

1. 职工在苏州市企业年金统筹范围（苏州大市，下同）内流动的，需办理企业年金个人帐户转移手续；职工升学、参军、失业或调入单位尚未参加苏州市企业年金的，其个人帐户由市社保中心予以封存。

2. 职工向苏州市企业年金统筹范围外流动的，如转移当地已开展企业年金要求转移的，须由当地年金经办机构开具接收证明后再办理转移，同时终止其在我市的企业年金个人帐户；如转移当地未开展企业年金，且职工户口不属于我市企业年金统筹范围内的，经职工本人申请，单位和市社保中心审核后，可申领其个人年金帐户金额。

3. 职工在苏州市企业年金统筹范围外缴纳的企业年金，需由当地年金经办机构开具转移单并同时全额转移其个人帐户金额后，方可与在我市统筹地区范围内的企业年金帐户合并计算。

4. 企业应根据年金方案中明确的归属规则，在个人帐户发生转移或封存时对本企业缴费部分进行归属处理。

（1）任何情况下员工对其年金个人帐户中个人缴费部分及个人缴费部分的投资收益均享有100%归属权。

（2）企业缴费部分及企业缴费部分的投资收益的归属权比例由企业在年金方案中明确，可以全部收回，部分收回，也可以全部给个人。

（3）企业收回的个人帐户企业缴费部分（本金和收益），可由企业作为激励措施再分配（再分配期间不计息）给其他员工，或冲抵下一期企业缴费金额（抵冲前不计息）。

企业年金待遇支付

（一）支付条件

1. 达到国家和省规定的退休年龄并办理了退休手续；

2. 因病（残）丧失劳动能力办理病退或提前退休；

3. 出境定居；

4. 在退休前死亡。

（二）支付方式

待遇支付方式可以分为一次性支付和分期支付两种。分期支付时，支付余额每年仍享受原投资收益。

1. 正常退休、因病（残）丧失劳动能力办理病退或提前退休的人员可以选择一次性支付或分期支付方式。若职工在分期支付期间死亡，企业年金个人帐户余额一次性支付给其指定受益人或法定继承人。

2. 出境定居人员、退休前死亡人员的企业年金个人帐户余额一次性支付给本人或其指定受益人或法定继承人。

（三）申领程序

1. 符合待遇支付条件的职工，由单位或个人（包括法定继承人、指定受益人）凭职工《退休养老证》（或《退休审批表》）、出境定居材料、死亡证明等有关材料，并填写《苏州市企业年金申领表》报市社保中心；

2. 市社保中心审核后，认定符合企业年金待遇支付条件的，打印《苏州市企业年金申领单》交给单位或申领人。

3. 单位或申领人于认定次日持《苏州市企业年金申领单》，到中国光大银行苏州分行干将路支行打印对帐单和支付通知单，由银行按规定将该职工企业年金个人帐户金额一次性或分期支付给申领人。

附录四

济南市机关事业单位职工养老保险个人帐户管理暂行办法

济劳社字［2005］114号

为了进一步规范和完善全市机关事业单位职工社会养老保险制度，保障职工的合法权益，根据市政府济政字［2005］37号文件关于自2005年7月1日起，建立机关事业单位参保职工养老保险个人帐户（以下简称个人帐户）的规定，参照国家企业职工基本养老保险个人帐户管理办法，结合我市的实际，制定本办法。

一、个人帐户的建立

（一）个人帐户是用于记录参加机关事业单位养老保险社会统筹的职工履行缴纳养老保险费义务的重要凭证。是职工个人在达到国家法定的退休年龄并办理了退休手续后，养老金纳入社会统筹的必备条件。

（二）个人帐户应以职工身份证（18位）号码为标识，由负责征缴养老保险费的社会保险经办机构为全体参加养老保险的职工建立，并负责个人帐户的管理工作。

（三）个人帐户指标应包括：社会保障号码、居民身份证号码、电脑序号、姓名、性别、参加工作时间、首次缴费日期、缴费年限总计、视同缴费年限、实际缴费年限以及历年缴费工资基数、月数、单位划转储存额及利息、个人缴费储存额及利息、单位补缴额、个人补缴额等项基本信息。

（四）财政差额拨款和自收自支事业单位的职工，按本人缴费工资11%的比例为其建立个人帐户。个人按2%比例缴纳的养老保险费全部计入个人帐户，其余部分（9%）从单位缴费中划入。

机关和财政全额拨款事业单位的职工，除个人按2%比例缴纳的养老保险费全部计入个人帐户外，单位缴费部分不再划入。

2005 年 6 月 30 日之前，机关事业单位的职工个人已按规定比例缴纳的养老保险费的本息之和，自 2005 年 7 月 1 日起，全部划入本人个人帐户，并与建立个人帐户后计入的个人帐户金合并计息。

二、个人帐户的管理

（一）参加养老保险社会统筹的单位（以下简称统筹单位），应按照个人帐户指标基本信息的要求，向社会保险经办机构提供单位职工的相关信息。

（二）统筹单位未按时足额缴纳养老保险费的，按欠费处理。统筹单位欠费之月的个人帐户暂不记入，待欠费单位补齐欠缴金额后再补记个人帐户。

统筹单位补缴欠费时，补缴金额采用滚动分配法记帐：即按欠费月份的先后依次记帐。

（三）个人帐户按缴费年度（每年的 4 月 1 日至次年的 3 月 31 日）结算。统筹单位按时足额缴费后，经办机构除按规定记入参保职工个人帐户本金外，还应对个人帐户计息。当年缴费形成的个人帐户本金，按同期人民银行居民一年期零存整取存款利率计息。历年累计个人帐户储存额按同期人民银行一年期定期存款利率计息。

2005 年 6 月 30 日之前，职工个人缴费部分按 5.217％一次性计息，利息计算至 2005 年 6 月 30 日，此后按上款规定计息。

（四）经办机构在每个缴费年度结束后的 60 日内，应根据个人帐户记录，向参保职工发送《职工养老保险个人帐户对帐单》，由职工审核签字后，依年粘贴在《职工养老保险手册》中妥善保存。

（五）个人帐户储存额不得挪作他用，也不得提前支取。职工退休后，停止记录本人个人帐户，并封帐管理。待国家、省有了明确规定后再作处理。

（六）职工出国定居的，其个人帐户中个人缴费部分本息之和，一次性退给职工本人。职工死亡后，其个人帐户中个人缴费部分本息之和，由法定继承人按继承法的有关规定予以继承。无法定继承人的，其个人帐户储存额并入统筹基金。

（七）统筹单位中的固定职工、聘用制干部的缴费年限由视同缴费年限和实际缴费年限构成。其中，本人参加工作之月起至 1994 年 11 月期间的连续工龄为视同缴费年限，1994 年 12 月以后为实际缴费年限。统筹单位中的合同制工人应自招聘之月起缴纳养老保险费，其本人的连续工龄不作为视同缴费年限。

三、个人帐户的转移

（一）职工在山东省范围内的机关事业单位或企业流动时，只转移养老保险关系和个人帐户档案，不转移个人帐户储存额。

（二）自 2005 年 7 月 1 日起，职工跨省流动时，个人帐户按如下规定处理：

凡由本市调出本省的，经办机构依据调入地基本养老保险制度改革的规定，并结合调入地职工个人缴费时间及个人帐户建帐时间，相应转移养老保险关系、个人帐户档案及个人帐户储存额。其中，转出的个人帐户储存额不得早于1994年12月。

凡由外省调入本市的，经办机构依据调出地基本养老保险制度改革的规定，并结合调出地经办机构提供的职工养老保险关系、个人帐户档案及个人帐户储存额等资料，自调入之日起建立个人帐户。已转入的个人帐户储存额与调入后个人帐户储存额合并计算。

（三）职工调出时，经办机构应根据职工个人帐户档案记录，向其出具《参加基本养老保险人员转移情况表》（转移单）。经办机构对年中调出的职工，其个人帐户当年的记帐额，只转本金不转当年应记利息。

四、本办法自2005年7月1日起实行。国家和省另有规定的，按国家和省的规定执行。

附录五

苏州市农村基本养老保险管理暂行办法

第一条　为加快构筑我市农村社会保障体系，建立健全农村基本养老保险制度，保障农村劳动者年老后的基本生活，维护农村社会稳定，加快城市化进程，根据《中华人民共和国劳动法》和国家有关法律、法规，以及市委、市政府《关于加快城市化进程的决定》，结合我市农村基本养老保险工作的实际，制定本暂行办法。

第二条　农村基本养老保险由各级人民政府组织实施和管理。县级市（区）人民政府应当加强对农村基本养老保险工作的领导，将农村基本养老保险列入国民经济和社会发展计划。

第三条　市劳动和社会保障局是市政府主管全市劳动保障工作的职能部门，负责全市农村基本养老保险的统筹规划、政策制定、统一管理、综合协调和监督检查。县级市（区）劳动保障行政部门在同级人民政府领导下，具体负责本辖区农村基本养老保险工作。

第四条　按照政事分开的原则，加强农村养老保险经办机构建设。

（一）农村养老保险经办机构为全额拨款事业单位，各级人事、编制部门应增加其编制，其人员、设备和基金征缴等所需经费由同级财政预算安排解决。

（二）农村养老保险经办机构负责农村基本养老保险费的结算和征缴、个人账户的管理、退休养老待遇的发放，并提供与农村基本养老保险有关的咨询服务等具体业务工作。

第五条　实行农村基本养老保险应当遵循以下原则：

（一）坚持国家、集体和个人共同分担；

（二）坚持权利和义务相对应、自我保障与国家适当补助相结合、待遇水平与经济发展相适应；

（三）坚持全市基本框架相对统一，各地根据自身经济能力分步实施，并逐步向全市统一政策过渡。

第六条 根据农村劳动力不同的就业渠道，分别实行两种社会养老保险办法：

（一）农村各类企业及其从业人员，必须参加城镇企业职工基本养老保险。在实施步骤上，可采取逐步过渡措施，即根据农村各类企业的实际情况，采取调节缴费基数的过渡办法，逐步实现并轨。

1. 基本养老保险费缴费比例与城镇企业相统一。

2. 基本养老保险费缴费工资基数可按全市上年在岗职工平均工资一定比例或换算成绝对额确定。起步第一年按40%左右掌握，以后逐年提高4－5个百分点，经过4－5年过渡，按城镇企业职工基本养老保险制度的规定执行。

（二）建立农村基本养老保险制度，将从事农业生产（包括种植、养殖业等）为主的农村劳动力（以下简称纯农人员）纳入农村基本养老保险。对男满60周岁、女满55周岁及其以上的老年农民，逐步建立社会养老补贴制度。

第七条 建立完善以纯农人员为主体的农村基本养老保险制度。农村基本养老保险按下列办法组织实施：

（一）实施范围和对象。以从事农业生产为主、本市户籍的农村劳动力。

（二）基金筹集的原则。农村基本养老保险费根据“以支定收”原则筹集。基本养老保险费缴费比例与城镇企业相统一，缴费基数可按照当地上年农民人均纯收入或参照上年城镇企业职工平均缴费工资基数的50%左右确定，每年由市和县级市劳动保障行政部门确定和公布。

（三）建立财政补助和集体补贴制度。本市户籍纯农人员应缴纳的基本养老保险费，采取个人负担、财政补助和集体补贴三结合的办法筹集。为兼顾地区之间经济发展的差异，具体分担比例可由县级市（区）视经济承受能力自行确定，其中个人负担按50%左右掌握。

各地对本市户籍纯农人员参加农村基本养老保险实行的财政补助和集体补贴制度，可对纯农人员的年龄设置一定条件，一般按男满45周岁、女满40周岁左右掌握。

（四）建立农村基本养老保险个人账户。农村基本养老保险实行个人账户制度。个人账户记账利率由县级市（区）劳动保障行政部门按基金运营收益率或高于城乡居民同期银行存款利率每年定期公布。

第八条 对老年农民逐步建立社会养老补贴制度，县级市（区）在确定补贴标准时，应充分考虑农民已有的土地保障情况和未来财政的承受能力，起步不宜过高。补贴所需经费，由各级财政、村集体经济等多渠道筹措解决。

第九条 实行老年农民社会养老补贴制度的，国家、集体和个人缴纳的基本养老保险费，可参照城镇企业职工基本养老保险的办法，按缴费工资基数的11%建立个人账户，按年结息，逐年积累，作为参保人员达到男满60周岁、女满55周岁退休养老年龄时计发个人账户养老金的依据。

第十条　未实行老年农民社会养老补贴制度的，农村基本养老保险原则上采取“大账户小统筹”的运作模式：

（一）国家、集体的补助补贴和参保个人缴纳的基本养老保险费总额或由个人全额缴纳的基本养老保险费，90%左右记入个人名下，建立个人账户，按年结息逐年积累，作为今后计发基本养老金的依据；10%左右建立统筹基金，适时为已享受基本养老金的农民适当增发养老金，以及给参保死亡人员家族计发丧葬补助费。

（二）参保人员按月享受基本养老金应同时具备下列条件：（1）达到男满60周岁、女满55周岁的退休养老年龄；（2）按规定缴纳基本养老保险费；（3）累计缴费年限满15年（180个月）。

（三）参保人员到达退休养老年龄，但不足规定缴费年限的，可以继续缴纳基本养老保险费，推迟享受基本养老保险金的时间；也可采用补缴基本养老保险费的办法补足缴费年限后再享受。

（四）按月享受基本养老金的标准，按既能确保参保人员退休后的基本生活，又能体现参保人缴费多少的原则，实行基本养老金与个人账户积累额挂钩，具体由各县级市（区）制定相应计发办法。

第十一条　为有利于城乡劳动力就业统筹，方便职工流动，应建立农村基本养老保险和城镇职工基本养老保险的相互衔接机制。具体办法由市劳动和社会保障局制定。

第十二条　建立被征地农民的基本养老保险制度。按照“土地换保障”的思路，将被征地的保养人员和适龄劳动力逐步纳入城镇企业职工基本养老保险体系。所需费用由征地补偿安置费予以解决，不足部分由征地发生地的财政负担。具体实施办法，由市劳动和社会保障局会同财政、国土等有关部门负责制定，并报市人民政府批准后实施。

第十三条　实行社会化管理服务。各级农村社会保险经办机构应当强化服务功能，建立考核目标责任制，加强社会保险基金收缴力度。逐步建立以社会化管理为主要形式的农村社会保障管理服务体系，农村基本养老金委托银行、邮政等服务机构实行社会化发放。

第十四条　农村基本养老保险基金进入财政专户，实行收支两条线管理。为确保农村基本养老保险基金的安全运行和保值增值，各级劳动保障和财政部门必须坚持专款专用原则，除将基金的结余额存入银行和用于购买国债外，要在法律、法规和政策允许范围内，积极探索农村基本养老保险基金保值增值的新途径，运营所得收益归入农村基本养老保险基金。

第十五条　为增强农村基本养老保险基金的抗风险能力，各级财政应建立农村社会保障风险储备基金，列入当年预算。

第十六条　农村各类企业及其从业人员，在实行城镇企业职工基本养老保险制度过渡期内缴纳的基本养老保险费，由农村社会保险经办机构分别列账，纳入农村社会保险基金管理。

第十七条　在农村各类企业及其从业人员参加城镇企业职工基本养老保险的同时，有条件的企业应同时参加城镇企业职工基本医疗、失业、工伤、生育等其他社会保险。过渡期满后，农村各类企业及其从业人员参加的社会保险与城镇企业社会保险制度全面并轨。

第十八条　农村基本养老保险以县级市（区）为单位组织实施，对纯农人员采取的财政补助应按财政体制分级负责落实，具体事项由当地农村社会保险经办机构按规定办理。

第十九条　为顺利推进农村基本养老保险工作，进一步规范全市农村社会保障制度，自本暂行办法施行之日起，县级市（区）要结合本地实际，制定具体实施意见，采取有效措施，逐步向全市相对统一的农村基本养老保险办法过渡和并轨。各地凡制定农村社会保险制度以及涉及农村社会保险政策调整，须上报市人民政府批准后执行。市劳动和社会保障局要加强对这项工作的督促检查，确保全市农村基本养老保险工作的有序开展。

第二十条　本暂行办法由市劳动和社会保障局负责解释。

第二十一条　本办法自公布之日起施行。

注：苏州市人民政府 2003 年 4 月 30 日

附录六

湖北省失业保险实施办法

第一章　总则

第一条　为保障失业人员失业期间的基本生活，促进失业人员再就业，维护劳动者的合法权益和社会稳定，根据国务院《失业保险条例》（以下简称《条例》）和有关法律、法规的规定，结合本省实际，制定本实施办法。

第二条　本省境内城镇企业事业单位及其职工、社会团体及其专职人员、民办非企业单位及其职工、有雇工的城镇个体工商户及其雇工、国家机关和与之建立劳动合同关系的工人（以下统称缴费单位和缴费个人）都必须按国家和省有关社会保险费征缴的规定，按时足额缴纳失业保险费。参加失业保险的人员失业后依照《条例》和本实施办法的规定，享受失业保险待遇。

住所地不在城镇，但已按公司法的规定规范运作的股份公司和有限责任公司参加失业保险，依照本实施办法的规定执行。

无雇工的城镇个体工商户、自由职业者，可本着自愿的原则参加失业保险，依照本办法规定履行缴费义务后，享受失业保险待遇。

第三条　省劳动保障行政部门主管全省的失业保险工作。县（含县级市，下同）以上劳动保障行政部门主管本行政区域内的失业保险工作。

劳动保障行政部门按国家和省政府规定设立经办失业保险业务的社会保险经办机构（以下简称社会保险经办机构）依照本实施办法的规定，承办失业保险的具体工作。

各有关部门应当在其职责范围内，做好与失业保险相关的工作。

第四条　失业保险费按照国家和省有关规定征缴。

负有缴费义务的单位不按规定缴纳失业保险费的，除责令其补缴外，应按国家和省关于社会保险费征缴的规定予以处理。

第五条　失业保险工作应与职业培训、职业介绍等就业服务工作紧密结合，统筹安排。

第二章　失业保险基金

第六条　失业保险基金包括征收的失业保险费、失业保险基金利息及其相关收益、失业保险滞纳金、财政补贴、依法纳入失业保险基金的其他资金。

第七条　凡属本实施办法规定范围内的单位，必须向社会保险经办机构办理失业保险登记手续。

新建单位应在取得营业执照或者批准建立之日起 30 日内，向社会保险经办机构办理失业保险登记手续。单位发生分立、合并、破产或撤销时，应当在 30 日内向原受理登记的社会保险经办机构办理变更登记或注销失业保险登记手续。

第八条　失业保险费由地方税务机关统一征收。

缴费单位按本单位当月职工工资总额的 2%缴纳失业保险费；缴费个人按本人月工资的 1%缴纳失业保险费，由所在单位从本人工资中代为扣缴。

缴费单位职工月平均工资低于当地上年全部职工月平均工资 60%的，按当地上年全部职工月平均工资的 60%和单位职工人数确定缴费基数。

住所地不在城镇的企业已全部参加失业保险的按与之建立劳动合同关系的职工人数计费缴纳；未全部参加失业保险的，按与之建立劳动合同关系且户籍在城镇的职工人数计费缴纳。

无雇工的城镇个体工商户、自由职业者，自愿参加失业保险的，按不低于当地上年全部职工月平均工资的 2%缴纳失业保险费。

进入再就业服务中心下岗职工的失业保险费，由再就业服务中心按当地上年全部职工月平均工资 2%的标准逐月缴纳，下岗职工本人不缴纳。

缴费单位招用的农民合同制工人本人不缴纳失业保险费。

第九条　缴费单位缴纳的失业保险费，按照下列规定列支：

（一）企业在成本中列支；

（二）社会团体、事业单位、民办非企业单位等按照经费来源渠道，分别从行政事业费或自有资金中列支。

第十条　参加失业保险的职工，由社会保险经办机构核发《湖北省职工社会保险手册》，记录个人缴纳失业保险费等情况。

第十一条　失业保险基金在省辖市的城区由省辖市统筹，其他地区暂实行县级统筹。

第十二条　建立省级失业保险调剂金。失业保险调剂金按统筹地区依法应当征收的失业保险费 5%的比例筹集。

第十三条　统筹地区当年出现失业保险基金不敷使用时，其不足部分从本地区失业保险基金结余中支出；仍不足时，使用失业保险调剂金予以调剂；再不足时，由地方财政予以补贴。

失业保险调剂金的上缴、使用、管理具体办法，由省劳动保障行政部门会同省财政部门另行制定，报省政府批准后执行。

第十四条　失业保险金用于下列支出：

（一）发放失业保险金；

（二）领取失业保险金期间的医疗补助金；

（三）领取失业保险期间死亡的失业人员的丧葬补助金及其供养的配偶、直系亲属的抚恤金；

（四）领取失业保险金期间接受职业培训、职业介绍的补贴；

（五）下岗职工基本生活保障经费中由社会按规定比例负担的部分；

（六）法律、行政法规规定的其他支出项目。

第十五条　失业人员的职业培训补贴费和职业介绍补贴费由统筹地区社会保险经办机构根据相关的人数、标准提出年度支出计划，经同级劳动保障行政部门、财政部门审核批准后，从基金中据实列支。

第十六条　失业保险基金纳入社会保障基金财政专户，实行收支两条线管理，专户储存，专款专用。任何部门和单位不得挤占、挪用，不得用于平衡财政预算。

第十七条　失业保险基金年度收支预算、决算，由统筹地区社会保险经办机构编制，经同级劳动保障行政部门和财政部门审核同意，报同级人民政府审批。

第十八条　失业保险基金的财务制度和会计制度按照国家和省有关规定执行。

第三章　失业保险待遇

第十九条　失业人员所在单位应当及时为失业人员出具非因本人意愿中断就业的证明，并将失业人员名单及其有关资料自中断就业之日起 7 日内报送当地社会保险经办机构。

缴费个人中断就业后，应在 60 日内携带本人身份证和《湖北省职工社会保险手册》以及单位出具的非因本人意愿中断就业的证明，到当地社会保险经办机构办理失业登记手续。

《湖北省职工社会保险手册》由省劳动保障行政部门统一印制。

第二十条　在职期间被劳动教养或者被判刑收监执行，现被解除劳动教养或者刑满释放的人员，可以在回到原户籍所在地之日起 60 日内，按照本实施办法的规定办理失业登记手续和失业保险金申领手续。

第二十一条　同时具备下列条件的失业人员，可以领取失业保险金：

（一）按照规定参加失业保险，所在单位和本人已按照规定缴费满 1 年的；

（二）非因本人意愿中断就业的；

（三）已办理失业登记并有求职要求的。

失业人员在领取失业保险金期间，按照规定同时享受其他失业保险待遇。

第二十二条　自愿参加失业保险并履行缴费义务的无雇工的城镇个体工商户、自由职业者缴纳失业保险费的具体标准以及失业后享受失业保险待遇的条件和失业登记办法，由统筹地区人民政府规定。

第二十三条　失业保险金从失业人员办理失业登记之日起计发。社会保险经办机构按月为失业人员开具领取失业保险金、医疗补助金的单证，失业人员凭单证到指定银行领取。

第二十四条　失业人员失业前所在单位和本人按照规定缴费时间满 1 年的，失业后发给 3 个月的失业保险金，以后每增加 1 年缴费时间，增发 2 个月的失业保险金，领取失业保险金的期限最长为 24 个月。

失业人员重新就业满 1 年后再次失业的，其缴费时间重新计算。领取失业保险金的期限与前次失业应领取而尚未领取失业保险金的期限合并计算，其期限最长为 24 个月。

第二十五条　失业保险金的发放标准按照低于当地最低工资标准、高于城市居民最低生活保障标准的水平确定。

第二十六条　鼓励失业人员自谋职业。失业人员在领取失业保险金期间自行组织就业、从事个体经营或以其他方式自谋职业的，可凭营业执照、外出务工许可证等有效证件向社会保险经办机构申请并经核准一次性领取余下期限应当领取的失业保险金和医疗补助金，不再享受其他失业保险待遇。

第二十七条　失业人员在领取失业保险金期间，可以向社会保险经办机构领取医疗补助金，其标准为当地最低工资标准的 5%，由社会保险经办机构按月发放；因病住院的，可以按规定向社会保险经办机构申请报销其 30%—50%的医疗诊治费，报销金额最高不超过本人应享受失业保险金总额的 1.5 倍。

失业人员失业前已参加基本医疗保险的，领取失业保险金期间的医疗待遇与基本医疗保险制度的衔接另行规定。

第二十八条　失业人员在领取失业保险金期间死亡的，其家属可以向社会保险经办机构申请领取丧葬补助金和其供养的配偶、直系亲属一次性抚恤金。丧葬补助金和一次性抚恤金标准，参照当地在职职工享受的标准确定。

参与违法活动致死的，不得申请领取丧葬补助金和一次性抚恤金。

第二十九条　失业人员在领取失业保险金期间应当接受职业培训及职业介绍机构提供的培训和介绍等项服务。参加职业培训合格和接受职业介绍的，由社会保险经办机构审核其有效证件后发给职业培训补贴费和职业介绍补贴费。职业培训补贴费和职业介绍补贴费分别不得超过本人领取的 3 个月和 1 个月的失业保险金。

第三十条　失业人员在领取失业保险金期间有下列情形之一的，从次月起停止领取失业保险金和医疗补助金，并同时停止享受其他失业保险待遇：

（一）重新就业的；

（二）进入全日制中等以上学校学习的；

（三）应征服兵役的；

（四）移居境外的；

（五）享受基本养老保险待遇的；

（六）无正当理由，3次不接受就业服务机构提供的职业介绍、职业指导和职业培训服务的；

（七）被判刑收监执行刑期或被劳动教养的；

（八）有法律、法规规定的其他情形的。

在上述（二）、（三）、（七）项原因消失后仍未就业的，可以继续申领中断后剩余期限的失业保险金和医疗补助金。

第三十一条　按规定已缴纳失业保险费的缴费单位招用的农民合同制工人连续工作满1年，劳动合同期满未续订或者提前解除劳动合同的，按本实施办法第二十四条规定领取失业保险金的期限支付生活补助。生活补助的月标准为当地失业保险金标准的50%。

农民合同制工人的生活补助由社会保险经办机构一次性发放给本人。

第三十二条　缴费单位成建制跨统筹地区转移的，失业保险关系随之转迁，其单位和个人原缴纳的失业保险费余额亦随之转迁；缴费个人在职期间跨统筹地区流动的，其失业保险关系随之转迁。

第三十三条　失业人员领取失业保险金后家庭人均月收入仍低于当地城市居民最低生活保障标准的，可以向民政部门申请享受城市居民最低生活保障待遇。

第四章　管理和监督

第三十四条　劳动保障行政部门主管失业保险工作，履行下列职责：

（一）贯彻并组织实施失业保险法律、法规和规章；

（二）指导社会保险经办机构和就业服务机构开展失业保险和促进再就业工作；

（三）依法对失业保险基金的收支、管理和运营实施监督检查。

第三十五条　社会保险经办机构承办失业保险的具体工作，履行下列职责：

（一）负责承办与失业保险有关的登记、审核等方面的工作；

（二）负责失业人员的调查和统计；

（三）按照规定负责失业保险基金的管理；

（四）开具失业人员在指定银行领取失业保险金和其他补助金的单证；

（五）为失业人员提供免费咨询服务；

（六）国家和省规定由其履行的其他职责。

第三十六条　地方税务机关在失业保险工作中履行下列职责：

（一）依法征收失业保险费；

（二）依法对缴费单位、缴费个人缴纳失业保险费的情况进行检查；

（三）依照规定将有关缴费情况反馈给社会保险经办机构，并做好相应的衔接工作。

第三十七条　财政部门在失业保险工作中履行下列职责：

（一）依法对失业保险基金的收支情况进行管理和监督；

（二）审核失业保险基金预算、决算；

（三）负责失业保险基金财政专户的管理；

（四）负责失业保险基金或调剂金不敷使用时的补贴。

第三十八条　审计部门依法对失业保险基金收支情况进行审计，履行审计监督职责。

第三十九条　社会保险经办机构的人员、业务工作所需经费全额纳入预算，由财政部门按时足额拨付。

第五章　罚则

第四十条　社会保险经办机构的工作人员违反规定错误开具领取失业保险金、医疗补助金或者享受其他失业保险待遇单证，造成冒领等情况致使失业保险基金损失的，由劳动保障行政部门责令追回；情节严重的，依照有关规定对责任人员给予行政处分。

第四十一条　劳动保障行政部门、财政部门、地方税务机关以及社会保险经办机构的工作人员滥用职权、徇私舞弊、玩忽职守，造成失业保险基金损失或者影响失业保险金正常发放的，由县以上有关行政主管部门对责任人员给予行政处分；构成犯罪的，依法追究刑事责任。

第六章　附则

第四十二条　中央、省属在汉单位失业保险管理和经办工作暂按现行体制不变。

第四十三条　本实施办法自 2002 年 10 月 1 日起施行。本省原来有关失业保险的规定与本实施办法不符的，以本实施办法为准。

附录七

工伤保险条例

第一章　总则

第一条　为了保障因工作遭受事故伤害或者患职业病的职工获得医疗救治和经济补偿，促进工伤预防和职业康复，分散用人单位的工伤风险，制定本条例。

第二条　中华人民共和国境内的各类企业、有雇工的个体工商户（以下称用人单位）应当依照本条例规定参加工伤保险，为本单位全部职工或者雇工（以下称职工）缴纳工伤保险费。

中华人民共和国境内的各类企业的职工和个体工商户的雇工，均有依照本条例的规定享受工伤保险待遇的权利。

有雇工的个体工商户参加工伤保险的具体步骤和实施办法，由省、自治区、直辖市人民政府规定。

第三条　工伤保险费的征缴按照《社会保险费征缴暂行条例》关于基本养老保险费、基本医疗保险费、失业保险费的征缴规定执行。

第四条　用人单位应当将参加工伤保险的有关情况在本单位内公示。

用人单位和职工应当遵守有关安全生产和职业病防治的法律法规，执行安全卫生规程和标准，预防工伤事故发生，避免和减少职业病危害。

职工发生工伤时，用人单位应当采取措施使工伤职工得到及时救治。

第五条　国务院劳动保障行政部门负责全国的工伤保险工作。

县级以上地方各级人民政府劳动保障行政部门负责本行政区域内的工伤保险工作。

劳动保障行政部门按照国务院有关规定设立的社会保险经办机构（以下称经办机构）具体承办工伤保险事务。

第六条　劳动保障行政部门等部门制定工伤保险的政策、标准，应当征求工会组织、用人单位代表的意见。

第二章　工伤保险基金

第七条　工伤保险基金由用人单位缴纳的工伤保险费、工伤保险基金的利息和依法纳入工伤保险基金的其他资金构成。

第八条　工伤保险费根据以支定收、收支平衡的原则，确定费率。

国家根据不同行业的工伤风险程度确定行业的差别费率，并根据工伤保险费使用、工伤发生率等情况在每个行业内确定若干费率档次。行业差别费率及行业内费率档次由国务院劳动保障行政部门会同国务院财政部门、卫生行政部门、安全生产监督管理部门制定，报国务院批准后公布施行。

统筹地区经办机构根据用人单位工伤保险费使用、工伤发生率等情况，适用所属行业内相应的费率档次确定单位缴费费率。

第九条　国务院劳动保障行政部门应当定期了解全国各统筹地区工伤保险基金收支情况，及时会同国务院财政部门、卫生行政部门、安全生产监督管理部门提出调整行业差别费率及行业内费率档次的方案，报国务院批准后公布施行。

第十条　用人单位应当按时缴纳工伤保险费。职工个人不缴纳工伤保险费。

用人单位缴纳工伤保险费的数额为本单位职工工资总额乘以单位缴费费率之积。

第十一条　工伤保险基金在直辖市和设区的市实行全市统筹，其他地区的统筹层次由省、自治区人民政府确定。

跨地区、生产流动性较大的行业，可以采取相对集中的方式异地参加统筹地区的工伤保险。具体办法由国务院劳动保障行政部门会同有关行业的主管部门制定。

第十二条　工伤保险基金存入社会保障基金财政专户，用于本条例规定的工伤保险待遇、劳动能力鉴定以及法律、法规规定的用于工伤保险的其他费用的支付。任何单位或者个人不得将工伤保险基金用于投资运营、兴建或者改建办公场所、发放奖金，或者挪作其他用途。

第十三条　工伤保险基金应当留有一定比例的储备金，用于统筹地区重大事故的工伤保险待遇支付；储备金不足支付的，由统筹地区的人民政府垫付。储备金占基金总额的具体比例和储备金的使用办法，由省、自治区、直辖市人民政府规定。

第三章　工伤认定

第十四条　职工有下列情形之一的，应当认定为工伤：

（一）在工作时间和工作场所内，因工作原因受到事故伤害的；

（二）工作时间前后在工作场所内，从事与工作有关的预备性或者收尾性工作受到事故伤害的；

（三）在工作时间和工作场所内，因履行工作职责受到暴力等意外伤害的；

（四）患职业病的；

（五）因工外出期间，由于工作原因受到伤害或者发生事故下落不明的；

（六）在上下班途中，受到机动车事故伤害的；

（七）法律、行政法规规定应当认定为工伤的其他情形。

第十五条　职工有下列情形之一的，视同工伤：

（一）在工作时间和工作岗位，突发疾病死亡或者在48小时之内经抢救无效死亡的；

（二）在抢险救灾等维护国家利益、公共利益活动中受到伤害的；

（三）职工原在军队服役，因战、因公负伤致残，已取得革命伤残军人证，到用人单位后旧伤复发的。

职工有前款第（一）项、第（二）项情形的，按照本条例的有关规定享受工伤保险待遇；职工有前款第（三）项情形的，按照本条例的有关规定享受除一次性伤残补助金以外的工伤保险待遇。

第十六条　职工有下列情形之一的，不得认定为工伤或者视同工伤：

（一）因犯罪或者违反治安管理伤亡的；

（二）醉酒导致伤亡的；

（三）自残或者自杀的。

第十七条　职工发生事故伤害或者按照职业病防治法规定被诊断、鉴定为职业病，所在单位应当自事故伤害发生之日或者被诊断、鉴定为职业病之日起30日内，向统筹地区劳动保障行政部门提出工伤认定申请。遇有特殊情况，经报劳动保障行政部门同意，申请时限可以适当延长。

用人单位未按前款规定提出工伤认定申请的，工伤职工或者其直系亲属、工会组织在事故伤害发生之日或者被诊断、鉴定为职业病之日起1年内，可以直接向用人单位所在地统筹地区劳动保障行政部门提出工伤认定申请。

按照本条第一款规定应当由省级劳动保障行政部门进行工伤认定的事项，根据属地原则由用人单位所在地的设区的市级劳动保障行政部门办理。

用人单位未在本条第一款规定的时限内提交工伤认定申请，在此期间发生符合本条例规定的工伤待遇等有关费用由该用人单位负担。

第十八条　提出工伤认定申请应当提交下列材料：

（一）工伤认定申请表；

（二）与用人单位存在劳动关系（包括事实劳动关系）的证明材料；

（三）医疗诊断证明或者职业病诊断证明书（或者职业病诊断鉴定书）。

工伤认定申请表应当包括事故发生的时间、地点、原因以及职工伤害程度等基本情况。

工伤认定申请人提供材料不完整的，劳动保障行政部门应当一次性书面告知工伤认定申请人需要补正的全部材料。申请人按照书面告知要求补正材料后，劳动保障行政部门应当受理。

第十九条　劳动保障行政部门受理工伤认定申请后，根据审核需要可以对事故伤害进行调查核实，用人单位、职工、工会组织、医疗机构以及有关部门应当予以协助。职业病诊断和诊断争议的鉴定，依照职业病防治法的有关规定执行。对依法取得职业病诊断证明书或者职业病诊断鉴定书的，劳动保障行政部门不再进行调查核实。

职工或者其直系亲属认为是工伤，用人单位不认为是工伤的，由用人单位承担举证责任。

第二十条　劳动保障行政部门应当自受理工伤认定申请之日起 60 日内做出工伤认定的决定，并书面通知申请工伤认定的职工或者其直系亲属和该职工所在单位。

劳动保障行政部门工作人员与工伤认定申请人有利害关系的，应当回避。

第四章　劳动能力鉴定

第二十一条　职工发生工伤，经治疗伤情相对稳定后存在残疾、影响劳动能力的，应当进行劳动能力鉴定。

第二十二条　劳动能力鉴定是指劳动功能障碍程度和生活自理障碍程度的等级鉴定。

劳动功能障碍分为十个伤残等级，最重的为一级，最轻的为十级。

生活自理障碍分为三个等级：生活完全不能自理、生活大部分不能自理和生活部分不能自理。

劳动能力鉴定标准由国务院劳动保障行政部门会同国务院卫生行政部门等部门制定。

第二十三条　劳动能力鉴定由用人单位、工伤职工或者其直系亲属向设区的市级劳动能力鉴定委员会提出申请，并提供工伤认定决定和职工工伤医疗的有关资料。

第二十四条　省、自治区、直辖市劳动能力鉴定委员会和设区的市级劳动能力鉴定委员会分别由省、自治区、直辖市和设区的市级劳动保障行政部门、人事行政部门、卫生行政部门、工会组织、经办机构代表以及用人单位代表组成。

劳动能力鉴定委员会建立医疗卫生专家库。列入专家库的医疗卫生专业技术人员应当具备下列条件：

（一）具有医疗卫生高级专业技术职务任职资格；

（二）掌握劳动能力鉴定的相关知识；

（三）具有良好的职业品德。

第二十五条　设区的市级劳动能力鉴定委员会收到劳动能力鉴定申请后，应当从其建立的医疗卫生专家库中随机抽取 3 名或者 5 名相关专家组成专家组，由专家组提出鉴定意见。设区的市级劳动能力鉴定委员会根据专家组的鉴定意见作出工伤职工劳动能力鉴定结论；必要时，可以委托具备资格的医疗机构协助进行有关的诊断。

设区的市级劳动能力鉴定委员会应当自收到劳动能力鉴定申请之日起 60 日内作出劳动能力鉴定结论，必要时，作出劳动能力鉴定结论的期限可以延长 30 日。劳动能力鉴定结论应当及时送达申请鉴定的单位和个人。

第二十六条　申请鉴定的单位或者个人对设区的市级劳动能力鉴定委员会作出的鉴定结论不服的，可以在收到该鉴定结论之日起 15 日内向省、自治区、直辖市劳动能力鉴定委员会提出再次鉴定申请。省、自治区、直辖市劳动能力鉴定委员会作出的劳动能力鉴定结论为最终结论。

第二十七条　劳动能力鉴定工作应当客观、公正。劳动能力鉴定委员会组成人员或者参加鉴定的专家与当事人有利害关系的，应当回避。

第二十八条　自劳动能力鉴定结论作出之日起 1 年后，工伤职工或者其直系亲属、所在单位或者经办机构认为伤残情况发生变化的，可以申请劳动能力复查鉴定。

第五章　工伤保险待遇

第二十九条　职工因工作遭受事故伤害或者患职业病进行治疗，享受工伤医疗待遇。

职工治疗工伤应当在签订服务协议的医疗机构就医，情况紧急时可以先到就近的医疗机构急救。

治疗工伤所需费用符合工伤保险诊疗项目目录、工伤保险药品目录、工伤保险住院服务标准的，从工伤保险基金支付。工伤保险诊疗项目目录、工伤保险药品目录、工伤保险住院服务标准，由国务院劳动保障行政部门会同国务院卫生行政部门、药品监督管理部门等部门规定。

职工住院治疗工伤的，由所在单位按照本单位因公出差伙食补助标准的70%发给住院伙食补助费；经医疗机构出具证明，报经办机构同意，工伤职工到统筹地区以外就医的，所需交通、食宿费用由所在单位按照本单位职工因公出差标准报销。

工伤职工治疗非工伤引发的疾病，不享受工伤医疗待遇，按照基本医疗保险办法处理。

工伤职工到签订服务协议的医疗机构进行康复性治疗的费用，符合本条第三款规定的，从工伤保险基金支付。

第三十条　工伤职工因日常生活或者就业需要，经劳动能力鉴定委员会确认，可以安装假肢、矫形器、假眼、假牙和配置轮椅等辅助器具，所需费用按照国家规定的标准从工伤保险基金支付。

第三十一条　职工因工作遭受事故伤害或者患职业病需要暂停工作接受工伤医疗的，在停工留薪期内，原工资福利待遇不变，由所在单位按月支付。

停工留薪期一般不超过12个月。伤情严重或者情况特殊，经设区的市级劳动能力鉴定委员会确认，可以适当延长，但延长不得超过12个月。工伤职工评定伤残等级后，停发原待遇，按照本章的有关规定享受伤残待遇。工伤职工在停工留薪期满后仍需治疗的，继续享受工伤医疗待遇。

生活不能自理的工伤职工在停工留薪期需要护理的，由所在单位负责。

第三十二条　工伤职工已经评定伤残等级并经劳动能力鉴定委员会确认需要生活护理的，从工伤保险基金按月支付生活护理费。

生活护理费按照生活完全不能自理、生活大部分不能自理或者生活部分不能自理3个不同等级支付，其标准分别为统筹地区上年度职工月平均工资的50%、40%或者30%。

第三十三条　职工因工致残被鉴定为一级至四级伤残的，保留劳动关系，退出工作岗位，享受以下待遇：

（一）从工伤保险基金按伤残等级支付一次性伤残补助金，标准为：一级伤残为24个月的本人工资，二级伤残为22个月的本人工资，三级伤残为20个月的本人工资，四级伤残为18个月的本人工资；

（二）从工伤保险基金按月支付伤残津贴，标准为：一级伤残为本人工资的90%，二级伤残为本人工资的85%，三级伤残为本人工资的80%，四级伤残为本人工资的75%。伤残津贴实际金额低于当地最低工资标准的，由工伤保险基金补足差额；

（三）工伤职工达到退休年龄并办理退休手续后，停发伤残津贴，享受基本养老保险待遇。基本养老保险待遇低于伤残津贴的，由工伤保险基金补足差额。

职工因工致残被鉴定为一级至四级伤残的，由用人单位和职工个人以伤残津贴为基数，缴纳基本医疗保险费。

第三十四条　职工因工致残被鉴定为五级、六级伤残的，享受以下待遇：

（一）从工伤保险基金按伤残等级支付一次性伤残补助金，标准为：五级伤残为16个月的本人工资，六级伤残为14个月的本人工资；

（二）保留与用人单位的劳动关系，由用人单位安排适当工作。难以安排工作的，由用人单位按月发给伤残津贴，标准为：五级伤残为本人工资的70%，六级伤残为本人工资的60%，并由用人单位按照规定为其缴纳应缴纳的各项社会保险费。伤残津贴实际金额低于当地最低工资标准的，由用人单位补足差额。

经工伤职工本人提出，该职工可以与用人单位解除或者终止劳动关系，由用人单位支付一次性工伤医疗补助金和伤残就业补助金。具体标准由省、自治区、直辖市人民政府规定。

第三十五条 职工因工致残被鉴定为七级至十级伤残的，享受以下待遇：

（一）从工伤保险基金按伤残等级支付一次性伤残补助金，标准为：七级伤残为12个月的本人工资，八级伤残为10个月的本人工资，九级伤残为8个月的本人工资，十级伤残为6个月的本人工资；

（二）劳动合同期满终止，或者职工本人提出解除劳动合同的，由用人单位支付一次性工伤医疗补助金和伤残就业补助金。具体标准由省、自治区、直辖市人民政府规定。

第三十六条 工伤职工工伤复发，确认需要治疗的，享受本条例第二十九条、第三十条和第三十一条规定的工伤待遇。

第三十七条 职工因工死亡，其直系亲属按照下列规定从工伤保险基金领取丧葬补助金、供养亲属抚恤金和一次性工亡补助金：

（一）丧葬补助金为6个月的统筹地区上年度职工月平均工资；

（二）供养亲属抚恤金按照职工本人工资的一定比例发给由因工死亡职工生前提供主要生活来源、无劳动能力的亲属。标准为：配偶每月40%，其他亲属每人每月30%，孤寡老人或者孤儿每人每月在上述标准的基础上增加10%。核定的各供养亲属的抚恤金之和不应高于因工死亡职工生前的工资。供养亲属的具体范围由国务院劳动保障行政部门规定；

（三）一次性工亡补助金标准为48个月至60个月的统筹地区上年度职工月平均工资。具体标准由统筹地区的人民政府根据当地经济、社会发展状况规定，报省、自治区、直辖市人民政府备案。

伤残职工在停工留薪期内因工伤导致死亡的，其直系亲属享受本条第一款规定的待遇。

一级至四级伤残职工在停工留薪期满后死亡的，其直系亲属可以享受本条第一款第（一）项、第（二）项规定的待遇。

第三十八条 伤残津贴、供养亲属抚恤金、生活护理费由统筹地区劳动保障行政部门根据职工平均工资和生活费用变化等情况适时调整。调整办法由省、自治区、直辖市人民政府规定。

第三十九条 职工因工外出期间发生事故或者在抢险救灾中下落不明的，从事故发生当月起3个月内照发工资，从第4个月起停发工资，由工伤保险基金向其供养亲属按月支付供养亲属抚恤金。生活有困难的，可以预支一次性工亡补助金的50%。职工被人民法院宣告死亡的，按照本条例第三十七条职工因工死亡的规定处理。

第四十条 工伤职工有下列情形之一的，停止享受工伤保险待遇：

（一）丧失享受待遇条件的；

（二）拒不接受劳动能力鉴定的；

（三）拒绝治疗的；

（四）被判刑正在收监执行的。

第四十一条　用人单位分立、合并、转让的，承继单位应当承担原用人单位的工伤保险责任；原用人单位已经参加工伤保险的，承继单位应当到当地经办机构办理工伤保险变更登记。

用人单位实行承包经营的，工伤保险责任由职工劳动关系所在单位承担。

职工被借调期间受到工伤事故伤害的，由原用人单位承担工伤保险责任，但原用人单位与借调单位可以约定补偿办法。

企业破产的，在破产清算时优先拨付依法应由单位支付的工伤保险待遇费用。

第四十二条　职工被派遣出境工作，依据前往国家或者地区的法律应当参加当地工伤保险的，参加当地工伤保险，其国内工伤保险关系中止；不能参加当地工伤保险的，其国内工伤保险关系不中止。

第四十三条　职工再次发生工伤，根据规定应当享受伤残津贴的，按照新认定的伤残等级享受伤残津贴待遇。

第六章　监督管理

第四十四条　经办机构具体承办工伤保险事务，履行下列职责：

（一）根据省、自治区、直辖市人民政府规定，征收工伤保险费；

（二）核查用人单位的工资总额和职工人数，办理工伤保险登记，并负责保存用人单位缴费和职工享受工伤保险待遇情况的记录；

（三）进行工伤保险的调查、统计；

（四）按照规定管理工伤保险基金的支出；

（五）按照规定核定工伤保险待遇；

（六）为工伤职工或者其直系亲属免费提供咨询服务。

第四十五条　经办机构与医疗机构、辅助器具配置机构在平等协商的基础上签订服务协议，并公布签订服务协议的医疗机构、辅助器具配置机构的名单。具体办法由国务院劳动保障行政部门分别会同国务院卫生行政部门、民政部门等部门制定。

第四十六条　经办机构按照协议和国家有关目录、标准对工伤职工医疗费用、康复费用、辅助器具费用的使用情况进行核查，并按时足额结算费用。

第四十七条　经办机构应当定期公布工伤保险基金的收支情况，及时向劳动保障行政部门提出调整费率的建议。

第四十八条　劳动保障行政部门、经办机构应当定期听取工伤职工、医疗机构、辅助器具配置机构以及社会各界对改进工伤保险工作的意见。

第四十九条　劳动保障行政部门依法对工伤保险费的征缴和工伤保险基金的支付情况进行监督检查。

财政部门和审计机关依法对工伤保险基金的收支、管理情况进行监督。

第五十条　任何组织和个人对有关工伤保险的违法行为，有权举报。劳动保障行政部门对举报应当及时调查，按照规定处理，并为举报人保密。

第五十一条　工会组织依法维护工伤职工的合法权益，对用人单位的工伤保险工作实行监督。

第五十二条　职工与用人单位发生工伤待遇方面的争议，按照处理劳动争议的有关规定处理。

第五十三条　有下列情形之一的，有关单位和个人可以依法申请行政复议；对复议决定不服的，可以依法提起行政诉讼：

（一）申请工伤认定的职工或者其直系亲属、该职工所在单位对工伤认定结论不服的；

（二）用人单位对经办机构确定的单位缴费费率不服的；

（三）签订服务协议的医疗机构、辅助器具配置机构认为经办机构未履行有关协议或者规定的；

（四）工伤职工或者其直系亲属对经办机构核定的工伤保险待遇有异议的。

第七章　法律责任

第五十四条　单位或者个人违反本条例第十二条规定挪用工伤保险基金，构成犯罪的，依法追究刑事责任；尚不构成犯罪的，依法给予行政处分或者纪律处分。被挪用的基金由劳动保障行政部门追回，并入工伤保险基金；没收的违法所得依法上缴国库。

第五十五条　劳动保障行政部门工作人员有下列情形之一的，依法给予行政处分；情节严重，构成犯罪的，依法追究刑事责任：

（一）无正当理由不受理工伤认定申请，或者弄虚作假将不符合工伤条件的人员认定为工伤职工的；

（二）未妥善保管申请工伤认定的证据材料，致使有关证据灭失的；

（三）收受当事人财物的。

第五十六条　经办机构有下列行为之一的，由劳动保障行政部门责令改正，对直接负责的主管人员和其他责任人员依法给予纪律处分；情节严重，构成犯罪的，依法追究刑事责任；造成当事人经济损失的，由经办机构依法承担赔偿责任：

（一）未按规定保存用人单位缴费和职工享受工伤保险待遇情况记录的；

（二）不按规定核定工伤保险待遇的；

（三）收受当事人财物的。

第五十七条　医疗机构、辅助器具配置机构不按服务协议提供服务的，经办机构可以解除服务协议。

经办机构不按时足额结算费用的，由劳动保障行政部门责令改正；医疗机构、辅助器具配置机构可以解除服务协议。

第五十八条　用人单位瞒报工资总额或者职工人数的，由劳动保障行政部门责令改正，并处瞒报工资数额1倍以上3倍以下的罚款。

用人单位、工伤职工或者其直系亲属骗取工伤保险待遇，医疗机构、辅助器具配置机构骗取工伤保险基金支出的，由劳动保障行政部门责令退还，并处骗取金额1倍以上3倍以下的罚款；情节严重，构成犯罪的，依法追究刑事责任。

第五十九条　从事劳动能力鉴定的组织或者个人有下列情形之一的，由劳动保障行政部门责令改正，并处2 000元以上1万元以下的罚款；情节严重，构成犯罪的，依法追究刑事责任：

（一）提供虚假鉴定意见的；

（二）提供虚假诊断证明的；

（三）收受当事人财物的。

第六十条　用人单位依照本条例规定应当参加工伤保险而未参加的，由劳动保障行政部门责令改正；未参加工伤保险期间用人单位职工发生工伤的，由该用人单位按照本条例规定的工伤保险待遇项目和标准支付费用。

第八章　附则

第六十一条　本条例所称职工，是指与用人单位存在劳动关系（包括事实劳动关系）的各种用工形式、各种用工期限的劳动者。

本条例所称工资总额，是指用人单位直接支付给本单位全部职工的劳动报酬总额。

本条例所称本人工资，是指工伤职工因工作遭受事故伤害或者患职业病前12个月平均月缴费工资。本人工资高于统筹地区职工平均工资300%的，按照统筹地区职工平均工资的300%计算；本人工资低于统筹地区职工平均工资60%的，按照统筹地区职工平均工资的60%计算。

第六十二条　国家机关和依照或者参照国家公务员制度进行人事管理的事业单位、社会团体的工作人员因工作遭受事故伤害或者患职业病的，由所在单位支付费用。具体办法由国务院劳动保障行政部门会同国务院人事行政部门、财政部门规定。

其他事业单位、社会团体以及各类民办非企业单位的工伤保险等办法，由国务院劳动保障行政部门会同国务院人事行政部门、民政部门、财政部门等部门参照本条例另行规定，报国务院批准后施行。

第六十三条　无营业执照或者未经依法登记、备案的单位以及被依法吊销营业执照或者撤销登记、备案的单位的职工受到事故伤害或者患职业病的，由该单位向伤残职工或者死亡职工的直系亲属给予一次性赔偿，赔偿标准不得低于本条例规定的工伤保险待遇；用人单位不得使用童工，用人单位使用童工造成童工伤残、死亡的，由该单位向童工或者童工的直系亲属给予一次性赔偿，赔偿标准不得低于本条例规定的工伤保险待遇。具体办法由国务院劳动保障行政部门规定。

前款规定的伤残职工或者死亡职工的直系亲属就赔偿数额与单位发生争议的，以及前款规定的童工或者童工的直系亲属就赔偿数额与单位发生争议的，按照处理劳动争议的有关规定处理。

第六十四条　本条例自 2004 年 1 月 1 日起施行。本条例施行前已受到事故伤害或者患职业病的职工尚未完成工伤认定的，按照本条例的规定执行。

后 记

经过大家的共同努力，《社会保险学》书稿终于如期完成了。本书是《劳动与社会保障系列教材》之一，编写之前，在本系列教材编委会主任童星先生的协调下，为了避免与其他教材在内容上重复，同时又要保持本书内容的完整性与结构的合理性且具有特色，本书主编与其他相关教材的主编进行了沟通、协调，达成共识：本书除了对一般理论、原理的介绍外，重点应突出本专业应用性、操作性的特征，介绍我国社会保险政策的演变及实际工作的流程，通过课堂教学增强学生对实际工作的感性认识与理解。在编写过程中，我们做了以下分工：史潮（南京工程学院）负责第一至四章，章晓莉（苏州科技学院）负责第五至七章，盖锐（金陵科技学院）负责第八章至第十章，马凌（金陵科技学院）承担了第十章的部分编写工作，史潮负责全书统稿。本书在编写过程中得到童星先生和其他高校同行的帮助，并参阅了国内外大量研究成果。在此，对引用的有关参考资料的著作权人及提供帮助的朋友表示诚挚的谢意。

由于编者水平有限，书中不当和错谬之处在所难免，恳请读者、学者和同人批评指正。

编　者

2006 年 11 月

后 记